（上册）

资治通鉴译评

原爱民 编著

山西出版传媒集团
山西人民出版社

图书在版编目（CIP）数据

资治通鉴译评／原爱民编著．—太原：山西人民出版社，2013.11
ISBN 978－7－203－08375－7

Ⅰ.①资… Ⅱ.①原… Ⅲ.①中国历史－古代史－编年体②资治通鉴－译文③资治通鉴－注释 Ⅳ.①K 204.3

中国版本图书馆 CIP 数据核字（2013）第 256060 号

资治通鉴译评

编　　著	原爱民
责任编辑	孙　琳
助理编辑	崔人杰
装帧设计	刘彦杰

出 版 者	山西出版传媒集团·山西人民出版社
地　　址	太原市建设南路21号
邮　　编	030012
发行营销	0351－4922220　4955996　4956039
	0351－4922127（传真）　4956038（邮购）
E－mail	sxskcb@163.com　发行部
	sxskcb@126.com　总编室
网　　址	www.sxskcb.com
经 销 者	山西出版传媒集团·山西人民出版社
承 印 者	太原市力成印刷有限公司
开　　本	787mm×1092mm　1/16
印　　张	45
字　　数	757千字
印　　数	1－1 000册
版　　次	2013年11月第1版
印　　次	2013年11月第1次印刷
书　　号	ISBN 978－7－203－08375－7
定　　价	86.00元（上、下册）

如有印装质量问题请与本社联系调换

作者简介

原爱民，1940年3月生，山西河津人。1961年7月毕业于太原第一化学工业学校化工制造专业。毕业后留校任教，同年9月上化学师训班。1962年7月毕业，参加中国人民解放军。1965年2月加入中国共产党。1965年3月复职太原第一化学工业学校，任七中队政治指导员。遂入中国人民大学（函授）政治理论本科学习。

1969年9月，学校改名为卫东化工厂，任办事组秘书、宣传科副科长，1972年恢复办学，学校更名为太原工业学校，任宣传科科长，1982年任讲师，1983年—1984年7月，在中国人民大学政治经济学系进修班学习毕业，1988年被评为政治经济学副教授。1989年后，学校依次名为太原机械学院专科部，华北工业学院分院，中北大学分校。先后任宣传部部长、党委工作部部长、党委委员等。

1988年5月1日，获山西省优秀政治思想工作者称号，后又分获山西省先进理论工作者，太原市五讲四美三热爱活动积极分子称号。获山西省教学成果一等奖一次。获山西省国防工办嘉奖一次。

2000年3月退休后任教学督导至2010年。学校现更名为太原工业学院。

前　言

在党的十七届六中全会精神的指导下，在贯彻落实党的十八大精神之际，以弘扬中华优秀传统文化，促进中华民族复兴，全面建设小康社会，塑时代形象为目的的一本新作《〈资治通鉴〉译评》问世了。

《〈资治通鉴〉译评》，是司马光编撰的《资治通鉴》精选本、《资治通鉴》二百九十四卷每卷的精华，以诗译、诗评行形式加以集成，全书精选了618条，30万字。一般人十天半个月便可读完，他通俗、简明、精到、便利，可以快速得其要义，引以为鉴；如读者有时间通读《资治通鉴》，本书可以引路。

《〈资治通鉴〉译评》，是根据中华人民共和国1991年—1995年出版规划重点项目，张舜徽主编，李国祥译注，由贵州人民出版社出版的《资治通鉴》选编的。该书原文300万字，译注600多万字，共20册。这对专门搞研究的人员来说弥足珍贵。但对一般人来说，手捧20册书，读通900万字，却是一件难事，特别是县处级以上领导干部，没有那么多时间去攻读。笔者经过多年的苦读和反复引鉴以后，萌生了对《资治通鉴》精简的想法。所以，就遂其体、集其要，以诗词的形式进行改编。由于《资治通鉴》也饱含韵味，有一气呵成之势。以诗词形式表达，表里如一，神韵怡人。使国韵洋溢着时代气息。诗译以后进行诗评是本书的一大亮点。作者把思考、扬弃、融通以一贯之，解决了怎么看，怎么办的问题，贯彻了"古为今用"、以史为鉴的问题，带有直言、直书的味道，直击燧石，飞溅火花，引人观看。

我们中华民族，是一个善于学习和思考的民族。从远古的结绳记事开始，经甲骨、竹简到纸张，在同自然和社会的交往中，记了不少事，写了大量史，以《春秋》、《左传》、《史记》、《汉书》，以至《资治通鉴》等，都是以"资治"为目的，对当世的示范，对厌世以鉴戒，显示了中华民族文明发展，持续发展的坚定信念，高度智慧和历史责任感，令人敬仰。现在，我们处于学习型、创新型的社会，我们的时代形象应更鲜明、更有特色。

1992年11月，张舜徽教授撰写的《〈资治通鉴〉全译》序中说："通鉴的记人记事，原则性很强。凡是有关国家兴衰、生民休戚的重要事件和那些才德并高。有能力办事，积极替国家作出了贡献的人物，都叙述详明，作为当时的榜样和后世的借鉴。"这对我们写史、用史、鉴史的人来说，是有启迪和鼓舞作用的。

《资治通鉴》，上起战国，下出五代。将1362年的大事，按年记载，共294卷，一气呵成。按当时编者和作者的本意，是以"资治"为目的的，即为封建统治阶级服务的。但《资治通鉴》所记载的内容涉及政治、军事、经济、思想文化、社会伦理、天文地理、科学技术等诸方面的内容，是百科式的鸿篇巨制，具有很高的历史价值和社会价值，值得发掘。

《资治通鉴》盛载中华民族、华夏大地，同祖同根、同利同心、同史同文、同历同寿、同治同民、同穆同邻、同宝同珍的史实，是留给我们一份珍贵的遗产。我们继承，应该珍惜并发扬光大。使这历史的基础在当代彰显伟业。

《资治通鉴》中的"民本"思想十分明确。诸如"国以民为本"、"立国之本在于得众"、"理乱之本系于人心"、"为政以安民为本"。其于这样的认识，又衍生出"顺民心"、"以德化民"、"恩结人心"、"体恤民苦"、"爱惜百姓"、"惠泽其民"、"不爱其身而爱民"、"职在养民"、"养民安国"、"爱民惜法"一系列重民、爱民的观念；推出了"邓训关心民众疾苦，周世宗不爱其身而爱民"的典型，这些思想观念、人物事件，在封建社会出现是可贵的。他们从自身的体验或历史的文化积淀中感受

到了人民群众的伟力,依稀看出"国与民"、"君与民"、"政与民"的关系中蕴含的"民权"倾向,要"以民为本",从而也想鉴戒于后世。由于时代和阶级的局限性,他们只能采取某些"恤民"、"安民"的政策和措施。而不能从根本上解决民主和民生问题。这个问题自然地落在了中国共产党人的肩上。中国共产党人,建立社会主义制度。建设有中国特色的社会主义制度,开辟了扩大人民民主,实行共同富裕的道路,党的十八大展现光明的前景。

《资治通鉴》对治国理政有许多记述,诸如"政即正"、"明订国事"、"当举纲维"、"以理为上"、"治国立法"、"为政之道在至公"、"以至诚治天下"、"多难兴邦"、"不舍国土"、"赏罚为治"、"消除积弊"、"革故鼎新"、"凡事必为永久之虑"、"忌政出多门"、"舟水之喻",等等。同时,记述了"田文求谏止过"、"张寔征过"、"赵奢收税不阿贵"、"张释之依法断案"、"常衮辞禄"、"弟武出使有息骨"、"王蠋宁死不屈"、"炀帝自负"、"隋氏纵欲而亡"、"钱镠警枕粉墨"等,这些人和事,对我们也是一种鉴戒。

以《资治通鉴》中,对选相、选将、选臣、"选官吏",都有德才兼备,任人唯贤,用其所长多选廉平的明确要求的记述,提出"君仁臣直"的理念,直人、直谏、直书列了不少事例。同时,提出"奉公尽节"、"忠良之吏"、"送礼者罚"、"以清白吏遗子孙"的典型,对我们干部队伍建设必是有教益的。

在《资治通鉴》中,对军事问题记述颇多,战略战术、原则方法、战例典型都有明记。如"先胜后战"、"先计后战"、"征战之理"、"抑武招祸"、"因敌制变"、"军情勿欺"、"以逸待劳"、"全胜之进"、"高困低囚"、"十围五攻"、"侯景围城"、"轻敌轻信入网罗"、"背水列阵治用兵"、"诸葛亮出师表"、"陈汤善谋知外兵"、"兵者诡道"、"从事取胜"等。作者着力介绍这些内容,意在思考我们面临的国际环境和战略思考。我们坚持和平发展,合作共赢的战略方针,同时,又要从维护国家领土主权和安全的高度,反"遏到"、反干扰。做好中国的事情,作出应

有的贡献。

《资治通鉴》对社会经济和民生问题有不少记述,尤其是铸币,多有记述。作者从史求是以是抚今,就西方国家的金融危机和宽松的货币政策,做了维权思考。

《资治通鉴》在思想文化、社会伦理等方面对古代中国思想家的思想观点结合具体事件,都有分析和思考,我们应审慎地分析和对待。司马光对思考问题有独钟,他记述的"三思"、"十思"、"思无邪"、"每思治道"、"开签智思"、"见变思形"、"居安思危"、对"为治有体"、"浑根国本"、"定身治国",令古今的人们崇尚。

《资治通鉴》对家族教育子女也有记述:"子孙当与凡人齐"、"教子孙不忘本"、"疼爱子女当远谋"、"折箭教子"、"躬行节俭示子孙"、"父债子还"、"人情不可失"、"孝子王朝"等,从历史和现实来看不无补益。

《资治通鉴》在做事论理之中,记载了不少名言警句,认真学习阅读,警示自然。

值得特别一提的是,《资治通鉴》还提出了一些带根本性的重大问题,如"创业与守业何难","善始与善终何难"、"公政宽猛何先"、"为政赏罚何先"、"孰为优劣"、"何以足息",这些问题耐人寻味。又如,"物盛必衰"、"相反相成"、"穷则思变"、"事杜其渐"等包含辩证思维的问题,我们今天的人们按唯物辩证法想问题、办事情,意义非凡。

一枚核桃,击破外壳,取出分心木,核桃仁即可享用了,它可健脑补肾,增强人的免疫力,医生如是说。

对《资治通鉴》和司马光也和那枚核桃一样,需要我们经过"扬弃"、"融通",才能获益。

胡锦涛同志在党的十八大提出全面建设小康社会的宏伟任务,本书遵照党的十八大提出的"建设优秀传统文化传承体系,弘扬中华优秀传统文化的指针,以增强文化生产力,为实现党的任务而奋斗。

由于本人水平与能力有限，对《资治通鉴》这样的巨著以诗词的形式精选与评析，肯定有许多不足和问题，肯请读者批语指正。

编　者
2012 年 11 月 21 日于太原

目　录

（上册）

一、纲纪为治 ………………………………………………… 1
二、治道效能 ………………………………………………… 2
三、唇亡齿寒 ………………………………………………… 2
四、司马光论德才 …………………………………………… 3
五、君仁臣直言 ……………………………………………… 4
六、李克论选相 ……………………………………………… 4
七、吴起爱兵 ………………………………………………… 5
八、选相未必选功臣 ………………………………………… 6
九、选人才用其长 …………………………………………… 7
十、国君莫昏庸 ……………………………………………… 7
十一、调查研究知功过 ……………………………………… 8
十二、立木予金在取信 ……………………………………… 9
十三、太子犯法问师罪 ……………………………………… 9
十四、为宝者异 ……………………………………………… 10
十五、坚持主张拒私求 ……………………………………… 10
十六、轻敌轻信入网罗 ……………………………………… 11
十七、田文求谏止过 ………………………………………… 12
十八、至诚求贤士 …………………………………………… 12
十九、公叔胡服上朝 ………………………………………… 13
二十、齐人王蠋　宁死不屈 ………………………………… 14

二十一、相如大义　完璧归赵 …… 15
二十二、先国之急将相和 …… 16
二十三、田单抗燕　多谋善断 …… 17
二十四、田单攻狄　问鲁仲连 …… 18
二十五、赵奢收税不阿贵 …… 19
二十六、疼爱子女当远谋 …… 20
二十七、胶柱鼓瑟　纸上谈兵 …… 22
二十八、为国自荐显才能 …… 23
二十九、毁廉三遗矢 …… 25
三十、良将李牧 …… 26
三十一、项羽求学不用功 …… 28
三十二、天子蒙贵深居宫 …… 28
三十三、丞相难见秦二世 …… 29
三十四、刘邦请郦生谋 …… 31
三十五、忠言逆耳利于行 …… 32
三十六、约法三章得民心 …… 33
三十七、不识好歹烹韩生 …… 34
三十八、萧何推荐韩信 …… 35
三十九、背水列阵活用兵 …… 36
四十、韩信知人善任 …… 39
四十一、刘邦夺天下 …… 41
四十二、冒顿知地不能给 …… 42
四十三、躬行节俭示子孙 …… 43
四十四、改过不吝 …… 44
四十五、选相将 …… 45
四十六、张释之依法断案 …… 46
四十七、汉文帝用季布 …… 47
四十八、冯唐对文帝直言用将 …… 48

四十九、西汉真将军周亚夫 …………………………… 50

五十、下马解鞍退胡兵 …………………………………… 52

五十一、直不疑 …………………………………………… 53

五十一、师出以律 ………………………………………… 54

五十二、公孙弘议事 ……………………………………… 54

五十三、张汤似汤分淡浓 ………………………………… 55

五十四、霍去病 …………………………………………… 56

五十五、务在得人心 ……………………………………… 57

五十六、甘言勿轻信 ……………………………………… 58

五十七、东方朔语 ………………………………………… 59

五十八、班固论政 ………………………………………… 60

五十九、司马光论政 ……………………………………… 61

六十、苏武出使有忠骨 …………………………………… 61

六十一、司马光论治策 …………………………………… 62

六十二、军情勿欺 ………………………………………… 63

六十三、边境无兵有大患 ………………………………… 64

六十四、曲突徙薪 ………………………………………… 65

六十五、子孙当与凡人齐 ………………………………… 66

六十六、班固评霍光 ……………………………………… 67

六十七、司马光论霍光 …………………………………… 68

六十八、五兵谚 …………………………………………… 69

六十九、王褒论贤能 ……………………………………… 70

七十、咸贵中国之仁义 …………………………………… 71

七十一、班固论君臣 ……………………………………… 72

七十二、常平仓 …………………………………………… 73

七十三、司马光论善政 …………………………………… 74

七十四、延寿斩首百姓哭 ………………………………… 75

七十五、孝宣之治　可谓中兴 …………………………… 76

七十六、司马光论事君 ……………………………………… 77
七十七、晓之以理 …………………………………………… 78
七十八、司马光论人君之治 ………………………………… 79
七十九、明圣之治 …………………………………………… 79
八十、了解自己 ……………………………………………… 80
八十一、司马光评孝元帝 …………………………………… 81
八十二、政即正 ……………………………………………… 81
八十三、权衡制宜 …………………………………………… 82
八十四、大将军王商能压阵 ………………………………… 83
八十五、陈汤善谋知外兵 …………………………………… 84
八十六、朝廷大权勿予臣 …………………………………… 86
八十七、刘向上疏论葬仪 …………………………………… 86
八十八、高祖无敌于天下 …………………………………… 87
八十九、国之重器 …………………………………………… 88
九十、博览兼听 ……………………………………………… 88
九十一、刘向建言 …………………………………………… 89
九十二、刘向论礼与法 ……………………………………… 90
九十三、刘秀修经编略 ……………………………………… 91
九十四、社稷之卫 …………………………………………… 93
九十五、疏导与开导 ………………………………………… 93
九十六、贤才难得 …………………………………………… 94
九十七、兵器不能私藏 ……………………………………… 95
九十八、以天下之心为心 …………………………………… 96
九十九、杨雄劝谏 …………………………………………… 97
一〇〇、黄支献犀牛 ………………………………………… 98
一〇一、东海南海北海西海为汉之四郡 …………………… 99
一〇二、王莽主政 …………………………………………… 100
一〇三、宠女失权 …………………………………………… 100

一〇四、人为贵 …………………………………… 101
一〇五、汉的司市钱府 ………………………… 102
一〇六、顺民心合天意 ………………………… 104
一〇七、奉法不避 ……………………………… 104
一〇八、刘秀知人善任 ………………………… 105
一〇九、宣扬美德　天下安定 ………………… 106
一一〇、刘秀自相矛盾 ………………………… 106
一一一、分权与集权 …………………………… 107
一一二、精简官员 ……………………………… 108
一一三、官吏的考核与使用 …………………… 109
一一四、当简天下贤俊 ………………………… 110
一一五、有赏有罚 ……………………………… 110
一一六、盛称虚美令屯田 ……………………… 111
一一七、袁安敢于负责 ………………………… 112
一一八、邓训关心民众疾苦 …………………… 113
一一九、百姓以为便 …………………………… 114
一二〇、司马光论治吏 ………………………… 114
一二一、奉公尽节 ……………………………… 115
一二二、不总大纲失边和 ……………………… 116
一二三、忠良之吏 ……………………………… 117
一二四、以清白吏遗子孙 ……………………… 118
一二五、征求直谏 ……………………………… 119
一二六、司马光论君主与君子 ………………… 120
一二七、古代四十做官 ………………………… 121
一二八、左雄论忠奸 …………………………… 122
一二九、见变思形 ……………………………… 123
一三〇、司马光论政 …………………………… 123
一三一、明君难求 ……………………………… 124

一三二、	杜乔纳谏	126
一三三、	崔实论政	127
一三四、	刘陶上疏	130
一三五、	帝与谛	131
一三六、	投畀有虎	134
一三七、	登龙门	135
一三八、	信任忠良	137
一三九、	唯人万物之灵	139
一四〇、	明哲保身	140
一四一、	舍本逐末	141
一四二、	选用忠贤	142
一四三、	捐舍圣戒	143
一四四、	不舍国土	144
一四五、	宦官之乱	145
一四六、	全胜之道	146
一四七、	战况评判	147
一四八、	自取灭亡	147
一四九、	授人以柄	148
一五〇、	善于教诱	149
一五一、	纲纪经典	150
一五二、	捉放曹	151
一五三、	深根固本	152
一五四、	在德不在强	153
一五五、	秉公服天下	154
一五六、	时代信誉	155
一五七、	因敌制变	156
一五八、	贾诩进劝	157
一五九、	袁绍与曹操	158

一六〇、田丰之策 …………………………………… 158

一六一、《申鉴》大要 ………………………………… 159

一六二、治乱兴废 ……………………………………… 161

一六三、和洽达言 ……………………………………… 163

一六四、开卷有益 ……………………………………… 164

一六五、仁德爱民 ……………………………………… 165

一六六、为治之要 ……………………………………… 166

一六七、为政以安民为本 ……………………………… 167

一六八、司马光论教化 ………………………………… 168

一六九、辛毗谏争 ……………………………………… 170

一七〇、汉中王即皇帝位 ……………………………… 171

一七一、论国家兴衰看民众苦乐 ……………………… 172

一七二、赵咨说吴王 …………………………………… 174

一七三、家道正而天下定 ……………………………… 176

一七四、以逸待劳 ……………………………………… 177

一七五、先胜后战 ……………………………………… 178

一七六、唯贤唯德可以服人 …………………………… 179

一七七、为治有体 ……………………………………… 180

一七八、七纵七擒 ……………………………………… 181

一七九、诸葛亮前出师表 ……………………………… 182

一八〇、复行五铢钱 …………………………………… 184

一八一、诸葛亮斩马谡 ………………………………… 185

一八二、先人以夺其心 ………………………………… 187

一八三、诸葛亮后出师表 ……………………………… 188

一八四、贤人所在折冲万里 …………………………… 190

一八五、张纮遗表 ……………………………………… 191

一八六、羊质虎皮 ……………………………………… 192

一八七、虎狼当路不治狐狸 …………………………… 194

一八八、双面刘晔 …………………………………… 194

一八九、兵者诡道 …………………………………… 196

一九〇、高风亮节 …………………………………… 197

一九一、丞相诸葛亮 ………………………………… 197

一九二、平水与明镜无私 …………………………… 198

一九三、纵欲必亡 …………………………………… 199

一九四、舟水之喻 …………………………………… 200

一九五、天人相遂 …………………………………… 201

一九六、顾名思义 …………………………………… 201

一九七、举其纲振其领 ……………………………… 202

一九八、有容乃大 …………………………………… 203

一九九、治世以大德 ………………………………… 204

二〇〇、十思而行 …………………………………… 205

二〇一、无求不得 …………………………………… 207

二〇二、过消业隆 …………………………………… 210

二〇三、思善生活 …………………………………… 211

二〇四、善始善终 …………………………………… 213

二〇五、为而不恃 …………………………………… 214

二〇六、进不求名退不避罪 ………………………… 215

二〇七、百姓所仰 …………………………………… 216

二〇八、谏诤官 ……………………………………… 216

二〇九、政之大本 …………………………………… 217

二一〇、求其大体 …………………………………… 218

二一一、安者制危 …………………………………… 220

二一二、笃志读书 …………………………………… 221

二一三、送礼者罚 …………………………………… 222

二一四、直臣固胜 …………………………………… 222

二一五、崇俭诘奢 …………………………………… 223

二一六、勿逐正人 ………………………… 224
二一七、昼夜会计 ………………………… 225
二一八、治道哲学 ………………………… 226
二一九、圣贤谋事 ………………………… 228
二二〇、《钱神论》讽 ……………………… 229
二二一、忌政出多门 ……………………… 230
二二二、存不忘亡 ………………………… 232
二二三、五难四不可 ……………………… 233
二二四、刘渊权变 ………………………… 234
二二五、卞庄刺虎 ………………………… 235
二二六、骄奢生祸 ………………………… 236
二二七、重虚名招实祸 …………………… 238
二二八、朝作夕改 ………………………… 239
二二九、张寔征过 ………………………… 240
二三〇、治道述评 ………………………… 241
二三一、世子年长 ………………………… 243
二三二、兼容天下 ………………………… 243
二三三、修城筑台 ………………………… 244
二三四、天人相得 ………………………… 245
二三五、不保永和 ………………………… 246
二三六、大将军陶侃 ……………………… 247
二三七、忠诚耿直 ………………………… 248
二三八、劝粮 ……………………………… 249
二三九、晋室无敌 ………………………… 251
二四〇、评论古今 ………………………… 252
二四一、资用未备　不可大举 …………… 252
二四二、君柄不假 ………………………… 253
二四三、人君执要　人臣执职 …………… 254

二四五、以治易乱	257
二四六、往者不可谏　来者犹可追	258
二四七、兵法十围五攻	259
二四八、天下有法	260
二四九、父债子还	260
二五〇、泊来精英	261
二五一、苻坚宠信慕容评	262
二五二、恩威并举	263
二五三、知止不殆	264
二五四、酒德礼饮	265
二五五、军元赏士不往	266
二五六、结士以心	266
二五七、骄王御度民　未者不亡	267
二五八、用人之道	268
二五九、先计后战	269
二六〇、乾归勇略过人	270
二六一、故名中国	271
二六二、益人神智	272
二六三、射钩斩祛	273
二六四、高困低囚	274
二六五、屈伸有时	276
二六六、勿任爱憎	277
二六七、顺应民心	278
二六八、治理民众	279
二六九、智勇与仁义	280
二七〇、随时任才	282
二七一、延之复书	283
二七二、亦任亦疑忌	285

二七三、思无邪 …… 287
二七四、折箭教子 …… 288
二七五、教育子孙 …… 289
二七六、在德不在险 …… 290
二七七、为治之理 …… 291
二七八、弱肉强食 …… 293
二七九、尊师重教 …… 294
二八〇、元嘉时代 …… 295
二八一、饥饿感 …… 296
二八二、货重物轻 …… 297
二八三、赏罚为治 …… 298
二八四、修撰国记 …… 299
二八五、天地无私 …… 303
二八六、密谋与反叛 …… 304
二八七、铸币有度 …… 310
二八八、好自为之 …… 312
二八九、允好切谏 …… 313
二九〇、官得其才 …… 315
二九一、沈约论道 …… 317
二九二、尊重德义 …… 318
二九三、严谨言行 …… 319
二九四、谢庄守城门 …… 321
二九五、祖冲之新历法 …… 321
二九六、滥钱乱市 …… 323
二九七、宜立长君 …… 324
二九八、开诚心 布敦实 …… 325
二九九、同室操戈 …… 327
三〇〇、罪高佛塔 …… 332

序号	标题	页码
三〇一、	皇帝飞棋	333
三〇二、	坐以待毙	334
三〇三、	沈约评论	335
三〇四、	万世之宝	336
三〇五、	革正其失	337
三〇六、	为政尚宽	339
三〇七、	范镇无佛	340
三〇八、	长城五利	342
三〇九、	劝人从善	343
三一〇、	魏禁图谶	345
三一一、	储积九稔	345
三一二、	唯才是举 官方斯穆	347
三一三、	体恤民苦	348
三一四、	安定民心	349
三一五、	铸钱纪中	351
三一六、	魏祖轩辕	354
三一七、	魏迁中原	355
三一八、	远至四方	357
三一九、	治吏严明	358
三二〇、	不学面墙	360
三二一、	何以是忠	361

资治通鉴译评

一、纲纪为治

选译：

> 天子之职礼最大，礼中之位序上下。
> 区分地位正名分，纲纪分层切如画。
> 天子统之领三公，三公又将诸侯辖。
> 诸侯制约卿大夫，卿治士庶大夫加。
> 上使下犹运手足，枝叶向上根向下。
> 下事上如卫心腹，枝叶庇护本根发。
> 上下相保成机体，国家安保统天下。
> 辨贵贱，序亲疏，裁群物，制庶事。
> 功能有伦礼之经，礼名器者为一家。

据《周纪一》（卷一）

译评：

> 以礼为治有纪纲，统领分层细而详。
> 辨序裁制成系统，通达而治似有常。
> 社会控制有手段，社会信息如穿肠。
> 运行机制尚有序，治理天下有保障。

封建社会自周始，天子并非在天堂。
中央集权一人揽，三公侯卿有担当。
绿色社会农为重，农牧渔业少工商。
若问天下谁最苦，农民生活无保障。
社会分化已明显，地主农民用斗量。
地租剥削农民苦，糠菜充饥鲜有粮。

二、治道效能

选译：

治微力寡而功倍，救著竭力而不达。
履霜即知寒冬至，日理万机防著大。

据《周纪一》（卷一）

译评：

治微要比救著强，社会治理重在防。
早抓先要抓苗头，一抓到底效果良。
遇到问题不要拖，拖大复杂难收场。
时机机遇要抓好，如果错过徒悲伤！

三、唇亡齿寒

选译：

唇亡齿寒通鉴言，安危与共莫等闲。
命运相连和睦处，警惕刀剑插中间。
友好合作求团结，共同抗敌保平安。

韩魏联军战智伯,保赵也是保魏韩。

据《周纪一》(卷一)

译评:

唇亡齿寒理易明,安危与共要看清。
命运相连难割舍,谨防外力进其中。
同体同利相关联,协调一致防贼风。
保齿先要保护唇,唇齿相依能双赢。

四、司马光论德才

选译:

正直中和为之德,聪察强毅为之才。
德为帅,才这辅,德才兼备圣人来。
德胜才气诸君了,才胜德者难免歪。
君子挟才以为善,小人挟才恶事开。
蔽才遗德犹可训,乱臣败子似智伯。

据《周纪一》(卷一)

译评:

德才关系今公开,德才双益受青睐。
德才兼备国所需,开拓创新放光彩。

五、君仁臣直言

选译：

乐羊受命伐中山，三年拔之凯而旋。
文侯封子不封弟，召来群臣谈感言。
众臣唯诺称君仁，唯有任座呛直面。
文侯大怒座被趋，再问翟璜作评判。
翟璜答问很机智，君仁任座吐真言。
反证君仁文侯喜，遂令翟璜请生返。
文侯下殿亲自迎，待为上客仁君见。

据《周纪一》（卷一）

译评：

为君知过能改正，留得人才天地宽。
兼听才能善决断，君臣相知克时艰。
翟璜临机善应变，化解矛盾避风险。
为了正义挺身出，清除乌云见青天。

六、李克论选相

选译：

文侯治政选相国，李克审慎论真格。
全面考察细又严，五项标准逐条过。
平时观其近何人，富足交友观邀约。

地位显著荐哪类,处于困境做什么。
贫穷视其所不取,认可五项可定夺。

据《周纪一》（卷一）

译评：

古之选相很严格,只缘相才能兴国。
任人唯贤今胜昔,公开透明程序多。
能上能下得人心,不辱使命尽报国。
李克选相看人格,作为前提并无错。
能力素质更重要,兴利除弊令人乐。

七、吴起爱兵

选译：

吴起任将近下层,衣食住行与兵同。
关心士卒分劳苦,为兵治病口吸痈。
排除毒汁康复快,深爱即刻化作勇。
父子两代受关爱,杀敌报国同光荣。

据《周纪一》（卷一）

译评：

将军爱兵吸其痈,深爱必然生浓情。
浓情激奋能化勇,爱将爱国一脉承。

八、选相未必选功臣

选译：

魏国宰相选田文，吴起不满不知因。
找来田文问究竟，三摆大功将其军。
统领三军打胜仗，敌国不敢犯国门。
统率百官亲万民，府库充实已非云。
守西门，秦兵惧，韩赵两国愿从宾。
你我三比谁能行，田文回答不如您。
既然相比皆吾下，位居吾上是何因。
田文诚恳答题问，客观大度说理深。
国君年少人忧乱，大臣归附未诚心。
百姓不安未信从，关键时刻需谁人？
吴起思考良久后，宰相还是推田文。

据《周纪一》（卷一）

译评：

屡建奇功是英雄，功臣升任不容争。
但遇百端待举事，大位未必非功臣。
辅助国君非统领，大臣亲附不用兵。
取心于民靠施政，社会安定要善政。

九、选人才用其长

选译：

> 子思卫侯论选人，苟变才能与错存。
> 才能统率五百辆，白吃鸡蛋卫侯浑。
> 因过不敢选苟变，子思良言劝其心。
> 选人犹匠选用木，取长弃短量其身。
> 杞梓连抱有尺朽，良工不弃择优存。
> 勿以二卵弃良将，审视选人卫国门。

据《周纪一》（卷一）

译评：

> 人非圣贤孰无过，过蔽贤能寡人临。
> 选拔人才用其长，扬长避短业日新。

十、国君莫昏庸

选译：

> 自以为是君昏庸，大臣附和发同声。
> 是亦从，非亦从，是非曲直搞不清。
> 一味颂扬得好处，纠错之人不安宁。
> 都夸自己绝聪明，乌鸦不辩雌与雄。
> 国事天天错下去，亡国灭种会降临。
> 卫侯不解问子思，子思劝君要善政。

据《周纪一》（卷一）

译评：

> 自以为是不聪明，乌鸦不辩雌与雄。
> 阿谀求容不度理，君昏臣谄民不从。
> 敢纠错误有灾祸，思过国君方精明。

十一、调查研究知功过

选译：

> 即墨大夫遭人谤，日日传给齐威王。
> 齐王派人去调查，事情并非毁言状。
> 荒地开垦有耕作，百姓富足有余粮。
> 官府没有拖不办，社会安定治有方。
> 威王弄清情况后，即墨大夫受重赏。
> 何邑大夫是另样，称赞天天传威王。
> 威王派人去调查，真实情况不一样。
> 荒地没人去开垦，百姓贫穷闹饥荒。
> 甄邑被攻不救助，薛陵被占不知详。
> 称赞皆因有贿赂，重刑处置齐国强。

据《周纪一》（卷一）

译评：

> 调查研究得实情，赏罚严明邪风停。
> 精尽实情国大治，强于天下多顺风。

十二、立木予金在取信

选译：

商鞅变法思路新，新法颁前先取信。
南门立起三丈木，移置北门赏十金。
百姓觉得很奇怪，有力不敢把手伸。
再日赏至五十金，有人移木至北门。
不等百姓看究竟，立即赏给五十金。
立木予金在取信，新法颁行顺民心。

据《周纪二》（卷二）

译评：

以诚相待，以信求同。
依法治国，国家兴隆。

十三、太子犯法问师罪

选译：

新法施行仅一年，咸阳街头尽呐喊。
传言新法国不利，新令不便秦民烦。
于是太子犯新法，商鞅知阻在上边。
太子乃是继承人，刑罚施之移师虔。
太子二师守法后，遵从法令换人间。

据《周纪二》（卷二）

译评：

推行新法要推力，阻力要知在谁边。
取信于民要用心，克服阻力抓关键。

十四、为宝者异

选译：

齐威王，魏惠王，郊野狩猎神气扬。
魏王声称国虽小，尚有寸珠意气昂。
十颗配置十二乘，浩浩荡荡放光芒。
齐国之大岂无宝，齐王说宝不一样。
我的大臣有四位，镇守四方国安祥。
光照千里胜珍珠，惠王自惭不开腔。

据《周纪二》（卷二）

译评：

珠宝诚可贵，拥有莫陶醉。
人才是国宝，长治最为贵。

十五、坚持主张拒私求

选译：

申子原为郑国臣，学习黄老润其身。
主张刑名有威望，以法治国顺时针。
昭侯重用做宰相，国治兵强震四邻。

不害有功私欲起，为兄请仕乱了伦。
昭侯不允申怨恨，君臣关系一时紧。
韩君耐心讲道理，请你治国有原因。
是听请托弃主张，还是主张拒私心。
论功任用曾传教，私利请求何是闻？
申子退殿请治罪，高赞国君确认真。

据《周纪二》（卷二）

译评：

坚持原则要始终，莫让私心把路封。
以法治国利国民，天下为公受欢迎。
如要退步求私欲，上下一致行不通。
自讨无趣事乃小，主张正确谁推行。

十六、轻敌轻信入网罗

选译：

魏国轻敌国为弱，庞涓轻信铸大错。
齐军示弱以诱敌，万弩齐射魏军没。
庞涓刎颈死悔恨，竖子之名马陵坡。
魏攻韩国齐国援，骄军太子入网罗。

据《周纪二》（卷二）

译评：

自恃悍勇不用心，弱兵示怯假为真。
不识战场真面目，马陵道狭伏兵神。
自古轻敌不知己，大意常常见鬼魂。

轻信不知兵多诈，损兵折将己灭存。

十七、田文求谏止过

选译：

田文受聘到楚国，楚王赠给象牙床。
象床贵重值千金，登徒直送无胆量。
公孙戍知真情后，面陈田文不敢当。
小国致印于君者，君能振兴国力强。
今始至楚受牙床，未至之国何以方。
田文觉得进谏好，立即表示不受床。
门板上面写告示，止文之过速面讲。

据《周纪二》（卷二）

＊田文：孟尝君。

译评：

闻过则喜左传令，知过改过代有人。
田文受谏明是非，公开求谏请面陈。
人非圣贤谁无过，文过饰非无利存。
思路正确常警醒，莫让过错毁了身。

十八、至诚求贤士

选译：

燕昭王，好心肠，吊死问孤抚民殇。

找来郭隗求贤士，诚待贤士求国强。
　　隗以左君求马事，死马亦马有思量。
　　千里马死五百金，生马纷至大排场。
　　必欲致士从隗始，千里贤士向昭王。
　　昭王是理隗改宫，以隗听事美名扬。
　　贤士闻风争赴燕，要以重任为政忙。

据《周纪三》（卷三）

译评：

　　至诚求贤，以贤聚才。
　　以信广纳，以用为治。
　　典型示范，贤士供来。

十九、公叔胡服上朝

选译：

　　赵武灵王视北国，胡服骑射遂定夺。
　　富国强兵乃大计，国人不欲叔不可。
　　赵王派人请求叔，以理相见语有辙。
　　治国有常本利民，从政有经令开河。
　　明德先从百姓始，从政权贵先动作。
　　愿慕公叔示大义，成就胡服功可歌。
　　公子成，再施礼，四话之理何其多。
　　圣贤之教古之道，礼乐之用不可挪。
　　今王舍比袭胡服，逆人之心图其何。
　　使者回报武灵王，赵王亲自做工作。
　　回顾已往辱国事，有备无患要变革。

变顺骑射消旧愁,顺俗恶变非望所。
公叔听后即听命,胡服上朝令鸣锣。

据《周纪三》(卷三)

译评:

走出国门观异风,留心观察思路清。
相互对比学先进,齐先思变非一功。
军事装备要变革,强国之理统上层。
权贵先行作示范,政令实施一路通。
服饰文化是军力,装备先进亦决胜。
强军卫国有多项,有备无患要紧拧。

二十、齐人王蠋　宁死不屈

选译:

燕军环围三十里,派人请蠋来做官。
贤蠋示谢不出城,不来屠城在眼前。
王蠋说:
忠君不仕二君,烈女不嫁二男。
国破君亡不复,欲兵威逼苟安。
与其不义而生,不如死得尊严。
颈于树枝经系,自奋绝胫凛然。

据《周纪四》(卷四)

译评:

忠臣忠国更忠君,国破君亡伤透心。
不义而生至于耻,宁死不屈留自尊。

二十一、相如大义　完璧归赵

选译：

赵王得楚和氏璧，秦昭王欲顿时生。
以城换璧出奇招，十五换一有隐情。
赵王不予畏秦强，予之又怕被欺蒙。
当即讨问蔺相如，如何应对璧换城。
相如说：
城璧不易曲在赵，得璧失言曲在秦。
权衡二策何作为，宁许弃诺归于秦。
臣愿捧璧去秦国，秦城不入完璧归。
赵王遂派蔺相如，以璧换城至于秦。
秦王无意偿赵城，相互即将秦王蒙。
遣从怀璧复归赵，以身待命受于秦。
昭王未诛礼放归，相如归赵官即升。

据《周纪四》（卷四）

译评：

以强凌弱事不公，以城换璧假惺惺。
世有相如大智勇，受命捧璧去秦城。
识破诈谋璧归赵，一身正气应对秦。
铮骨震撼秦昭王，交换不成仁义存。
邪不压正自古有，要让正义天下伸。

二十二、先国之急将相和

选译:

秦王使人告赵王,愿为和好会渑池。
赵王不想去赴会,廉蔺知情即施计。
如果赵王不参加,示赵弱怯不明智。
赵王遂行相如从,廉颇送行立秘籍。
会于渑池酒酣畅,赵王受请鼓瑟一。
相如请王来击缶,秦王不肯气氛急。
相如说:
五步颈血溅大王,秦王近臣欲刃逼。
相如怒目大声叱,左右皆靡退下去。
秦王无奈施一击,风头未出反而低。
直到酒会完毕时,赵王未受秦王欺。
赵国早已有准备,秦国不敢以武驱。
赵王亲历识相如,任为上卿官升级。
廉颇闻之气似极,身居战功未能提。
而今位居素贱下,扬言见蔺必辱之。
相如闻之不与会,每朝称病不出席。
出而望见引车避,舍人不解以为耻。
相如举例论所以,以理喻人弥分歧。
秦王之威我敢叱,辱其群臣令其灰。
不与将军比高下,秦兵不敢犯国门。
两虎共斗不俱生,先国之急后私疾。
廉颇闻后有感悟,负荆请罪登蔺门。

将相建立刎颈交，文武和好传甲谊。

据《周纪四》（卷四）

译评：

论功行赏世风行，功德业绩有公评。
国家利益居上位，无论何人都得从。
纵然身怀报国志，旦等国家有令行。
个人私见如飞尘，精诚团结求共荣。

二十三、田单抗燕　多谋善断

选译：

田单抗燕有奇招，车轴特为铁皮包。
他人车断当俘虏，田单一族能出逃。
齐国大部燕军占，莒城即墨被围剿。
即墨大夫被战死，拥立田单守城壕。
燕军乐毅攻两城，一年未克退筑巢。
乐毅好施抚民术，齐人受益心动摇。
三年过去城未破，乐毅昭王仍修好。
昭王去世惠王继，惠王乐毅不合槽。
旧有矛盾未消逝，田单反间奏了效。
燕军换将乐毅走，将士愤愤气冲霄。
田单频施连环计，燕军不识上圈套。
田单家家设祭坛，院摆祭食迎神道。
不见神灵飞鸟到，"神鸟"群飞天天闹。
正在燕军疑惑时，神兵神师被创造。
田单立即令传谣，以怕误导燕军糟。

齐军俘虏被割鼻，齐兵祖坟被恶刨。
齐人观之齐愤恨，军民上阵斗志高。
披甲士兵打埋伏，老弱妇女登城眺。
派人向敌示投降，募集金银去慰劳。
燕军见状喊万岁，戒备松懈乐陶陶。
田单城中再施计，千牛彩龙角带刀。
油脂苇草绑牛尾，夜下点燃火牛嚎。
冲出城墙预制洞，五千壮士手举刀。
燕军临阵惊失色，乱作一团争溃逃。
骑劫大将被杀死，齐军追杀如浪涛。
往日失城全收回，襄王回国喜眉梢。
田单被封平安君，美名传颂功自高。

据《周纪四》（卷四）

译评：

田单临危守战壕，铜心铁胆斗志高。
多谋善断皆顺成，出奇不意多猛招。
诈术连连敌中计，战术变化连环套。
日有飞鸟示神兵，夜有火龙似飞刀。
伏兵奇正如圣战，燕军大败乱溃逃。
欲知战场真面目，出奇制胜无坐标。

二十四、田单攻狄　问鲁仲连

选译：

田单准备攻狄城，前往拜见鲁仲连。
鲁说狄城攻不下，田单不知事由缘。

自称即墨打败燕，齐国沦亡又复原。
不辞而别攻狄城，三月下来心不甘。
齐国童谣有讽刺，田单这才把心担。
再次请教鲁仲连，攻城不下找根源。
鲁仲连，敢直言，攻防状态不一般。
防城时艰不怕死，同仇敌忾欲奋战。
宗庙灭失无可往，死拼才能破了燕。
当今将军有奉娱，黄金横带腰间缠。
尽享生乐无死心，安逸何能有胜战。
田单听后示认同，次日前沿去督战。
手持木槌擂战鼓，鼓舞斗志战犹酣。
狄城终于被攻破，问道明志齐奋战。

译评：

兵无斗志将享乐，攻城尽然屡受挫。
官兵一致不怕死，堡垒再坚也能破。
攻防之战常交错，知己知彼要把握。
正义之师激正气，万死不辞奏凯歌。

二十五、赵奢收税不阿贵

选译：

赵国赵奢管收税，秉公执法不阿贵。
平原君家不纳税，九名管事被治罪。
平原君怒不可遏，要杀赵奢护尊贵。
赵奢临危施以理，执法不能容权贵。
法若阿贵法削效，国家衰亡失富贵。

凭您公子这尊贵,若能执法也纳税。
上下公平人皆说,公平合理国富倍。
国君亲贵更尊贵,怒气顿消不问罪。
亲荐赵奢管国税,公平合理征赋税。

据《周纪五》(卷五)

译评:

用一良臣放一灯,下能安民上明君。
得人心者有天下,民富国强万户宁。
权贵纳税与民同,公平合理天下通。
骄奢淫逸不缴税,国库空虚无力撑。

二十六、疼爱子女当远谋

选译:

秦国攻赵占三城,太后派人搬齐兵。
齐国出兵有条件,人质要求长安君。
太后听后不愿意,齐人条件不放松。
大臣再三劝太后,太后警告防脸红。
触龙闻讯见太后,慢慢走进问安宁。
待到气氛适合时,左师开口诉心情。
最小儿子不争气,我已衰老偏爱疼。
冒着死罪禀告您,允其补缺守王宫。
虽然只有十五岁,趁我死前托于您。
太后应允问触龙,丈夫也重少子情?
触龙趁机顺其意,甚于妇人天下同。
太后笑说妇异甚,触龙当面将理云。

太后特别爱燕后，厚爱超过长安君。
太后称君看过头，爱女不若长安君。
触龙接着表实情，爱子当为谋远深。
媪对燕后念其远，祭祀祝之勿返程。
岂非为之计长久，子孙相继王位宁。
太后称赞有道理，触龙深问太后听。
从今开始三世前，赵王子女续侯零。
太后听得入了神，追思前世亦赞同。
触龙思路步步深，由近及远论古今。
王之近者祸及身，远者灾祸留子孙。
不是子孙都不善，而是位尊却无功。
奉厚无劳丰宝物，设于谁手也不容。
长安君今有尊爵，肥沃田地又加封。
宝物不缺缺立功，为国立功应即行。
一旦江山有意外，托赵自有长安君？
太后听劝动了心，送子赴齐上路程。
齐国见了长安君，齐师为赵出援兵。
秦国见势兵退去，赵国从爱免欺凌。
国王年少太后持，从长计议国家宁。

据《周纪五》（卷五）

译评：

疼爱子女看前程，首思为国能立功。
不做大官做大事，小事不拒样样行。
望子成龙父母心，理想现实要合成。
机遇来了有准备，不求大位求为公。
儿孙自有儿孙福，福祉尚在自奋中。
把子拴在永乐宫，不知世事无人情。

不知民心在何处，为子远谋也虚空。
太后立足在宫门，人心所得重子孙。

二十七、胶柱鼓瑟　纸上谈兵

选译：

秦军寻战在长平，长平守军不能赢。
大将廉颇兵不动，等待时机再出征。
赵军屡屡吃败仗，国君焦虑怒气冲。
廉颇正处困难时，秦军反间又心攻。
声言秦军怕赵括，廉颇将降赵括充。
赵王中计换廉颇，赵括代将到军营。
相如进谏赵国君，不要据名搞任用。
赵括死念赵奢书，粘柱鼓瑟不出声。
不知情况去用兵，问题严重君不听。
赵括父母发了声，对子任将不认同。
父称儿子学兵法，自以为是不高明。
高谈阔论用兵事，以为战事亦轻松。
枪战舌战大不同，纸上谈兵终不成。
如果任为大将军，搞垮军队国不宁。
母亲上书给赵王，不可使括为将军。
赵王问其为什么，答说父子不相同。
其父当了大将军，舍饭疏财中下层。
接受任命那一天，不问家事忙不停。
赵括当了大将军，大王赏赐藏家中。
每天察看好房地，能买就买私心重。

赵括不似其父亲，二者心境不相同。
希望大王别任命，他若有罪我不承。
赵王许之不随坐，不弃赵括仍决定。
秦王闻括任赵将，调兵遣将来因应。
赵括至军更约束，易置军吏乱军营。
情况不明决心大，欲击秦师出了兵。
粮草断绝受袭击，赵军失利钻瓮中。
没有补给没援兵，数次突围被死封。
赵括率兵上肉搏，身先被射丧了命。
内乱外患将已死，全军覆亡赵国惊。
粘柱鼓瑟无国韵，纸上谈兵一场空。

据《周纪五》（卷五）

译评：

出自名门情自高，高谈阔论无实招。
纸上谈兵论胜负，谁人相信谁挨刀。
兵家子弟兵家晓，儿子无能实禀告。
赵王耳塞听不进，坚持任命不动摇。
战场不是演沙盘，进攻防御相逼刀。
空谈之将身先死，兵败国危风雨交。
用对一人危转安，用错一人无退桥。

二十八、为国自荐显才能

选译：

秦国攻赵兵围城，赵王运筹求援兵。
赵胜受命来率团，文武十九差一名。

余无可取正犯愁，毛遂自荐随团行。
赵胜对着毛遂说，贤士处理有才能。
锥子装囊尖即露，无须他人到处寻。
先生入门三年整，我未听到赞扬声。
没有赞扬没特长，留到门下当先生。
毛遂随即来应变，今天请求处囊中。
假若老早有机会，整个锥子露身容。
赵胜被允一起去，讥笑目光冷如冰。
赵胜率团到楚国，谈判即早就进行。
利害之间谈合纵，直到中午未合拢。
毛遂按剑登大殿，重话说出叫人听。
联合抗秦两相利，辨明利害事即成。
日出谈判到正午，结果不定何去从。
楚王见状发了怒，呵斥毛遂退下听。
谈判之事有赵君，你来做事礼不容。
毛遂不退反而进，手按剑把再发声。
大王敢于怒斥我，乃是仗势来逞凶。
而今十步无楚兵，王命握在我手中。
当着我的主人面，呵斥原因你说清。
汤七十里统天下，文王百里可使侯。
岂是依靠官兵多，乃是他们有才能。
楚国领土五千里，百万大军可称雄。
资源雄厚谁与比，天下无敌谁能赢？
秦将白起不出名，率兵攻楚称英雄。
首仗竟能占鄢郢，再仗野蛮烧夷陵。
羞辱楚人及祖宗，赵国也感太无情。
大王不知恶多重，前事不忘后事清。
联合抗秦签盟约，楚赵互利不可争；

赵王听了似顺风,楚赵签约结了盟。
赵胜回到赵国后,毛遂即刻被提升。

据《周纪五》 (卷五)

译评:

应招应试人自行,门庭若市无冷风。
虽有多数未选中,少数精英被热宠。
其实自荐也是应,单枪匹马遭戏弄。
毛遂促楚签盟约,一介门丁成英雄。
传统观念枝连根,被召被录为正宗。
自告奋勇被讥笑,不知英雄在此中。
现代竞选亦自荐,能否当选票数定。
施政能否合民意,民心最终作裁评。

二十九、毁廉三遗矢

选译:

赵以廉颇代宰相,讨伐魏国取繁阳。
赵王辞世子继位,廉颇被替乐乘上。
廉颇怒攻武襄君,乐乘兵败弃武襄。
廉颇逃亡到魏国,他乡不信思故乡。
赵军屡被秦军困,赵王思谋廉颇相。
赵王派人去考察,视颇能否派用场。
廉颇仇敌得信息,贿金使者插一杠。
使者收了郭开金,名为考察实毁谤。
廉颇见到使者后,显示自己身体棒。
一顿吃掉一斗米,另外还有半只羊。

披甲上马气豪爽,展示一个好形象。
心想留下好印象,使回赵国有用场。
使者回国见赵王,声称廉颇好饭量。
跟臣相坐不紧张,倾之遗矢有三趟。
赵王听后很无奈,老将上马梦一场。
奸佞当道误国事,苦果降临谁来尝。

据《秦纪一》(卷六)

译评:

派出使者严求忠,信息密闭无闻听。
不给奸佞留缝隙,不让贿金毁使命。
能吃能拉好事情,健康骁勇有威风。
正确判断不失误,偏听偏信落了空。
奸佞当道史有踪,治吏不严毁国风。
明君用人不糊涂,知人知面知心灵。

三十、良将李牧

选译:

良将李牧戍北边,驻守代雁防外患。
有权自行设置吏,市租收入归府办。
士卒开销用租金,日宰数牛做士膳。
练习骑马与射箭,严禁烽火派暗探。
匈奴入盗急入堡,有敢捕匈则处斩。
匈奴每次来入侵,收兵归营不击反。
没有伤亡与损失,安全坚持好几年。
李牧内外蒙怯懦,赵王也把李牧怨。

任凭上下有责备，李牧依旧守如前。
赵王不解生了气，李牧职务被调换。
匈奴趁机来进犯，赵军迎击不划算。
士兵伤亡损失大，边民耕牧不安全。
赵王再请李牧守，李牧称病不出山。
赵王强令李牧任，李牧坚称守如前。
赵王答应李牧再，李牧复守雁门关。
军令如故对匈奴，匈奴看法也未变。
官兵天天得赏赐，无事反而想征战。
李牧趁势总动员，组织起来做演练。
有次大放牛和羊，边境牧人全布满。
匈兵小股来入侵，边兵装败丢人散。
单于闻讯放大胆，率领大军来进犯。
李牧摆下奇异阵，包抄夹击去应战。
打垮匈奴灭重兵，边境安全十数年。

据《秦纪一》（卷六）

译评：

李牧戍边又建边，生产自给又训练。
边府收入有市租，士卒生活能改善。
严明军纪禁烽火，对敌侦察派暗探。
小股袭扰善应对，保全自己保边安。
匈奴大军来进犯，重拳出击求全歼。
原来里外被误解，大略治边换新颜。

三十一、项羽求学不用功

选译：

少年学习不用功，认字写字心不诚。
半途而废学剑术，剑术如刮一阵风。
叔父项梁怒而训，项羽分辩表心声。
学字只要记姓名，学剑只挡一个人。
如是学习不值得，学敌万人才如虹。
项梁改之教兵法，项羽心里很高兴。
但是稍知兵法意，不肯学懂又弄通。
项羽身高八尺余，才气过人能扛鼎。

据《秦纪二》（卷七）

译评：

学敌万人心志宏，学习要做大事情。
身高力大好本钱，思维正确万事通。
一鱼能做一次餐，学渔能有一世功。
少年崇力德缺失，霸王别姬史留名。

三十二、天子蒙贵深居宫

选译：

公元前二零一年，始皇巡行途中崩。
赵高李斯相密谋，遗诏要了扶苏命。
胡亥立为秦二世，遂使赵高得恩宠。

赵高得势报私仇，一时成为害人精。
恐怕朝奏被揭发，暗语又把天子蒙。
天子为何那高贵，只缘不与大臣同。
天子声音能听到，而却不能见面容。
陛下年轻未通晓，当朝务政难周正。
为了显示您神圣，陛下不如深居宫。
内廷官吏接臣奏，惑乱是非臣不送。
垂手可知显圣君，不坐朝廷呆深宫。
赵高居中用大权，大权独揽乱朝政。

据《秦纪三》（卷八）

译评：

古有皇位子继承，儿皇还须近臣捧。
确有忠臣显精诚，忠心不改捧一生。
也有奸佞是假忠，皇上一死就变心。
趁机弄权操朝政，宫廷乱政国不宁。
赵高弄权可警世，君侧尚须无限忠。
若有集团当正道，纵有危机也不惊。
青黄不接存变数，莫让奸贼钻了空。

三十三、丞相难见秦二世

选译：

赵高五官能通天，非议天子能听见。
耳闻丞相有非议，专找李斯进参言。
关东群盗结成网，皇帝加紧选宫殿。
收集狗马无用物，臣欲进谏却位贱。

此乃丞相职上事，为何不把皇帝劝。
李斯声言早想谈，只缘皇帝不朝见。
想说之事不能转，拜见皇帝又不闲。
果真你要劝皇帝，我来为你找时间。
皇帝何时有时间，我即通知你来见。
赵高心中暗盘算，专等二世作乐宴。
美女娇侍围一圈，安排李斯来求见。
李斯进宫来求见，多次竟是君乐宴。
二世为此发了怒，拒之宫外不见面。
平时空闲那么多，为何不来宫里面。
我去欢乐你来见，轻视还是找难堪。
赵高趁机加谬见，丞相欲王而求见。
丞相儿子叫李由，三川郡守为置闲。
陈胜丞相是邻县，楚地盗贼闹三川。
郡守不肯打盗贼，听说他们有通函。
丞相身居宫廷外，实际权力大于天。
二世听后以为是，欲案丞相来查办。
恐怕情况不确实，派人调查再决断。

据《秦纪三》（卷八）

译评：

受命秦皇建伟功，官至丞相有盛名。
到了二世仍尽力，但有赵高难再生。
见谏时难辩亦难，命悬一线难尽忠。
赵高奸计频频出，自留宫中敲丧钟。
皇权单传似豆芽，宦官专权倒栽葱。
法家无治难继业，只等社会风暴冲。

三十四、刘邦请郦生谋

选译：

沛公住高阳，派人叫郦生。
郦生来拜见，沛公看人轻。
伸脚坐床边，二女洗脚心。
郦生进去后，作揖不跪身。
郦生先开言，直接问沛公。
足下欲助秦，还是欲破秦？
沛公听话烦，破口骂郦生。
天下同苦秦，何谓去助秦。
郦生回敬道，攻秦宜轻人？
沛公忙整衣，站起请郦生。
郦生坐上位，沛公歉意真。
六国纵横谈，沛公喜盈心。
赏赐郦生食，问计何从兵。
起纠合之众，收散乱之兵。
径直去攻秦，虎口去送命。
陈留处要道，四通八达境。
城中存粮多，好友当县令。
允我使陈留，劝降求成功。
假如不听劝，足下就发兵。
我则做内应，配合尔进攻。
郦生前面走，沛公率兵跟。
陈留令投降，郦生计谋成。

据《秦纪三》（卷八）

译评：

　　待人莫傲慢，有礼人至诚，
　　你诚人也诚，双诚出精诚。
　　诚用一智士，能下一座城。
　　敢用一计谋，胜用十万兵。
　　人心须诚铸，人心决输赢。
　　人心是何物，将心比心明。
　　达官莫显贵，贵在得人心。
　　人心有多大，天下在其中。

三十五、忠言逆耳利于行

选译：

　　刘邦沛公乃一人，到了秦国生怡心。
　　秦宫富丽又豪华，意欲留居秀青春。
　　樊哙赶紧劝沛公，要以天下为己任。
　　华丽奢侈要不得，急回霸上离秦宫。
　　沛公不听樊哙劝，张良接着劝沛公。
　　秦政暴虐又无道，为知实情来此行。
　　铲除暴君为天下，应以俭朴为本宗。
　　现在刚刚入秦宫，便以安乐迷了心。
　　世上暴君尚未除，却以享乐继暴君。
　　希望听从樊哙劝，别在此处多痴情。
　　沛公听后回霸上，带领军队等出征。
常言道：
　　忠言逆耳利于行，良药苦口利于病。

沛公终受忠言劝,离了秦宫进汉宫。

据《汉纪一》（卷九）

译评：

奢侈豪华能诱人，头脑不清欲断魂。
不记自己为何来，忘掉自己原身份。
如果曾有天下志，勿让酒色伤了身。
照照镜子听听劝，抖擞精神往前奔。

三十六、约法三章得民心

选译：

刘邦一攻下咸阳，约法三章把名扬。
父老豪杰都召集，声讨秦法把民伤。
我跟诸将有约定，谁先入关谁做王。
我先入关我做王，三条法律对众讲。
若杀人者处死罪，伤人偷盗以罪杠。
其余秦法全废除，官民照旧不变样。
我们进关来除害，希望大家别惊慌。
关中百姓特高兴，争先恐后来犒赏。
沛公再三做辞让，声言仓库不缺粮。
百姓听后更高兴，唯恐沛公不做王。

据《汉纪一》（卷九）

译评：

破旧立新关中王，为民除害有犒赏。
约法三章安民心，除去秦法民心扬。

为民安民不费民，民恐沛公不为王。
欲知民心有多贵，贵民爱民勿轻妄。

三十七、不识好歹烹韩生

选译：

戏水之西居数日，项羽发兵去西征。
同仇敌忾气势猛，一举拿下咸阳城。
夺城难消心头恨，举刀滥杀老百姓。
秦王子婴已投降，仍未逃过被杀命。
秦朝王宫被烧毁，大火燃烧百日红。
秦宫财宝被收取，美女惶惶回关东。
关中百姓太失望，刀光剑影心头惊。
韩生见情劝项羽，关中山河四面屏。
土地肥沃物产丰，都可以把大业成。
项羽观瞻尽废墟，心里想着故乡行。
富贵不知回故乡，如着盛装夜间行。
天下富贵谁知道，韩生劝言不待听。
韩生退而不消说：
人说楚人沐猴冠，果真如此人皆仍。
项羽听后怒气生，韩生遭烹受酷刑。

据《汉纪一》（卷九）

译评：

滥杀百姓和降王，无法无天逞凶狂。
烧毁秦宫不解恨，文明变成瓦砾场。
关中宝地不知取，一心想着回故乡。

掠取财宝变富贵，流传家乡有名堂。
韩生善言恳劝导，不知项羽啥心肠。
韩生戏言猴戴帽，项羽敢用开水烫。
不知民心不听劝，霸王别姬先开样。
项羽仅此见小样，以此警世镜子亮。

三十八、萧何推荐韩信

选译：

项梁部下不出名，隶属项羽做郎中。
韩信多次献计策，项羽一直没采用。
刘邦率军进蜀地，韩信归汉也未名。
连敖做官判死刑，临刑仰见夏侯婴。
韩信 问动了心，滕公手下留了情。
释放韩信报汉王，汉王任职未重用。
韩信屡次跟何谈，萧何对信很看重。
汉王率军至南郑，恋乡将士离军营。
韩信于时心揣度，不被重用离汉军。
萧何闻讯急出动，未报汉王先追踪。
有人报告汉王说，丞相萧何逃离营。
汉王大怒如断臂，萧何竟能如此行。
翌日萧何见汉王，汉王生气又高兴。
责骂萧何为甚逃，何说非逃乃追寻。
汉王是问去追谁？何答追的是韩信。
汉王说：
将士逃数未追一，说追韩信不予信。

萧何说：

众将易得韩难得。

如果永做汉王中，韩信那就不待用。

如果打算夺天下，统一天下需韩信。

汉王说：

我也打算指向东，怎能愁闷在汉中。

萧何说：

大王计策定向东，重用韩信事必成。

要是不能重用之，韩信终归要离境。

汉王答话很爽朗，信任韩信做将军。

萧何说：

做了将军未怕留。

汉王说：

任命他做大将军……至拜大将一军惊。

据《汉纪一》（卷九）

译评：

汉王一向很傲慢，知人善任犹可训。

萧何慧眼识人才，一再推荐不吝心。

心想统一天下事，大材必用务留人。

汉王萧何用韩信，征战顺遂日有新。

三十九、背水列阵活用兵

选译：

汉高帝，三年冬，韩信张耳向东征。

赵王陈余闻讯后，集结部队在井陉。

布防大军二十万，迎接攻赵几万兵。
李左车，劝陈余，韩信张耳来远征。
乘胜之势有锐锋，认真应对不可轻。
我听说：
千里之外供军粮，士兵用粮难补充。
拾柴割草来做饭，军队常会肚肠空。
井陉今有这条路，路面狭窄可利用。
骑兵不能排成列，车辆不能并着行。
行军拉开几百里，随军粮草难前行。
请拨三万突击队，截断粮草和辎重。
您就坚守深挖沟，高筑营垒不出兵。
他们前进无仗打，后退无路可选行。
荒野没有食物取，不到十日奇迹生。
韩信张耳两将头，便可送到您军营。
如果不能这样做，便会被韩张来擒。
陈余自称是义兵，阴谋诡计不操弄。
兵少而疲避不击，必引诸侯来伐攻。
韩信暗中探军情，陈余信息握手中。
率军径直向前进，井陉口外远宿营。
夜半时分信传令，两千轻骑齐出动。
每人手拿小红旗，上山隐蔽察军情。
交战我军示后退，赵军追赶空其营。
你们迅速入赵营，拔掉赵旗我旗升。
又命副将送食品，打败赵将再共用。
众位将领不相信，只是假意来应承。
韩信说：
赵军已经抢先行，占利地形扎了营。
不见我军大将旗，不肯出兵打先锋。

因怕我军到险地,遇阻就会撤了兵。
信派一万打先锋,背对河水摆开型。
赵军见后捧腹笑,讥笑韩信傻用兵。
韩信挥师天蒙蒙,大将旗鼓出井陉。
赵军开壁来迎击,双方激战太阳红。
韩信假装丢旗鼓,逃回河边大本营。
河边部队开营门,两军兵刃血沐风。
赵军果然倾巢出,争抢旗鼓追韩兵。
韩信坐镇河边营,拼死奋战全军勇。
两军鏖战天地惊,韩信突然出骑兵。
飞驰奔袭赵军营,拔旗插旗快如风。
赵军无望想回营,但见营中汉旗红。
惊惶失措兵大乱,自相残杀无军容。
汉军夹击败赵军,陈余汦水丧了命。
赵王歇,被活捉,背水一战获成功。
将领列出兵法新,这次您却不相同。
韩信声称兵法是,只是你们未留心。
兵法上说:
"陷之死地而后生,置于亡地而后存。"
我军大多自平民,未经训练来充军。
置于死地来作战,各自为战求生存。
倘若为之留活路,能逃谁去打冲锋。
诸将听后才明白,兵法原来要活用。

据《汉纪二》(卷十)

译评:

楚汉相争井陉战,四万战胜二十万。
赵军防守逸待劳,汉军疲惫千里战。

左车建议未采纳，汉军粮道未切断。
汉军集结近咫尺，前锋背水有盘算。
赵军见状不用心，讥笑韩信傻瓜蛋。
韩信奇兵又诈谋，赵军将领把命断。
赵歇被擒当俘虏，不会用兵命运惨。
以少胜多进攻战，活用兵法资治鉴。

四十、韩信知人善任

选译：

井陉之战韩信赢，事中了解广武君。
李左车乃广武君，韩信欲得赏千金。
有人捉住李左车，随即送到韩信门。
韩信见到李左车，立即松绑格外亲。
以师礼待坐朝东，当即请教广武君。
北攻燕，东伐齐，如何才能建功勋？
广武君推辞说：
我本兵败阶下囚，哪有资格谋划军？
韩信说：
百里奚在虞国亡，而在秦国秦则强。
并非愚虞而智秦，而在国君仁不仁。
仁者智，智者仁，问题根子在国君。
国君用您且听您，事情结果而非今。
倘若陈余用您计，我则早就被您擒。
只缘他不用您计，我才把您请进门。
我以真心听您计，请勿推辞当面陈。

广武君于是说：
如今将军过西河，魏王俘，夏说擒。
东下井陉扫赵军，一举杀了成安君。
名闻海内威天下，农民震慑放弃耕。
只图吃好又穿好，倾耳以待发号令。
这是将军之所长，将军心知肚又明。
但是将军应清醒，民苦兵疲难用攻。
如果疲兵去围燕，交战强攻不可能。
情况暴露威势减，旷日持久粮耗尽。
燕不投降齐恃强，燕齐与汉相比拼。
刘项谁强难分晓，用兵之短现其形。
善兵不以短击长，以长击短乃常情。
韩信悉言再问计，按兵不动暂休整。
安抚赵国老百姓，百里肉酒犒将领。
部队向北指向燕，派人向燕去攻心。
燕国见势知长短，无可奈何即听从。
燕已顺服威临齐，齐无谋划国运穷。
天下大事何其多，如是而以可成功。
用兵之道有原本，先造声势而后行。
韩信听得入了神，照李计谋出了兵。
派遣信使赴燕国，燕国闻讯即顺从。
……

据《汉纪二》（卷十）

译评：

人说韩信善用兵，人才入了韩信营。
世有人才待开发，俘虏为师也拜从。
一信送去使人服，一计能让彼国从。

不是人才行不行，而是人才待重用。
刘项力殊知根底，谁重人才谁能兴。

四十一、刘邦夺天下

选译：

刘邦称帝在洛阳，南宫置酒请侯将。
诚请不敢隐瞒朕，皆言其情不要慌。
刘得天下项失之，原因何在请诸讲。
高起王陵答对说，陛下攻地利共享。
项羽疑妒有功者，二者原因不一样。
刘邦说：
运筹帷幄，决胜千里，我比不上张子房。
安定国家，抚慰百姓，供给军需，
粮道通畅，我比不上萧何将。
指挥百万大军，战必胜，攻必克，
我比不上韩信将。
这三人，皆人杰，我能任用，
夺取天下如翻掌。
项羽只有一个范增还不信用，
被我擒获不冤枉。

据《汉纪三》（卷十一）

译评：

但凡人才世事明，诚心任用有奇工。
杰出人才诚可贵，先机争取重利用。
子房萧何和韩信，协助刘邦获成功。

世有人才天下争,争得人才国盛兴。
培养人才更重要,因材信用要高明。
今有分工一年行,三六六行都向荣。

四十二、冒顿知地不能给

选译:

东胡乃是种族名,位置处在匈奴东。
听说冒顿立单于,便派使者访冒顿。
欲得头曼千里马,冒顿向臣去征询。
大臣们说:
千里马是匈奴的宝马不能给。
冒顿说:
邻国不吝一匹马,于是将马作礼送。
不久,东胡使者对冒顿说:
要单于的一个爱妻。
近臣愤怒东胡不讲理,
不送女子派兵征。
冒顿说:
处邻国不吝一女子,
便把爱妻作礼送。
东胡得到宝马与女子,
要求占有共边的千里地。
冒顿再次问大臣,有大臣说:
"这片闲置的土地给不给都可以"。
冒顿大怒说:

土地是国家之本，怎么能奉送！

随即杀掉说给地的大臣。

冒顿立刻动员大军袭击东胡。

东胡轻视冒顿，顷刻瓦解，灭于冒顿。

据《汉纪三》（卷十一）

译评：

互通有无乃风情，要求宝物可通融。

夺人之妻亦可忍，国土绝对不奉送。

一女一马不足惜，一寸国土不许侵。

边界共享可协议，谁想独占不留情。

冒顿处事尚宽容，守土如命可资镜。

四十三、躬行节俭示子孙

选译：

二月皇上到长安，萧何修建未央宫，皇上看见未央宫十分壮丽，愤怒而不安，说："天下纷乱，多年劳苦，成败不测，过度治宫为哪般？"萧何说："正因天下未定安，可以趁机把宫建，天子以四海为家，壮丽庄重威势鲜，后世无须再加参。"皇上听后笑开颜。

司马光评论说：

王者以仁义道德为美谈，没听说过凭宫室豪华镇服天下安，天下未定应克己节俭救民急需，以建造宫室为先，难道能说知道哪事要急办？古时候，夏禹宫室很卑陋，夏桀却把豪宫建，创业传世的君主，躬行节俭以示范，但是他的末世子孙尚且还会陷入淫泥潭，更不要以奢做示范！竟然说出不认后世子孙有追加，这难道不是谬人寰！到了汉武帝时，终因建造宫

室天下疲惫，这么办不是由酂侯萧何开的端！

据《汉纪三》（卷十一）

译评：

> 天下未定民多难，萧何却把豪宫建。
> 美言丽宫庄重好，威势能使天下安。
> 妄言后世无须加，不知后世难保全。
> 成由节俭败由奢，节俭奢侈自己选。

四十四、改过不吝

选译：

司马光评论说：

过失是人不幸免，只有圣贤能知改。

古代的圣王，怕有了过失己不知，设置诽谤木敢谏鼓，哪里会害怕百姓听到自己的过失呢？仲虺赞美商汤说："不吝啬改过。"傅说劝说殷高宗说："不要因为有过失而感到羞耻。"由此看来做人君的本来不把无过作贤明，以能改过为美德，如今叔孙通规劝惠帝却说："人主没有过失的举动。"这是教人君文过饰非，难道不是荒谬的吗？

据《汉纪四》（卷十二）

译评：

> 人非圣贤谁无过，圣贤也有过失见。
> 知过改过是美德，不吝改过众口赞。
> 文过饰非很危险，言行容易走极端。
> 金无足赤是常态，人无完人世间遍。
> 严于律己宽待人，晴空万里聚瑞联。

四十五、选相将

选译：

陈平担心诸吕势力膨胀，曾独居静室苦思冥想。陆贾前去拜访，未经通报直接到客厅坐下，而陈平竟没有见他进堂。陆贾问："丞相深思何事竟这般模样？"陈平说："先生猜我思虑何事？"陆贾说："你富贵无比，应该是没有什么欲望，然而你仍忧愁，不过是担心诸君和少皇。"陈平说："你猜对了，可又何方？"陆贾说："天下安，注意相。天下危，注意将。意思是：天下安定就注意宰相的才能，天下危难，就注意将帅有无能力转危为安。将相和谐，朝廷士大夫就乐于团结，纵使国家有重大变故，也不至于大权旁落，现在国家的前途，就操在你们文武大臣的手中了。

据《汉纪五》（卷十三）

译评：

治理天下有良方，选好相将主敢当。
天下安定注意相，治国才能要特强。
天下危难注意将，转危为安才无量。
将相和谐讲团结，遇有风险也无妨。
古今都有将和相，选好将相福无量。

四十六、张释之依法断案

选译：

公元前的177年，张释之时任廷尉。
文帝巡过中渭桥，扬鞭桥上马蹄碎。
桥下行人惊了马，交给廷尉来治罪。
廷尉说：
一人违反戒严令，只处罚款不判罪。
文帝悉之很生气，假想翻车伤害倍。
可是廷尉只罚款，并未假想判重罪。
释之说：
法律人人应遵守，依法办事应当会。
违背法律重判他，法律失信人心背。
当下惊马杀也罢，现在处治交廷尉。
廷尉执法世为范，公平应是天下最。
如果执法不公平，随意执法轻重会。
执法轻重不一致，百姓彷徨不知对。
唯愿陛下能明察，上思良久同廷尉。

据《汉纪六》（卷十四）

译评：

文帝巡行御马惊，桥下行人违戒令。
只处罚款不判罪，文帝知后气不平。
假想翻车受伤害，廷尉却然不认同。
法律人人应遵守，依法办事才公平。
廷尉执法应公正，合理合法也合情。

不因皇帝而枉法，受宠皇帝丢百姓。

四十七、汉文帝用季布

选译：

　　季布应招来进朝，位次丞相似升高。
　　文帝原来有打算，听到异言发了毛。
　　季布京城任一月，被任之事风吹跑。
　　季布于是问文帝，游侠怎耐吃凉糕。
　　臣下无功取荣宠，河东任上尽操劳。
　　陛下无故召臣来，定有好话冲耳梢。
　　今任一月无托付，定有毁谤把我糟。
　　因一称赞召我来，因一毁谤让回跑。
　　臣下担心有识闻，陛下深浅天下晓。
　　文帝蒙羞不说话，停了很久才开销。
　　河东之郡极重要，所以特地把你召。

据《汉纪六》（卷十四）

译评：

　　文帝用人不知人，耳听两面无主心。
　　不知调查做研究，看准人才下决心。
　　人有两面才真人，有长有短乃人伦。
　　用其长，避其短，拿定主意去忧心。

四十八、冯唐对文帝直言用将

选译：

汉文帝十四年，匈奴单于攻中原。
掠走百姓和牛羊，杀死北地都尉官。
文帝着急欲征战，群臣劝阻方收言。
有一天，
文帝坐车经郎署，对着郎署长冯唐开了言：
老者您是哪里人？
冯唐说：
先祖是赵，先父是代，本臣应按代国算。
文帝说：
朕为代国大王在天子前，
赵国大将李齐有人多次与我谈，
我的朕食主管高祛讲，
李齐在巨鹿之战中表现很显眼。
每当吃饭时，朕总会来思念，
您听说过这个人吗？
冯唐点头说："听说过。"
称赞李齐才能不一般，随即话锋又一转，
李齐比起廉颇、李牧来，恐怕还要差很远。
文帝听后感慨道：
若得廉颇和李牧，那就不怕匈奴来进犯。
文帝不过发感慨，冯唐此时却直言。
陛下虽能得廉李，得不到重用是枉然。

文帝气得脸变色，一甩袖子把宫还。
宫中过了好多天，文帝不释冯唐言。
召令冯唐来进宫，
询问冯唐为什么在众人面前给难看？
冯唐一听忙跪下，道歉自责请宽免。
文帝听后天地宽，话锋一转正事谈。
今来商议制匈奴，重用廉颇李牧请深参。
冯唐说：
听说上古帝王派大将，跪下推车送向前。
嘱咐道：
国内事务由我管，国外打仗由您管。
军功赏赐由将领，不用大王发令签。
文帝点头称道是，却问与朕有何关？
冯唐说：
李牧赵国任将时，部队驻扎在疆边。
军队收租用于兵，赏赐李牧说了算。
赵国强大败匈奴，距离霸主也不远。
文帝忙问道：
为何后来又失败了呢？
冯唐说：
赵迁昏庸听谗言，杀了李牧另换班。
小人郭开造了孽，颜聚代李丧了天。
赵国不久被秦灭，用将不慎国运惨。
今有魏尚学李牧，收租全部赏兵马。
拿出俸禄用军务，杀牛犒劳隔五天。
官兵优将士气高，匈奴不敢来侵犯。
您的封赏太轻薄，惩罚太重失之偏。
魏尚杀敌首级多，又是罢免又是关。

文帝听后知要害，遂把两个决定颁。

魏尚免罪见天日，冯唐封车骑都尉。

据《汉纪七》（卷十五）

译评：

知人善任要放权，封赏惩罚不能偏。

用一良将能保国，用一劣将国运惨。

文帝至尊要面子，冷静下来能思源。

冯唐建议驱浮云，文帝知要正令颁。

四十九、西汉真将军周亚夫

选译：

文帝后元六年冬，匈奴大军侵上郡。

三万骑兵入云中，杀害掳掠众军民。

烽火直传长安城，朝廷犹如火上身。

紧急任命众将军，严防匈奴入国门。

河内郡守周亚夫，驻扎细柳任将军。

霸上棘门均设防，刘礼徐厉为将军。

文帝亲自下军营，犒劳军队慰军心。

到霸上棘门军营时，文帝一行驰马进。

迎接将士都骑马，恭恭敬敬迎帝君。

文帝到达细柳时，

只见将士身披铠甲，手执武器，

张满弓弩似铁军，先导部队也不能进。

先导官，报身份，天子驾到要先进。

军门都尉说：

将军有令,军中只听将军令。

天子诏令不顶用。

文帝到,不准进。

文帝派人送诏符给将军说:

我要进入军营慰劳众守军。

周亚夫下令开营门,文帝才能进军营。

文帝车骑进门时,

门位说:

将军有令,军营内不许骑马。

文帝一行拉着马进军营。

在军营,周亚夫身着铠甲来欢迎。

作揖道:

我身穿铠甲不能跪,请允许我以军礼欢迎。

文帝见状很感动,以正规仪式来慰问。

派人对周亚夫说:

"圣上郑重地慰劳将军"。

仪式结束出军门,群臣惊讶。

文帝称这才是真正的将军。

月后汉兵到边境,匈奴军队远离境。

汉兵班师,

文帝任命周亚夫为中尉。

据《汉纪七》(卷十五)

译评:

军旅严,军礼真,将令诏令相比拼。

军营只听将军令,天子入门得将请。

认真正规有规范,从严治纪出铁军。

亚夫任将军力强,匈奴闻声远离境。

五十、下马解鞍退胡兵

选译：

汉景帝六年（公元前 144 年）六月，匈奴入侵雁门、武泉及上郡，抢走牧马，官兵战死者有 2000 人。

匈奴入侵气势凶，对上李广智却穷。
百名骑兵跟李广，相对几千胡骑兵。
众寡悬殊好战机，胡兵却如鸟惊弓。
以为李广是诱骑，上山摆阵欲对兵。
李广骑兵也慌恐，想要快马返回程。
李广及时安军心，回撤不如就地停。
现在我们停下来，匈奴认为是诱兵。
他们不敢来进攻，我们尽可现从容。
李广命令向前进，进至离胡二里停。
骑兵下马卸鞍鞯，表示我们要扎营。
匈奴兵多且又近，部下仍然很担心。
李广再喻心理战，匈奴骑兵不敢进。
有个将军骑白马，监护队伍出了营。
李广率骑迅出击，射死其将又回军。
卸下鞍鞯放马卧，大家休息定定神。
黄昏时分胡兵惑，半夜时候怕伏兵。
多疑胡兵连夜退，李广率骑回军营。

据《汉纪八》（卷十六）

译评：

计谋博弈力相争，思想心理亦相攻。

名将领军有震慑,少军也令大军恐。
两军咫尺狭路逢,稳住阵脚令敌惊。
沉着应对确坚定,多疑反而退了兵。

五十一、直不疑

选译:

直不疑,真不疑,疑案临头不释疑。
同屋回家拿错钱,同屋失主把他疑。
不疑向其道歉是,用物换钱还有疑。
同屋请假回来后,主动还钱释不疑。
失主羞愧见不疑,不疑高尚官再提。
有人在朝谤不疑,私通嫂子有了疑。
不疑听后开了口,我无哥哥只不疑。
不疑常常被人疑,终不自明任人疑。
帝王侍从受恩宠,御史大夫不怕疑。

据《汉纪八》(卷十六)

译评:

直不疑,值不疑,人品高尚不用疑。
不疑自己不疑人,人疑自己任人疑。
人疑自己不释疑,事实不清人生疑。
真相终究会大白,疑人造孽人共弃。

五十一、师出以律

选译：

司马光说："《易》曰：'师出以律，否臧凶。'言治众而不用法，死不凶也。"

据《汉纪九》（卷十七）

译评：

军队出动要律令，军纪严明贯始终。
自由散漫无战力，安逸快乐祸害生。

五十二、公孙弘议事

选译：

公孙弘，吏治通，朝上议事总不争。
提问开头由君选，从不犯颜当面评。
皇上看中品行好，一年之中官再升。
博士升为左内史，土地收税手不松。
弘奏政事能自守，皇上不允不朝争。
常与汲黯个别议，议决才去上朝廷。
汲黯提出商议案，弘再阐发去说明。
皇上看到很高兴，所言采信都听从。
多少事，上朝廷，弘近显贵不与同。
弘与公卿约主张，皇上面前应共同。
可是皇上当面时，顺从旨意弃约定。

汲黯责问公孙弘，

当初共同提主张，现在背弃无真心。

皇上遂问公孙弘，弘作谢罪吐心声。

知我把我看做忠，不知看我为不忠。

皇上认可弘的话，特意保护公孙弘。

有臣诽谤公孙弘，皇上厚待又加层。

据《汉纪十》（卷十八）

译评：

皇上旨意如何从，顺旨能否划奸忠。

当臣何须与上争，提供事实理必通。

谋臣事先选议题，题中之义应先明。

开宗明义皇不认，不得越权做决定。

程序严明若律定，宫事公办条理清。

何为奸，何谓忠，不在议事程序中。

事上为下相一致，君民惬意都欢迎。

如果借机害忠良，朝野一致判奸雄。

五十三、张汤似汤分淡浓

选译：

汉武帝元朔三年（公元前126年），张汤由中大夫升为廷尉。

张汤生有两颗心，玩弄权术控制人。

当时武帝向文典，张汤浮慕装作真。

奉事仲舒公孙弘，心里却是有遵循。

他让属员作奉献，运用古法难于审。

假如皇上要制谁，汤和狱官锤加身。
皇上意向释放谁，汤和狱官即放人。
唯上是从讨欢心，皇上视为心上人。
张汤处事因人异，故人子弟特关心。
登门拜访众公卿，不怕寒暑跑得勤。
张汤左右都逢源，办案传出好声音。
汲黯面帝问张汤：
您身为正卿，
对上不能扬先功，对下不能抑邪风。
高帝法令乱变更，违法办案断子孙。
汲黯常与张汤辩，汤言律令搬条文。
汲黯刚直破口骂，刀笔吏不可为公卿。
令天下重足而立，侧目而视必张汤。
汤分淡浓，后果严重，背道而行。

据《汉纪十》（卷十八）

译评：

张汤似汤分淡浓，廷尉槌起两面人。
人情办案必枉法，朝廷用人讨欢心。
天下人们重足立，侧目而视无所从。
执法不公民堪忧，朝廷束申谁正听。

五十四、霍去病

选译：

骠骑将军霍去病，少言持重似任性。

果敢习兵看战略，兵法未必古今精。
　　天子为他造住宅，让他去看说没空。
　　他说匈奴尚未灭，治办家产适不能。
　　皇上更加看重他，宠爱有加搞特供。
　　让他带兵出征时，天子为他特赐送。
　　佳食美肴数十车，厚味为他来享用。
　　但是去病少富贵，根本不知士兵心。
　　战士挨饿吃不上，士气不振饿为因。
　　返回佳食有剩余，扔掉也不用下层。
　　塞外士兵常缺粮，他却修场踢球频。

据《汉纪十一》（卷十九）

译评：

　　将军去病未去根，富贵不知士兵心。
　　美食佳肴自享用，不让战士闻一闻。
　　士兵缺粮修球场，不让战士吃一口。
　　骠骑将军有战功，有功不能负兵心。
　　兵心一去不复返，官位随之往下沉。

五十五、务在得人心

选译：

　　元鼎年间一股风，官吏治事比凶残。
　　横征暴敛相攀比，不顾百姓受贫穷。
　　唯独倪宽左内史，政令不与众官同。
　　奖农耕，宽刑罚，理狱讼，得人心。
　　选择仁厚做下官，入情入理不虚名。

收租考虑穷和富,租地倾向穷困农。
贫穷农民欠地租,倪宽政绩沉底层。
当朝要判免职罪,百姓听后心不平。
都怕失掉好官吏,争送地租不绝行。
政绩改为上又上,倪宽方显有才能。

据《汉纪十二》(卷二十)

译评:

倪宽确实有才能,当官不与众官同。
真心实意为百姓,区别对待有担承。
当朝不知倪宽心,农民欠租不问因。
随意要将倪免职,百姓保驾倪安宁。

五十六、甘言勿轻信

选译:

远移北方不甘心,休养兵马练射频。
希望汉边再掠侵,频使甘言求和亲。
王乌匈奴探虚实,遵俗入帐符离身。
单于喜欢编美名,人质太子到汉门。
汉朝又派扬信去,匈奴习俗不肯循。
单于说:
过去汉匈有盟约,汉朝派遣公主临。
绸缎食物作陪嫁,实行和亲不扰侵。
现在却要违惯例,太子人质不应允。
汉朝又派王乌去,单于好话作陪衬。
心想多得汉财物,又把王乌蒙一顿。

我想到汉见天子，和他结为兄弟亲。
王乌回来作报告，武帝下令建行宫。
匈奴说：
除非汉使是高人，匈奴不会说实情。
匈奴派使到汉朝，生病治病却不幸。
汉朝派官路充国，佩带印绶去护送。
葬礼丰厚数千金，尊贵使者又示敬。
单于翻脸生恶意，认为汉朝杀使臣。
扣留汉使不放人，从前所言无一真。
匈奴数次兵扰汉，武帝派兵防入侵。

据《汉纪十三》（卷二十一）

译评：

汉匈互信要唯真，甜言蜜语不为亲。
轻信甘言要上当，听言观行要谨慎。
单于之人不难寻，口蜜腹剑有其人。
好说好合又反悔，造谣诽谤刀逼近。
心怀天下有外交，小事也用大事心。
外交辞令意蕴酷，多向思维备充分。
今有共赢价值观，实现共赢得人心。

五十七、东方朔语

选译：

明君治国，赏不避仇，罚不分亲。《尚书》上说："不偏私，不结党，君王之道就宽广。"

据《汉纪十四》（卷二十二）

译评：

　　赏不避仇有大略，罚不分亲得人心。
　　不偏私，无偏见，方显君王主义真。

五十八、班固论政

　　历代积弊汉继承，高祖刘邦乱拨正。
　　文景致力民生息，古道礼仪尚缺空。
　　武帝卓然罢百家，《六经》显扬独尊崇。
　　访术贤良用英才，立业共同来建功。
　　光太学，治礼仪，协音律，历法定。
　　作诗乐，封祥台，各种神灵都礼敬。
　　周代后裔受封赐，号令文章令称颂。
　　这一大业后继续，并有夏商周遗风。
　　雄才大略汉武帝，继承文荣恭谦风。
　　如此救助老百姓，《诗经》《尚书》述贤同。

　　　　　　　　据《汉纪十四》（卷二十二）

译评：

　　拨乱反正创新风，致力民生不放松。
　　访求贤良用人才，大业需要同建功。
　　继承夏商周遗风，恭俭受益老百姓。
　　《诗经》《尚书》有称道，古代贤王不亦同。

五十九、司马光论政

选译：

司马光说：

孝武穷奢极欲，繁刑重敛，内侈宫室，外事四夷，信感神怪，巡游无度，使百姓疲敝，起为盗贼，其所以异于秦始皇无几，然秦以之亡，汉以之兴者，孝武能尊先王之道，知所统守，受忠直之言，恶人欺蔽，好贤不倦，诛赏严明，晚而改过，顾托得人，此其所以有亡秦之失而免亡秦之祸呼！

据《汉纪十四》（卷二十二）

译评：

秦皇汉武有异同，秦以灭亡汉以兴。
武帝遵循先王道，治国守业接受忠。
厌恶欺诈尊贤能，赏罚严明晚改行。
后事托给正君子，有秦之过无秦崩。
秦皇汉武借为鉴，兴亡迥异有据根。

六十、苏武出使有忠骨

选译：

苏武率团使匈奴，汉匈和谈被扣留。
有人奉命劝他降，他却忠节不低头。
有人连打悲情牌，他以恩德来解愁。

匈奴劝降终无果,便将苏武远放逐。
北海草地不供粮,充饥便到鼠洞求。
手持符节放公羊,公羊生子才罢休。
苏武牧羊十九年,黑发退去白发稠。
幸遇汉匈又讲和,苏武回汉壮志酬。
汉王嘉奖苏武归,气节如虹天下流。

据《汉纪十五》(卷二十三)

译评:

苏武出使放牧羊,身在草地思故乡。
有人劝他去投降,苏武忠骨坚如钢。
苏武住地不供粮,忠心忠骨有忠肠。
手持符节十九年,气节如虹符节光。
汉匈讲和苏武归,使节气节美名扬。
弱国使节被人欺,强国以后别逞狂。
苏武出使有忠骨,他乡哪能比家乡。

六十一、司马光论治策

选译:

司马光说:

王者之于戎狄,叛则讨之,服则舍之。今楼兰王既服其罪,又从而诛之,后有叛者,不可得而怀矣。必以为有罪而讨之,则宜陈师鞠旅,明致其罚,今乃遣使者诱从金币而杀之,后有奉使诸国者,复可信乎!且以大汉之强而为盗贼之谋于蛮夷,不亦可羞哉!论者或傅介子以为奇功,过矣!

据《汉纪十五》(卷二十三)

译评：

　　反叛征讨顺服撤，服罪诱杀自倒灶。
　　如果再有反叛者，自毁信誉无人到。
　　如果有罪要征讨，派军誓师公开告。
　　宣告其罪明惩罚，小人伎俩要丢掉。

六十二、军情勿欺

选译：

　　五将奉命征匈奴，匈奴闻之向远走。
　　五位将军无收获，五月收兵无所求。
　　三位将军听匈退，未到命地就回头。
　　宣帝认为过失轻，从宽处罚被抽。
　　祁连将军田广明，率兵出塞一千六。
　　众军抵达鸡秩山，小有战绩即停留。
　　恰逢冉弘匈奴归，弘说山西有匈奴。
　　田广明，发警告，休说那边有匈奴。
　　御史下官劝广明，不要撤兵休回营。
　　广明不听领兵回，回去以后受追究。
　　田顺出塞八百里，未达预地不进留。
　　虚报战果领兵回，宣帝授权严追究。

　　　　　　　　　据《汉纪十六》（卷二十四）

译评：

　　军令如山倒，军情不可欺。
　　领军不奉命，军法处以极。

战果有虚报，必将头下低。

六十三、边境无兵有大患

选译：

匈奴单于换了人，瘀氏亦换生怨恨。
汉朝低估匈奴人，以为无力搞入侵。
取消塞外守城兵，休养生息老百姓。
单于闻讯心头喜，借机商议汉和亲。
左大且渠想坏事，前使后兵搞袭击。
请求派出两万骑，扮作打猎然后攻。
匈奴大军未到位，匈兵入汉报了信。
宣帝下诏作部署，要害地区布了兵。
四员大将三路兵，数百里外征匈兵。
匈奴三骑不敢入，引去各自回兵营。

据《汉纪十六》（卷二十四）

译评：

汉匈边境常起兵，双方征战曾未停。
一时缓和撤了兵，大祸即刻会来临。
边境安全勿疏失，小事也按大事承。
边境争端今亦是，和平解决求双赢。

六十四、曲突徙薪

选译：

霍光当臣二十年，族党满朝权连天。
霍光死后更骄横，奢侈荒淫无忌惮。
茂陵徐福发评论，霍家灭亡不再天。
奢侈淫逸无所敬，不敬必然侮皇权。
轻慢皇上乃叛逆，众人之上乏人怜。
霍家执政又积怨，墙倾必有众人掀。
不敬皇上犯天条，灭亡不需等时间。
评论之余又上书，至诚至仁进忠言。
厚爱应当加约束，勿使他们陷深渊。
三次上书上都知，不被采纳弃　边。
后来霍家被灭族，告发霍家都升官。
有为徐福抱不平，上书内有故事传。
有个客人去家访，见其烟囱直冲天。
灶火旁边堆干柴，顿生好心进善言。
直挺烟筒改弯头，干柴也要搬远点。
如果不改有危险，主人无心听献言。
过了不久真失火，乡亲灭火忙非凡。
灭火动了主人心，宰牛买酒露欢颜。
答谢街坊办宴席，论功设座不一般。
待到众人都坐定，忘请一客到席间。
有人建议请那客，主人方醒请客还。
焦头烂额坐上席，曲突徙薪应留恋。

徐福上书几提醒，无人当心起祸端。
回顾曲突徙薪事，徐福受奖理当然。
皇上听后有启发，徐福领奖又升官。

据《汉纪十七》（卷二十五）

译评：

曲突徙薪并不难，难在不能听衷言。
于家于国同一理，善言切莫弃一边。
当办之事适时办，莫等延迟起麻烦。
与其事后表嘉许，不如治微止先端。

六十五、子孙当与凡人齐

选译：

疏广辞官回家乡，每日酒宴与众享。
有人尽兴劝疏广，置办产业留儿郎。
疏广回言不糊涂，考虑子孙有主张。
家里原来有田舍，留给子孙派用场。
只要他们尽心力，吃穿堪比常人强。
增加产业会宽裕，宽打宽用怠堕藏。
贤而多财损其志，愚而多财增莽撞。
而今富人大家恨，富而招怨不愿当。
赐金是上供养我，同享恩赐也酣畅。
晚年生活这样过，愉快有加乐各方。
族人宾客听了后，心悦诚服赞疏广。

据《汉纪十七》（卷二十五）

译评：

疏广疏赐予众享，愉快宾客乐各方。
不将赐金变家荫，子孙志勤放心上。
贤而多财伤其志，愚而多财增莽撞。
原有田舍尽够用，凡人生活也酣畅。
有志能够创新业，勤俭持家有福享。
天下父母放眼量，多以美德传儿郎。
蚂蚁搬米积满洞，大水一冲泡了汤。
不孝子孙争遗产，血刃相加父母亡。

六十六、班固评霍光

选译：

霍光受襁褓之托，任汉室之寄，匡国家，安社稷，拥昭立宣，虽周公、阿衡何以如此。然光不学无术，暗于大理；阴妻邪谋，立女为后，湛溺盈溢之欲，以增颠覆之祸，死时三年，宗族诛夷，哀哉！

据《汉纪十七》（卷二十五）

译评：

霍光身受武帝嘱，汉室命运挑在肩。
匡扶国家定社稷，拥昭立宣功非凡。
史有周公和伊尹，霍光没有不如前。
然光不学无术甚，不明大理迷于权。
妻子阴谋竟隐瞒，立女皇后登在尖。
权位欲望尽满足，灾难降临火冒烟。
身后三年宗族灭，令人悲哀太贪权。

六十七、司马光论霍光

选译：

霍光之辅汉室，可谓忠矣；然卒不能庇其宗，何也？夫威福者，人君之器也，人臣执之久而不归，鲜不及矣。以孝昭之明，十四而知上官桀之诈，固可以亲政矣，况孝宣十九即位，聪明刚毅，知民疾苦，而光久专大柄，不知避去，多置私党，充塞朝廷，使人主蓄愤于上，吏民积怨于下，切齿侧目，待时而发，其得免于身幸矣，况子孙以骄侈趣之哉，虽然，向使孝宣专以禄秩赏赐富其子孙，使人食大县，奉朝请，亦足以报盛德矣，乃复任之以敬，授之以兵，及事从衅积，更加裁夺，遂至怨惧以生邪谋，岂徒霍氏之自祸哉？亦孝宣酝酿以成之也，昔斗椒作乱于楚，庄王灭其族而赦箴尹克黄，以为子文无后，何以劝善。夫以显，禹、云、山之罪，虽应夷灭，而光之忠勋不可不祀。遂使家无唯类，孝宣亦少思哉！

据《汉纪十七》（卷二十五）

译评：

霍光辅汉可谓忠，然卒不能庇其宗。
原因在于权属君，臣握长久不还君。
昭帝十四亲政理，宣帝十九民苦明。
霍光不知让大权，广植私党塞朝廷。
下有埋怨上有恨，咬牙切齿满朝中。
侧目而视等时机，随时准备敲丧钟。
霍光幸免属侥幸，何况子孙更骄横。
话分两头说朝廷，朝廷恩宠失察情。
宣帝仍让霍主朝，授以兵权更威重。
事故丛生积怨增，这才裁权生惧恨。

于是阴谋反朝廷，宣帝放纵逐渐成。
前有斗椒作乱楚，庄王灭族不留情。
赦免箴尹斗羌黄，功臣留后可立功。
霍后犯罪应诛灭，霍光忠勋无后生。
孝宣帝太过刻薄少思情。
班固评论一面镜，霍氏兴亡发人省。
司马光评论两面镜，霍氏皇帝皆问题。
霍氏因忠握权太骄横，久握大权不归奉。

皇帝恩宠对霍氏太放纵，收权太晚，制裁重，忠良重勋子孙全诛灭，不利勉励人们忠君和立功。

六十八、五兵谚

选译：

救乱诛暴谓义兵，兵行仁义可王称。
敌加于己逼起者，谓之应兵应者胜。
小仇不思怒出兵，称之忿兵败遂成。
抢人土地和货宝，谓之贪兵会被清。
恃大人众威于敌，谓之骄兵灭而终。

据《汉纪十七》（卷二十五）

译评：

但有国家必有兵，养兵千年一时用。
因何用兵要清醒，正义之师事必成。
后发制人潜规则，有利有节有主动。
国家屯兵为自卫，外敌来犯不留情。

六十九、王褒论贤能

选译：

上闻王褒有俊才，诏使撰写贤臣颂。
文中写道：
贤者国家之器用，用贤措减收良功。
器其锋利能省力，效果较大人轻松。
工匠如果用钝器，收效甚微终日工。
如果巧冶铸干将，选派离娄正墨绳。
鲁国公输来度正，修建长宽各百丈。
五层高台失误零，用人得当获成功。
愚蠢之人骑劣马，抽坏马鞭也难行。
王良韩哀驾宝马，车行万里瞬间功。
为何区别这么大，人马相得精益精。
身有凉衣不怕热，貂狐之衣能过冬。
贤人君子尽心力，正是明君手中弓。
周公为了接宾客，一餐要有三次停。
一浴要束三次发，才有盛世监狱空。
桓公院中燃火烛，不分昼夜接贤能。
九合诸侯终有成，天下霸业大一统。
只有用心求贤才，能享贤才带逸风。
为人臣子亦如是，用贤也能披彩虹。
昔贤君主未赏识，贡献策略君不用。
陈述建议君不听，施展抱负也不能。
伊尹屈就勤鼎俎，杀牛卖肉有太公。

百里曾被卖到秦，五张羊皮价似同。
宁戚喂牛拍角唱，姑且取悦齐桓公。
都曾经过忧患期，仰望天宫发诏令。
旦遇圣主和明君，出谋划策合君心。
规劝进谏被君受，进退都能显忠诚。
履职也能展才能，顷刻既能立功名。
接受君主赐官位，光宗耀祖财产丰。
国家必须有明君，然后才会有贤臣。
圣主须靠贤臣辅，贤士主赏显德行。
上下俱欲心相通，论说无疑遇顺风。
君臣投合朝纲劲，一切政令能推行。

　　　　　　　　　据《汉纪十八》（卷二十六）

译评：

君王贤士相辅成，令行禁止百事通。
明君贤士相隔绝，二者相非天下空。
君王无助朝廷乱，贤士失意一苦丁。
深明大义各施正，共创盛世求同荣。

七十、咸贵中国之仁义

选译：

汉朝大臣论形势，多数大臣论趋同。
匈奴为害多少年，可乘坏乱去派兵。
宣帝询问萧望之，萧说《春秋》有案循。
晋国士匄攻齐国，听说齐侯去世即退兵。
君子出师有讲究，不乘丧乱去伐征。

　　认为只有这样，
　　恩德足使孝子服，情谊足使诸侯感动。
　　先前单于心向善，自称汉帝求和亲。
　　全国民众都喜悦，四方夷狄都知明。
　　可惜还未守约定，被贼杀害遭不幸。
　　现在如去伐匈奴，乘人之乱不可行。
　　不依义理而兴兵，劳而无功有可能。
　　应派使者去吊唁，扶助他们于弱中。
　　四方夷狄听说后，我国仁义受尊崇。
　　如因恩惠扶子孙，定会归附而称臣。
　　御史大夫称盛德，宣帝接纳定方针。

　　　　　　　　据《汉纪十九》（卷二十七）

译评：

　　出师有名以义动，中国仁义都贵重。
　　辅其微弱救灾患，恩谊欣然令人敬。

七十一、班固论君臣

选译：

　　古代确定一物名，必定取自类物中。
　　远的取自它事物，近的取自物自身。
　　君王比之为人头，臣下比为四肢形。
　　表明他们是一体，相辅相成各有名。
　　君臣之间相配合，古今常理自然成。
　　考察汉朝众丞相，以高祖创业为基绳。
　　萧何曹参有头功。

自宣帝中兴以来，丙吉魏相当世红。
官员升降有条序，各类机构全有型。
公卿大臣多称职，天下盛行礼让风。
观察他们治政事，汉朝盛世功垂成。

据《汉纪十九》（卷二十七）

译评：

汉朝盛世史有名，原因即在君臣中。
君臣构成有机体，相互配合履职诚。
官员升降皆有序，机构健全风气正。
高祖刘邦创基业，孝宣中兴也成功。
班固之论可作镜，盛世源于善治政。

七十二、常平仓

选译：

大司农中丞耿寿昌上奏说：
连年丰收谷物贱，农民收益势必减。
以往转运四百万，从关东，到长安。
运送粮食多费时，仅调差役就六万。
应从三辅、弘农、河东、上党、太原买粮食，足够长安消费差役省一半。
宣帝接受耿建议，调粮之事照此办。
耿寿昌又禀告说：
命令边塞各个郡，是时全都修粮仓。
谷价低时增值买，谷价贵时减价商。
这就称作常平仓，常平仓，贯平常。

百姓感到方便多，宣帝赐官耿寿昌。

据《汉纪十九》（卷二十七）

译评：

耿寿昌，有思量，调粮能算经济账。
农民利益放心上，便民推行常平仓。
谷贱年景增值籴，谷贵时候低出仓。
当官能为民着想，百姓便利上有奖。

七十三、司马光论善政

选译：

司马光说：

以孝宣之明，魏相、丙吉为丞相，于定国为廷尉，而赵、盖、韩、杨之死皆不厌众心，其为善政之累大矣！《周官》司寇之法，有议贤、议能、若广汉、延寿之治民，可不谓能乎！宽饶、恽之刚直，可不谓贤乎！杨子以韩冯翊之懃劳为臣之自失，夫所以使延寿犯上者，望之激之也，上不之察，而延寿独蒙其辜，不亦甚哉！

据《汉纪十九》（卷二十七）

译评：

司马光以为：
宣帝丞相廷尉通，赵盖韩杨死不应。
违背民心是大忌，宣帝善政一大坑。
《周礼》司寇有规定，有议贤议两大宗。
赵韩治民有才能，盖杨刚直是贤明。
即使犯了死刑罪，也应宽恕讲人性。

何况罪还不当死,斩首示众民心恸。

杨雄认为:

延寿诽谤萧望之,咎由自取受极刑。

其实延寿犯上官,是萧望之逼而成。

宣帝不能做明察,延寿受刑太过分。

是否善政各有评,只有民众最公平。

官员有功与有罪,民心所向是指针。

有功如若被罪死,十里长街民悲恸。

七十四、延寿斩首百姓哭

选译:

韩延寿接替萧望之担任左冯翊,

萧望之与韩延寿互调查:萧查韩擅向家人发放官钱千余万,

韩查萧擅发廪牺衙门钱一百多万,

萧望之上奏说:

"我总领天下监察事务,听到有人检举,履职受到韩延寿的要挟。"

宣帝因此对韩延寿颇为不满,命分别调查。

萧望之动用官钱,查无实据。

查韩延寿试骑奢攒逾制,动用官府铜器,仿御刀剑到月食时铸刀剑,取用公钱私雇劳役,整治车辆的防箭装置,花费三百万以上;

韩延寿因此受到指控,判狡猾不道罪,斩首示众;

是时,几千吏民沿路送行,争着为他送酒肉。

韩延寿一一吃喝,喝了一石多酒,对送行的吏民表示谢意,老百姓无不痛哭流涕。

据《汉纪十九》(卷二十七)

译评：

上斩延寿百姓送，送去酒肉把他敬。

数罪之一为民众，他罪不应夺生命。

延寿虽死却无憾，因为他曾为百姓。

官吏角斗应认清，上应慎重斩首令。

七十五、孝宣之治　可谓中兴

选译：

班固赞曰：

孝宣治国，赏罚分明，综合考核，施政功名，政文法理，精英威能，技匠器械，元成期间，达到高峰，官员尽忠职守，百姓安居乐业，北方边境安宁……可谓汉室中兴，功德之至，殷宗周室。

据《汉纪十九》（卷二十七）

译评：

班固论中兴，开列五大宗。

治国又治政，成效很显明。

选用贤能士，政文法理通。

技术与工具，无成达高峰。

官员忠职守，百姓乐安宁。

北方边境安，关系义相通。

彼时讲中兴，思想已开明。

总观五方面，名实相归宗。

古之中兴是，似可作为镜。

现代讲中兴，传承又创新。

国家要富强，民族要振兴。

社会要和谐,经济要繁荣。

民生达小康,朋友天下竞。

七十六、司马光论事君

选译:

忠臣事君责其难,易者能正不劳烦。

设法补救君欠缺,扬长补短功不凡。

孝元皇帝即位时,如何施政请人谈。

贡禹应提先务急,暂缓事情而后言。

孝元文帝有大患,优游不断被弄权。

贡禹却不针对这些提方案,恭谨节俭合心。

愿不厌其烦来侃谈,这是为哪般?

贡禹智慧不达此,如何能说他人贤。

如果明知不说出,其过瞒天罪可监。

据《汉纪二十》(卷二十八)

译评:

事君固然要求全,重点在于要解难。

拾遗补缺要细心,防微杜渐先其端。

如果知过要坦陈,交流不怕犯红颜。

肝胆相照君臣事,但求上下都称贤。

七十七、晓之以理

选译：

秋高气爽艳阳天，元帝祭祀预乘船。
御史大夫薛广德，拦住御驾遂直言。
马车宜从桥上过，朕帽叩头礼周全。
皇帝令说薛复帽，薛恐陛下不听劝。
声言刎颈洒鲜血，玷污马车挡乘船。
元帝听后不高兴，不能祭祀何以堪。
引路张猛忙进言，触景生情画圈圈。
听说明君臣耿直，乘船确实有危险。
大夫之言可以听，桥上通过保安全。
元帝听后心舒缓，问题说明发感言。
晓之以理莫莽撞，讲明道理无疑难。
御驾扬鞭桥上过，宗庙祭祀祈平安。

据《汉纪二十》（卷二十八）

译评：

与人为善不怒求，晓之以理入心头。
劝人劝到相认同，同心协力天下游。

七十八、司马光论人君之治

选译：

司马光说：

人君者，察美恶，辨是非，赏以劝善，罚之惩奸，所以为治也。

据《汉纪二十》（卷二十八）

译评：

美恶是非盖世情，国君神圣分得清。
美善奖赏以为是，奸恶惩罚得人心。
社会有个大龙头，开关就在君手中。
世有美善就开闸，关住邪恶止住行。

七十九、明圣之治

选译：

自古君王至圣明，从未不诛治好国。
舜有流放孔有诛，圣贤教化似鸣锣。
陛下贤明思天意，观览《易经》知如何。
效法周唐用贤人，追寻秦鲁消贤过。
稽查祥瑞带国福，灾难天变为国祸。
测度当世情之变，佞邪之党远发落。
驱散阴险小集团，堵塞小人爬上坡。
广开引进君子路，是非彰明灭灾祸。

所有祥瑞都来临，太平盛世有基座。
子孙后代传万世，紫气东来福利多。

　　　　　　　　　　　据《汉纪二十》（卷二十八）

译评：

治国不可没有诛，只缘邪恶必须除。
广开引进贤良路，堵塞鬼门破阴谋。
彰明是非天晴朗，区别善恶人明途。
古今一理虽事异，扬善除恶不无诛。

八十、了解自己

选译：

修养德性先知己，知己之长力补短。
聪明通达为己长，切忌苛求别人短。
见识浅陋要检点，切忌被人蒙了眼。
刚强正直再养性，性情暴烈要舒缓。
温柔敦厚人易近，切忌犹豫和寡断。
恬淡安静人自美，防失良机莫迟缓。
胸襟广阔情自高，挂一漏万要防犯。
要知自己属哪类，自警依理补缺点。
一切政事能顺处，投机钻营无人敢。

　　　　　　　　　　　据《汉纪二十一》（卷二十九）

译评：

君王治国平天下，了解自己事重大。
至善至美有良机，自警自醒无失察。
广纳贤良施明治，政事顺遂圣明达。

扫除邪恶清君侧，阻止奸佞往上爬。

八十一、司马光评孝元帝

选译：

司马光认为：
君王道德品行孬，臣属尽忠也不行。
京房诱导孝元帝，苦心理透不觉醒。
《诗经》说：
劝告不但面对面，提着耳朵激其聪。
亲手拉携亲指导，摆出事实促清明。
又说：
"诲尔谆谆，听我藐藐。"
诚心规劝苦费心，听者只当耳旁风。

据《汉纪二十一》（卷二十九）

译评：

人君昏庸不自明，使人昭昭如尘风。
忠臣尽劝不入心，豆腐马尾提不升。

八十二、政即正

选译：

荀悦说：
奸佞惑君善变诈，手法厉害令人怕。

孔子说：

远佞人要手法硬，不用还要远而送。

隔绝关系塞源头，完全彻底极干净。

孔子说：

"政者，正也。"政就是端正。

自己带头搞端正，有谁还敢不端正。

治理国家有基条，就是自己要端正。

耿直诚实能做到，言行端正能自成。

品德核准授官位，能力鉴实给担承。

功劳奖赏要核实，犯罪确定给应惩。

行为查实定尊崇，言论观行定可信。

器具实有精确性，方可推广和使用。

发生问题要核实，然后评估与修正。

端正首先在朝廷，臣下所为才务真。

古代施政理如此，端正真实上下清。

据《汉纪二十一》（卷二十九）

译评：

唯正唯实远奸佞，上下一致政令通。

取信于民切勿忘，正气清风国运鸿。

八十三、权衡制宜

选译：

荀悦论曰：

诚其功义足封，追寻前事可也。《春秋》之义，毁泉台则恶之，舍中军则善之，各由其宜也，夫矫制之事，先王之所慎之，不得已而行之。若

矫大而功小者，罪之可也；矫小而功大者，赏之可也；功过相抵，如斯而已可也，权其轻重而为之制宜焉。

据《汉纪二十一》（卷二十九）

译评：

> 荀悦说：
> 诚如功劳满可封，那就应该追记功。
> 《春秋》之中有一例，毁坏泉台应谴责。
> 舍去中军应奖励，各有其因致所成。
> 改制之事先王慎，不得已时而施行。
> 若是大改获小功，将以罪过来处惩。
> 矫小而能获大功，奖赏与之相对应。
> 改制功过各半分，不奖不罚放予行。
> 权其轻重而制宜，预谋应当做权衡。
> 改制之事势必行，慎重考虑再推行。
> 代价要小功要大，宫廷内外都高兴。
> 大改定要分步走，步步引深利分明。
> 阵痛宜小不宜大，安定才有好光景。
> 君子慎始零阻力，慎中善终大功成。

八十四、大将军王商能压阵

选译：

> 秋雨连绵无晴日，关内大雨四十天。
> 京城百姓齐惊慌，传言大水漫长安。
> 百姓乱逃相践踏，老弱哭叫惊动天。
> 成帝亲自到前殿，召集公卿急商谈。

　　大将王凤献计策，皇室人员可坐船。
　　其余官吏老百姓，登上城墙以求安。
　　大臣都发附和声，唯独王商有主见。
　　谈古论今来辟谣，无因不会大水淹。
　　社会平和上下安，不应盲从自熬煎。
　　成帝听后定了神，没有采纳王凤言。
　　皇宫不动城安定，了解情况现谣言。
　　成帝因此赞王商，沉着老练有主见。
　　王凤自惭跟风跑，轻信谣言乱开盘。

据《汉纪二十二》（卷三十）

译评：

　　风吹草动起谣言，何况大雨四十天。
　　谣言四起民心乱，宫内要有方向盘。
　　认清形势阵脚稳，入情入理做宣传。
　　调查研究查风口，戳破谣言民心安。
　　宫内要知宫外事，官吏亲临第一线。
　　好在及时稳人心，国都平稳天下安。

八十五、陈汤善谋知外兵

选译：

　　乌孙兵围段会宗，会宗派人上请兵。
　　调集城郭敦煌兵，合围与敌相抗争。
　　文武百官议几日，举棋不定心不宁。
　　陈汤善于作谋划，熟悉外事善用兵。
　　大将王凤荐陈汤，问问陈汤再决定。

汉成帝，召陈汤，宣室殿上议军情。
看过会宗书奏后，陈汤沉稳谈心胸。
此事勿须忧虑它，胡兵战力不需惊。
兵刃不快弓弩弱，五个不抵一汉兵。
最近技术有长进，三个敌一也不行。
兵书兵法有论述，客军倍主才能成。
现在围兵人数少，胡兵不会胜会宗。
希望陛下勿担忧，不要下令派援兵。
如果急忙派援兵，轻车重车百日行。
此兵不能去解围，只能算作报仇兵。
成帝急问解围事，陈汤回答更从容。
乌孙之兵不相和，久攻不能必退兵。
根据往事作推断，包围不过几日形。
于是回答已解围，五日内有消息送。
过了四天军书到，已经解围可庆幸。
大将土风用陈汤，军事全由陈汤定。

据《汉纪二十二》（卷三十）

译评：

知己知彼百战胜，筹谋战力格外硬。
料事如神敌兵退，勿须沙场急布兵。
现代社会信息灵，双方军力信息精。
信息战里有谋划，取胜不可缺此工。

八十六、朝廷大权勿予臣

选译：

世有国君盼安定，而却常陷危险中。
每一国君盼长存，而却常常被灭顶。
究其原因有一条，国君失去驾人臣。
朝廷大权大臣弄，国政失控乱了营。
《书经》上面有话说：
大臣旦有作威福，于家有害于国凶。
孔子说：
国君不能掌俸禄，大夫弄权兆危情。

据《汉纪二十二》（卷三十）

译评：

安定长存国君心，大权独揽小权分。
大权旁落臣执政，君王国家亡近临。

八十七、刘向上疏论葬仪

选译：

始皇葬盛古传今，数年之后被项焚。
又遭牧童毁之祸，天下悲哀人皆闻。
了解历史明大义，应该知趣走新村。
德弥厚，葬弥薄，知愈深，葬愈贫。

据《汉纪二十三》（卷三十一）

译评：

> 人生之知通古今，国事家事为子孙。
> 人老乘鹤归天去，天堂自然有福分。
> 孝子不在送厚葬，先辈贤明志留存。
> 简化葬仪顺祖意，只留忠诚报先人。

八十八、高祖无敌于天下

选译：

> 前南昌县尉九江人梅福上书说：
> 高祖刘邦纳善言，如同怕会失去般。
> 听从规劝像转圈，听言求真不求源。
> 举功奖赏看大小，平常表现可不观。
> 陈平亡命被谋主，韩信兵始上将衔。
> 天下人才都归汉，谋略妙计竞相献。
> 才子尽力献策略，愚人谋划也尽现。
> 勇士个个尽操节，懦夫自励要勇敢。
> 集合天下贤明士，天下人力汇身边。
> 灭秦轻易如鸿毛，捡取楚项很简单。
> 高祖天下无人敌，原因如上显易见。

据《汉纪二十三》（卷三十一）

译评：

> 接纳善言如拾珍，听从规劝定圆心。
> 听取意见辨正误，有无才干不予寻。
> 行赏只看功大小，平常行为不问讯。
> 陈平原是逃亡者，不拘一格主谋臣。

任命韩信为上将，韩信原为普通兵。
才人尽力献策略，愚人尽力献谋心。
勇士个个报其节，懦夫个个化勇身。
天下才智汉集聚，天下人力汉凝心。
难得人心齐向汉，刘邦原来不拒人。
得人心者得天下，得人力者无敌人。

八十九、国之重器

选译：

士者，国之重器，得士则重，失士则轻。

据《汉纪二十三》（卷三十一）

译评：

读书知行人才兴，人才于国比宝重。
国聚人才受尊重，失掉人才被人轻。
知识人才与命运，相互结合国运兴。
古人尚知人才重，今人博学求国盛。

九十、博览兼听

选译：

高祖之法犹可遵，亡秦道路必绝行。
法不急需可撤除，无讳之诏发布行。
多看多听近卑贱，他人意见必须听。
藏身深处也询问，使之不再去隐形。

既令平素人疏远，不遭阻隔也近亲。
睁大眼睛观四方，广开四门请贤能。
过去之事独兴叹，未来之事可鉴行。

　　　　　　　　据《汉纪二十三》（卷三十一）

译评：

多看多听信息灵，古训现状入胸中。
以史为鉴知兴替，把握未来事有成。

九十一、刘向建言

选译：

中垒校尉刘向上书说：
听说帝舜劝伯禹，休像丹朱那骄傲。
周公曾经戒成王，勿学纣王那淫好。

　　　　　　　　据《汉纪二十四》（卷三十二）

译评：

圣明帝王常自警，败亡变乱要知道。
不忌谈论兴亡事，趋利避害防倒灶。
古之规劝见衷肠，骄傲昏淫莫入脑。
败亡变乱要警戒，防止大病把命要。

九十二、刘向论礼与法

选译：

犍为郡有人在水边拾到十六枚古时候用做乐器的玉石，议论的人认为这是吉祥的征兆，刘向因此劝皇上说：

> 应在京师设学府，各个地方办学堂。
> 雅颂之乐大提倡，礼让之风天下扬。
> 教化天下用礼乐，治理国家乃良方。
> 或许有人议论说，礼仪周全无法当。
> 礼以育人为根本，问过尚可把人养。
> 刑罚用来治时弊，刑罚之过有死伤。
> 至于提倡礼乐事，有的则说不敢妄。
> 这即敢于去杀人，不敢把人来培养。
> 俎豆管弦小不备，因之拒绝放一旁。
> 这是弃小就大欠，迷惑竟然到荒唐。
> 教刑相较刑法轻，不兴礼乐是轻盲。
> 教化治国之依靠，刑法治国之辅梁。
> 弃重就轻去治国，天下太平是空想。

据《汉纪二十四》（卷三十二）

译评：

> 礼治重，法治轻，礼法相辅又相成。
> 礼治为了得人心，法治为了补安平。
> 礼治之中寓爱民，爱民方能得人心。
> 得人心者得天下，得了天下勿忘民。

九十三、刘秀修经编略

选译：

王莽推荐中垒校尉刘韵，因为刘韵有才能德行，被任命为侍中，稍后又升为光禄大夫，地位尊贵，皇上宠信，改名刘秀，皇上令刘秀负责审核校对《五经》，完成其父刘向未完成的事业，刘秀汇总群书，取其精华，编成七略，《辑略》、《六艺略》、《诸子略》、《诗赋略》、《兵书略》、《求数略》、《方技略》凡书六略，三十八种，五百九十六家言论，一万三千二百六十九卷。其中叙述诸子的分为九大流派，儒家、道家、阴阳家、法家、名家、墨家、纵横家、杂家、农家。

刘秀认为：
王道衰微诸侯争霸九家兴，
当时各国君主好恶大不同。
九家学派一时蜂起提主见，
互相争鸣各持己见各推崇。
自认所好各国奔走去游说，
希望学说诸侯爱好被取用。
各说各话水火相灭又相生，
仁与义，敬与和，看似相反又相成。
《易经》说：
"天下同归而殊途，一致而百虑"。
各个学派都持长，
深入研究求其魂。
虽然各自护其短，
综合宗旨和内容。

百川纳海归《六经》,
倘有学者遇明君,
将其折中为国栋。
孔子说:
"礼失而求诸野。"
都城人礼义失传,而在野外可寻踪,
现在圣人时代已远去,
当时学说已难寻,九家学说胜外寻。
儒家《六经》如专研,九派学说再参问,
取长弃短,万种方略可精通。

据《汉纪二十五》(卷三十三)

译评:

  自古天下都有君,君心总爱去寻经。
  经略累累破万卷,卷系诸子有纷争。
  争鸣各持各推崇,崇尚学说待君捧。
  捧得《六经》儒家礼,礼治贯穿皇袍中。
  中庸之道主把握,握政方略有异同。
  同中有异可济世,世间一切要入心。
  心力识力命握力,力定江山重万民。
  民心心意重学说,说事不如做事情。
  情系百姓采百善,善事多多受欢迎。
  迎新辞旧来瞳日,日新月异谁能行。
  行止刘秀来宏论,论纲有力谁奉从!

九十四、社稷之卫

选译：

国家卫士有忠臣，季友为鲁定乾坤。
楚以子玉涉轻重，魏有无忌将敌胜。
范增决定项亡存，一贤胜过百万众。
秦用千金贿赵国，离间赵王廉颇冲。
汉高祖，散万金，力使项羽疏范增。

据《汉纪二十五》（卷三十三）

译评：

忠臣自古很难寻，国君常常用重金。
自有忠臣应器重，谨防他人挖墙根。

九十五、疏导与开导

选译：

善为川者决之使道，善为民者宣之使言。

据《汉纪二十五》（卷三十三）

译评：

自然之水地上流，由高到低不回头。
开决堤防勿堵塞，疏导水势顺其流。
治理天下如治水，由上到下听民筹。
开导人民参国事，畅所欲言国无忧。

九十六、贤才难得

选译：

丞相王嘉感到当时施政苛急，郡太守、国相变动频繁，就上书说：

圣王之功在得人，贤能辅佐圣王神。
人才难得孔子说，圣王贤人确为真。
选立诸侯继承人，贤德要像其父亲。
即使不能全贤能，天子可为选良臣。
是国历代受尊重，国人才会做臣民。
因此教化能推行，治功才能入了门。
而令郡守职权重，重于古代诸侯们。
过去郡守选贤任，贤能难得拔胜任。
贤能人才因难得，或有起用囚犯任。
从前魏尚犯了法，冯唐力言文帝信。
派遣使者赦魏尚，授任太守云中郡。
魏尚赴任云中郡，匈奴畏惧不敢进。
景帝选拔韩安国，梁国内史将其任。
刘氏骨肉得平安，安国原是犯罪人。
张敞任职京兆尹，犯罪赦免宣帝准。
召征任冀州刺史，受到重用又回春。
君王并非偏爱仁，而是他们能超群。
……
希望陛下能留意，选择那些贤能人。
他们善绩要记住，他们过失要宽忍。
求全责备不可取，陛下任命不乏人。

据《汉纪二十六》（卷三十四）

译评：

　　　　留意选择才贤能，记善忘过不求全。
　　　　宽容大度全聚得，为国何惧有前嫌。

九十七、兵器不能私藏

选译：

　　皇上派中黄门到武库拿兵器，前后共有十次，送到董贤和皇上乳母五阿的家里，执金吾毋将隆上奏说：
　　武库兵器乃公用，
　　国家的武器装备，修理制作，
　　费用开支都出自大司农。
　　大司农的钱，
　　天子的生活费用都不供。
　　天子的生活费用和劳赐开支，
　　都到少府领。
　　这是因为国家的根本储备不能挪民用，
　　这是区别公私和道正。
　　古代诸侯，方伯受命出征才赐斧钺用，
　　汉朝守边官吏抵御外来侵略，
　　才把武库兵器送。
　　这都是因为有军事任务，才能把兵器动。
　　《春秋》之理，家不藏甲，
　　这是为了抑臣威，弱私风。
　　董贤对上有私恩，兵器不能送人情。
　　兵器出库入私家，民力分散玩臣中，

使其超越身份更骄横。

请求陛下令收回，皇上听了不高兴。

据《汉纪二十六》（卷三十四）

译评：

　　自古私人不藏甲，国家兵器不私用。
　　私藏器甲生淫威，社会民生不安宁。
　　今人应知兵器用，手执武器有法定。
　　武器公用强国防，私造私用要致命。

九十八、以天下之心为心

选译：

"治天下者，当用天下之心为心，不得自专快意而已也。"

据《汉纪二十六》（卷三十四）

译评：

　　治理天下要知情，知情首要知人心。
　　人心直是天下心，为心才能达真心。
　　独断专行有快意，后果不好泪沾襟。
　　胸怀天下为志士，国君更需天下心。

九十九、杨雄劝谏

选译：

黄门郎杨雄上书劝谏说：
我听说，
《六经》内有治国经，贵能除乱未发生。
兵家重谋善用兵，贵在不战而能胜。
精微深奥上二义，大事根本要察明。
现在单于求入朝，国家拒绝怨根生。
匈奴原本不臣服，不能再让怨恨冲。
……
如今单于怀诚心，想离王庭来京城。
朝见陛下乐归心，前代政策欲继承。
国家虽然有破费，但求事情能趋成。
勿说匈奴来厌人，推说日期没确定。
加以拒绝伤感情，往昔恩德一旦崩。
匈奴如疑生怨恨，汉朝得罪匈奴人。
友好关系遭断决，终于放弃臣服心。
那时威胁不顶用，开导安抚等于零。
重大忧患门前生，苦果一串已形成。
明眼的人见无形，耳聪的人听无声。
确实防患于未然，兵革不用忧患零。
不然一旦生嫌隙，虽有智者苦心计。
善辨之人外接频，不如事情没发生。
以前西边作为多，制服匈奴才为真。

百年辛劳一旦失,惜一分而丢十分。
因小失大不可取,深为国家不安身。
希望陛下稍注意,遏制北边战祸生。
奏书呈上天子悟,召回使节换书信。
答应单于来朝见,汉匈危机断然平。
单于生病未启程,又派使节来京城。
希望来年能入朝,皇上同意谊又兴。

据《汉纪二十六》(卷三十四)

译评:

杨雄对汉很忠诚,引经据典话汉匈。
亲和安生要保持,因小失大不聪明。
防微杜渐要明察。兵不血刃能取胜。
百年经验应关注,谨防失算累前程。

一〇〇、黄支献犀牛

选译:

汉平帝元始二年,春,黄支国献犀牛,黄支在南海中,去京师三万里。王莽欲耀威德,故厚遗其王,令遣使贡献。

据《汉纪二十七》(卷三十五)

译评:

公元2年,汉与黄支一脉连。
黄支位于南中国,距离长安小三万(里)。
王莽遣使送厚礼,黄支派人进贡汉。
沉沉一线穿南北,传承超过两千年。

资治通鉴作书证，历史真实不容变。

一○一、东海南海北海西海为汉之四郡

选译：

　　　　王莽自感威德强，北化匈奴东达海外疆。
　　　　南边怀柔黄支国，只有西边没影响。
　　　　于是派遣中郎将，携带金币礼物引诱羌。
　　　　塞外土地使献出，归顺汉朝献衷肠。
　　　　中郎将平宪上奏，羌愿归汉做屏障。

羌愿归汉表意愿：

"太皇太后英明，安汉公最仁慈，天下太平，五谷丰收，禾苗高，穗子长，有的一粟三粒米，不种自己也生长，蚕结茧不需养；甘露从天而降，甘泉从地而涌，凤凰、神雀好似回故乡；安汉辅政四年来，羌人生活都安祥，归属汉朝不商量。"鉴此及时作安排，居住生产领护应尽祥。

王莽回报说：

"现在已有东海、南海、北海三个郡，请求接受良愿献地设为西海郡，将全国分为十二州，以合古代的制度。"上奏被批准。

　　　　　　　　　　　　据《汉纪二十八》（卷三十六）

译评：

　　　　早在两千多年前，中国疆土封了边。
　　　　东海南海设为郡，北海西海各有缘。
　　　　全国分为十二州，按照古制建家园。
　　　　资治通鉴作为镜，一照版图全了然。

○九九

一〇二、王莽主政

选译：

孝平帝，在位时，政自莽出发号令。
褒善德，扬功绩，尊重显赫示其盛。
审察言词有文藻，边远民族都从命。
吉祥征兆应了验，歌颂四起有威名。

据《汉纪二十八》（卷三十六）

译评：

褒扬善德纳四方，歌颂四起兆吉祥。
东西南北都向中，汉时中国即这样。

一〇三、宠女失权

选译：

班彪评论说："三代以来，君王或诸侯失去政权，很少不是因为宠爱女人的结果，直到王莽的兴起，也是如此。"

孝元皇后王政君，始居国母高位上。
先后经历四朝代，六十余年享奉养。
小人世代持国柄，国家命脉由其掌。
共出王将十个侯，促成王莽来称皇。
太皇太后恋玉玺，不想将其交给莽。
妇人之见令可悲，六秩乃见篡汉莽。

据《汉纪二十八》（卷三十六）

译评：

  君王宠爱女人香，朝廷权柄弃一旁。
  经历四朝六十年，小人握权国不祥。
  皇后国母享特权，五将十侯都是王。
  如此偏颇不承重，留下皇座纳新皇。

一〇四、人为贵

选译：

  王莽说：
  （古代）男耕百亩税什一，国富民裕歌声兴。
  秦朝废除井田制，土地兼并遂成风。
  贪婪卑鄙行为生，
  强者占田千亩计，贫者却无立锥空。
  设置市场卖奴婢，关栏似与牛马同。
  地方官吏控制市，奴婢命运被专营。
  违背"天地之情人为贵"，但是那时却通行。
  汉朝减轻土地税，按照三十分之一征。
  是税经常加赋税，丧失劳能按人征。
  实有豪强常侵犯，租金按十分之五征。
  豪富犬马有余粮，贫穷人家常肚空。
  贫困无奈陷犯罪，遭受刑罚更苦命。
  今把田地改王田，奴婢"私属"不市行。
  私家男子不满八，占田九百余须分。
  原来无田应分田，按照规定来进行。

        据《汉纪二十九》（卷三十七）

译评：

天地之情人最贵，不同时期人不同。
古时一夫百亩田，应税什一民富颂。
秦时土地起兼并，强者超千弱者零。
奴婢上市来买卖，贵人遭遇与物同。
田税名义虽减轻，实际税赋仍不轻。
汉时占地有规定，奴婢买卖一律停。
天底之下人为贵，奴婢解放头一宗。
人的解放若贯彻，汉兴必创新文明。

一○五、汉的司市钱府

选译：

刘秀说："周朝有泉府的官职，收的民间剩余的产品，供应民间缺乏的货物，就是《易经》所说的'管理财政，要端正言行，使货物各得其所，禁止人民为非作歹。'"于是王莽下诏说：《周礼》载有官府办理信贷的方法，《乐语》载有五均之制，古书中记载各有管辖。

现在开办信贷法，创建制度立五均。
设立国家经营业，目的在于助平民。
抑制富豪搞兼并，司市钱府布如林。
司市每季第二月，定出物价上下中。
保持物价趋稳定，一定程度安民心。
民间物资卖不出，均官核本全收存。
如果物价超平均，藏货平价卖于民。
如果物价低平价，自由买卖由百姓。
百姓如果要赊贷，钱府借钱给借民。

王莽依照《周礼》规定：

凡是有地使其荒，必须缴纳三人税。

市宅周围不毛地，须缴三人缴布匹。

游手好闲无业人，须缴纳布匹一匹。

应缴布匹缴不起，为府散工来抵税。

由地方官府供给生活费。

工人、渔民、猎人、牧民、女工以及其他技能的人，摊贩、商人、各自申报经营额，由地方官府扣除成本，纯利什一作贡税。

不申报，不实报，没收资产并罚役。

羲和鲁匡又上奏，请求酒类官府专卖。

王莽同意酒由官府来专卖。

又下令禁止民间携带弓弩和铠甲，

违者流放到西海。

据《汉纪二十九》（卷三十七）

译评：

办信贷，帮贫穷，设司市，反兼并。

管物价，收余剩，平价售货给百姓。

有地不耕要受罚，游手好闲做府工。

其他业者要勤作，按利什一税为贡。

禁止民间带武器，酒类物资由官营。

官府亲自抓经济，总体利于老百姓。

帮助平民搞营生，抑制富豪搞兼并。

初现发展生产力，官府作为可点评。

只缘改革阻力大，好事也会一场空。

一〇六、顺民心合天意

选译：

"举大事，必当下顺民心，上合天意，功乃可成；若负强持勇，触情咨欲，虽得天下，必复失去，以秦项之势，尚至夷覆；况今布衣相聚草泽，以此行之，灭亡之道也。"

据《汉纪三十》（卷三十八）

译评：

起兵都知顺民心，夺权都说合天意。
民心天意若不恭，得到天下仍失去。
秦皇项羽有威势，不顺不合灭而弃。
即使平民如纵欲，自取灭亡没说的。
天在上，民在下，天民顺合切无离。
如果只当工具借，只借不还会被拒。

一〇七、奉法不避

选译：

刘秀舍中儿犯法，祭遵判处要格杀。
刘秀大怒要捕遵，忘记教令曾颁下。
主簿陈副谏刘秀，祭遵执法不违法。
您曾要求严军纪，不避执行令乃达。
刘秀听后恕祭遵，任命祭遵振军法。

刘秀宣示众将军，提防祭遵严守法。
我家小仆犯法被处死，祭遵不会避大家！

据《汉纪三十一》（卷三十九）

译评：

公平正义法乃伸，严格执法威慑存。
法不阿贵不避亲，以权枉法谬人伦。
刘秀教人严法纪，门子犯法却不遵。
以权追捕执法人，显示刘秀两面人。
幸好听劝有醒悟，尊敬重用执法人。

一〇八、刘秀知人善任

选译：

司马光认为：

孔子说："你提拔好人，教育无能的人，他们就会相互鼓励。"所以：

虞舜推荐皋陶，商汤推荐伊尹。
不仁的人远去，品德高尚之因。
光武帝，刚继任，群雄竞逐天下混。
猛将策士有奇功，世人敬重名飞纷。
唯独刘秀用忠厚，奉公守法传佳音。
优秀人才民间选，群臣首位安其身。
光复汉室刘秀能，享受长治久安门。
深知首先做什么，才能达到目的根。

据《汉纪三十二》（卷四十）

译评：

刘秀用人举其旌，一忠二公三有能。

光复汉室图长治，根据目标选贤能。

忠公能人为治本，社会必有好效应。

举旗能知走其路，举旗必集所有人。

一〇九、宣扬美德　天下安定

选译：

司马光认为：从前，西周时代的人歌颂武王的恩德说：

令人怀念美德扬，只为追求天下定。

君王用兵志扬德，安民乐业社会宁。

光武能够取汉中，这个原则有遵循。

这是一件好事情，宣扬美德益武功。

据《汉纪三十二》（卷四十）

译评：

用兵能使天下平，扬德能使天下宁。

硬软结合巧用之，只为天下老百姓。

自古用兵有分野，唯独扬德纯又净。

正义之师有武威，宣扬美德贯其中。

一一〇、刘秀自相矛盾

选译：

权德舆议论说：

彭宠叛变，子密弑君，都是作乱。

罪不相蔽，宣致于法，昭示天下。

刘秀反行，授爵子密，又称不义。
既然不义，不应封爵，如果封侯，
东汉爵位，失去勉义。《春秋》记载：
卫国齐豹，积怨杀人，定义强盗。

对庶其、牟夷、郭级三个叛徒，直书其名，大概就与刘秀封子密为侯有所不同吧。

据《汉纪三十三》（卷四十一）

译评：

子密杀君"不义"称，"不义"又把官来升；
自相矛盾必混乱，杀君标准不二重。

一一一、分权与集权

选译：

隗嚣问班彪："以前周朝灭亡，出现战国群雄并立，互相征战，经过几代才天下统一，合纵连横的故事在今天会重演吗？或承受天命重新实现统一，是否在于一个人？"

班彪说：
周汉兴亡全不同。
周朝爵位分五等，诸侯国各自为政。
王室已经衰弱时，诸侯势力却强硬。
周朝末年有变化，合纵连横乃发生。
汉承秦制改郡县，君主专制权独垄。
独裁威严布天下，臣子权柄非终生。
汉成帝借助外戚，在位时短是哀平。
皇位继承三次断，王莽得以揽朝政。

危机发生在上面，伤害不及老百姓。
……

据《汉纪三十三》（卷四十一）

译评：

周朝天子徒有名，权力分散诸侯行。
各自为政权过大，王室权力被架空。
汉承秦朝搞集权，郡县官吏皆听令。
上面危机下面看，皇权更迭任上层。
集权分权要结合，总有两个积极性。
大权集中小权分，长治久安国运兴。
如果二者有偏颇，总有一天国难临。

一一二、精简官员

选译：

建武六年六月二十四日，皇上下诏说：
设置官吏为治民，如今百姓灾难临。
户口减少事亦少，县府官吏却多门。
应令司隶州牧察，精简官员下决心。
无论是县还是国，不足置长吏则并。
于是省县四百多，十个官员留一人。

据《汉纪三十四》（卷四十二）

译评：

设置官吏来治民，精简官员也为民。
治民为民相统一，民众满意天下存。

一一三、官吏的考核与使用

选译：

　　建武六年九月三十日，执金吾朱浮上奏疏说：
　　尧舜昌平盛世时，官员考核期三年。
　　汉兴功绩所积累，官吏任职无年限。
　　任职时间都很长，长子长孙也有传。
　　官事哪能都管好，议论哪里能不喧。
　　我认为：
　　创建天地大功绩，往往需要多少年。
　　艰难事业要办好，日积月累才能完。
　　然而近来，
　　太守宰相频更换，迎新送旧路漫漫。
　　这些官员职时短，充分履职实在难。
　　既然要求很严格，人人都要填保单。
　　检举弹劾紧相逼。讽刺讥笑怕难堪。
　　于是争着搞掩饰，求得荣誉用欺骗。

　　　　　　　　　　据《汉纪三十四》（卷四十二）

译评：

　　　　官吏要考核，任职定期限。
　　　　业绩要查实，不能搞欺骗。
　　　　任期勿太短，别让子孙见。
　　　　多长就合适，根据目标算。

一一四、当简天下贤俊

选译：

并州牧汲到洛阳，皇上询问施政行。
郭伋说：
选拔众职天下观，天下贤俊都可当。
不宜专用南阳人，乡亲故旧官满堂。
郭伋直言击要害，不知皇上啥心肠。

据《汉纪三十四》（卷四十二）

译评：

为官得失开天窗，用人不能只老乡。
五湖四海易同心，乡党相聚不久长。

一一五、有赏有罚

选译：

刘秀出猎夜间还，十二门侯守城关。
东有郅恽守城门，车驾前来仍拒关。
上令门缝来见面，恽说光照不安全。
上见郅恽不受诏，改道中东入了关。
次日郅恽上书谏，文王不敢乐游田。
万民敬奉鉴其贤。
陛下远猎夜间还，江山社稷怎样谈。

上书呈给光武帝，一面明镜照宫殿。
赏给郅恽布百匹，东中门侯受了贬。

据《汉纪三十五》（卷四十三）

译评：

皇帝游猎可乘闲，但也不能夜间还。
东门执意不开门，上有诏令门仍关。
郅恽对事不认人，一夫当关上也严。
郅恽批评光武帝，改过当即把奖颁。
中东门侯没有错，毕竟是上要入关。
但是光武罚了他，灵活把关有点怨。

一一六、盛称虚美令屯田

选译：

公元54年，建武三十年，春季二月时，刘秀乘车去东方视察，大臣们上书说：

陛下即位三十年，应去泰山去祭天。
皇上发布诏令说：
虽然即位三十年，百姓仍有满腹怨。
难道还要骗老天。
林放虽然知礼仪，泰山神灵高于天。
今祭泰山必受辱，累及七十二代传。
若谁远遣来上看，我将令其去屯田。
于是群臣不再言，盛称虚美无空间。

据《汉纪三十六》（卷四十四）

译评：

刘秀即位三十年，仍知百姓满腹怨。

想到百姓不虚美，不骗百姓不骗天。

谁来赞美要剃发，丢人败兴去屯田。

公元伊始秀如此，今人何需要虚赞。

一一七、袁安敢于负责

选译：

任城县令叫袁安，升任楚郡政务官。

到任未进郡官府，先去监狱查案件。

有关王英谋反案，袁安亲自来审验。

证据不足列事实，呈报皇上不再关。

郡副属官叩头争，附和叛党不可办。

袁安表达很坚决，如有不实自进监。

犯法定罪我自受，不会连累郡务官。

于是分别具奏上，四百余家无罪还。

据《汉纪三十七》（卷四十五）

译评：

新官上任不入府，进监审查大要案。

敢于负责平冤狱，为官不让民受冤。

一一八、邓训关心民众疾苦

选译：

在汉明帝时代，确定治理滹沱河、石臼河。从都虑至羊肠仓一段，疏通河道运粮。

治理滹沱石臼河，工程艰巨困难多。
疏通河道益运粮，吏民汗水流成河。
千万民工千般苦，死人不知有几何。
工程累年搞不成，运粮一事无着落。
郎中邓训受上使，监督管理接治河。
实地考量报实情，施工方案作改革。
停用人力运泥土，驴车拉运省钱多。
千万民工免惨死，关心民众治好河。

据《汉纪三十八》（卷四十六）

译评：

工程艰巨困难多，不能苦干拼死活。
要从苦中寻求巧，要从死中来求活。
工程要靠百姓做，百姓疾苦记心窝。
实地考察修方案，综合效益出得多。

一一九、百姓以为便

选译：

廉范迁蜀郡太守，成都百姓多富有。
人口众多物产丰，城里房屋并肩筑。
原令禁民做夜工，以防火灾民不守。
百姓用火更隐蔽，失火现象天天有。
廉范废除旧禁令，严令备水防火走。
备水防火民获益，百姓赞歌不绝口。
"廉叔度，来何暮，不禁火，安民作，
昔无襦，今五袴。"
除旧令，颁新令，安民惠民好太守。

据《汉纪三十八》（卷四十六）

译评：

当官应当知民情，除旧布新民便行。
利民惠民顺民心，百姓赞歌不绝声。

一二〇、司马光论治吏

选译：

司马光说：

人臣的罪过，没有比欺瞒人君更大的，因此，明君痛恨这件事，孝章帝指责窦宪的行为与赵高指鹿为马没有不同，说得对；但是，又不治窦宪

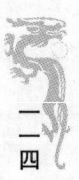

的罪,那么,怎么惩罚奸臣呢?

　　君患不知臣奸私,如知又要赦免其。
　　这种事情有犯忌,知道不如本不知。
　　为什么这样说呢?
　　有臣做了犯法事,人君不知臣畏惧。
　　知罪不治臣不怕,就会放纵无顾忌。
　　知臣善行而不用,知臣恶行而不知。
　　人君需要深警惕。

　　　　　　　　　据《汉纪三十八》(卷四十六)

　译评:

　　人君要职在用臣,臣的言行应在心。
　　赏罚严明有原则,有罪不治乱人伦。

一二一、奉公尽节

　选译:

　　司空第五伦,老病乞其身,章帝元和三年五月初三,皇上下策出书予退职,年俸两千石享终身。

　　三公之一第五伦,奉公尽节言有掮。
　　朴实谨慎不浮华,正直清廉位以尊。
　　人问您有私心吗?他的回答表意真。
　　有人曾送千里马,我虽未受但在心。
　　每逢三公有选举,心里惦记能问身。
　　不过没有被任用,若是能说无私心。

　　　　　　　　　据《汉纪三十九》(卷四十七)

译评：

第五伦，水晶人，表里如一都是真。
常人私心不愿说，五伦以实告诉人。

一二二、不总大纲失边和

选译：

班超年老召回朝，继任任尚去操刀。
西域都护任尚接，交接之时把话聊。
任尚对着班超说：
您在西域三十年，经验丰富功自高。
小人接任智虑浅，请君不吝来施教。
班超自称人已老，智力衰退不经劳。
您处高位已数次，哪能与您试比高。
如果一定要我说，愿进一言供参考。
屯边吏卒本不孝，因罪受罚归了槽。
少数民族心有异，难养易败剑出鞘。
您性严刻且急躁，水清没有大鱼捞。
苛政实施无下和，简行恕小总纲牢。
班超离去尚私议，良言忠告打水漂。
后来任尚揽不住，不总大纲边失调。

据《汉纪四十》（卷四十八）

译评：

任尚接任未接贤，工作必然不如前。
骄躁之疾加任性，大纲不揽必翻船。

一二三、忠良之吏

选译：

　　王涣赴任洛阳令，处理政务见公正。
　　明察敢抓除奸邪，坏人无法藏入洞。
　　外处政猛内怀仁，凡所平断人皆敬。
　　这年王涣卒于任，百姓围路泪纵横。
　　王涣西归经弘农，路旁祭奠尽百姓。
　　官吏设问求原因，众答前去报恩情。
　　自从王涣任县令，百姓冤枉去无踪。
　　洛阳民众建祠堂，王涣仁德被歌颂。
　　奏乐唱歌献祭品，每逢祭祀人潮涌。
　　邓太后，下诏令，忠良治国要成行。
　　王涣之子做郎中，官吏尽职要成风。

　　　　　　　　　　据《汉纪四十》（卷四十八）

译评：

　　为人正直持公平，外猛内仁似神明。
　　忠良之吏国为治，民众立祠颂县令。
　　为官必须头脑清，为民除害记心中。
　　忠于职守志于勤，精忠报国如青松。

一二四、以清白吏遗子孙

选译：

杨震幼年家很穷，爱好学习事理明。
知识渊博出了名，关西孔子显圣灵。
他以教书二十载，州郡聘任不答应。
人说他已近暮年，当官已晚无鹏程。
杨震此时志弥坚，专一教学传儒经。
邓骘听说杨震后，当即召其进朝廷。
虽然已是五十多，官运亨通接连升。
当去东莱上任时，路经昌邑遇县令。
县令王密震曾荐，夜里揣金报恩情。
杨震遂问为何事，密说暮夜无人明。
震说：
天知地知你我知，怎么能说无人明。
王密感到无地容，揣着金子溜边行。
杨震调任涿太守，依然廉洁又奉公。
子孙常常吃蔬食，出门形同众百姓。
有劝为后置产业，杨震回答令人惊。
遗产便是清白吏，子孙继承用无穷。

据《汉纪四十一》（卷四十九）

译评：

孤贫好学出了名，五十任官志笃诚。
推荐贤者不图报，公廉蔬食待子婴。
有人劝震置厚遗，清白吏遗享无穷。

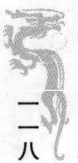

古时杨震有信念，学习修行始有灵。

一二五、征求直谏

选译：

建光元年四月十九日，命令公卿以下到郡守、封国宰相，各推荐一名有德性的人，尚书陈忠认为诏书既然征求直谏，进言的人可能会有许多激越之辞，皇帝不能容忍，于是上书先疏通皇帝的心仪说：

仁君气量博而宏，纳切直谏为彩虹。
忠臣节行要直谏，不惧逆耳获罪行。
高祖不计桀纣譬，文帝乐听人豬讽。
武帝纳谏东方朔，宣室务政非酒厅。
元帝容纳薛(广德)强谏，直听纳谏留美名。
明诏崇尚高宗德，推荐执诚宋景公。
承认错误自力勉，群臣意见肯咨询。
谏言国事人看见，社根翊世受录用。
尚书御吏台任职，正直之言闻风动。
若是善谏就采用，狭隘讥讽要宽容。
有道之士见解深，陛下亲阅待迁升。
广开言路乐美德，任命施延为待中。

据《汉纪四十二》（卷五十）

译评：

广开言路事理明，汇聚人才正气升。
重要职位任贤才，生机盎然国运鸿。

一二六、司马光论君主与君子

选译：

君子当官心有灵，国家政治要清明。
政治暴虐就隐退，隐退不是君初衷。
未名正道难推行，与恶混淆灾害生。
于是选择深隐藏，回避政治保自明。
君主举贤用隐士，出身卑微亦录用。
本意对国有补益，世俗看法不顺应。
有德足使上尊崇，智能足以保护民。
就像粗衣怀金玉，深藏不露吸引人。
君主应当施礼仪，委屈自己去访寻。
克制自己听从他，如是招聘为国兴。
能在天下普施恩，功业留情万古青。
这是取用其正道，不是得到某个人。
实际才能要求得，切切不是求虚名。
礼备贤才不应聘，恳请贤才不动心。
圣王就应做内省，不要强行把人征。

反省：

难道是我德行薄？政治混乱无信心？
小人在朝不敢进？诚心不够有担心？
为什么贤士不随跟？
如果厚待清明有诚心，小人远离他们近，怎么还会不来人？

荀子说：

照蝉务必火光明，摇动树木看动静。

火光不亮摇无益，黑灯瞎火白费心。
现在君主明德治，天下顺如蝉扑灯。
有的君主心事重，不来贤士犯脸红。
甚以高官来诱惑，逼迫从命用严刑。
如果真的是君子，诱逼不会使之从。
来者贪官又惧刑，怎么值得人尊重。

据《汉纪四十三》（卷五十一）

译评：

明士易求隐士难，正道深藏在民间。
君主有意去寻访，尽施礼仪聘再三。
为求贤才恳自省，软硬兼施如求蝉。
明君治国找忠良，志士报国应向前。
明君贤士双向选，为国何须到明天。

一二七、古代四十做官

选译：

袁宏认为：计划事情，创立制度，以治理世事，训化万物，必定要切实可行。

古代四十才做官，并非做官有年限。
只因官需精力旺，大约年限作评判。
颜渊子奇是奇才，划为标准太亢面。

据《汉纪四十三》（卷五十一）

译评：

三岁娃娃能登基，皇帝从不限年龄。

做官是要办实事，能干还须尚年轻。
四十不惑精力盛，治世训化要精通。
天才奇才多益善，以此取人恐凋零。

一二八、左雄论忠奸

选译：

左雄说：
听说国君莫不好忠正而厌谗言，
然而历代的灾患，
总是谗言受宠忠正罪连。
大概是，
听谗言容易，受忠言很难。
刑罚人情最厌恶，得宠人情总企盼。
所以，
社会上的稀疏谗者串。
君主耳边美声多，少有诉过敢直言。
以至危亡到来时，迷惑不悟无人挽。

据《汉纪四十三》（卷五十一）

译评：

精忠报国多直言，肝脑涂地也心甘。
奸贼窃国多曲附，乔装打扮嘴特甜。
忠臣临危勇向前，奸佞耳边耍舌尖。
明君先要明身边，谨防谗言把您拴。

一二九、见变思形

选译：

梁离温和且保守，无力饬纲裁政务。
李固因之上书说：
这些年来多灾怪，要搞清楚驱迷雾。
孔子说：
智者见变思其形，愚者赌怪讳其名。
天道没有亲与疏，可敬可畏别恐怖。
诚盼朝纲得整饬，大道运行忠义树。
伯成高德若继承，美誉不朽天下布。

据《汉纪四十四》（卷五十二）

译评：

大千世界动不停，见变思因智慧生。
不怕邪，不迷信，科学思维终有成。
保守无能一脉承，温和只能送人情。
厚德智慧又善行，创造奇迹留美名。

一三〇、司马光论政

选译：

司马光说：
成帝不能选贤能，委政舅父乃昏庸。

犹知王立无才能，弃而不用尚可容。
顺帝放权皇后家，遂有梁冀大顽凶。
却要让他继父位，终于导致汉朝倾。

据《汉纪四十四》（卷五十二）

译评：

皇权私驾常嫡传，朝廷内外已是然。
而今皇权转姻亲，昏庸溢露外流传。
如有凶顽继大位，颠覆汉室国滚翻。
皇帝昏庸不长久，更加昏庸常夜天。

一三一、明君难求

选译：

孝质皇帝朝会间，目瞪梁冀有冷言。
跋扈将军就这位，梁冀怀恨在心尖。
后派侍从送煮饼，皇帝中毒救也难。
太尉李固问皇帝，皇帝还能答问言。
吃了煮饼肚子胀，喝水还能脱了险。
梁冀插话担心肚，不能喝水可平安。
瞬间皇帝断了气，李固伏尸哭连连。
推究侍医有责任，冀怕泄露恨固言。
商议继位人选前，

李固、司徒胡广、司空赵戒先给梁冀写信言："天下不幸数年间，三个皇帝离人寰。"

现在将要立新帝，最大国事摆面前。
太后垂念将军虑，力求圣明谨慎选。

我们念念表真情，唯愿立帝早实现。
古今立制立君事，公卿群臣表意见。
务使立嗣应天心，合乎众望换新天。
书上说：
天下交给别人易，求得天下明君难。
从前，
昌邑王被立为帝，昏乱一天甚一天。
霍光忧愁又惭愧，悔之发愤折骨断。
幸有霍光忠正勇，奋发有为田延年。
大汉国统几将断。
立君令人最忧虑，立君是个大事件。
慎思熟虑情不禁，头等大事要胜算。
国家兴衰在此举，天下大事立新篇。
李固等人举刘蒜，梁冀早已有偏见。
梁冀执意立刘志，李固无辜被罢免。
太后听政冀持节，十五岁帝人心寒。

据《汉纪四十五》（卷五十三）

译评：

皇帝身边侍从庸，不忠皇帝听奸佞。
胆敢下药害皇帝，足见邪恶势力凶。
皇帝软弱又无能，正不压邪未掌控。
权力机制有真空，太尉无权保皇宫。
忠臣有力使不上，奸佞恶谋倒轻松。
皇帝暴死不查究，篡权阴谋能得逞。

一三二、杜乔纳谏

选译：

拥立皇帝有功的人受到表彰，皇帝下诏，增封梁冀采邑一万三千户，封梁冀的弟弟梁不疑为颍阳侯，梁蒙为西平侯，梁冀的儿子梁胤为襄邑侯，胡广为安乐侯，赵戒为厨亭侯，袁汤为安国侯，又封中常侍刘广等人为别侯。

杜乔劝谏说：
古代明君重贤才，赏罚分明为要责。
亡国君主当政时，忠臣法令都存在。
问题在于：
虽有贤能而不用，虽有法令不能裁。
听到忠言不采纳，听到谗言不明白。
陛下从藩臣登基，不急征求贤良才。
左右亲近先封位，梁氏家族全安排。
宦官无功而封赐，功臣反而被外待。
这种错误至严重，言辞形容说不来。
有功不赏善失望，奸邪不究恶重开。
所以，
陈列刀斧人不惧，班赏爵位无人睬。
照此下去必致乱，丧身亡国食苦菜。

据《汉纪四十五》（卷五十三）

＊李固、杜乔均被梁冀陷害致死并陈尸。

译评：

不用贤才用奸佞，奸佞入殿鸡犬升。
朝政混乱君难保，丧身亡国败不惊。

一三三、崔实论政

选译：

诏令百官推荐独特的高士，涿郡推荐崔实，送到公车署，推托有病，不应对策，回乡议论国事，写了《政论》文中说：

　　大凡天下治不能，常由君主享太平。
　　风俗渐颓不能察，政务衰败不求新。
　　乱为治，危为安，熟视无睹冷冰冰。
　　有的淫奢不理政，有的规劝听不进。
　　有的犹豫不知措，有的只求保爵生。
　　疏远臣僚废其言，只缘官位在下层。
　　疏远从上受破坏，智士下面忧无穷。
　　自从汉朝建立起，已过三百五十冬。
　　政令荒废上下懈，人民盼望再中兴。
　　拯救世道补裂缝，据实举措求安宁。
　　圣人当政分步行，因时制宜不强行。
　　急切公务要抓紧，慕念传闻误事情。
　　孔子曾经告叶公，政务获远先悦近。
　　孔子诉哀公，政务择贤能。
　　孔子诉景公，政务省财用。
　　这不是主张不同，而是根据急务不同而定。

俗人死抠书本，不达权谋，只等传闻，忽略现实，国家大事何以谈论。

所以，
　上书的人虽然能受皇上的重视，
　但往往受制于奸佞。

这是为什么呢?

因循守旧,苟且偷安,不知应变创新;

妒忌贤能,舞文弄墨,鄙视驳斥摒弃别人的合宜的道理,使正道无处伸展。

贤才智士充满忧愤,

即使后稷、子契,也无法打拼。

治理天下,严则治,宽则乱,除非德教高水平。

近看孝宣帝,

通治民,察政理,用法严,奸恶惧,

海内静,天下太平,评政绩,比孝文帝胜。

元帝即位,

行政宽松,朝政衰败,权威旁落,

终于成为汉室肇祸之君。

政治得失,由此可明。

从前,孔子写《春秋》,

褒齐桓公,赞晋文公,叹管仲之功,

不是孔子不崇拜文武之道,

实际是面对现实,拯救时病。

圣人能应时确定方略,庸人不知变通。

企以结绳治乱。

用干戚之舞以解除汉高祖的平城之困。

熊鸟之动,虽可延年,但不治伤寒之病。

呼吸吐纳,可以益寿,但不能接骨之用。

治国如同养身,平时注意调养,有病可治。

刑罚治理乱世,德教维护天下安定。

德教不能扫除残暴,刑罚不能治理太平。

现在,

承百王之弊,处几代疏治之乱,亟须严治。

从前,
文帝虽然废除肉刑,
但对处断趾的人却处死刑,
鞭笞犯人,常常致死。
这即是文帝以严刑治太平。
不是用宽恕达到太平。
崔实是崔瑗的儿子,山阳人仲长统看到这篇文章,叹道:
"做君主的人,都应抄写放在案几旁。"
司马光说:
"汉朝法令已经严,崔实反倒认为宽。
衰世君主多懦弱,庸愚辅臣多柔软。
权臣有罪不惩罚,狡民犯罪也不砍。
施行仁恩限眼前,奸人得志制度残。
崔论矫正一时弊,百世治国不通篇。"
孔子说:
"政令宽松人怠慢,怠慢纠正要从严。
政令过严会伤人,不受凶残要放宽。
宽松用来助严厉,严厉用来可助宽。
政务和顺天下治,治国常道内中含。"

据《汉纪四十五》(卷五十三)

译评:

一朝天子一朝臣,政治清明犹可寻。
建立制度要应对,治弊务必求创新。
权力一定防滥用,官吏一定防奸臣。
赏罚一定据实情,过严过宽不利行。
治国一定依国情,为政一定知民心。
明君功高垂青史,暴庸匆匆如残云。

天下兴亡多少事，当权应当问人民。
人心思治君施治，顺应民心天下欣。
政论只观君和臣，根底却在穷苦人。
历史长卷篇不同，人民总把画卷抻。

一三四、刘陶上疏

选译：

太学士刘陶上疏陈事说：
天帝民像头和脚，必相依赖才能行。
帝眼不见鸣条事，耳听不到战车声。
天灾不会伤帝肤，食震不会伤帝胸。
所以，
星辰凶兆不在乎，上天震怒飘忽轻。
高祖兴起乃布衣，聚力成业极艰辛。
福禄流传到陛下，陛下不能增祖荣。
忽略高祖创业勤，随意把权交别人。
宦官任意害小民，虎豹豺狼园中生。
商贾穷苦成冤魂，穷人饥寒肌肠空。
死人墓穴独伤悲，活人朝野忧愁重。
这就是愚臣叹之因。
秦朝将要灭亡时，
正谏的人被处死，谄媚的人受赏封。
忠言规劝被堵塞，国家大政于奸佞。
阎乐专权于咸阳，赵高为中车府令。
大权旁落无知觉，国柄离身不闻讯。
古今道理如一辙，成败形势大致同。

希望陛下看秦倾，近察祸变帝哀平。
祸福得失可看清。
我又听说，
危国扶持需仁政，拯救混乱需贤能。
朱穆李赝正高忠，良臣柱石应回廷。
辅佐王室求中兴。

据《汉纪四十五》（卷五十三）

译评：

情真意切尚忠诚，谈古论今为国兴。
只缘劝谏有批评，皇帝全当耳旁风。

一三五、帝与谛

选译：

皇帝诛杀梁冀后，感恩多人被封侯。
皇后父亲邓番为车骑将军，封为安阳侯。
皇后母亲宣为昆阳君，封皇后的哥哥傻子邓康、邓秉为列侯。
宗族都做了列校、郎将，赏赐以巨万计。
中常侍侯览呈上五千匹缣，皇帝赐给他关内侯，又借参与议诛梁冀有功，进封为高乡侯。
封小黄门刘谱、赵忠等八人为乡侯。
从此，权势全部集中在宦官手中。
五侯贪财更放肆，威势震动廷内外。
当时灾异常出现，天上之祸令人怪。
白马令甘陵人李云呈上不封缄的奏书，副本送给三府说：
"梁冀仗势揽权因罪杀，如同召来家臣以扼杀。

而今滥封奢赠密谋的臣子食邑上万户。
高祖听到能不怪罪吗?
西北各将领知道了能不解散吗?"
孔子说:"帝者,谛也。"
皇帝,明察详审实理在,万物归真世事明。
现在,
官位错乱礼不名,小人谄媚即提升。
公开贿赂无顾忌,政治教化日日腥。
诏书任命不经帝,是帝不愿当明君?
皇帝得奏很愤怒,令捕李云下狱中。
命令管霸御史等,多方拷问令人惊。
弘农五官掾杜众,悲伤李云谏获刑。
上书愿与李云同日受死刑。
皇帝见后更愤怒,于是一同交廷尉卿。
大鸿胪陈蕃上奏说:
李云冒犯违旨意,心意终究为国忠。
高祖容忍周昌谏,成帝赦免朱云斩。
今天杀了李云头,又见比干剖心讽。
太常杨秉、雒阳市长沐茂,郎中上官资,一起上奏,请求释放李云。
见此皇帝更愤怒,认为上奏大不敬。
陈蕃杨秉被免职,沐茂上官贬官警。
当时上在濯龙池,管霸等人又奏请。
管霸跪着说:
李云本是一儒生,杜众小吏在郡中。
出于狂放和愚直,勿需给其加罪行。
皇帝对管霸说:
"皇帝想要不审明万物,这是什么话,常侍想要原谅他们吗?"
回头命令许进奏,李杜却都死狱中。

于是宠臣更横行。
太尉黄琼量不能，托病不起在家中。
上奏说：
陛下登上皇位后，朝政没有前代胜。
梁氏家族把大权，宦官如云满朝廷。
李固杜众诚进言，遭到残杀横祸生。
海内悲恐加怨恨，朝野人士以忌忠。
尚书周永奉梁冀，假借威势曾乘风。
看到梁冀衰败势，假抨示忠又得封。
黄门宦官心怀恶，相互勾结乘冀风。
腹背相亲朝夕谋，共同作恶法不容。
梁冀当受诛杀时，借攻梁冀来求荣。
陛下不察辨真伪，让奸和忠同受封。
粉墨揉合，金玉投沙，玉珠碎泥，
人民听到愤不平！
臣下世代受恩德，身名轻微地位重。
敢以垂绝到来时，陈述不避言辞真。
上书奏上无人闻。

据《汉纪四十六》（卷五十四）

译评：

帝诛梁冀除祸根，滥封厚赏添愁云。
贤臣连连上书奏，前赴后继死留心。
皇帝昏庸听不进，只知愤怒滥杀人。
历史明镜不对照，帝与谛审分了身。
奸忠混杂世道乱，金玉碎在烂泥中。
忠良含屈死牢内，人间愤怒待时平。

一三六、投畀有虎

选译：

中常侍侯览的弟弟侯参任益州刺史，残暴贪婪，脏款数以亿计，太尉杨秉奏请以囚车带回侯参，侯参畏罪在路途中自杀，搜查出装有金银锦帛的重车三百多辆，杨秉上奏说：

"宦官宫内供使唤，司昏守夜其承担。
现在过分受宠幸，执政操权没有边。
以公褒举附会者，违逆找事用箭穿。
居室仿照王公设，富贵拟比国家尖。
饮食极尽珍肴有，仆妾都把绫罗穿。
侯参贪暴罪恶大，自取灭亡无人怜。
侯览知参罪恶重，必然自疑心不安。
我认为不宜让他再近陛下的身边。
齐懿公，很凶残，曾与邴歜父争田。
等到当了国君后，竟然恶意施威严。
邴歜父亲已死去，挖出尸首酷刑残。
强占阎职妻有恨，竹林之中起祸端。
侯览应当快斥逐，把他送到饿虎前。
此人不可施恩恕，送回本郡免其官。"

奏书呈上，尚书召见杨秉的属吏，责问说：

"设官分职有规范，三公朝外御史殿。
太尉越职弹内侍，是依汉制据经典。"

杨秉的使吏回答：

"《春秋传》说：'为君除恶，唯力是见。'
邓通怠慢，中屠嘉召见，文帝派人讲情面。

汉朝旧例，三公之职，无所不管。"
尚书无言帝无奈，终于免除侯览官。

据《汉纪四十七》（卷五十五）：

译评：

设定官职有规范，管内管外不能乱。
三公之职统所有，宦官操权国必乱。
为君除恶唯力是，劝君不要讲情面。
恶人一定投畀虎，保洁官吏不腐烂。

一三七、登龙门

选译：

李膺、冯绲、刘祐被人诬告下狱，
陈番几次去申冤，请求宽恕职复原。
再三请求言恳切，皇帝不理流涕怜。
应奉上疏说：
"忠臣良将国之干，脊骨直坚国弥坚。
冯绲刘祐李膺等，举发奸臣执法严。
陛下信诬不调查，忠奸一同收为监。
从春到冬未宽恕，远近人士为之叹！
记功忘过政之要，景宣用贤不计嫌。
韩安国是囚徒，张敞是逃犯。
景帝、宣帝大胆起用美名传。
冯绲以前征荆蛮，功与吉甫可比肩。
刘祐数任司隶校尉，谦恭刚直风骨坚。
李膺威震幽并州，遗爱并疆国自安。

现在,
三百边陲蛮夷动,官军斗志缺乏坚。
请求原谅李膺等,以防意外保平安。
奏章呈上帝开明,他们罪刑才敢免。"

过了好久膺复职,小黄门张让的弟弟张朔为野王县令,贪残无道,畏惧李膺严厉,躲在张让家的夹墙中。

李膺知道情况后,逮捕张朔并下监。
关在雒阳监狱中,审问完后送西天。
张让诉冤问皇帝,帝召李膺来见面。
责备李膺不上奏,杀了张朔惹麻烦。
李膺回答说:
"孔子鲁国任司寇,杀少正卯到任才七天。
我已到任十天了,暗自担心压案件。
积压案件会获罪,不料办案迅速成罪犯。
我自知,闯大祸,死在眼前不会耽。
特请让我留五天,消灭元凶再烹煎。"
皇帝无言以应对,
回说张让你弟有罪,与司隶本人无关。
从此,
黄门常侍都谨慎,大声出气都不敢。
假日不敢出宫门,皇帝奇怪问因缘。
内侍叩头流泪说,怕李校尉才这般。
这时,
朝廷衰败纲纪弛,李膺执法美名传。
士人被纳称登龙门,清高正直挺而坚。

据《汉纪四十七》(卷五十五)

译评：

记功忘过政之要，举贤诛恶君之权。
忠良报国奸佞窃，明君务必拒谗言。
谗言中听易迷心，鬼迷心窍君难安。
只要朝里有忠骨，为君尽力能柱天。
清高正直引人士，登上龙门破难关。

一三八、信任忠良

选译：

永康元年，陈蕃最终被免职，朝臣震惧，没人再敢替党人说话，贾彪说："如果我不去京城，大祸不可能化解。"到雒阳后，游说城门校尉窦武，尚书霍谞等人，请他们为党人诉讼，窦武上疏说：

"陛下即位没行善，常侍黄门争诡诈。
小人封官政务乱，奸贼当道后果怕。
西汉奸佞执了政，直接后果失天下。
现在不借前车鉴，重蹈覆辙犹可见。
我担心，
二世灾难将重演，赵高事变早或晚。
最近，
奸臣制造党人案，搜捕李膺入了监。
拷问牵连几百人，一年拘囚事无验。
我认为李膺等人，
忠心有节志在国。

他们是陛下的后稷、后契、伊尹、吕尚，却枉这奸臣所诬陷，使得举国失望天下心寒，请求陛下：

留心考察，及时释放，以了朝野的心愿。

而今，

陛下的近臣，如尚书朱富、荀绲、刘祐、魏朗、刘矩、严勋等人，

都是国家忠良朝廷贤。

尚书郎张陵、妫皓、苑康、杨乔、边韶、戴恢等人，

文雅朴实，熟悉国典，

内外之职，良才并联。

然而，

陛下却委权近侍，重用污吏贪官。

外管州郡，内为心腹，

应当败黜，按罪惩办。

同时，

应当信任忠良，批评邪恶，珍惜官职，只授给良贤。

奏章呈上，窦武即称病辞职，并缴还城门校尉和槐里侯印绶。

霍谞也上书请求宽恕党人，皇帝的怒气稍有消解，派中常侍王甫到狱中审讯范滂等，范滂等人都颈戴枷锁，带着脚镣手铐，脸上罩着黑布，站在阶下。王甫一个一个地询问："你们互相标榜，唇齿相依，有什么企图？"

范滂说：

"孔子有言'见善如不及，见恶如探汤。'看见善良，努力追求，好像还赶不上似的；遇上邪恶，迅速避开，好像将手伸到沸水里；我想使善良归于善良，丑恶归于丑恶。认为朝廷会鼓励我们这样做。没想到指责我们为党人。古人修德行善，可以求得幸福。而今修德行善，却招来杀身之祸……"王甫颇为感动，解除了他们的刑械。

六月初八，大赦天下，二百多名党人放归乡里，在三公府登记姓名，永远不许当官。

据《汉纪四十八》（卷五十六）

译评：

  一朝之内有忠奸，忠奸相混又相间。
  忠臣有节志在国，奸贼有鬼常谗言。
  谗言能将忠良害，害死忠良好篡权。
  忠臣忠心不变色，脚镣手铐无怨言。
  正义不知在哪里，皇权至上谁敢撼。
  义士忠勇上书奏，惹怒皇帝更麻烦。
  如果皇帝能开恩，忠良免罪回家园。
  是非善恶不明辨，寡人无助有几年！

一三九、唯人万物之灵

选译：

司马光论政认为：

《尚书》说："天地是万物的父母，人是万物的精灵，人中最聪明的担任帝王，帝王是老百姓的父母。"

蛮夷戎狄虽异族，

趋利避害，乐生恶死，与汉同。

正确方法去统领，他们就会顺服从。

治理方法不得当，他们就会不安宁。

所以，先王为政，

发生叛乱去讨伐，归顺之时施柔情。

让其居住在边境，不扰中原礼义行。

如果把他们看做草木禽兽。不分善恶，不辨顺逆，一律杀害，这难道是父母的心！

何况羌人所以叛乱，是郡县侯侮有冤情。

对于叛乱者不能当时就报处，

所用将帅不当也关情。
如能选任良将把之驱塞外，使良吏去治理，
我将何去挥刀柄！
如果治理不正道，即使汉人也不从，岂能杀尽？
段颖克敌虽有功，他的行为君子不赞成。

据《汉纪四十八》（卷五十六）

译评：

　　四海之内皆兄弟，五湖四海同根生。
　　少数民族居边疆，华夏汉族居国中。
　　根本利益相一致，七情六欲大致同。
　　施政方法要正确，不合实际会反应。
　　对于民意要体现，顺民之意方安宁。
　　对于叛乱要平息，依罪定刑能服众。
　　民族政策要谨慎，上下通达事不争。
　　四海之外是世界，大千世界有异同。
　　天下朋友和睦处，异中求同寻共生。
　　异中也有为敌者，把好边关防寇通。

一四〇、明哲保身

选译：

司马光认为：
天下正道君子扬，匡责小人不敢狂。
天下无道君闭口，避诬避祸徒悲伤。
党人生于昏世道，没有高位仍自强。
用以言辞救时弊，扬善抑恶有胆量。

实在是抓蛇头，踩虎尾，受酷刑，累朋友，上杀场。
忠义之士被杀害，王朝跟着也灭亡。
只郭泰明哲保身，申屠蟠见机行事。
不到天黑就回头，卓然超群，无人能比。

据《汉纪四十八》（卷五十六）

译评：

自古君子是英豪，有胆有识情亦高。
如能乘坐顺风船，扬清击浊立功劳。
生于乱世应警醒，扬善抑恶防坐牢。
自有忠勇不怕死，敢向昏乱下战刀。
明哲保身可自取，诛恶保身似更好。

一四一、舍本逐末

选译：

当初，朝廷为避免州郡之间的交结，讲究私人情感，就规定：有婚姻关系的家族和两州之间的人士不得交互做官，现在又有了三互法，禁忌趋向严密，很难选用人才，致使幽冀两州的刺史长期空缺无人填补，蔡邕上疏说：
"我注意到，
幽冀原出铠甲和良马，因为灾荒已渐减。
州官一直没任命，百姓引颈望穿眼。
三公府，提人选，一个多月未定案。
我很奇怪问原因，都说三互有设限。
十一个州有禁令，只这两州最为严。
这两州有年龄限，州官空缺无人管。
三互禁令过苛刻，万里萧条令人叹！

只要朝廷明法令，两州人士可互官。
何况还有三互法，没有什么可避嫌。
韩安国从囚徒升，朱买臣卑微任官。
都因才干而做官，哪里会受三互拦。
希望陛下效法先，废除禁令不受限。
州官缺额尽快补，不拘一格选官员。
朝廷不理蔡邕疏，要想改制确也难。"

据《汉纪四十九》（卷五十七）

译评：

任人唯贤前有传，苛刻姻缘本末翻。
异地做官无大忌，莫让三互走泥潭。
制定法规益行事，循规蹈矩自讨烦。

一四二、选用忠贤

选译：

司马光认为：
叔向说过："国家将要灭亡，制度一定繁多。"
圣明君主任忠贤，功赏罪诛不私偏。
法令不烦天下治，治政根本手中擘。
等到世道衰微时，百官任用已不严。
禁令很多防范严，有功拘文赏赐悬。
恶人巧妙用条文，免于惩罚天下乱。
为何造成此局面，舍本逐末是根源。
孝灵帝时，
刺史贪婪如豺虎，虐待百姓不容宽。

朝廷还守三互令，令人发笑戒以堪！

据《汉纪四十九》（卷五十七）

译评：

    任用官吏选忠贤，治政根本硬而坚。
    法令简便易于行，治国无须制度繁。
    制度官定官操持，人比制度要优先。
    兴衰都需忠贤在，舍本逐末天不蓝。

一四三、捐舍圣戒

选译：

中常侍张让、赵忠劝说灵帝征天下田赋，每亩十钱，用来修建宫室，铸造铜人，乐安太守陆康上奏疏劝阻说：

"从前鲁宣公，
按亩征税引蝗灾，鲁哀公加税刮民财。
民财用来造铜人，有用无用转不该。
岂能抛弃圣人戒，亡王之法却自采！
宦官攻击陆康劝，比附不当罪遂来。
陆康犯罪大不敬，囚车押送廷尉裁。
侍御史刘岱上表陈情解，免死回家消了灾。

据《汉纪五十》（卷五十八）

译评：

    宦官近君远离民，进言为君实畏君。
    忠良为君又近民，民苦民愿能诉君。
    宦官奸毒害忠良，进谏不合要杀身。
    皇帝国君哪里去，且听忠臣去铺陈。

一四四、不舍国土

选译：

北宫伯玉等侵扰三辅地区，诏令左车骑将军皇甫嵩镇守长安以讨伐他们。
此时，
凉州不断现兵乱，朝廷徭税征不断。
崔烈认为弃凉州，公卿百官搞议案。
议郎傅燮厉声说，杀掉司徒崔烈天下安。
尚书上奏，
傅燮朝上辱大臣，灵帝就此问傅燮。
傅燮回答说：
匈奴单于冒顿叛，
樊哙出于义愤，要求出兵，未失人臣之礼。
季布还是说："樊哙可斩。"
如今，
凉州是天下要冲，国家西部的门面。
高祖初定天下时，派郦商去陇西镇关。
武帝拓疆设四郡，匈奴右臂被切断。
地方官吏治不当，致使一州生叛乱。
崔烈身为宰相，不速定平叛方案。
却要舍万里国土，我真是疑惑震憾！
如果胡人占此地，他们就会来作乱。
这是天下大祸害，也是社稷大忧患。
如果崔烈不知道，他是一个傻瓜蛋。
如果知道而故意，就是不忠乱家园。
灵帝认可傅燮话，不弃凉州另谋算。

据《汉纪五十》（卷五十八）

译评：

万里国土万里疆，
不舍国土舍宰相。
江山社稷不容犯，
胆敢来犯让其亡。

一四五、宦官之乱

选译：

谏议大夫刘陶上书说：
"天下先有张角乱，后又遭遇边章乱；
西羌叛众打河东，恐变强盛京师犯；
百姓各自去逃生，却无拼命上前线；
西边寇贼渐推进，张温将军有危难；
假如战场他失利，孤立作战无法援；
自知说多令人厌，不能自制有其愿；
国家安宁得幸福，国家危亡先遇难；
现述紧急八件事，天下大乱由宦官；"
宦官共同诬刘陶说：
"以前张角闹叛乱，
恩威并施自悔散。
现在四方都安定，
刘陶专谈妖孽乱。
州郡没报这此事，
怀疑刘陶通叛乱。
于是就将刘陶捕，下了黄门北寺监。
拷打审问不间断，严刑一天甚一天。"

刘陶对皇帝使者说:

臣恨不能与伊尹吕尚归同类,

却与微子、箕子、比干站一边。

如今忠诚正直遭杀戮,人民憔悴受苦难。

此局不会太长久,到时后悔也已晚!

于是自己闭气而死。

前司徒陈耽为人忠良正直,宦官恨他,也遭到诬陷,死在狱中。

据《汉纪五十》(卷五十八)

译评:

天下大乱由宦官,引火烧身下了监。

宦官恨之搞诬陷,忠臣竟能通叛乱?

国未灭亡身先死,宦官滥权促崩盘。

皇帝只爱吃甜食,忠臣血泪含有盐。

一四六、全胜之道

选译:

董卓对皇甫嵩说:

"陈仓危急,请速救援。"

皇甫嵩说:

"不对,百战百胜,不如不战而胜;陈仓虽小,城池坚固,守备严密,不易攻克,王国虽强,不下陈仓,他的部众,势必疲乏,疲乏以后,再去进击,必然全胜,何必救援。"围攻陈仓,八十多天,不能攻克。

据《汉纪五十一》(卷五十九)

译评:

百战百胜有损耗,不战而胜价更高。

城固备严不易克,要获全胜待疲劳。
军事斗争讲艺术,硬拼不如轻取好。
知己知彼用计谋,避其锐气扬战斗。

一四七、战况评判

选译:

公元189年,春,二月,王国的部下疲惫不堪,解围撤离,皇甫嵩进兵攻击。

董卓说:

"兵法上说,穷寇勿追,归众勿追。"

皇甫嵩说:

"前我不击,为避锐气,今要出击,利用衰气,我击疲惫,不是归兵;王国部队,正在逃跑,没有斗志,溃乱无形,不是穷寇,我们是以整击乱。"于是,单独出击,派董卓断后,连续战斗,大胜王国。

据《汉纪五十一》(卷五十九)

译评:

战地有形也无形,千变万化握手中。
不拘兵书看实际,战况评判正清明。
避其锐气击疲弱,以整击乱如秋风。
穷寇归众追不追,要由实战实力定。

一四八、自取灭亡

选译:

袁绍复说何进说:

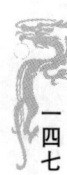

窦武欲将内宠诛，言语泄漏被反屠。

五营兵士怕宦官，利用他们祸必伏。

据《汉纪五十一》（卷五十九）

译评：

墙内说话墙外听，受害方在睡梦中。

用人不当铸大错，将尔能送枉死城。

一四九、授人以柄

选译：

袁绍又为进画策，多招猛将逼京城。

以此胁迫董太后，何进同意照此行。

主簿陈琳劝谏说：

蒙眼捕雀谚语说，欺骗办不了大事。

将军身集皇家威，手握军权龙虎行。

灭掉宦官无难事，如同洪炉燎毛轻。

只要行动如雷霆，天意民心会顺从。

放弃兵权求外援，兵聚强者将称雄。

恰如兵器倒着拿，授人以柄面刀锋。

所举一定不成功，混乱局面将形成。

曹操听后笑道说：

宦官设置古传今，灭子不应太宠亲。

给予权势太过分，致使权重不服臣。

既然要治他们罪，首当其冲杀元凶。

一个狱官就足够，何须外地去搬兵。

要想完全灭宦官，事情泄露败无成。

据《汉纪五十一》（卷五十九）

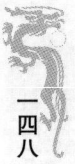

译评：

　　蒙眼抓雀瞎扑棱，跳进旋涡摸龙宫。
　　手有兵权不会用，授人以柄向刀丛。

一五〇、善于教诲

选译：

　　王烈德学胜过人，少时名声超原宁。
　　善于教诲和引导，使人改恶出了名。
　　乡里有人偷了牛，被捉请求治罪行。
　　甘心情愿受刑罚，乞求莫让烈知情。
　　彦方听后心计定，派人规劝将布送。
　　有人不解问原由，王烈分析有水平。
　　盗牛害羞恨过错，说明尚有悔改心。
　　既然知羞恨过错，善良之心将产生。
　　送给布匹乃鼓励，他必改邪能归正。
　　后有老人路遗剑，一人见剑止住行。
　　一直看剑到日暮，遗主归剑奇心生。
　　此事有人告王烈，王烈使人查真情。
　　尽力推求方揭晓，原是盗牛那个人。

　　　　　　　　　　据《汉纪五十二》（卷六十）

译评：

　　人非圣贤孰无过，知过改过可圣贤。
　　帮人改过是美德，引导鼓励可称赞。

一五一、纲纪经典

选译：

董卓死的时候，左中郎将高阳侯在王允家做客，听到这个消息惊叹不已，王允怒斥道：

"董卓是国头号贼，几亡汉室都未遂。
身为王臣应同仇，而今却把私恩追。
为他悲伤情不禁，共同为逆罪不菲。"

当即收捕交廷尉，蔡邕认罪说：

"我虽不忠有罪行，但古今君臣大义明。
怎会逆上向董卓，愿黥首刖足汉史成。"

士大夫，多同情，设法营救不成功。太尉马日䃅对王允说：

"蔡邕奇才世未有，汉代史事满胸怀。
应允继续成汉史，成就大典曜一代。
如因小过杀了他，天下失望不应该。"

王允说：

"武帝不杀司马迁，让他愤世作纪传。
现在国家陷中衰，兵马野外去作战。
奸臣主侧着笔墨，不利圣德众受箭。"

马日䃅退出后对人说："王允要无后代了！善人是国家的纲纪，著史是国家的经典，还能长久吗？"蔡邕终于死在狱中。

据《汉纪五十二》 （卷六十）

译评：

国家纲纪善人当，国家经典著史藏地。

纲纪经典废灭时，这个国家要遭殃。
马日䃅，有眼量，举纲兴典气轩昂。
王允待客太苛刻，蔡邕因此下牢房。
王允无后不绝种，蔡邕后人当自强。

一五二、捉放曹

选译：

田氏实行反间计，曹操进入濮阳城。
曹操烧毁城东门，表示没有回来心。
等到交战曹兵收，曹操落于布骑兵。
捉住曹操问曹操，曹操指说黄马人。
吕布骑兵放了曹，纵马去追黄马人。
曹操冲出回营地，亲自慰劳众士兵。
命令军中赶制械，回师攻打濮阳城。
与布相持百多天，一场蝗灾各退兵。

据《汉纪五十三》（卷六十一）

译评：

计谋既定可出兵，危机到来反应灵。
捉住曹操不认识，放了曹操捕曹影。
制造假象烧城门，整备军队再回城。
吕布之兵犹可训，捉曹放曹不知情。

一五三、深根固本

选译：

吕布的将领薛兰、李封驻守巨野，曹操攻打巨野，吕布出救不胜而退，曹操于是杀了薛兰等。曹操驻军乘氏，认为陶谦已死，想先去徐州，回来再攻打吕布。荀彧说：

从前高祖保关中，光武据守河内屏。
巩固根本服天下，进胜退守大业成。
将军本从兖起兵，平定山东百姓迎。
兖州天下要冲地，虽破易保如'关中'，不可不先有安定。
现已击破封和兰，东击陈宫不西兵。
乘机黄河济水间，收麦蓄谷裕军营。
这样一举败吕布，败布与刘繇结盟。
结成同盟攻袁术，淮水泗水可驻兵。
如果弃布而东征，自己将陷困境中。
吕布趁虚来侵扰，兖州失落其手中。
平定徐州若不能，将军何处去安营。
况且陶谦虽已死，徐州并不容易攻。
他们往年有教训，因惧团结相呼应。
如今东边已收麦，坚壁清野待将军。
如果攻夺无收获，不出十天十万大军不战就先陷困境。
前伐徐州有血仇，徐州子弟记在心。
即使徐州能攻克，不能控制灾祸临。
弃此取彼有选择，以大易小似可行。
以安易危也可以，固本权宜也可行。

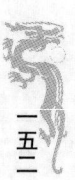

现在三样全没有,希望将军来权衡。
曹操听后作判断,东征徐州计划停。

据《汉纪五十三》(卷六十一)

译评:

巩固根本能制衡,权衡利弊趋利行。
军事同盟也重要,心中要有老百姓。

一五四、在德不在强

选译:

袁术征聘隐士张范,张范不受,让他的弟弟张丞去表示歉意,袁术对张丞说:
"我以广地军民众,欲仿高祖齐桓公。"
张丞说:
"得天下在于道德不在强权,推行道德顺民意,但兴霸业也不难。
如果僭越去篡位,违背天时去夺权,
必受众人来唾弃,兴盛只能仰望天。"
袁术听了不高兴。
孙策听到此事后,给术写信作指点。
汤讨桀称夏多罪,武王伐纣称殷重罚。
汤武二君虽圣德,桀纣没有失德嫌,
无由迫使他们去更弦。
如今皇上无罪恶,因为幼小被胁迫。
这与汤武时代异,夺取天下乃妄谈。
董卓贪婪野心大,废主自立也无胆。
听说幼君很聪明,早成之德人觉鲜。

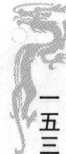

天下虽无他恩泽，人心都向他那边。
您五代都辅佐汉，荣宠深厚无比攀。
理应效忠严守节，报答王室无可言。
周公旦召公奭功世，天下人民所期盼。
谶纬文辞迷惑人，妄文生义讨人欢。
不顾成败得与失，古今慎重岂无验。
忠直言语不中断，不同议论招憎怨。
但如有益您的话，我是不敢辞不办。
袁术起初自认强，预计孙策会捧场。
得到孙策书信后，忧愁沮丧病卧床。
孙策看到袁术病，孙袁二人断来往。

据《汉纪五十四》（卷六十二）

译评：

得人心者得天下，得天下者德优强。
强权之势难长久，失德便可致内伤。
道德强权相比较，劝君不要学霸王。
不唯武功逞强势，但求道德天下扬。

一五五、秉公服天下

选译：

曹操许县迎天子，众人认为尚无底。
山东未定仍有乱，韩暹杨奉未服依。
荀彧说：
"晋文公接纳周襄王而诸侯从，
汉高祖为义帝服丧天下归附诚。

自从天子流徙外，将军先倡举义兵。
只因山东有战乱，无暇远赴去迎驾。
如今天子踵回返，义士民众都欢迎。
乘机迎上顺民意，这是时宜一举动。
秉公能够服天下，这个策略显而明。
匡扶大义招俊才，这是一个大德行。
四方虽然有逆臣，不会有甚大动静。
遑奉有甚值得虑！如不赶快做决定。
使得豪杰捷足登，以后虽然再考量。
也没有什么作用！
曹操于是迎天子，董丞据险抗拒曹洪不能向西进。

据《汉纪五十四》（卷六十二）

译评：

晋文公纳周襄王，赢得诸侯坐满堂。
汉高祖为义帝服丧，天下人心诚归向。
操迎天子顺民意，时过境迁会晾场。
秉公能使天下服，大义纳贤德弘扬。
战乱之时去迎驾，合乎时宜功无量。

一五六、时代信誉

选译：

曹操征辟陈国人何夔做属官，问他袁术怎么样，回答说：
"上天帮助顺时代，人民帮助讲信誉。
袁术没有顺时代，又缺乏信誉。
却望得到天人助，如同梦里去求乔。"

曹操说：

"治国失贤就灭亡，术不用您灭应当。"

据《汉纪五十四》（卷六十二）

译评：

顺应时代有人跟，讲求信誉友成群。
治国失贤无人助，缺乏信誉难生存。

一五七、因敌制变

选译：

袁绍逃兵晋见操，云丰劝绍袭许县。
曹操放弃包围穰，撤回军队再盘算。
张绣见势发了威，率军追击开了战。
刘表派军援张绣，驻军安众以据险，
曹军后路被切断。
曹操写信给荀彧说："我到安众，一定能击败张绣。"
安众曹军受夹击，夜开险道假逃散。
刘表张绣率军追，曹军吃了夹击蛋。
后来荀彧问曹操，料敌必败何主见？
曹操说：

"敌人阻止我回师，置我死地知胜算。"

据《汉纪五十四》（卷六十二）

译评：

归师可遏不可遏，具体分析作判断。
战地历来无常形，因敌制变要明鉴。

归师如有主动性，以夹制夹常出现。
归师如果是穷寇，量力而行作决断。
如果穷寇很孤单，一股作气将其歼。

一五八、贾诩进劝

选译：

张绣去追曹操，贾诩劝止说："不能追，追必败。"张绣不听，进军交战，大败而归。贾诩登上城楼对张绣说："赶紧再去追曹操，再追必胜。"张绣叹说："未听您劝，遭落败，现在已败，为何还要去追呢？"

贾诩说：

"战争形势已变化，赶紧集兵去追杀。"

张绣相信贾诩话，于是再追胜回家。

于是请问贾诩：

"我用精兵追退兵，你说必败不得赢，

再用败兵追胜兵，你却说是能取胜。"

贾诩说：

"将军虽然善用兵，面对曹操还不行。

曹军撤退自断后，所以知道你不赢。

曹军攻打没失策，也未尽力退有因。

已败将军必速进，留将断后来胜拼。

虽用败兵去追击，交战一定能取胜。"

据《汉纪五十四》（卷六十二）

译评：

撤退有时是假装，盲动入围讨灭亡。
胜军断后力如弱。击尾定能打胜仗。

一五九、袁绍与曹操

选译：

袁绍曹操正争斗，关中诸将中立望。

凉州牧韦端派杨阜到许县，杨阜回来，关西的众将领问："袁曹相争谁胜败？"杨阜说：

"袁绍宽容不果断，好谋而又少决断。

不果断，没威望，寡决断，空悲叹。

现在虽然有强势，终究不能大业建。

曹公有雄才远略，遇事决断如闪电。

法令统一士兵精，不拘一格拔人尖。

任用人才尽其力，大业一定能实现。"

据《汉纪五十五》（卷六十三）

译评：

两强相争看智慧，雄才大略善决断。

人才军力呈强势，法令统一可折剑。

抢占先机很重要，抓住机遇有胜算。

人心是个公约数，谁得人心谁好汉。

一六〇、田丰之策

选译：

曹操率军回官渡，袁绍商议攻许县。

田丰说：

"曹操已经败刘备,许县不会是空城。
况且曹操善用兵,变化无常不可轻。
现在战略要调整,不如与他久抗衡。
将军据险山河固,拥有四州的民众。
对外结交英雄汉,内事备战和农耕。
挑选精兵作奇兵,趁其空虚出击频。
黄河以南勤骚扰,闹得敌方不安宁。
敌人救右我击左,敌救左边往右攻。
使敌疲劳苦奔命,百姓无法搞营生。
我无辛劳敌人困,不到三年败敌轻。
克敌制胜如放弃,一战难以定雌雄。
如果不能如所愿,后悔能有什么用。"

据《汉纪五十五》(卷六十三)

译评:

两强相争都想赢,就看能赢不能赢。
克敌制胜是关键,谁取先机谁能赢。
综合实力是根本,战略战术要成功。

一六一、《申鉴》大要

选译:

《申鉴》共五卷,包括《政体》、《时事》、《俗嫌》、《杂言》上下等五篇。内容以儒术谈政治,主张德刑并用,驳斥谶纬、符瑞等迷信思想,反对"富人名田逾限"提出了一种"耕而勿有"(田可耕而不占为私有)的社会空想。

秘书监、侍中荀悦,撰写《申鉴》五篇,奏报天子,荀悦是荀爽的侄

子。当时，大权在曹操手中，天子空坐无事，荀悦的志向是对君劝善规过，议兴议革，其智谋无处施展，所以撰写此书，它的大要是：

治国之法有先后，先除四患后推五政。

四患是：

以虚伪扰敌风俗，以营私扰乱法纪。

以放肆僭越正轨，以奢靡败坏制度。

四患如果不摒除，政治之策难推行。

五政是：

振兴农桑以养生，明辨好恶以正风。

宣扬文教彰德化，建立武备天子勍。

赏罚分明统法令。

人不怕死罚不怕，人不愿生从善勉励不可能。

所以在上的统治者：

先使人民财物丰，才能安定他们心，这就叫养育生命。

善恶要以功罪来衡量，毁誉要以标准来鉴定。

听其言而验其事，举其名而察其实，没有虚伪欺诈惑乱民心。

因此，

世俗无奸诈怪异，百姓无靡乱淫奢，这就是叫端正风俗。

赏罚核心是荣辱，所以，

用礼教荣辱施君子，他们的情感受感应。

枷锁鞭打施小人，规范行为似可行。

教化能够改变人，中间人便有章循。

不做小人做君子，彰明德化有礼循。

在上定要有武装，安宁战乱有备防。

天子威严能维护，赏罚法纪有保障。

赏罚分明政之本，乱赏乱罚不得当。

乱赏善行不得勉，乱罚恶行不得惩。

赏赐不勉止行善，刑罚不惩恶纵容。

在上扬善又忌恶，统一法令即治平。

四患摒除五政立，执行维护不怠松。

无为而治实现时，天下太平享安宁。

据《汉纪五十六》（卷六十四）

译评：

《申鉴》推出治国方，荀悦足显有忠肠。

摒除四患要分析，农民百姓不能伤。

农民起义应另看，僭越正轨亦正常。

财物未丰民受苦，靡乱淫风无温床。

五政之议合时势，天子统领可兴邦。

五政之义通古今，古为今用国增强。

一六二、治乱兴废

选译：

山阳人仲长统游学到并州，拜访高干，高干待他很好，向他征询对世事的看法。仲长统对高干说："你有雄才大志但没有雄才大略，喜欢士人但不能选择人才，这些是你要深刻引以为戒的。"高干自以为才高，不高兴仲长统说的话，仲长统于是离去。高干死。荀彧推举仲长统为尚书郎，撰有《昌言》一书，说的是治乱兴废的事情，大意是：

豪杰受了上天命，天下名分未始拥。

天下名分未拥有，争夺天下用战争。

斗智的都智穷尽，斗力的都没了力。

到了不能再抗争，自我约束去从命。

等到后代继位时，豪杰雄心化灰烬。

民心安定显贵立，至尊已在一个人。

在这时,
即使蠢才居尊位,能使恩德天地同。
威信张力似鬼神,几千周公孔子也不行。
百万个孟贲夏育无法再挥勇。
那些后继的君主,看见天下无与争。
以为君位不老松,于是嗜好就放纵。
自己邪欲膨胀起,君臣淫乐废朝政。
上下一起来作恶,遗忘人才怪事生。
奸佞谄媚被信任,嫔妃家族被宠重。
天下膏脂有尽时,万民骨髓也会空。
民不聊生怨声起,灾祸战乱同时生。
中国纷扰四夷叛,纷纷入侵朝廷崩。
大势瞬如东流水,儿孙如今成寇凶。
时运已转大势去,还不觉悟够愚钝。
富贵生不仁,沉溺致愚昧。
朝代不断更替,治乱周而复始。
天地常按规律行。

据《周纪五十七》(卷六十五)

译评:

天命授谁也是空,不然何须自己争。
英雄豪杰争天下,主力都是老百姓。
角智角力起战争,最终胜者把帝称。
兴利除弊乃正业,治乱兴废天下宁。
身居尊位要警惕,施行恩德百姓从。
邪欲淫乐勿放纵,择贤莫要宠奸佞。
民生问题要善解,富贵不仁坏事情。
荒废朝政天下乱,天道常然无悲风。

欲求君位天长久，不敬上天把民崇。

一六三、和洽达言

选译：

丞相椽和洽对着曹操言，人的德行不一般。
一节取人不可以，一个标准必然偏。
自以处身可俭素，以此束众就致嫌。
如今朝廷有议论，新衣好车不清廉。
形容不饰衣裳敝，谓之廉洁无人言。
甚至高官有故意，弄脏衣服朝上见。
朝廷大官更拘谨，自提泡饭来坐班。
凡树楷模引导人，贵在掌握不能偏。
观察风俗也一样，要领就在不极端。
现令推崇人难受，统一行为勉为难。
迫使众人一律作，厌倦疲乏摆眼前。
古代善教通人情，过激之举虚假掺。
丞相曹操听属说，和洽见解交称赞。

据《汉纪五十八》（卷六十六）

译评：

德贤标准可通盘，才能要求看实践。
俭朴生活是美德，以此取人有点偏。
生活小节不统求，推崇统一不为难。
求真务实通人情，好事不使人厌倦。

一六四、开卷有益

选译：

孙权忠言说吕蒙，当权学习不能停。
吕蒙托辞军事多，学习读书没有空。
孙权善意劝吕蒙，不为博士去治经。
浏览群书知往事，世事洞明即有灵。
你说你的事情多，哪有多得与我同。
我常读书不旷日，大有所益日日升。
吕蒙听后开始学，学习以后增智能。
鲁肃路过浔阳时，与蒙议论吃一惊。
吕蒙才略大增益，吴下阿蒙已远行。
吕蒙高兴发议论，
"士别三日，刮目相待，当即更。"

据《汉纪五十八》（卷六十六）

译评：

读书有益孙权明，推行置腹告吕蒙。
吕蒙听后开始学，才略大增令人惊。
古人尚且重读书，今人读书应成风。
创建学习型社会，精神文明攀高峰。

一六五、仁德爱民

选译：

司马光评论说：
孔子谈仁重而深，
高第（子路、冉求、公西赤）士贤（令尹子文、陈文子）不足当仁。
而独称赞管仲仁，岂非辅佐齐桓公，
大力拯救人民？
桓公的品德像猪狗，管仲无忌助桓公。
他以没有齐桓公，没有办法救人民。
汉末天下大乱时，民不聊生苦难深。
如果不是超才能，人民再苦难救生。
现实既然是这样，荀彧齐曹助何人？
齐桓公时周虽衰，不如建安初之情。
建安之初四海荡，尺土一民汉无拥。
荀彧辅曹使汉兴，选贤任能训练兵。
参与决策征四方，处处获胜强势增。
化乱为治开新局，十分天下占八分。
其功岂在管仲下，他的仁德超管仲。
管仲不为子纠死，荀彧为汉献了身。
可是杜牧偏转看，荀彧形象看不清。
荀彧助曹被贬低，功成汉代留名声。
我认为，孔子说：
"文采胜过本质，则如史家的文饰。"
大凡作史记人言，必然会有文饰景。

把曹比做高祖光武楚汉相争，
这是史家的文饰，哪是荀彧亲口评？
根据这些贬荀彧，荀彧无罪有冤情。
假使曹操成皇帝，荀彧辅佐是元勋。
会与萧何同受赏，荀彧不求有高风。
忠于汉室献生命，人之常情能说清！

据《汉纪五十八》（卷六十六）

译评：

仁德有名看践行，归根到底为人民。
管仲有仁救民众，荀彧有仁献了身。
舍身成仁古今赞，仁者爱人行中存。
救死扶伤有爱心，爱心之中有厚仁。

一六六、为治之要

选译：

亮辅刘备治蜀地，严刑峻法多怨声。
法正告诉诸葛亮，
"从前高祖入关时，约法三章秦民钦。
您借威力占一州，刚有此国未施恩。
客主之间有常理，客对主人应更尊。
希望宽刑松禁令，让众百姓舒缓心。"
诸葛亮说：
君知其一不知另，秦朝无道施苛政。
人民起来就土崩，高祖简政大业成。
刘璋暗弱自焉始，累世恩惠法不申。

相互奉承德政停，刑法不严治不经。
蜀人专权又放肆，君臣大道遂落空。
用以官位宠爱人，官位至极官位轻。
用以恩惠顺承人，恩惠至尽怨气生。
由此导致蜀衰败，实实在在是此因。
现用法令来威慑，法令实行知德恩。
利用爵位来限制，得到爵位知荣宠。
荣宠恩惠双管济，上下有节治道清。
为治之要至此明。

据《汉纪五十九》（卷六十七）

译评：

荣恩并济权柄握，上下有节治道通。
明治需要往下看，治道勿忘老百姓。

一六七、为政以安民为本

选译：

刘备任命零陵人蒋琬为广都县长。刘备游览到此，发现蒋琬百事荒废，当时又是酒醉不醒。刘备大怒，要将蒋琬治罪处死，诸葛亮说情道：

"蒋琬治国是栋梁，治理百里小用量。
为政之本以安民，修饰外表往后放。
希望主公再考量。"
刘备雅敬诸葛亮，免罪免官才圆场。

据《汉纪五十九》（卷六十七）

译评：

　　栋梁之才当县长，治县应该像个样。
　　安民以为主政本，为民办事应闪亮。
　　酒醉不知刘备至，治理环境不能荒。
　　治罪处死似严刻，免去官场也应当。

一六八、司马光论教化

选译：

　　教化对国最紧要，官吏平庸将它轻。
　　风俗也是大事情，君主忽略乃昏庸。
　　只有明君有深谋，知道益广功效深。
　　光武适逢汉中衰，平定天下前业承。
　　崇尚经术礼宾客，兴办学校礼乐明。
　　孝明孝章继先志，亲临大学请教经。
　　公卿大夫到县官，都要选取熟儒经。
　　虎贲卫士读《孝经》，匈奴子弟也学经。
　　教化自上重倡导，至下效仿风俗成。
　　忠厚清明有修养，公卿敬重民也尊。
　　卑鄙污浊愚顽者，朝廷不容乡里轻。
　　三代亡后风化好，未像东汉这样兴。
　　孝和帝时风气降，外戚擅权起恶风。
　　宦官当政无章法，贿赂风行良劣混。
　　黑白颠倒是非淆，可以说是乱到根。
　　可是汉延不至灭，原因在于教化深。
　　上有敢于碰龙须，公正大义扶国倾。

下有平民士人众，以用舆论救朝廷。
政治混浊风气坏，仁人志士以死拼。
这难道只是几个人的仁与德。
这是光武明章传留的教化功。
在那时，
如有明君能奋发，汉朝天下有清风。
不幸，
经过衰落破败后，更有桓帝灵帝昏。
保养奸佞超亲骨，杀害忠良比敌狠。
汇聚文武百官怒，积蓄天下百姓愤。
在这时，
何进召兵来围城，董卓袁绍战乱并。
天子流离宗庙废，王室动荡濒覆倾。
生民坠入火坑里，天命陨落绝断绳。
但是，
州郡兵霸相吞并，仍然举辞把汉崇。
魏武帝暴戾强横，早有去君之野心。
至死不敢废汉帝，名义不顺怯自封。
从此看来，
教化不可轻，风俗要清盈。

据《汉纪六十》（卷六十八）

译评：

教化之治在心灵，上下一致好贯通。
长治久安君都盼，取得民心可成功。
公正大义人志勇，踏平坎坷往前行。
治理天下有多项，教化当为项头宗。

注：上有公卿、大夫袁安、杨震、李固、杜乔、陈蕃、李膺等，不怕触怒龙颜，在朝廷抗争，扶持国危；下有平民士人符融、郭恭、范谤、许劭等，以舆论挽救朝廷的失败。

一六九、辛毗谏诤

选译：

魏文帝，欲动迁，冀兵十万家属充河南。
时值旱灾加蝗灾，百姓挨饿度日难。
文武百官不认同，文帝态度很硬坚。
辛毗大臣都求见，帝知劝阻脸难看。
满脸怒气众臣惧，看谁斗胆当面谈。
辛毗首先开了言，问上迁徙为哪般？
帝说迁徙不对吗？辛毗确认没多言。
帝说不跟你商议，显示相议不耐烦。
辛毗说：
陛下把我安身边，作为谋官怎不谈。
我是为国作考虑，怎能对我有怒颜。
文帝不答去内宫，辛毗追拽不回还。
过了很久才出来，反问急逼为何缘？
辛毗说：
现在移民失民心，没有饭吃大于天。
面对如此急迫事，竭力争辩是自然。
文帝听后心盘算，迁徙人数减一半。
文帝经常去打猎，言称射雉乐而欢。
辛毗一旁说：
陛下感到很快活，对臣来说苦难言。
文帝听后不说话，后来很少去猎玩。

据《魏纪一》（卷六十九）

译评：

　　　　文帝设立谋议官，重要决策可参言。
　　　　由于有职又有权，敢在当面作诤谏。
　　　　文帝听到批评后，尚能正己易决断。
　　　　皇帝即要受臣尊，不要龙口喷霞烟。

一七○　汉中王即皇帝位

选译：

　　　　蜀传献帝已遇害，汉王刘备忙治丧。
　　　　穿戴孝服表诚心，尊谥号为孝愍皇。
　　　　群臣争说有祥兆，劝汉中王刘备称帝王。
　　　　前部司马费诗上奏疏说：
　　　　曹操父子逼殿下，所以才万里流亡。
　　　　聚合士卒去讨将。
　　　　如今大敌没有灭，却先自己去立皇（帝）。
　　　　恐怕人心会迷茫。
　　　　从前刘项有约定，先败秦朝就称王。
　　　　等到高祖破咸阳，俘获子婴，还是有心要退让。
　　　　殿下尚未出蜀地，就想急于去立皇。
　　　　我要说句诚心话，殿下之举不妥当。
　　　　刘郢听后不高兴，遂将费诗职务降。
　　　　农历四月初六日，汉中王刘备当皇上。

　　　　　　　　　　　　据《魏纪一》（卷六十九）

译评：

　　　　刘备为曹料理丧，封了谥号孝愍皇。

一切安排有谋略，原为自己可称皇。

费诗食古不应势，好心反被职务降。

天下大势有机遇，就看可当不可当。

一七一、论国家兴衰看民众苦乐

选译：

司马光评论说：

天生众民，但他们的力量不能管理自己，必须共同推戴君主来统治他们。

如能除害保生存，赏善罚恶不作乱。

这才可称为君主。

所以，

三代之前，海内诸侯国何止一万个，

治民占国都称为君主。

聚万国，施统治，立法度，颁于令，

天下没有敢违抗就为王。

王德衰落，诸侯国君统帅诸侯尊奉天子，就称之为霸。

因此，

自古天下无道时，诸侯争雄，长期无王的时代也很多。

秦朝焚书坑儒，汉朝兴起，

五德相克相胜受推崇。

认为秦朝处闰位，在木德与火德之间，是霸不是王，从此正位和闰位争论兴。

汉室倾覆，三国鼎立，晋朝失去统治，五胡大乱中原。

刘宋北魏，南北自治，各写国史，互相排斥贬抑，南朝说北朝是索

虏，北朝说南朝是岛夷。

朱温去唐。四分五裂，沙陀人李存勖进入汴京，把朱温比做篡夏的有穷史，代汉的王莽新室，其历法和纪年都弃不用，这都是自私的偏颇言辞，不是大公的通达理论。臣愚钝，实在没有能力弄清前面朝代，哪些是正位，哪些是闰位。

我认为如果不能统一九州，都只有天子之名而无天子之实，虽然这样的政权因时代不同，有华与夷，仁与暴、大与小，强与弱等区别，它们都与古人的列国没什么差别，怎么能只尊崇一国称之为正统，而把其余的都视为伪国。

如果认为上下传承为正统，南朝陈氏是何继承，北魏的拓跋氏是谁的继承？如果认为居于中原的为正统，那么匈奴刘氏、羯族石氏、鲜卑族慕容氏、氐族符氏、羌族姚氏、匈奴赫连氏所统治的地方，则都是五帝三王的旧土；如果认为有道德的为正统，那么弹丸小国，也必有好的君主，三代晚期，难道就没有邪恶的国王吗？所以关于正闰的理论，从古到今，没有人能弄清楚它的涵义，它却坚固得使人不能更改。

我现在想叙述的，只是想谈论国家的兴衰，显露民众的苦乐，让读者自己去识别善恶得失，用来作为勉励和借鉴，不是像《春秋》那样，确立褒贬的标准，拨乱反正。

是正还是闰，我不敢妄议，只是根据他们建功立业的事实来叙述。周、秦、汉、晋、隋、唐，都曾统一九州，传下帝位给子孙，子孙们虽然衰弱，甚至颠沛流离，仍然能继承祖宗的事业，希望复兴，四方与他们争夺权力的，都是他们以前的臣子，所以，本书全部用君臣的关系看待，对其余土地大小差不多，道德相同，彼此分立，名于统一，原先就不是君臣关系的以列国的笔法来写，不厚此薄彼，不贬不褒，不歪曲事实，接近公正，但天下分崩离析的时候，不能没有年、季、月、日来记叙事情的先后，根据传位到魏、晋、晋传位到宋以至于陈而隋取代，唐传位到梁以至于周而大宋承接，因此不得不取魏、宋、齐、梁、陈、后梁、后唐、后晋、后汉、后周的年号，用它们的记叙各国的事情，不褒不贬，不正不

闻。蜀汉昭烈帝刘备对汉朝来说,虽然自称是西汉中山靖王的后代,但族属关系疏远,不能记清他们的代数、名分和地位,这就像南朝宋高祖刘裕是西汉楚元王的后代,南唐烈祖李昪自称是唐朝吴王李恪的后代一样,是非难辨,所以不敢把刘备与东汉光武帝继承西汉政权,东晋元帝继承西晋政权相比,让他们继承汉朝的传统。

据《魏纪一》(卷六十九)

译评:

《资治通鉴》举纲:谈论国家兴衰,显露民众苦乐,识别善恶得失,作为勉励借鉴,不像《春秋》那样,确立褒贬标准,试图拨乱反正。

《资治通鉴》准则:根据事实叙述,不厚此薄彼,不贬抑也不褒扬,不歪曲事实,接近公正,不论正闰,按照纪年,不尊崇这个,贬抑那个。

天生众民天下张,英雄豪杰自民扬。

帝王将相非龙种,祖宗不是在天上。

天下历来属人民,君主原本是老乡。

五德相克太牵强,确定正闰仍迷茫。

历史发展有规律,人民敢把江山当。

一七二、赵咨说吴王

选译:

吴王孙权派中大夫南阳人赵咨入朝致谢,魏文帝问道:"吴王是什么样的君主?"

赵咨回答说:"是个聪明、仁智、雄略的君主。"魏文帝问有什么具体事实。赵咨回答说:

"鲁肃选自平民中,足见吴王很聪颖。

吕蒙从军士提升,说明吴王之高明。

俘虏于禁不加害,可见吴王有其仁。
兵不血刃夺荆州,但见吴王有其智。
占据三州想天下,说明此君有雄心。
尊躬陛下愿称臣,他的谋略心中存。"
魏文帝问,吴王很有学问吗?赵咨说:
"吴王战船万艘兵百万,任贤使能存高见。
博览群书趁余闲,不效书生抄字面。
涉猎史籍取精华,志在四方有借鉴。"
魏文帝问:"吴可以征服吗?"
赵咨回答说:
"大国有征伐之兵,小国有坚固之防。"
魏文帝问:"吴抵御魏有困难吗?"
赵咨说:
"拥有百万军队,以长江,汉水护城,有什么困难!"
魏文帝问:"吴像你这样的人有多少?"
赵咨说:"聪明又特别通达的有八九十人,像我这样的,车载斗量,不可胜数。"

据《魏纪一》(卷六十九)

译评:

吴王聪明仁智有雄略,利用余闲仍读书。
涉猎史籍纳精华,不效书生章句图。
今始文化大繁荣,天天向上把书读。

一七三、家道正而天下定

选译：

魏文帝将要立郭贵嫔为皇后，中郎栈潜上书说："后妃之德是花瓶，盛衰治乱所由生。"

明君谨慎立皇后，必取先贵世家中。
选择淑贤统六宫，皇室宗庙诚供奉。
《易经》说："家道正而天下定。"
由治家推及治国，先王之法不便更。
《春秋》书中有记载，用妾作妻礼无踪。
齐桓葵丘有誓命，用妾作妻无先行。
后宫嫔妃受宠使，等同天子的车乘。
如果因宠立皇后，由贱到贵突然升。
低下的人去陵上，高贵的人被废扔。
开启非法的行为，恐怕祸乱自上生。
魏文帝不爱听，初九立郭为皇后。

据《魏纪一》（卷六十九）

译评：

宠爱嫔妃君自便，祸从上起应自明。
嫔妃如若立皇后，失礼失信失臣崇。

一七四、以逸待劳

选译：

曹仁率兵几万向濡须，扬言东进攻羡溪。
朱桓派吴军赴羡溪，羡溪援军派出后。
曹仁率军直进濡须，朱桓闻讯追吴军。
派往羡溪之军未回师，曹仁突然到濡须。
朱桓军队才五千，众将领惶恐心又虚。
朱桓开导他们说：
"大凡两军相交锋，胜负在将不在兵。
曹仁用兵与我比，诸位认为谁高明。
兵法之言客主倍，针对平原兵怯勇。
如今曹仁没智勇，兵怯远涉人马困。
我据城池高又坚，南临长江北靠岭。
以逸待劳制远军，百战百胜形势明。
即便曹丕亲自来，尚且不忧何况仁。
朱桓于是收旗鼓，表面显虚引诱仁。"
曹仁派子攻濡须，
又派将军常雕王双乘船袭中州。
朱桓及部属之家住中州，
蒋济说：
"敌人占据江两岸，船只停泊在上游。
我军冒然入州中，这是自己进地囚。
自取灭亡无挽留。"
曹仁不听从，亲率万人留橐皋作泰应。

朱桓派将抗常雕,自己抵御曹泰曹退走。
朱桓杀掉常雕与王双,淹死魏军一千人。

译评:

两军交战胜在将,以逸待劳胜疲兵。

一七五、先胜后战

选译:

魏文帝问贾诩:"我准备讨伐不听从命令的以统一天下,吴国和蜀国,哪个为先?"贾诩回答说:

"攻伐军事先权衡,立国崇德重教化。
陛下应时受禅让,德化待变定天下。
吴蜀虽然是小国,山水阻隔据无霸。
刘备雄才有大略,诸葛亮善于治国。
孙权能辨虚与实,陆逊军事善通达。
蜀国据险吴泛舟,都难图谋费筹划。
用兵的原则是:
先知能胜然后战,量敌用将决策甲。
我估计:
刘备孙权无对手,陛下亲政非稳拿。
舜舞干戚有苗服,先文后武把握大。
魏文帝不采纳,征伐无果便作罢。

据《魏纪二》(卷七十)

译评:

先胜后战审筹谋,量敌用将巧判断。
先文后武显正道,攻伐立国勿蛮干。

一七六、唯贤唯德可以服人

选译：

汉主刘备病危，命丞相诸葛亮辅佐太子，任命尚书令李严为助手，汉主对诸葛亮说：

"你的才能丕十倍，定能安国成统业。

太子可辅你就辅，如果无能你就接。"

诸葛亮流泪哭泣道：

"我定全力去辅佐，至死不渝献忠节。"

汉主又制诏命令太子说：

"五十而死不算大，我六十多无遗憾。

只为你们把心拽；努力啊，再努力！

'勿以恶小而为之，勿以善小而不为！

惟贤惟德，可以服人。'

你父德浅不值效，你与丞相共事以父接。"

据《魏纪二》（卷七十）

译评：

唯贤唯德人自敬，善恶分明人自钦。

恶小而为如风洞，善小不为无人崇。

古人都知唯贤德，今人更求贤德真。

善恶分明区别待，扬善祛恶方为仁。

一七七、为治有体

选译：

诸葛亮曾经亲自校对公文，主薄杨颙径直进来，劝说道：

"治理国家有体制，上下职权不相犯。

我以治家做比喻：

现在有个主人家，命奴仆管耕种，婢女管做饭，雄鸡管报晓，公狗管防盗，黄牛去拉车，红马代步走远路，家事内外无空缺，所求都得到满足，从容不迫，高枕无忧，要做的只是吃喝而已。有一天，他想亲自做每一件事。

奴婢鸡狗牛马不再用，自己动手做事情。

为了内外琐碎事，筋疲力尽事无成。

不是智力不如奴，而是家主职责丢。

因此古人说：

'坐而论道谓王公，作而行之谓士大夫。'

所以：

丙吉不问路上死人而忧牛喘，

陈平不问钱谷收入说有人管，

各司其职的道理很明显。

您今治国校公文，汗流终日苦不堪。

诸葛亮向他示谢意，

杨颙死，诸葛亮流泪达三天。

据《魏纪二》（卷七十）

译评：

古人治国有经验，上下职权不侵犯。

大权独揽小权分，分而治之不零乱。
诸葛一生唯谨慎，亲自校文做示范。
天下大事多谋断，统领航船向前看。

一七八、七纵七擒

选译：

诸葛亮到南中，所到之处战必胜。
诸葛亮从越嶲进，杀了雍闿和高定。
派益州人李恢从益州进，
门下督巴西人马忠从牂柯进。
攻克各县挥师再与亮会众。
孟获收拾雍闿部，欲与亮兵来抗争。
孟获当地有信赖，诸葛亮要活擒。
孟获受到活捉后，让他参观兵阵军营。
问孟获："这样的军队怎么样？"
孟获回答说：
"先前不知致失败，如今知情易取胜。"
诸葛亮笑把孟获放，让他再次再交锋。
七次捉回七次放，诸葛亮还是要放行，
孟获这次要留下，说：
"您有神威从天降，南部之人要顺从。"
诸葛亮于是到滇池。
益州、永昌、牂柯、越嶲四郡全部平定，诸葛亮就任用当地的首领为地方长官，有人劝阻诸葛亮，诸葛亮说：
"如留外地人做官，那就应当留驻军。

留军就要留军粮,这是一大难事情。
夷人刚受战争创,父兄战死伤痛重。
留官而不留军队,势必会有祸患生。
第三难事是信任,死结未消嫌隙明。
夷人多次杀我官,驻留外官难合拢。
不留官军不运粮,而让法纪当地行。
夷人汉人至安定,这是此举之缘情。

诸葛亮于是网罗孟获等豪杰,任命他们为地方官吏,收取当地的金、银、丹、漆、耕牛、战马供国用。

及至诸葛亮去世前,夷人之地仍安平。

据《魏纪二》(卷七十)

译评:

诸葛亮,真高明,自治思想亮晶晶。
占地不留外地官,任用当地人主政。
不留官,不驻军,军粮不再费事情。
地方自治官民认,化难为易国安宁。

一七九、诸葛亮前出师表

选译:

蜀丞相诸葛亮率各军北进,驻扎汉中,派长史张裔、参军蒋琬负责留守丞相府的事务,出发前,诸葛亮上书说:

先帝大业未半去,天下三分益州贫。
危急存亡有十分。
然而臣子仍敬业,忠诚将士战舍身。
原是怀念先帝恩,报答陛下于当今。

陛下应当广言路，先帝美德裕后伸。
激励志士之斗志，妄自菲薄不应存。
引证论理失大义，忠臣劝谏不便申。
宫府官员是整体，赏罚褒贬无差分。
如有犯法或行善，应交涉部去处分。
表明陛下有公明，不偏方使宫廷真。
侍中、侍郎郭攸之、费祎、董允等，
他们都忠诚纯正，先帝选拔给您送。
宫中的事都咨询，弥补遗缺再施行。
将军向宠：
生性善良不偏激，经历考验军事精。
先帝称他有才能，举他为督众人同。
我认为：
军务都可征询他，将士和睦各有成。
亲贤臣，远小人，这是前汉兴盛因。
亲小人，远贤臣，这是后汉衰败根。
先帝在世时，
每次与我谈此事，桓灵总是被痛恨。
侍中、尚书、长史、参军，
他们正直贤良是以死报国臣。
愿陛下，
亲近他们又信任，汉室兴盛指日临。
我本南阳庄稼人，只求乱世能生存。
先帝不因我卑下，三次茅庐把我寻。
俯就屈驾感动我，终于许诺附帝身。
兵败之时担重任，危难之时使命临。
先帝知道我谨慎，终把大事托我身。
如今已有二一年，辅佐之事我一心。

接受先帝遗命始，日夜叹息忧虑深。
唯恐辜负帝重托，有损先帝知人明。
所以，
我从五月过泸水，不毛之地去挥军。
如今南方已平定，部队充实应奖功。
率领军队定中原，微薄之力愿意尽。
铲除奸凶兴汉室，回到故都对帝忠。
政事权衡进忠言，
那是郭攸之、费祎、董允的职分。
希望陛下任我伐国贼光汉室。
否则治罪以告先帝在天之灵。
责备郭攸之、费祎、董允的职分。
陛下也应自筹划，治国方案好垂询。
明察接受雅言论，先帝遗诏真遵循。
我将感激受惠恩。
现在就要离陛下。书表流泪不知云。
于是率军出发，屯在沔水以北阳平石马。

据《魏纪二》（卷七十）

译评：

出师表，表忠诚，文治武功为汉兴。
精明辅佐帝两代，不辱使命传美名。

一八〇 复行五铢钱

选译：

魏文帝废五铢钱，粮食丝帛以物换。

社会作假日增多，将谷弄湿把利赚。
用以薄绢来购物，严刑处罚禁还乱。
司马芝朝上议，认为：
"使用钱币富国又省刑，不如再造五铢钱。"
夏，四月、初十，恢复使用五铢钱。

据《魏纪二》（卷七十）

译评：

文帝废除五铢钱，商品交换受牵连。
弄虚作假谋私利，刑罚禁止止仍还。
废除货币是倒退，庸人自扰找麻烦。
恢复使用五铢钱，倒退原来是向前。
货币生于交换中，以物换物不复返。
货币金融位至尊，货币厚重天下安。

一八一、诸葛亮斩马谡

选译：

越嶲太守叫马谡，喜谈兵法才犹殊。
诸葛亮，惜人才，赏识器重这马谡。
刘备临终对亮说：
"马谡言过其实大不同，你要多加去察究。"
诸葛亮，不当心，任命马谡为参军。
经常召见与谡论，白天谈论至夜深。
等到出兵祁山时，亮不派魏延、吴懿为先锋，而让马谡做统帅，与张郃交战在街亭。
马谡违反亮指令，军政措施乱而冗。

舍水上山安营寨,不在山下据守城。
张郃断谡取水道,率兵击败马谡兵。
亮进军,没据点,攻掠两县千家回汉中。
收杀马谡手不软,亮却亲自去鞠躬。
痛哭流涕表悲情,养其子女施常恩。
蒋琬对诸葛亮说:
"从前楚国杀得臣,晋文公呈喜形。
天下未定杀智士,难道没有惋惜情?"
诸葛亮哭泣道:
"孙武天下能制胜,执法严明是指针。
杨干犯法魏绛杀仆人。
现在四海分裂战争始,
如果违法用什么来讨伐敌人?"
马谡尚未战败时,裨将王平连劝未听从。
及至战败兵分散,只有王平千人战鼓鸣。
张郃怀疑有伏兵不敢去进攻。
王平渐收各营残兵率将士返回营。
诸葛亮杀了马谡和将军李盛后。
剥夺黄袭兵权,只有王平破格用。
王平提为参军统领五部兼军务。
晋升为讨寇将军,封为亭侯。
诸葛亮上请降三级,汉主刘禅任命诸葛亮为右将军,代理丞相事务。

据《魏纪三》 (卷七十一)

译评:

自负大意不可容,损兵折将失街亭。
幸有王平擂战鼓,残兵收聚返回营。
马谡违令败该杀,王平有功该晋升。

诸葛亮受汉主宠，大意失策当警醒。

一八二、先人以夺其心

选译：

曹休上表请率兵，深入敌境接周鲂。
魏明帝令贾逵，率兵与休会东方。
贾逵说：
"敌寇东关没防备，定把皖城当战场。
曹休深入去作战，必败敌手徒悲伤。"
于是部署各将领，水陆并进向前方。
路经二百里俘吴人，供说休败吴切防。
这时各将无所谓，有的想等后续上。
贾逵说：
曹休兵败归路绝，进不战，退无方。
正是危亡关键时，怕他等不到星星亮。
敌军认为我军无后续，所以才成这个样。
现在速进出奇兵，"先人以夺其心尚"。
敌军一定去逃亡。
如果待援敌断路，我军再多不见良。
于是动员急行军，旌旗战鼓疑对方。
吴军闻讯慌忙逃，曹休得从回营房。
贾逵占据夹石后，供给曹休兵和粮。
逵休关系曾紧张，休败逵助才变样。

据《魏纪三》（卷七十一）

译评：

　　曹休好心接周舫，明帝布防有眼量。
　　贾逵高明顾大局，诚待曹休帮大忙。
　　"先人以夺其心尚"，积极要比消极强。
　　将领之间有缝隙，战场协手应如钢。

一八三、诸葛亮后出师表

选译：

诸葛亮闻曹休败，魏兵东下关中虚。
欲出大兵去击魏，群臣多数存有疑。
诸葛亮向陛下刘禅上书道：
"先帝深知汉魏不两立，帝业不可偏蜀地。
委托我去征讨魏。
以先帝之明量臣才，敌强我弱当然知。
然而不去讨伐魏，帝王之业也要殛。
坐待不如去讨伐，先帝托我并不疑。
我从受命之日起，睡不安稳食无味。
想到北征先南下，五月过泸入秃地。
我并不是不惜己，而虑王业成蜀地。
所以冒着危难遵循先帝遗愿，
但参议认为非好计。
魏在西战正疲乏，又要赴东与吴对。
兵法上说："乘敌疲劳，正值进击。"
谨向陛下陈述如下：
汉高帝如日月明，谋臣不乏智多星。

但还历险受创伤，然后才能有安生。
如今陛下不如汉高帝，谋臣不如张良陈平。
却以长计去求胜，坐着等待天下临。
这是我不敢懈怠的原因之一。
刘繇王朗各自占州郡，论述安危之计频。
动辄引喻圣人言，多疑困难填满胸。
今年不战明年不征，孙策安危得江东。
这是我不敢懈怠的原因之二。
曹操谋略是超群，用兵有如吴起孙膑。
可是在南阳被困，在乌巢历险，在祁连危难，在黎阳受逼，在伯山几败，在潼关差点送命，然后才有这一时的平定。
何况我才智薄弱，不经危难定天下。
曹操不下昌霸五，巢湖四次不能跨。
任用李服服反谋，任夏侯渊而败杀。
先帝常赞操能干，尚且过失几成串。
何况我平庸无能，怎能出兵必取胜。
　　我到汉中这一年，就失去了赵云、阳群、马玉、阎芝、丁立、白寿、刘合、邓铜及曲长屯将七十多人，这些都是历经几十年汇集四方的精英，非一州之地所拥。
再过几年失六成，将凭什么胜敌人？
如今民穷兵也疲，军备大事不可停。
驻守出征一样费，不乘空虚凭蜀久抗衡。
难以评判天事变，先帝失楚操高兴。
说天下已平定。
可是后来，
先帝东联孙吴，西取巴蜀，发兵北征，杀了夏侯渊，这是曹操失策而汉朝大业将成功。
但吴后来又违约，关羽败亡，秭归受挫，曹丕称帝。

大凡世事难预料。

我将鞠躬尽力,死而后已,成败得失难预报。

据《魏纪三》(卷七十一)

译评:

谈古论今思路清,看到战机劝出征。
出征虽然有风险,不经危难事不成。
乘虚进攻要抓住,据蜀等待不会赢。
智谋高强又有勇,赴汤蹈火为汉兴。
征战胜负乃常事,料事如神不可能。
抢占先机是关键,时不我待出英雄。
此表真伪且不论,见虚劝进却真情。

一八四、贤人所在折冲万里

选译:

太子孙登写信向西陵都督步骘请教,步骘于是将莱荆州当时情况及其各官吏的品行才能一一列条报告孙登,并上书鼓励规劝说:

"我听说,
君主不临小事情,各级官吏司职行。
虞舜任命九贤人,不出庙堂天下晴。
所以贤人所在地,万里歼敌能提冲。
他们治国是利器,兴废关键在其中。
愿使明心重经意,天下民众就万幸。

据《魏纪三》(卷七十一)

译评:

古之行政犹如葱,上清下白行有宗。

任用贤人更重要,办事高效天下晴。

一八五、张纮遗表

选译：

张纮回吴郡迎接家眷,在路上生病去世,临终前,把遗表交给儿子,遗表上说：

"自古治理国家者,都想明德比太平。
彼治大多不完美,君主不能制私情。
不是没有忠贤辅,而是用情不任用。
畏难趋易人之常,喜同恶异道背行。
《传》说："从善如登高,从恶如崩下。"
言及从善是个难事情。
君主继承累世业,拥有至尊自顺成。
把握八种权柄威,易行赞同悦心情。
别人意见不采纳,良策忠言君不同。
上下情商出裂痕,巧言小人乘机行。
君主被忠晕了头,迷恋个人小恩宠。
贤良愚恶相混杂,罢免进用失标准。
乱象根源是私情。
圣明君主明察事,求取贤才快如风。
接受规劝如迎宾,抑损私族大义通。
君上没有偏错用,臣下奢望无非分。
吴主读了遗表后,眼泪直流感触深。

据《魏纪三》（卷七十一）

译评：

治国不能纵私情,忠臣贤良要重用。

忠言良策若不遂，从善如流反能同。

一八六、羊质虎皮

选译：

曹植又上书说：

"从前汉文帝从代国出发，怀疑朝廷有变故，宋昌说：'朝内有朱虚、东牟这些亲戚，朝外有皇族齐王、楚王、淮南王、琅琊王，

大王不用愁，

衷心望陛下，

远看周文王，依靠二虢成王业，

近看周成王，任用召公毕公来辅助。'

下存汉代宋昌皇族很坚固。

听说羊身披虎皮，看见青草就欢喜。

遇见豺狼就战栗，忘记身上披虎皮。

现任将领都不好，狐假虎威似如此。"

俗话说：

"担心做事的不懂事，而懂事的又不得做事。"

古代周成王，诛杀管叔，放逐蔡叔，

用周公，召公为辅佐。

晋侯杀叔鱼，叔向助晋成霸业。

西周三监之乱，要引以鉴戒。

二公之辅，不必远求。

皇宗显贵藩王中定自有。

当权能使人注目，谋略能改变主人地位。

威望使人慑服。

豪杰执政不在亲，大权在握远也重。

大势已去亲也轻。

取代齐国是田不是吕，

瓜分晋国是赵魏不是姬。

请陛下明察。

太平专权临难逃者是异姓臣。

安国祁贵共存亡的是皇族之臣。

如今疏族亲异我感困。

现在我与陛下在一起，

履薄冰，踏炭火，登高山，跨深涧。

寒温燥湿，高下与共，怎能分离。

我怀着满腹悲苦的心情上书陈情，

如有不合圣意，收于书府不要弃。

我死以后或许发人思。

如有一点合圣意，请在朝廷公布之。

让博古之士相与析，

纠正奏书差义处，如是我便得满足。"

据《魏纪四》（卷七十二）

译评：

　　　　任人唯贤不唯亲，疑人不用用不疑。

　　　　羊披虎皮还是羊，疏族亲异莫悲悽。

　　　　明帝只用关文复，愤懑不解天下题。

　　　　治国人才天下找，亲贤应当数第一。

一八七、虎狼当路不治狐狸

选译：

　　公孙渊，有二心，多次沟通与吴亲。
　　魏明帝，作决定，田豫王雄讨公孙。
　　散骑常侍蒋济劝阻说：
　　"大凡不是相吞国，不叛臣子不轻伐。
　　讨伐不能使之服，促其成寇事复杂。
　　虎狼当道不杀狐，先除大害小自杀。
　　海外之地历代顺，尽职纳贡从不乏。
　　即使一举能平安，获民不足国力加。
　　得财不能使富裕，结仇失信事必大。
　　明帝不听战无功，诏令罢兵才作罢。"

据《魏纪四》（卷七十二）

译评：

　　虎狼当道应主攻，主次先后策略清。
　　虎狼吃人先除掉，后杀狐狸鸡能宁。
　　对内对外有纲纪，征讨不能凭感情。
　　宽容大度讲谋略，趋利避害应慎行。

一八八、双面刘晔

选译：

　　侍中刘晔帝器重，帝将伐蜀朝臣梗。

晔与帝议说可伐，出与朝臣说不行。
杨暨亲帝又重晔，持不可伐最坚挺。
每次出宫访刘晔，晔讲伐蜀不可行。
后来暨帝议伐蜀，杨暨直言说不行。
魏明帝说：
"卿系书生焉知兵。"
杨暨道歉说：
"臣言诚然不足采，晔帝谋臣说伐蜀不可行。"
魏明帝说：
"刘晔对我说蜀可以伐。"
杨暨说："可召刘晔来对证。"
于是下诏让刘晔来，帝问刘晔不哼声。
后来刘晔独见帝，指责明帝不慎行。
刘晔说：
伐国大谋是大事，国家机密自严封。
常怕梦话有泄露，哪能公开说真情。
用兵之道在诡诈，未兵计划密无风。
陛下公开泄了密，恐怕敌国已有听。"
魏明帝听后示歉意。
刘晔出来话杨暨：
"渔人钩中一大鱼，要放长线紧随行。
待以制服牵回来，一切全在掌握中。
君主威严岂大鱼，直臣计谋不能用。"
杨暨表示歉意。
有人对魏明帝说：
"刘晔对帝不尽忠，善窥帝意而奉迎。
陛下不妨试一下，反意问晔看答应。
如果答问全相反，刘晔见解与帝同。

如果回答全赞同，刘晔迎合即露形。"
明帝反意来检验，果使刘晔显原形。
明帝此后远刘晔，刘晔易职忧无生。
《傅子》上说：
"巧诈不如拙诚行，此话使人确信忠。
刘晔才略如守德，忠行自古无贤凌。
刘晔只知用才智，不尚忠恳内外穷。
终于因此已害己，怎不令人生惜情。"

据《魏纪四》（卷七十二）

译评：

刘晔言行应如名，有才更应崇尚忠。
双面人生瞒不住，失信便成可怜虫。

一八九、兵者诡道

选译：

宠重表白：
"孙子说：'用兵之道在诡诈，有能力显无能。
小利诱发敌人骄，假装恐惧使人懵。
表里不一藏谋略，善于牵制要造形。'"

据《魏纪四》（卷七十二）

译评：

孙子兵法古传今，辩证思维让人聪。
两军对垒要取胜，活用兵法拼力争。

一九〇、高风亮节

选译：

各路军队回成都，赐亮谥号忠武侯。
亮曾上表对主说：
"家有桑树八百株，另有薄田十五顷。
子羊衣食有富余，不求另有家产增。
如果到了我死日，家中绢帛无余零。
家外钱财无余赢，以负陛下关爱情。
死时果如亮所云。

据《魏纪四》（卷七十二）

译评：

精忠为汉谋天下，不顾生死打冲锋。
高风亮节铸美德，家中财货无余零。
今人学习诸葛亮，清风能使心透明。
公职公心无私欲，公正廉洁树新风。

一九一、丞相诸葛亮

选译：

丞相长史张裔常称颂诸葛亮说：
"诸葛公赏赐不遗漏疏远的人，责罚不偏私亲近的人，封爵不许无功获，刑罚不因权贵轻，这就是贤能愚笨都能报国的原因。"

陈寿评论说：

诸葛亮，为相国，爱护百姓明法度。
简约官职权制治，诚心公道亦开布。
尽忠益时仇也赏，犯法怠慢亲必处。
服罪心诚重必释，巧伪真情轻也诛。
小善没有不奖赏，小恶没有不予除。
精熟众事务其本，名实相符不虚估。
如果死在邦城内，人们敬爱都有笃。
刑罚严明无报怨，心正劝明无人堵。
可称治理之良才，管仲萧何以下数。

据《魏纪四》（卷七十二）

译评：

作为相国重爱民，明法执法开诚心。
约官公道权制治，赏罚严明情必信。
精通政事务其本，区别有节合人伦。
作为丞相忠于主，公私分明令人尊。
以身许国弥高贵，精诚尽力见忠魂。

一九二、平水与明镜无私

选译：

长水校尉廖立，自持才气名声宜做诸葛亮的助手，常为职位不定，闲散无事窝火，不断地报怨诽谤，诸葛亮把廖立废为平民，放逐到汶山。诸葛亮去世，廖立说："我将终生是个山民了！"李平听到诸葛亮去世，发病而死。这是李平常常希望再启用自己，料后继者不能复纳自己的缘故。

习凿齿评论说：

管仲夺骈三百户，伯死无怨事也难。
亮逝廖泣平病死，不是单单无怨言。
水平时，不正用它作标准。
镜明时，恶人会忘记发怒。
水鉴现物而无怨，以其无私人无怨。
平水明镜都无私，犹可免去毁谤繁。
何况大人君子爱众生，广布仁德容平川。
法令用在必要时，刑罚加于自犯案。
奖赏授爵不偏私，诛伐不是因生怒，天下能有不顺服的汉？

据《魏纪四》（卷七十二）

译评：

出手能将水端平，明镜当正见真容。
无私不惧有怨怒，公正能把众心赢。
亮逝岂激廖与李，爱众之心必有灵。
相国如能像诸葛，天下百姓乐融融。

一九三、纵欲必亡

选译：

杨阜又上疏说：
尧住茅屋天下安，禹宫低矮天下乐。
到了殷周堂三尺，宽度九筵以为廊。
夏桀建造璇室廊，纣建倾宫和鹿台丧失国。
楚灵王筑华章台，从而引来杀身祸。
秦始皇建阿房宫，到了二世就灭座。
不度民力而纵欲，未有不亡而逃过。

陛下应以尧舜禹汤文王武王为榜样。

以夏桀殷纣楚灵王秦始皇为警诫。

放纵修宫必有亡国祸。

据《魏纪五》（卷七十三）

译评：

茅屋简陋天下安，纵欲建宫毁江山。

万民财力应珍惜，民乐才有天下安。

一九四、舟水之喻

选译：

中书郎东莱人王基上疏说：

"臣听说古人用水比喻民众说：'水能载舟，也能覆舟。'"

颜渊说：

"东野子驾车马力尽，求进不已将马殒。

现在战事劳役苦，男女长分家不顾。

望察东野子过错，留意舟水有双务。

奔马未尽得休息，人力劳役需保护。

从前汉朝治天下，孝文诸侯同姓著。"

贾谊为此担忧说：

"把火放在柴堆下，睡在柴堆说安步。

现在敌人尚未灭，猛将大军国内布。

限制将权难应敌，将有大军皇权难后驻。"

据《魏纪五》（卷七十三）

译评：

　　人民如水君如舟，舟水相逢荡悠悠。
　　有水无舟水自流，有舟无水舟自愁。
　　水能载舟能覆舟，顺水行舟舟自由。
　　人民伟力深似海，君不与民作对头。

一九五、天人相遂

选译：

《尚书》说：

　　"天的聪明自民众，天示可畏自民威。"

据《魏纪五》（卷七十三）

译评：

　　上天聪明是人聪明，天示惩罚是预警。
　　天道自然有规律，天的聪明是人送。
　　天人相遂明事理，天下大事问百姓。
　　人本思想《尚书》有，以人为本百事兴。

一九六、顾名思义

选译：

　　魏明帝诏公卿推举德才兼备的人才，司马光推荐兖州刺史太原人王昶应选，王昶为人谨慎厚道，给他哥哥的儿子起名叫王默、王沈，给自己儿子起名叫王浑、王深，并写信告诫说："我用这四个字起名，是想让你们

顾名思义，不敢违越。"

事物速成会速亡，大器晚成善终场。
朝花夕拾一日鲜，松柏茂盛寒无妨。
君子应知童子戒，速成反而致迷茫。
以屈为伸让为得，以弱为强成功常。
毁誉乃是喜厌根，毁誉福祸有机藏。
孔子说："吾子于人，谁毁谁誉。"
圣人之德尚如此，庸辈轻率何以防？
别人诋毁应自察，别人批评接应忙。
如果没有可批处，别人乱说也无妨。
别人话对不怨恨，别人乱说无损伤。
何必报复来较量。
谚语说："救寒莫如皮衣，止谤莫如修养。"
这是句真话。

据《魏纪五》（卷七十三）

译评：

自我修养如高墙，防风保暖挡中伤。
急功近利无远见，松柏常青应效仿。
对于批评应自察，对错都应放眼量。
自古人生谁无过，自我修养美名扬。

一九七、举其纲振其领

选译：

司隶校尉崔林说：
《周官》考课文完备，周康王后渐荒废。

这个问题已明示,考法要有适者配。
汉代末年已失误,不缘官吏职责累。
现在军旅或者过多搞屯聚,
或者急促去征发,增减无常难一给。
而且,
万目不张要举其纲,众毛不顺振其领。
皋陶在虞舜时做官,伊尹在殷朝为臣。
不仁之人躲得远远的,
如果大臣能称职,法度实施百官中。
那么谁敢不认真,哪里在于考课呢?

据《魏纪五》(卷七十三)

译评:

　　法度实施在于人,人法相遂乃本根。
　　万目不张举其纲,百官执法在认真。

一九八、有容乃大

选译:

　　大司马汉蒋琬,犍为杨戏东曹掾。
　　蒋琬杨戏相交谈,杨戏简略不多言。
　　有人对着蒋琬说:
　　公与戏言而不应,
　　看来此人很傲慢。
　　琬说:
　　人心不同如其面,不要当面顺从背后翻。
　　戏欲赞我非本意,反驳我言我非显。

杨戏所以是默然，表里如一杨戏端。
督农杨敏曾出言，蒋琬办事糊涂不似前。
有人传话给蒋琬，属下请求将敏办。
蒋琬说：
我确实不如前人，无可追究由人言。
属下问到糊涂事，蒋琬回答很坦然。
假如前人比我强，政事治理不如前。
及至政事不能理，糊涂之事乃自然。
后来杨敏犯了罪，关进监狱命亦悬。
蒋琬不忆恩怨事，杨敏重罪得以免。

据《魏纪六》（卷七十四）

译评：

理解宽宏自从容，容下万物自有公。
公道必有天下信，信守职责获好评。

一九九、治世以大德

选译：

诸葛亮当丞相时，有人说他不愿意搞赦免，诸葛亮回答说：
"治理国家以大德，小恩小惠使不得。
匡衡吴汉不愿赦，先帝也说过：
'我国陈元方，郑康成交往，
常听讲治乱兴衰，就是赦免未听过，
刘景升、刘季玉，年年都要搞赦免，
对治理国家有何用？"
因此，

蜀人称赞诸葛亮，费祎不及亮贤明。

陈寿评论说：

"诸葛亮治国理政，多次发兵征战，

不轻意发赦免令，不也很卓越吗？"

据《魏纪七》（卷七十五）

译评：

治乱兴衰须先行，天下安定民安生。

大德治国国强盛，实行赦免方可行。

仁爱民众天天作，年年赦免事不成。

小恩小惠非国策，大德普施任人评。

二〇〇、十思而行

选译：

诸葛恪受托将起程，上大将军吕岱告诫听：

当今正值灾难多，每次思考十次行。

诸葛恪说："季文子三思而后行，孔夫子说'思考两次就可行。'你让我思考十次，是要说我的才能低水平！"

吕岱没话可回答，人说吕岱一时昏。

虞喜评论说：

受嘱托，辅少主，责任重大很显明。

以臣行使君主权，这是一个难事情。

兼责重大管各事，没有几人能胜任。

吕侯是位国元老，眼界开阔，深谋远虑，才以思考十次沁人心，却被还以冷面容，表明诸葛元逊并不逊，智慧机敏都差劲。

如果凭借十思考，当代事务广征询。

采纳好的见解为雷迅，接受规劝如风骤。

怎么会在殿堂丧了命。

世人奇其善应变，反讥吕侯不中用，不思考事情的安危利害和理蕴。

这是喜春草木茂，忘记秋果甘甜浓。

从前魏人征蜀国，蜀人抵御魏国人。

在整装待发时，费祎来敏对弈无意停。

来敏认为能胜敌，这是因为费祎内策高明脸上没有忧愁神。

然而长宁认为，

君子临事要谨慎，仔细谋划方能赢。

蜀国国小临强敌，怎能过分自信安稳心。

这是费祎怠慢沪，终被降人害不生。

这是之前有征兆，祸难于后便发生。

往听长宁鉴别费文伟。

现在看到菖元逊拒绝吕侯劝。

两件事情性质同，是为后世借鉴引。

据《魏纪七》（卷七十五）

译评：

三思两思十思行，劝诫办事要谨慎。

世事复杂又多变，一见之识不与同。

只有随变勤思考，才能驭变针对行。

荆州街亭史有名，皆缘大意后世警。

二〇一、无求不得

选译：

吴国君主患重病，皇后有了吕后心。

派人前去问孙弘，吕揽皇权于一身。

身边侍人不忍虐，趁她昏睡勒喉门。

后来事情有泄露，被判死罪六七人。

吴国君主病危时，召诸葛恪、孙弘、滕胤、吕据、孙峻近于身，把身后之事托他们。

夏，四月，吴国君主去了世。

孙弘一向同恪不和，欲假诏令诛杀恪，

孙峻遂即告诸葛恪。

诸葛恪邀约孙弘议事，在座位上将其刹。

随后为主治丧事，给主定谥号大皇帝，太子孙亮登上皇位，大赦，改年号为建兴，闰月，委派诸葛恪任太傅，滕胤任卫将军，吕岱任大司马，诸葛恪下令取消刺探臣民的制度和官职，免去民众积欠的租调，废除关税，普施恩惠，老百姓都想见一见他的大恩人。

诸葛恪有思想，王公居住不沿江。

齐王孙奋迁豫章，琅邪王孙休迁丹阳。

孙奋不肯作迁徙，恪给孙奋写信论短长。

帝王尊贵同天位，天下为家臣父兄。

仇人行善直须举，亲戚有罪仍须惩。

秉承天意治民众，先治国事后家庭。

这是圣人建制度，百代不易道有恒。

从前汉朝刚兴起，很多子弟以王封。

到了他们强大时，上危社稷骨肉拼。
从此以后有教训，王公扩权为大病。
自光武以来，
各个王公有定制，自行娱乐限在宫。
不能治理民众，干预政事和外界交通，
严格禁令保安定，各自富贵有保证。
这是前代得失的例证。
大行皇帝通古今，借鉴往事防祸生。
考虑千年国安危，生病之时主朝政。
分遣诸王各就国，诏令禁令大一统。
实在是想：
在上能安定国家，在下能保各王公。
各王能够百代传，保全国家无悔恨。
大王应该首先想一想，
大伯顺应父愿志；
其次想想河间献王、东海王刘强恭顺节操；
最后想想前代骄横放纵，荒淫昏乱的王公以其戒警。
继而听说：
最近到武昌以来，多次违纪诏令，
不受制度约束，擅自调兵修建宫。
身边侍人有罪过，应该上奏章报请，
不应擅自诛杀不报告朝廷。
中书杨融受诏令，对他应恭敬尊重，
却说'就是不听禁令'，
听到这话时，大小官吏感到震惊而寒心。
俗话说：
"明镜用来照身形，古事用来知当今。"
大王应以鲁王为鉴戒，小心谨慎尊朝廷。

改变自己的言和行,如此则'无求不得',就没有什么要求会落空。
如果抛弃先帝训,怀着轻视傲慢心。
臣下宁可负大王,不敢辜负先帝信。
宁可被您所怨恨,岂敢忘记主令臣不行?
以前,
假使鲁王早听劝,怀着恐惧谨慎心。
福禄就能享无穷,哪里会有灭亡临。
效药到口味有苦,甘甜病人感受真。
忠言听来不顺耳,接受只有明理人。
我们几人唯诚谨,想替大王险除萌。
扩展福禄之根基,言语激切望思成。
帝王接信后很畏惧,于是迁徙到豫章。

据《魏纪七》(卷七十五)

译评:

诸葛恪,对主忠,代主教子达竭诚。
往事正反作借鉴,无求不得宽其胸。
良药苦口以启迪,忠言逆耳以理明。
诚恳恭谨言激切,齐王迁徙到指定。

王公扩权祸乱生,国与家族不安宁。
览古戒今帝心明,防止祸乱诏策清。
王公就位尽其职,恭顺之节要厉行。
明鉴以用知面容,古事洞明知当今。
为了实现大目标,治国鉴古能助兴。

二〇二、过消业隆

选译：

王昶母丘俭听说东军败，
各自烧毁营垒逃得快。
朝中议论要贬黜各将领，
大将军司马师有担待。
司马师说：
"我不听诸葛公休致恶果，这是我的过，诸将军无罪可责怪。"
没有处分诸将军，只将其弟爵位拿下来，
诸葛诞任镇南将军，统领豫州军务，母丘俭任镇东将军，统领杨州军务，没有闹得不愉快。
这一年，
雍州刺史陈泰请求与并州合兵去讨胡。
司马师听从了他的意见，
兵未集，却惊反。
司马师又向朝廷道歉：
"这是我的错，陈雍州无承担。"
因此，人们既惭愧又喜欢，司马师能承担。
习凿齿评论说：
司马大将军，
两次败过揽在身，过错消除人自尊。
业绩隆盛发人省，明智揽过不诿人。
假若饰败卸责任，离心离德便来临。
各类人才四散去，报其荒谬成光棍。
国君执理来治国，失误也能服人心。

百次失败也尚可，何况只有两次训。

据《魏纪八》（卷七十六）

译评：

揽功诿过小聪明，坑人难免蹲深坑。
揽过担责乃明智，业绩隆盛人自崇。

二○三、思善生活

选译：

魏国调军赴淮南，汉国姜维乘虚攻秦川。
率军几万到沈岭，魏军诸将防进犯。
姜维芒水几挑战，司马望邓艾不应战。
长城存粮特别多，不怕士兵没有饭。
姜维多次出征战，蜀地人民苦有怨。
中散大夫谯周写作《仇国论》以婉言劝：
"有人问，古代弱国败强国，用的何策略？
回答是：我听说，大国无忧总傲慢，
小国有忧常思善，傲慢松懈生变乱，
多行善事自然安。
所以，
文王养民少胜多，勾践恤民弱胜强，这就是他们的杀手锏。
有人说：从前，
项羽强大汉国弱，互相争斗多征战。
项羽和汉约定以鸿沟为界分天下，各自后退让民安。
张良认为民安难发动，率军追击将羽歼。
难道一定要像周文王那样行事吗？

回答是：在商周之际，
王侯享世代尊贵，君臣关系已牢固，一般民众也习惯。
根底深厚难拔除，基础牢固难移迁。
在这时，
即使是汉高祖，又怎能手持长剑，跃马扬鞭而夺江山？
待到秦朝有改革，废除诸侯设郡县。
秦朝劳役不堪忍，民众起来天下残。
有时一年换一君王，有时一月换一主宰，连鸟兽都惊不安。
在这时，
英雄豪杰争天下，凶猛迅速夺地盘。
魏国已经几代人，已经不是秦末天。
实际面对形势是：
六国并立竞称雄，文王之法可资鉴。
民众穷苦易生乱，君傲臣暴天下翻。
谚语说：
"射幸数跌，不如审发。"与其侥幸数射不中，不如瞄准再发。
明智的人不为小利转移视线，不为似乎可行的主意改变步骤，时机成熟以后再行动，形势适合后再办事。因此，
商汤、周武的军队不用等第二次交战就取胜，实在是因为爱惜民力，善于把握时机的缘故。
如果无限制地用武，一旦烂局出现，
不幸遇上灾难，即使再有智谋，也不能挽回局面。

据《魏纪九》（卷七十七）

译评：

排忧解难常思善，以弱胜强不鲜见。
傲慢松懈常生乱，强国也出败局面。
凡事侥幸难如愿，不如瞄准再放箭。

不为小利而移目,水到渠成莫怠慢。
民力莫要过消费,善握时机有胜算。
以史为鉴明思路,审时度势多谋断。
飞流直下三千尺,旋涡过后水前溅。

二〇四、善始善终

选译:
吴国君主爱读书,
想和博士祭酒韦昭、博士盛冲论学术,
张布心有小盘算,韦昭盛冲正直,恐怕他们入宫侍奉,说出他的暗事,坚决加以劝阻。
吴国君主说:
"我涉猎学术几乎看遍了书,
只是想和韦昭等人谈论往事何可不?
你大概只是担心韦昭等人说出臣下的邪恶才不想让他们进入。
这样的事我有准备,不必听到韦昭等人的话后去查究。"
张布惶恐忙道歉;说是担心碍政务。
吴国君主说:
"政事学业源流异,互不妨碍没有不妥处,
你却认为不合适,认为我有另企图,
没想你们当权这样对待我,很是不可取。"
张布叩头道歉。
吴国君主说:
"我只想要开导你,你何必要叩头呢。
你的忠诚人皆知,我有威风聊靠你。
《诗经》说:"靡不有初,鲜克有终。"万事开头把名扬,很少能有好

收场，善始善终实在难，希望你善始善终。"

然而，吴国君主担心张布疑虑恐惧，最后还是按照张布的意思，取消了谈论学术这件事，不再让韦昭等人入宫。

据《魏纪十》（卷七十八）

译评：

> 君爱读书论学术，只想了解往事情。
> 张布有阴心更暗，害怕正直和光明。
> 坚决劝阻吴国君，勿将韦等引入宫。
> 吴国君主似也明，重情废良又朦胧。
> 说了一些希冀话，学术讨论未进行。
> 万事有始也有终，开头艰难不易成。
> 总结经验坚持干，总有一天会成功。
> 万事开头做得好，不经风雨难善终。
> 要想能够善始终，经常碰钉也许行。

二〇五、为而不恃

选译：

诏令大军征伐汉，派遣征西将军邓艾统领三万，
从狄道赶往甘松、沓水，以便把姜维牵。
雍州刺史诸葛绪带三万，
从祁山赶往武街桥头，将姜维退路切断。
钟会统领十万兵，
分别从斜谷、骆谷、子午谷赴汉中。
委派廷尉卫瓘持符节，
督察军务并代镇西军领。

钟会顺路拜会幽州刺史王戎，问："我该采用什么计策？"

王戎说：

"道家有言，'为而不恃。'非成功难，保之难也。"是说做事情不要仗着自己有才而看不起别人，不是成功难，而是保成功难。"

有人就此问刘寔，钟邓能破蜀汉吗？

刘寔说：

"消灭蜀汉可肯定，但是二人都不能返。"

那人遂即问原由，刘寔只笑不开言。

据《魏纪十》（卷七十八）

译评：

为而不恃道家言，劝人做事要诚然。

目中无人背受剑，恃才傲众不如宣。

二○六、进不求名退不避罪

选译：

《孙子兵法》说得对："进不谋求名，退不躲避罪。"

据《魏纪十》（卷七十八）

译评：

兵家战场无常形，进攻退却变无穷。

进攻求胜不求名，胜利带来好军风。

退却有时为了进，退一进二求成功。

败退之事也难免，悲壮激发浩气生。

怯退兵家不能容，严明军纪出英雄。

退不避罪尚有节，国家利益超珠峰。

自古英雄不怕死，征战生死不求名。

二〇七、百姓所仰

选评：

罗宪被围达半年，援未城中病一半。

有劝罗宪弃城走，罗宪说：

"我处城中首脑位，百姓所仰所企盼。

危机时刻不使安，抛弃他们于急难。

此非正人君子行，我死也要死里边！"

陈骞向晋王进言，派遣荆州刺史胡烈率兵二万攻西陵救援罗宪。

七月吴国军队退，罗宪前职仍不变。

晋王加援陵江将军，封他为万年亭侯受称赞。

据《魏纪十》（卷七十八）

译评：

罗宪临危思路清，心中装有老百姓。

生死关头为民安，不弃不走死守城。

罗宪表现晋王奖，封侯名为万年亭。

万年亭，万年挺，为国为民永忠诚。

二〇八、谏诤官

选译：

傅玄担任谏诤官，针对士风上疏言。

前代君主治天下，朝廷之中振教化。

公正评论行于下。
魏武帝，好法术，崇尚刑名传天下。
魏文帝，慕通达，保持气节天下乏。
国家法度不整饬，浮夸放荡满朝侠。
天下不再有公评，风气日益往下滑。
陛下受让创新朝，弘扬尧舜三教化。
只未选拔清远有礼之臣敦风节。
对虚鄙之士未惩罚以警下，所以，
臣还敢大胆说话。
皇帝高兴受其言，令玄写诏再奏宣。
可是革新当时社会风气无进展。

据《晋纪一》（卷七十九）

译评：

喜德好法两手抓，两手都硬起芳华。
朝廷要有操盘手，选贤任能祛浮夸。
风气堕落要革除，以史为鉴有启发。
谏诤之议只催化，除旧布新要齐抓。

二〇九、政之大本

选译：

司马光说：
政治之本在赏刑，刑赏不明政不成。
晋文帝赦免山涛奖李熹，
惩罚奖赏都有病。
假使李熹说的是，山涛赦免就不能，

　　如所说的不合是，李熹受奖就不行。

　　嘉奖臣下让进言，进言之后却不听。

　　臣子结怨主弄权，这将使人无适从。

　　四个臣子罪过同，刘友遭诛杀，山涛不审讯，惩罚避开权贵施于下级臣，可以说是政！

　　开创基业不立政之本，想让基业留传后世岂不困？

据《晋纪一》（卷七十九）

译评：

　　政字本义为之正，政治要求在至正。

　　政治之本在刑赏，刑赏不明政不成。

　　刑赏不实闹笑话，刑避权贵民怨生。

　　要把基业传后世，执政始终要为正。

二一〇、求其大体

选译：

公元268年春，贾充奏上修律令。

皇帝亲自来讲授，尚书裴楷读律令。

有官请抄死罪目，贴在驿站告民众。

又诏令河南尹杜预，官吏升降考核去拟定。

杜预上奏：

古代官吏有升降，不拘法规心估量。

后世不能循古制，专意企求细文档。

怀疑心估信目见，怀疑目见信法样。

法规文书越繁细，官员对策越巧妄。

魏考依据京房遗意来制定，第文细密，苛刻烦杂，违背政治本体，历

代不实行。

不如继承唐尧制，取大舍小，刚繁就简，使人易依从。
要想深知事之理，神明之至存其人。
弃人勤奋信法度，就会文词伤事理。
如把责任交要官，各自考核属其吏。
每年评定其等级，优劣分别作评论。
一连六年做汇总，依照评语再析分。
六年全优越级提，六年全劣官不存。
优多劣少留职用，劣多优少职下沉。
评量等级难易引起不公平，
主事之人应公平给予调整，
不能想法用法规保证万无一失尽平衡。
如有徇私评优劣，不符合公论的，
应该交由监察官员去纠正；
假使官员上下公开去容过；
公正评论即倒行，
即使有了考核法也没用，官吏考核的事终于没实行。

据《晋纪一》（卷七十九）

译评：

官员任用选贤能，官员考核要严明。
分门别类立章程，德勤绩廉要公评。
奖优罚劣动真格，徇私舞弊要严惩。
古制只能作参考，活用法规更公平。
求其大体避盲区，不能因难而废行。

二一一、安者制危

选译：

公元270年夏，吴国委派镇军大将军陆抗统领信陵、西陵、夷道、乐乡、公安的各项军事工作，治乐乡。

陆抗因吴主政事多有缺失，上疏说：

臣闻德均众胜寡，国力相当安制危；

秦灭六国汉制西楚由此归。

敌占关右鸿沟西，国弱无援政务灰。

百姓生活不安定，仪仗天险崇山不相配。

这样固守国土乃末节，考虑问题要智慧。

臣下想到这件事，难睡安，食无味。

侍奉君主有道理，即使冒犯不避晦。

恭谨陈述十七条时政事供阅览。

吴王阅后不纳不理会。

据《晋纪一》（卷七十九）

译评：

众者胜寡安制危，吴王不听心已灰。

天险崇山挡不住，强敌袭来定败北。

外有压力国内乱，百姓不安国力碎。

危机四伏无智慧，国家命运由了谁！

二一二、笃志读书

选译：

周舫之子叫周处，体力超人不细行。
乡亲视其为祸害，而他一点不知情。
周处曾经问父老，时和岁丰人不乐是何因？
父老叹息说：
三害不除无乐心。
处问什么是三害？
父老说：南山白额虎，长桥下蛟龙加上你。
周处说：
如果忧虑仅这些，
我能一一去肃清。
周处射杀白额虎，抓捕蛟龙断其命。
投师陆机和陆云，笃志读书砥节砺行。
读书养性一年过，州府用官把周处征。

据《晋纪二》（卷八十）

译评：

周处曾经不细行，浪子回头受欢迎。
遵照民意除龙虎，专心读书修品行。
读书试行一年整，州郡交相把处征。
门缝观人不可取，一切全在操行中。

二一三、送礼者罚

选译：

晋武帝，患重病，病愈群臣上寿竞。
武帝不悦下诏书，每念疫死便悲痛。
岂因一人能康复，可忘艰难老百姓。
警告百官勿送礼，凡上礼者官职停。

据《晋纪二》（卷八十）

译评：

晋武帝，患重病，病愈不忘老百姓。
要有官员来送礼，拒收还要加处分。
相传官不打送礼，武帝可以作铜镜。
患病需要人关怀，送礼叫人心不平。
如果没有特需求，看望慰问即可行。
今人办事尚送礼，官员送礼将职零。

二一四、直臣固胜

选译：

晋武帝太康三年（公元282年）春天，农历初一，晋武帝在都邑南郊祭祀。

武帝礼毕长兴叹，询问司隶校尉刘毅赞：

"我与汉朝哪个皇帝比？"回答说帝灵与帝桓，

武帝说，怎么会是这个样？

回答说：桓灵卖官钱入国库。

陛下卖官钱私攥，

照此来说不如灵和桓。

武帝听后哈哈笑，桓灵不曾听此言。

今朕身边有直臣，所以我能趋于前。

据《晋纪三》（卷八十一）

译评：

国有直臣固为贵，切勿卖官去捞钱。

直臣多多能治国，卖官等于卖江山。

二一五、崇俭诘奢

选译：

车骑司马傅咸上书说：

先代圣王治天下，食肉衣帛都有制。

我认为：

奢侈浪费比天灾还难治。

古时人稠地少有储备，这是节俭而所致。

现在地广人稀忧不足，这是因为搞奢侈。

想树崇尚节俭风，应该坚决治奢侈；

如果奢侈不整治，以奢为荣难为继。

据《晋纪三》（卷八十一）

译评：

人有多少国有疆，吃饭穿衣量家当。

食肉衣帛古有制，今人应当常思量。

奢侈浪费甚天灾，天灾常致人死亡。

崇尚节俭是美德，奢侈不改让空肠。
公款吃喝浪费大，方方面面应规章。
陪吃陪喝要严限，吃喝以后要算账。
只有客人可招待，陪客付费理应当。
如果觉得自己亏，那就劝君别捧场。

二一六、勿逐正人

选译：

下诏委派太尉杨骏担任太傅、大都督、假黄钺总领朝政，文武百官各负其责，听命于他，傅咸对杨骏说：

"帝王丧制久未行，帝将政事托给您。
天下人们不认可，恐您不易能负重。
周公至圣尚遭诽，何况圣上不像王。
私下认为墓建毕，审思进退应入心。"
如果能知我真诚，言辞多少一点通，杨骏不听从。
傅咸多次去规劝，杨骏渐感不能忍，想把傅咸调出京。
李斌说：
"斥逐正人，将失人望。"杨骏这才收住心。
杨济给傅咸写信说：
"谚云：'生子痴，了官事。'官事了结不容易，
担心你为此掉脑袋，所以向你陈。"
傅咸回答说：
"卫公有言：'酒色杀人，甚于作直。'
酒色过度因而死，人们没有去后悔。
反惧正直而招祸，是因心仪不纯正。
想以敷衍保自身。

自古以来，

以正直而招灾祸，应是由矫枉过正。

或者由于不忠厚，而以严厉博名声，因而激起愤怒，哪里有一片忠心报怨恨？"

据《晋纪四》（卷八十二）

译评：

忠言逆耳不愿听，随即产生逐正心。
杨骏听了李斌劝，驱逐正人未成行。
傅咸忠心且坚定，杨济信劝心不惊。
正直不会招灾祸，一片忠心无怨恨。
矫枉过正当思量，正直不办坏事情。
正直人多是好事，斥逐正人失人心。

二一七、昼夜会计

选译：

京陵元公王浑薨后，尚书右仆射王戎为司徒。
王戎做三公，随波现浮沉。
匡正补救无，政事托属臣，外游悦身心。
贪婪又吝啬，田园天下屯。
常拿象牙筹，日夜计算勤，总像很抠门。
家有优种李，卖李怕失种，李核钻洞深。
凡他赏拔人，都进虚名门。
阮瞻曾拜见，王戎问他云：
"圣人贵名教，老庄明自然，其旨同异？"
瞻曰："将无同"——"与无同"，没有啥不同。

王戎赞很久，于是将瞻征，时称"三字掾"，阮瞻入官门。

据《晋纪四》（卷八十二）

译评：

　　王戎做三公，公事不在心。
　　心在田园李，李核不传人。
　　人选求虚名，名为贪婪戎。
　　戎不务政事，事废与无同。

二一八、治道哲学

选译：

　　何晏师老庄，建立其治论。
　　"天地万事物，都以元作本，
　　无开物真相，无往而不存，
　　阴阳恃化生，贤者恃德成。
　　无之为所用，无爵却责重！"
　　王衍一伙人，喜崇贵无论。
　　朝廷众官吏，废事美放纵。
　　裴頠不同流，写作《崇有论》。
　　阐明己观念，与之相抗衡。
　　"利欲可削弱，断绝却不能。
　　各事可节省，全无却不能。
　　有些巧论人，过失归有形。
　　陈美于无空。"
　　具体事物失万验，抽象道理难核清。

辩文能够取悦众，貌似正论惑人心。
众人视听被眩惑，沉溺通行说道中。
虽然也有不赞同，表达意旨却不能。
屈从熟悉观点中，以为虚无之理不可屏。
一人首倡百人和，听信以后就随行。
鄙薄治理社会事，轻视功利有作用。
崇尚虚浮不实事，实才贤士被低评。
既为人心所顺从，名声利益即随从。
于是善辩展言辞，讷者意旨被美评。
创立学说凭虚幻，微妙幽深揽于身。
处于官位不亲职，高雅超脱犹如神。
廉洁操行弃一边，心胸开阔受人钦。
磨炼德行风趋微，放荡之人开闸门。
有的违背吉凶礼，轻忽举止和仪容。
长幼之序被亵渎，贵贱等级被抹平。
更有甚者裸无礼，无所不全亏德行。
万物有形生于死，生有以后有属性。
那么，
"无"就是"有"所遗摒。
所以，
养育产生出之"有"，"无"的作用非全能。
治理所辖之民众，不施刑治管不成。
所谓之心不是事，但办事一定出于心。
却不能说心为无。
工匠是人非器具，制造工具要匠人。
却不能说工匠不是实有的。
所以，
想得深渊之游鱼，安卧家中必不行。

击落高墙之飞鸟，安闲垂手鸟不惊。
据此理，
成全"有"的东西都是已"有"的事物。
虚无的东西对于一切生物有何用？
但是，
习俗已经形成，
裴颜之言也不顶用。

据《晋纪四》（卷八十二）

译评：

宇宙万物从无生，万物都有规律循。
规律具有客观性，实在不与虚无同。
虚无抽象不济物，无为待物转眼空。
裴颜崇有批虚无，何晏无为害无穷。
治道上了哲学院，中国智慧进高层。
国家用官搞治理，德才贤能办事情。
无为而治乃无知，不理国事何去从。
天若有情天亦老，忧虑无为一场空。

二一九、圣贤谋事

选译：

圣贤谋划事，事先做准备。
备在混乱来，未发先治理。

据《晋纪五》（卷八十三）

译评：

防风先育林，林密挡风尘。

防病先健身,身健病不临。
凡事预则立,立则有胜根。
防患于未然,然则祸不存。

二二○、《钱神论》讽

选译:

皇帝生性显愚蠢,曾听虾蟆叫华林。
对侍奉的人说:
"这个鸣叫的,是为官府,还是为私人?"
当时天下闹饥荒,百姓饿死很多人。
皇帝听到后说:"何不吃肉粥呢?"
因此,
权力握在臣手中,政令出自多部门。
权势之家相荐举,如同贸易相互寻。
贾氏郭氏很放肆,贿赂公然无忌行。
鲁褒写作《钱神论》,讥讽此风似鬼神。
《钱神论》说:
"钱的形状天地象,亲如兄长名孔方。
没有爵位却受尊,没有权势有人奉。
推开金门入皇宫,危险能够变安宁。
死亡的能够复生,高贵的能够贱身。
生存的能够被杀,诉讼无钱不能胜。
仕进无钱不提拔,怨仇要钱能摆平。
美誉无钱不显名,洛阳里王侯权贵。
爱我这位兄长不自制,握手相抱有始终。

凡是现在的人，只晓得钱能通皇宫。"

据《晋纪五》（卷八十三）

译评：

> 皇帝是个糊涂虫，不知虾蟆发何声。
> 饥荒百姓饿死多，疑问不用肉粥充。
> 政出多门朝事乱，权位相荐互市成。
> 贾郭有权更恣横，贿赂公行有讥讽。
> 《钱神论》述真情，金钱万能通鬼神。
> 官场人人拜金钱，天下必然起浊风。
> 有钱能买鬼推磨，鬼在人间能吃红。
> 商品交换金钱生，莫让金钱把位冲。
> 皇帝无德又无能，钱自通神不入宫。

二二一、忌政出多门

选译：

三公尚书又上奏疏说：

"近代以来，
法制渐渐出多门，令文不一疑问生。
官吏不知遵哪种，臣下不知作避行。
奸滑之人得徇私，上司难让下属听。
事同处罚不相同，对待狱人不公平。
君主臣下有职分，有职有权有责任。
要让大家奉法令，命令主事守条文。
治理若有不通时，命令大臣去调停。
事需因时而制宜，君主临时去裁定。

主事官员守条文,释之坚守很公正。
文帝出行桥上过,桥下之人使马惊。
文帝有意从重罚,张释之则从轻。
大臣解决疑难察,公孙弘审很典型。
汉武帝时,
郭解杀人多出名,有一儒生对他抨。
郭解门客假虎威,私下杀了该儒生。
郭解不知无指使,但在朝中议论时。
公孙弘则有公论,郭解虽然未参与。
却比亲杀更严重。
朝廷听从公孙议,族诛郭解显公正。
汉高祖,杀丁公,事曲情直味耐寻。
楚汉相争时,
丁公是项羽部将,刘邦多次被围困,短兵相接时,刘邦向丁公求饶,丁公因此退了兵。

羽败丁公见刘邦,刘邦为了告臣要忠君,便以"丁公为项羽臣不忠,使项羽失去了天下"而杀了丁公。

天下之事非此类,不能自恃妄评论,办事都要按法令。
随之臣下信法令,人们视听不迷踪。
官吏不容奸滑事,治理从此可通行。
于是下诏:
"尚书郎及尚书、兰台令史,对于超出法令之外而需加驳议的,随着案件同上奏。"
但是此举也不能除弊病。

据《晋纪五》(卷八十三)

译评:

政出多门要分工,有分有统要协同。

官员百姓要知法，政令统一便执行。
重大事件要特办，特办事理要说明。
刘邦诛杀丁公事，恃忠恐怕也不公。
丁公如把刘邦杀，刘邦何处讲忠君。
对项不忠忠刘邦，刘邦怎奈杀丁公。

二二二、存不忘亡

选译：

齐武闵王司马冏，愿望实现很骄横。
揽权大肆建房舍，毁坏公私房屋以百总。
规模如同西宫大，朝廷内外所望倾。
侍中嵇绍上奏疏说：
生存不忘灭亡危，《易经》善意有提醒。
陛下不要忘金墉，大司马不要忘记颍。
大司马不要忘黄桥，祸乱苗头不会生。
又给司马冏写信，认为：
唐尧虞舜住草屋，夏禹住的简陋宫。
现在大肆修房舍，三王造宅不迫今。
冏用谦辞示道谢，却不采纳嵇绍警。

据《晋纪六》（卷八十四）

译评：

存不忘亡善意浓，忠言逆耳利于行。
居安思危有防备，风浪不惊国安宁。

二二三、五难四不可

选译：

孙惠上书说：

"天下五难四不可，明公件件都沾边。

敢面锋刃第一难，交结英豪第二难。

和将士同苦为三难，以弱胜强为四难。

复兴王业为五难，五难明公都占遍。

大名不可长久担，大功不可久在肩。

重权不可长久掌，威风不可久保安。

大王克难不以难，身处逆境我不安。

功成身退应考虑，推荐皇亲把权还。

拱手让位回封国，吴曹美名不独前。

现在却忘记。

位高可以致危险，贪图权势被人嫌。

即使高台能游乐，高墙之内享清闲。

我以为：

危亡之忧要超过颖翟之激战，

司马囧不采纳，孙惠称病不再还。

司马囧对曹摅说：

"有人劝我弃大权，回到封国把身安，

这个主意怎么谈？"

曹摅说：

"事物顾忌过分盛，大王果真位高而虑安，撩起衣裳离开是善中善。"

司马囧不接受。

据《晋纪六》（卷八十四）

译评：

"世上无难事，只要肯登攀。"

"五难"可为难，认真只等闲。

如果不懂事，退之求圣贤。

"不可"为警钟，劝人不要贪。

风物放眼量，高处望青天。

国事众人担，轻装能上前。

二二四、刘渊权变

选译：

刘渊迁都左国城，胡人晋人归附频。

刘渊对臣下们说：

"汉朝天下历史长，对民结下恩德重。

匈奴是汉室外甥，约定结为兄弟称。

兄长去世弟继位，按照常理是可行。

于是建立国号汉，刘宣请献皇帝名。"

刘渊说：

"现在四方未平定，暂照高祖前例称汉名。"

于是登上汉王位，年号改为元熙称。

追尊刘祥孝怀帝，建立汉朝三祖五宗牌位来祭尊。

立妻呼延为王后，丞相大臣都安顿。

右贤王刘宣任丞相，崔游任御史大夫。

左於陆王刘宏任太尉，范隆任大鸿胪。

朱纪任太常，崔懿之、陈元达任黄门郎。

同族的侄子刘曜任建武将军。

崔游推辞不就职。

克达从小有志操，刘渊曾招未应招。

刘渊成为汉王后，有人对陈元达说：

"你大概发了毛。"陈元达笑着说：

"我同此人有深交，他也明白我心道。

只怕不过两三天，文书一定能送到。"

刘渊果然将陈召。

陈元达侍奉刘渊，多次忠言贯耳梢。

元达退朝毁草稿，内容子弟也不知道。

据《晋纪七》（卷八十五）

译评：

刘渊权谋招数高，复国暂穿汉皇袍。
明立汉朝祖宗位，实把大权手中操。
亲召元达黄门郎，二人面谈把心掏。
元达多次献忠心，文稿随后即烧掉。
刘渊反晋尽其招，动乱年代浪淘淘。
权谋如果顺时世，乘风破浪逞英豪。
打着招牌用权谋，旋涡过来一梦销。

二二五、卞庄刺虎

选译：

刘弘给刘乔、司马越写信，想让他们化解怨仇，停止冲突，共同辅助王室，都不听从，刘弘又上奏章说：

"近年战事多祸乱，群王之间裂痕现。
灾难延至皇子身，猜疑锋生剑不断。

今天看来是忠臣，明天见势又叛变。
是非随时有变化，互指对方是战犯。
人类历史有记载，骨肉残杀无今惨，
臣下自悲觉哀怜。
现在边境无危备，国内显露衣食难。
宰辅大臣志国运，争夺私利相舞剑。
万一四方夷人乱，猛虎争斗下庄现。
应该急速颁诏书，诏令司马等人。
消除猜疑和嫌隙，自守职责不相战。
从今以后，不见诏书擅自兴兵国同谴！"

这时太宰司马颙正抗拒关东王侯，依赖刘乔协助，不采纳刘弘的意见。

据《晋纪八》（卷八十六）

译评：

生于末世运偏销，王侯各自去操刀。
忠奸是非一锅粥，私利驱使穿战袍。
内忧外患不顾及，诏令不从似无诏。
祸乱频出人思治，两虎相斗下庄到。

二二六、骄奢生祸

选译：

何曾常陪武帝宴，回家以后把事涮。
主上创建新王朝，每次宴会我晋见。
未听治国大谋略，只把平常小事谈。
不给后代留治道，后代恐怕就危险。

你们这代可免祸,到了下代有祸患。
孙子何绥被杀后,何绥哥哥何嵩说:
我们的祖父有高见。
何曾日花一万文,还说筷子无下点。
儿子何劭更奢侈,每天食用花两万。
何绥和弟机与羡,奢侈惊人不敢看。
何绥给人写信去,言辞无礼且傲慢。
河内人王尼见到何绥信,对别人说:
"何伯蔚生活在乱世时,自负强横怎避难!"
别人说:"何伯蔚听到您的话必然要暗算。"
王尼说:"等到何伯蔚听到我的话,他自己早入殓!"
到了永嘉末年时,何家无人活人间。
司马光认为:
何曾议论晋武帝,只求安逸无远见。
知道天下将大乱,子孙必然遭忧患。
这是多么有远见。
可是本身过奢侈,子孙继承更明显。
骄傲奢侈全族灭,他的远见又不见。
身为宰相已君过,当面不说私家传,
不是忠臣。

据《晋纪九》(卷八十七)

译评:

安逸骄奢孕祸患,君臣沾染必受涮。
江山丢失族遭灭,远见应把骄奢删。

二二七、重虚名招实祸

选译：

陈頵给王导写信说：
"中原倾覆用不当，不看能力先白望。
为求浮名相奔走，互相举荐看名望。
名望高的先显赫，名望低的后录上。
相互波及与影响，最终落得国有殇。
加之风气重庄老，朝廷由此起迷茫。
培养声望有气度，办理政事庸人挡。
朝廷事务不处理，典章制度尽遭殃。
要想制度大计划，先从近处去开场。
现在应该重开张，赏罚分明寻榜样。
提拔卓茂于密县，彰显朱邑于桐乡。
伟大事业可建立，复兴晋国有希望。
王导未能听建议，虚名实祸难阻挡。

据《晋纪九》（卷八十七）

译评：

用人不当有国殇，只求虚名无希望。
改弦更张重能力，兴晋伟业有文章。
忠言益事不听劝，失去故乡走他乡。
中原已经遭倾覆，未来只有雪加霜。

二二八、朝作夕改

选译：

熊远上书司马睿，认为："发生战乱以来，
处理事务不遵法，竞相提出新主张。
面事临时立规章，朝令夕改人迷茫。
主事官不敢用法，每遇问题得请上。
这个不像行政样，浅见认为：
凡行驳难议论时，都应引据有典章。
至于政策有损益，因时因地制宜尚。
斟酌情势处理事，此权只有君主享。
臣子不能自主张。
司马睿正处多事秋，不能听从勿商量。

据《晋纪十》（八十八）

译评：

多事之秋战乱多，办事应当有原则。
纵有许多新情况，新事新办要定夺。
朝令夕改顺时世，务实行政勿错过。
有天无法事难办，有法可依利治国。

二二九、张寔征过

选译：

凉州刺史副张寔，自以为是发命令。
所辖官吏老百姓，指我过错赏日用。
市帛羊米都在列，真诚实惠受尊敬。
贼曹僚属隗瑾说：
如今明公理朝政，事无巨细自己定。
有时发布出征令，下人谁也不知情。
万一处事有闪失，责任分担无人顶。
众官都怕您威严，您定谋略大家领。
如此虽赏有千金，不敢说话恭耳听。
我以为：
自己聪明稍少用，各种政事众议定。
各抒己见明事理，方案选择而后行。
好的意见自然出，何必要把错误征。
张寔听了很高兴，隗瑾官职三连升。

据《晋纪十一》（卷八十九）

译评：

张寔下令把过征，不能讥笑不聪明。
自古人生谁无过，当官有谁把过征。
征过说明心底宽，悬赏为了利施政。
延访群下尽其言，张寔采纳别有情。

二三〇、治道述评

选译：

千宝评论说："从前高祖宣帝，才能杰出，气量宽容，应时崛起，禀性深沉，感情含蓄，城府很深，心胸开阔，能容他人，利用权术，驾驭众人，了解人才，善于提携，百官推崇，奠定基业。世宗继承根基，太祖接受大业。扑灭反叛图谋，光大先人功业。

到了世祖，登上皇位，示出仁爱，厚待下属，生活节俭，保障财用，和睦不弛，宽容果决，拥有尧舜疆域，颁布正朔荒远之地。这时，有'天下无穷人'的谚语，虽然不是四方太平，也足以表明人民满意。

武帝逝世，墓土未干，变乱相继，皇室子弟，都已无助，宰辅大臣，没有德行，晨是伊尹周公，晚成夏桀盗跖。国家大权，乱臣相传。宫廷军队，外逃四方；地方官员，没有守卫；关卡西塞，不如草把；戎人羯人，口称制命；二位皇帝，失去尊位。这是为何，事由四成，指定继承，失去权衡，托付辅臣，不甚合适；礼义廉耻，没有树立；政令太多，不合义理。

地基广大，难以倒塌；根基深厚，难以取拔；政教条理，能以顺达；人心团结，不会变卦；拥有天下，年代久远，如是而达。

周朝后稷，爱护人民，经十六代，武王成君，积累基础，树立根本，牢固无痕。现在，晋朝兴起，创造基础，树立根本，本异前代。朝廷中缺乏品行纯正的人，社会上缺乏知过就改的人，风俗放纵邪恶，荣辱失去标准，学者崇尚庄老废《六经》，论者以虚荡言辞为本事而轻名声规矩，修身的人以荡污为通达不讲操信；入仕的人把贪官看得重而鄙薄正人；当政的人把有名望无职事看作清高而把勤恳认真讥讽。

所以，刘颂多次谈论治国之疲乏，傅咸经常纠举邪恶有行为，都被认

为是庸俗官吏，好些仗虚无依阿附无主见的人声望充斥海内。至于像周文王到太阳偏西顾不上进餐，仲山甫在深夜还坚持工作的人被嗤笑。

因此，毁谤与赞誉同事实上的善恶不吻合，正义和邪恶被贿赂逢迎所颠倒，选官时为亲近的人择职，得到官职的人为自身谋利。世家大族皇亲国戚的子弟，越级升官，不受约束，风尘尽扬士人奔利，百千官员没有举贤让能，刘子真写作《崇让论》，无人体悟，刘子雅订出九个等级制度不能实行。……礼教法制，刑律政令，到这时完全败坏。"国家将要灭亡，躯干必先倒伏。"大概是说这种情况吧！

所以，观察阮籍行，可知礼崩因。

观察庾纯贾充斗，可见宰辅邪。

考察平定吴国功，可知将帅不相让。

思考郭钦谋，可悟戎狄仇。

阅览傅玄、刘毅言，可见百官恶。

核查傅咸奏疏《钱神论》，可见宠幸、贿赂已风行，民风国情即如是，中君治理怕祸乱，何论惠帝来统领！怀帝在变乱中即位，被强横大臣所制约，愍帝流徙中登基徒虚名。天下大势已失去，要想复取得英杰。

据《晋纪十一》（卷八十九）

译评：

  明君应世爱人民，统治根基厚又深。
  百官贤能又忠君，清正廉洁诚又勤。
  赏罚分明有法依，正邪善恶明又真。
  皇亲国戚无特权，朝廷近臣公又仁。
  文人佳士有崇论，采纳听从信又循。
  公信良俗传万家，社会风气沁人心。
  四海之内皆兄弟，四方相处如近邻。
  以史为鉴明治道，江山久承代有人。

二三一、世子年长

选译：

主管请求立太子，琅邪王想立司马裒。
对王导说：
"确立继承人，应该依德行。"
王导说：
"世子宣城公，美德都超群，可是立世子，年龄要大些。"晋王听取了他的建议。立世子司马绍为王太子，封司马裒为琅邪王，作为恭王的后嗣，仍让司马裒都督青、徐、兖三州诸军事，镇守广陵。

据《晋纪十二》（卷九十）

译评：

  立子当以德，同德看年龄。
  老少皆不宜，居中尚可行。

二三二、兼容天下

选译：

  羯族石勒后赵王，邀请故旧聚一堂。
  武乡老友到襄国，共坐欢饮诉衷肠。
  当初石勒家贫穷，相处邻居叫李阳。
  两家因争沤麻池，争沤麻池也平常。
  我将兼容天下人，岂仇匹夫在家乡。

立即派人召李阳,一起饮酒拉臂膀。

共叙昔日争沤蔴,拳头相加都饱尝。

石勒情真意亦切,参军都尉任李阳。

据《晋纪十三》(卷九十一)

译评:

兼容天下好胆量,岂与匹夫争短长。

天长地久人常在,一生能有几日王!

容人就是壮自己,海枯石烂有人帮。

二三三、修城筑台

选译:

张茂扩建姑臧城,修筑灵钧台。别驾吴绍规劝说:

"明公要修城筑台,往日祸患记心怀。

我认为:

如果恩德未及民,高居楼台也无益。

足疑下属忠信志,众望所归会失去。

怯懦薄弱会显示,敌侵阴谋会激起。

辅佐天子将称霸诸侯怎说起?

希望早停这工程,节省费用和劳力。"

张茂说:

"已故兄长忽被杀,不是没有好义士。

只因祸乱意料外,纵有智勇无技施。

王公设置险阻,勇士重重戒备。

古代就有这道理。"

现在国家未安定,不能应用太平理。

处在艰险年代里，工程还要搞下去。

　　　　　　　　　　据《晋纪十四》（卷九十二）

译评：

　　治国定要双合成，坚城固诚都需功。
　　高筑城墙防意外，官民归附心要诚。
　　地上地下都有城，预防突袭有反应。
　　君心民心一条心，铜墙铁壁反入侵。

二三四、天人相得

　　凉将辛晏据枹罕，不听命令引起伐。
　　张骏将要讨伐他，从事刘庆把话发：
　　"称霸的军队，
　　必须天人相配合，然后方可去讨伐。
　　辛晏凶狂滥杀人，必然灭亡无二话。
　　为何荒年大举兵，天寒地冻把城打？"
　　张骏于是便作罢。

　　　　　　　　　　据《晋纪十五》（卷九十三）

译评：

　　霸王之师不可怕，天人相与能摧垮。
　　凶狠狂妄滥杀人，选准时机消灭它。

二三五、不保永和

选译:

张骏遣参军王骘,到赵国表达修好;

赵主刘曜对他说:

"贵州诚意和好,你能保证永和?"

王骘说:"不能。"

待中徐邈说:"你来结盟和好,却说不能保证,是为什么呢?"

王骘说:"齐桓公贯泽盟会忧心,诸侯不召自来。

葵丘盟会盛气凌人,结果有九国叛离。

赵国教化长久如此,相互和好可以保证。

如果政教衰微,近变观察不到,何况本州。"

刘曜说:"这是凉州的君子,挑选使者选对了人才!"送厚礼派他回去。

据《晋纪十五》 (卷九十三)

译评:

  两国交好求永和,只缘好事要多磨。

  今人不保来人事,来事如何难捉摸。

  一国之内有变数,两国之变则倍多。

  教化长久可坚持,随时调处不放过。

  王骘说了大实话,刘曜称君没有错。

二三六、大将军陶侃

选译：

太宁三年五月，陶侃任为征西大将军，都督荆、湘、雍、梁四州军事，荆州刺史，荆州的老百姓共同为其庆贺。

陶侃东晋浔阳人，早年家贫有所闻。
官自县吏渐至郡，几任刺史大将军。
秉性聪明且敏捷，竭力尽职终日勤。
常诲大禹惜（寸）光阴，凡人应惜分光阴。
岂可只须纵欲戏，生无好处死无闻。
有人清淡误公事，令弃酒具江中寻。
如是部将和官吏，还将鞭杖加于身。
放猪奴隶玩掷赌，老庄言论不合君。
浮华并非先王言，与世无补无益今。
君子仪容应端庄，蓬头赤脚何恢宏？
进送食品问来源，自物微薄也高兴。
你来送礼我也送，慰赐参倍视为敬。
如物来得无情理，责备辱骂往回送。
出游见人玩青稻，怒斥鞭打不放松。
于是百姓勤农作，家给人足显高宁。
造船屑头令收集，人们不解有何用。
后来雪泥难行走，木屑撒地解泥泞。
后有桓温去伐蜀，竹头作钉船装成。
陶侃处事皆精细，总揽政务万事通。

据《晋纪十五》（卷九十三）

译评：

清正廉洁志更高，高风亮节有德操。
操持勤俭人至美，美名流传正气浩。
陶公大将操军刀，侃言军政民情高。
严于律己也严人，格致方显实至豪。
治理风气讲情理，君子勿浮庄老销。
真事总总真情后，好事多多众有表。

二三七、忠诚耿直

选译：

有人对钟雅说：

"你的禀性，忠诚耿直，一定不为贼寇所容，因为什么，不想去从？"

钟雅说：

"国家混乱，不能匡正，君王危难，不能救助，
各自逃跑，求己活命，何必做臣？"

据《晋纪十六》（卷九十四）

译评：

做官首先要忠诚，国家混乱求匡正。
君王危难全力挺，何惧敌人所不容。
耿直人生总直立，紧急关头不逃生。
不为自己早打算，风浪袭来击浪平。

二三八、劝粮

选译：

温峤军队粮用光，便向陶侃去借饷。
陶侃发怒说：
"使君从前公开讲：
不忧良将和军粮，只求我把首领当。
几次交战都失败，良将不知在何方。
荆州连着胡巴蜀，意外事变应提防。
如果军队没有粮，我就挥师回西方。
另外考虑出计策，慢灭贼寇也无妨。"
温峤说：
"军胜在于内和谐，古代经验用得上。
光武帝曾守昆阳，曹操官渡打胜仗。
弱军能够胜强敌，坚持正义坐了庄。
黄峻祖约乃小人，灭其凶逆莫忧肠。
黄峻或胜就骄傲，漠视别人不自量。
现在向他去挑战，一举就能将其降。
即将建功为何舍，设想退兵重计量。
天子被困国危难，正需臣子献衷肠。
你我都受国恩惠，事成君臣福同享。
如果不能得胜利，粉身碎骨也酣畅。
现在形势如骑虎，中途跳下罪难当。
如果违众独返回，人心一定会沮丧。
沮丧众人坏大事，正义旗帜特指向。"

毛宝对温峤说："下官能留住陶公。"于是前去劝告陶侃说：

"您本应该守芜湖，南北交战待援仗。

前时既然已东下，情势不容退回防。

有进无退军政律，统领三军将威扬。

后退何处也据守，最终必然要灭亡。

从前杜弢也很强，您竟以弱胜了强。

为何只有对苏峻，不能打个大胜仗？

贼寇实际也怕死，并非个个都勇强。

您可试给我些军，让我截断寇物粮。

如果我不收立效，公去人心不憾伤。"

陶侃对此很赞赏，加授毛宝督护将。

竟陵太守李阳劝告陶侃说：

"现在的大事如果不成功，你虽然有粮食，怎么能够食用呢？"

陶侃于是分米五万石，供给温峤军队用。

毛宝出城奔句容，烧毁苏峻囤聚的军用物资，苏峻的军队缺乏粮食，陶侃于是留下来，不再考虑离开了。

据《晋纪十六》（卷九十四）

译评：

陶侃镇兵看重粮，士兵不能饿肚肠。

大局为重相援助，同舟共济有力量。

正道必然有多助，苏峻军队被缺粮。

陶侃不用退施计，原地即有好戏唱。

各路平定苏峻后，功劳薄上各有赏。

二三九、晋室无敌

选译：

陶侃温峤伐苏峻，布檄各地军长官，让他们率军入京打增援。

湘州刺史益阳候卞敦聚集军队，不赴京城，不供军粮，只派督护带几百人，随同讨伐大军而无战，朝野人士无不叹。

苏峻平定，陶侃上奏卞敦沮丧士气，观望犹豫，不赴国难，请用囚车押解惩办。

王导认为，大敌之后处理应从宽，调卞敦到广州任安南将军。

卞敦因病不到任，征调为光禄大夫，兼任少府官，卞敦羞愧而去世，被追赠原职又赠官衔，谥号为敬。

司马光认为：

庾亮辅政引祸乱，国破君主处危难。

辅政官员不救君，逃到外地去避难。

卞敦带军镇一方，兵粮俱足不寻常。

朝廷危亡坐一旁，观看别人争战忙。

臣子的罪过不正法，还用高官厚禄来奉养。

晋室无政可知详，承担这个责任的，难道不是王导吗？

据《晋纪十六》（卷九十四）

译评：

祖约苏峻妄作乱，庾亮辅政起祸端。

危难时刻不保君，为求活命自逃难。

卞敦带兵不保国，端坐一旁观争战。

军政法纪均不容，却官却禄胜于前。

晋政如同旧弹簧，松弛无力却乱张。

二四〇、评论古今

选译：

　　　　　　石勒不识字，常把书来听。
　　　　　　儒生读书时，他很注意评。
　　　　　　根据己见解，得失论古今。
　　　　　　听到这件事，无人不悦服。

曾令读《汉书》，听到郦食其劝刘邦分封六国后代那段时，吃惊地说："这种做法将失去天下，为什么后来得了天下呢？"后听张良有规劝，就说"幸亏有劝阻。"

　　　　　　　　　　　　据《晋纪十七》（卷九十五）

译评：

　　　　　　有心读书专心听，听书还要作书评。
　　　　　　书上说的是古事，评书可以联古今。
　　　　　　国事民事天下事，读书可以促关心。
　　　　　　关心国事立壮志，善政勿忘鉴古训。

二四一、资用未备　不可大举

选译：

　　庾亮上奏疏，认为：
　　　　　　"巴蜀十分衰弱，胡人却很强大。
　　　　　　打算率军十万，迁到石城镇守。
　　　　　　布军长江沔水，准备对赵讨伐。

皇帝交议大臣，丞相王导请批发。

太尉郗鉴评议，认为：

"给养准备不足，不能大举进发。"

太常蔡谟评议，认为：

"时运有好有坏，行事有进有退，

如果贸然行动，就会顷刻灭亡。

哪里会有功劳？现在的策略，

培养势力，等待时机。"

据《晋纪十八》（卷九十六）

译评：

给养、实力、时机要充盈。

出师正义，各方支援要有名。

随机进退不轻敌。

正确判断，战局变化握手中。

三思而后行，争取快成功。

二四二、君柄不假

选译：

赵王石虎委派秦公石韬担任太尉，和太子石宣隔日轮流裁决尚书奏事，独自决定赏赐和刑杀，不再禀报。司徒申钟规劝说：

"君主大权掌赏杀，不能交由他人手。

防微杜渐用权柄，祸乱未生就化罢。

太子职责在视膳，政事不用把手插。

石邃参政招失败，警鉴就在眼前挂。

大权交由二人掌，造成祸患乱天下。

爱惜他们不以道，恰恰是让去抓瞎。"

石虎不听更放手，政事不问高高挂。

中谒者令申扁聪颖敏捷，能言善辩，受到石虎的宠信，石宣也亲近他，让他管机要事务。

石虎超然不问政，石宣石韬喜酒猎。

生杀予夺与命官，都由申扁来开列。

九卿以下众官员，扁车扬尘就下拜。

据《晋纪十八》（卷九十六）

译评：

君权二人轮流假，二人酒猎无牵挂。

下面未乱上先乱，未来何人掌天下。

君侧威风假君权，众多官员都害怕。

望尘下拜不为敬，扬尘飞宫负天下。

二四三、人君执要 人臣执职

选择：

高诩擅长观察天象，慕容皝曾对他说："你有好书却不献给我，怎么能说忠诚尽职呢？"

高诩说：

"臣下所说君主执要掌管权，人臣执政履行职责，掌管权柄安逸，履行职责劳累。

所以，后稷播种耕作，唐尧不去参加。

据《晋纪十九》（卷九十七）

译评：

君主臣属有分工，执要执职要贯通。

不论安逸与辛苦，读书知理事顺成。

二四四、国以民为本,民以谷为命

选译:

国以民为本,民以谷为命。
燕王慕容皝,耕牛给出让。
租给贫民用,开垦搞喂养。
税收帛八成,租牛如拾荒。
如果自有牛,七成把租上。
记室参军封裕上奏章规劝:
"古代就有什一税,税负不多都认账。
魏晋时期帛六成,自有耕牛对半享。
从永嘉年间以来,四海之内有动荡。
武宣仁德来抚民,华夏夷族齐向往。
不远万里来归附,背负儿女向爹娘。
户口比前增十倍,三分之一无地上。
等到殿下承大统,挫败战国在南方。
东方兼并高句丽,灭掉宇文占北方。
境域扩充三千里,民众增户十万上。
园林应该全废除,交给新户作新壤。
没有耕牛府赐牛,抽取重税不应当。
河流沟渠应疏通,排灌都能用得上。
农夫无耕要挨饿,几万游食无安祥。
官员太多费俸禄,不才核实回本乡。
工商业者谋小利,固定人员把簿上。
读书三年没成就,应该让其回家乡。
殿下圣明广议听,议政违旨枷锁杠。

殿下虽然饶死罪,王宪刘明很渺茫。
寻求直臣却惩罚敢于直言人。
恰似到越地却北向走,一定不能实现愿望。
古长史宋该等人谄媚苟身乱弹劾谏臣。
嫉贤妒能蔽殿下。"
慕容㒞,看奏章,看了以后有感伤。
国以民众为根本,民众之本是食粮。
园林全部废除掉,赐给没有田地人。
实在贫穷府发牛,租牛耕作照魏章。
有益沟渠和水道,派人随时修通畅。
战时官员不可减,平定中原再商量。
从事工商和学生,应该挑选裁减量。
臣子进言非常难,即使放肆择益方。
王宪刘明有罪该罢免。
也是因为我没有宽大的器量。
可以全部复原位,仍旧回到规劝岗位上。
封生忠贞且耿直,深明臣理该封赏。
广布有想指我过,不论地位放胆量。

据《晋纪十九》(卷九十七)

译评:

国以民众为根本,民众多多求安祥。
农民种地要缴税,税重伤农有内伤。
无地农民租府地,租率过高不应当。
民众之本是食粮,税重无粮会逃荒。
战事连连民负重,荒乱战乱难安邦。
燕王听了封裕劝,知错改错一人当。
继续坚设规劝官,择益采纳出良好。

纵有谏言很放肆,听者还要放肚量。
更须听者放眼量,直言除弊使国强。
以民为本国基厚,厚德待民天长久。

二四五、以治易乱

选译:

燕国平狄将军慕容霸上奏章给慕容俊说:
"石虎穷凶极恶,上天将其抛弃。
残余子孙仅存,却自相互抛弃。
现在中原民众,如同倒悬生计。
盼得仁慈抚恤,如果大军一致。
势必放下武器。"
北平太守孙兴也进言说:"石氏大乱,宜及时夺取中原。"
慕容俊以新遭大丧,不同意。
慕容霸骑马赶到龙城,对慕容俊说:
"难得而易失者,时也。"
万一石氏衰后兴,或有英雄占其基。
失去不只是大利,恐为今后将祸遗。"
慕容俊说:
"邺城虽然混乱,邓恒占据安乐兵强粮足。
现在讨伐赵国,应当经过卢龙。
卢龙路险狭窄,贼寇容易夹击。
我们有何主意?"
慕容霸说:
"邓恒虽想防守,各怀回家心意。

如果大军赶到，自然不堪一击。
请为殿下前驱，徒河东向出发。
秘密赶往令支，他们知后必惧。
不外关门防守，不免将城以弃。
殿下安步而前，不再有何阻之。"
慕容俊犹豫不决，询问五材将封奕。
对曰："用兵之道，敌人强大就用智，
敌人弱小就用势，大吞小，狼食豕。
以治易乱，如日消融冰雪。"
慕容俊接受了他们的意见，并作了相应的部署。

据《晋纪二十》（卷九十八）

译评：

难得易失是时机，当断不断是失职。
以治易乱顺时势，千载一逢不可失。
敌人强大用智慧，敌人弱小用气势。
积德累仁强军事，夺取天下可预期。
天上人间两码事，金星主杀人罗织。
君王能否得天下，请向民众问凶吉。
物极必反是常理，致至则危无人支。

二四六、往者不可谏　来者犹可追

选译：

往来不可谏，来者犹可追。

据《晋纪二十一》（卷九十九）

译评：

> 论出《论语·微者篇》，楚国接舆对孔言。
> 过去不可再挽回，未来尚可补救圆。
> 提示人们知过去，把握未来是关键。
> 眼前事务要善处，若有漏洞未来填。

二四七、兵法十围五攻

选译：

> 燕大司马慕容恪，包围段龛在广固。
> 众将请求快攻打，慕容恪却走台步。
> "用兵情势有缓速，考究以后把兵布。
> 如果敌我力相当，其外又有强援部。
> 恐有腹背受敌忧，进攻不可不迅速。
> 如我强大敌弱小，他们外面无援兵。
> 我们兵力足制服，围而不攻待亡故。"
> 兵法书上说：
> 十倍于敌则包围，五倍于敌就进攻。
> 说的就是此典故。

据《晋纪二十二》（卷一○○）

译评：

> 用兵之法智无穷，根本道理知军情。
> 具体情况具体析，夺取胜利是本经。

二四八、天下有法

选译：

秦王苻坚河东还，回到长安就命官。
邓羌为御史中丞，王猛侍中三头衔。
光禄大夫叫强德，太后弟弟也升官。
强德饮酒撒酒疯，掠夺财女成祸患。
王猛到任捕强德，奏章未复将其砍。
强德尸体陈街市，苻坚赦令为时晚。
王猛邓羌志道同，痛恨邪恶执法严。
到任只有几十天，杀判权贵震人寰。
涉案交罚二十多，朝廷官员无欢颜。
奸险之徒欲迹躲，路遗物品无人贪。
秦王苻坚发感叹，天下有法重如山。

据《晋纪二十二》（卷一〇〇）

译评：

以法治国选好官，惩治邪恶不避权。
朝廷权贵受震摄，天下秩序出善端。

二四九、父债子还

选译：

沈劲忠贞好儿男，父亲罪恶以耻担。
为国献身来洗耻，改变门风忠节还。

《周易》说:
"匡正父亲的过失,要用美誉来替换。"
《蔡仲之命》说:
"你要尚遮前人过,忠诚孝顺为首荐。"

据《晋纪二十三》(卷一〇一)

译评:

父亲欠债儿子还,父亲罪恶儿洗涮。
改变门风唯忠节,匡前裕后代为还。
知耻知因知律己,社会正义在召唤。

二五〇、泊来精英

选译:

司马光认为:
从前,周得微子推翻商,秦得由余霸西方(戎)。
吴得伍军服强楚,汉得陈平而诛项(籍)。
曹魏得到许攸使袁绍吃败仗。
外来才臣来效力,攻取敌国资胜仗。
王猛知道慕容垂,功高劳大被猜疑。
走投无路才附秦,没有不轨之心机。
突因猜疑杀掉他,这是助燕无道义。
这是堵塞泊来路,于己无助应放弃。
所以秦王苻坚厚待他,以博取燕人之仰慕。
亲近他,以尽收燕人之心情。
宠爱他,以吸引燕国之民众。
信任他,以结交燕国人诚心。

这既稳妥又积极，

王猛为何急杀慕，如同街商诋毁者，

雅德君子做事不这样。

据《晋纪二十三》（卷一〇一）

译评：

外来人臣有精英，资政资战能资胜。

尊重信任大胆用，猜疑必然坏事情。

招徕人才如求宝，外来人才似天兵。

天上不会掉馅饼，人才上门应欢迎。

如果冷落投奔者，等于自己关了门。

二五一、苻坚宠信慕容评

选译：

冠军将军慕容垂向秦王苻坚进言说：

"臣下叔父慕容评，是燕国像恶来一样的人，不应让他再玷污圣明的朝廷，希望陛下替燕国杀掉他。"苻坚于是调慕容评出京担任范阳太守，燕国各王被安排到边远州郡任职。

司马光认为：

"灭别国别人高兴，原因是替别人除害。

像慕容评那种人，蒙蔽君主，独揽朝政。

猜忌贤人，憎恨功臣，愚蠢昏庸。

贪婪暴虐，致使亡国，国家灭亡，

无意殉国，远远逃走，而被擒获。

秦国苻坚，不夺反宠。

授以官职，委以重用。

这是爱一人，而不爱一国人。
失去的人心太多了。
所以，
对别人施予恩惠别人却不感恩报德。
对别人诚心诚意别人却不以诚相报。
终于不能功成名就，无处容身。
这是行来不合正道的缘故。

据《晋纪二十五》（卷一〇三）

译评：

古人处事有古风，替人除害看国情。
慕容评本燕元凶，燕人谋杀乃可行。
秦王擒获慕容评，俘虏不杀说得通。
宠信授官又委任，百姓心中有杆秤。
行事一定行正道，诚信最终有报应。
对于叛逆要留意，谨防宽宥不成功。

二五二、恩威并举

选译：

司马光以为：

有功之人不奖赏，有罪之人不诛杀。
即使尧舜在其位，不能治理好国家。
何况其他人呢？
秦王苻坚每擒反叛的人就宽宥。
使他的臣属视作乱习以为常。
冒险行事，以求侥幸成功，即使失败被擒。

不必担心被杀，祸乱之车怎么能刹？
《尚书》说：
"威严胜过恩爱，必定能够成功；
恩爱胜过威严，必定不能成功。"
《诗经》说：
"狡诈欺骗别听信，两面三刀要招架。
制止暴虐与劫掠，不使作恶有扩大。"

据《晋纪二十六》（卷一〇四）

译评：

奖罚分明好治国，恩威相济好当家。
臣属作乱要善处，擒获反叛不滥杀。
狡贼一定要严防，恶人一定不宽大。
苻坚应知人世界，治国一定要用法。

二五三、知止不殆

选译：

苻坚一心攻江东，早起经常天不明。
阳平公苻融规劝说：
"'知足不会受污辱，知止不会遇险阻。'
自古发动战争国，没有一个不亡走。
主上本是戎狄人，统治大权不归手，
江东虽衰仅生存，中华正统天会助。"
苻坚说：
"帝王行天运，哪有一成不变的呢？只看谁有恩德而已！"

据《晋纪二十六》（卷一〇四）

译评：

> 知足不贪不受辱，知止适可不遇险。
> 肆意征战无完觉，心邪气运必然偏。
> 中华正统天道助，统治大权不可干。
> 厚德载物济重恩，就看谁能沾上边。

二五四、酒德礼饮

选译：

东晋孝武帝太元年（公元378年）九月，秦王苻坚群臣饮酒，以秘书监朱彤为正，人以极醉方休。秘书侍郎赵整作《酒德之歌》。

> 地裂三泉澄如酒，轩辕三星垂酒旗。
> 杜康妙识早造酒，发明酿酒当夷狄。
> 纣驰色酒殷灭亡，桀亡夏朝荒淫极。
> 国灭人亡酒可致，以史为鉴酒忌迷。
> 苻坚听了很高兴，按礼饮酒不出奇。

据《晋纪二十六》（卷一〇四）

译评：

> 自古酒宴是国风，喜庆招待溢乐兴。
> 美酒三杯勿过量，厚味三口即可停。
> 酒肉有礼又有度，莫要贪杯发酒疯。
> 相聚相敬多交流，相祝相愿友谊增。

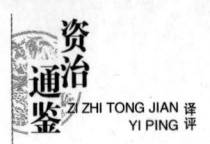

二五五、军无赏士不往

选译：

赵秋曰：

"军无赏，士无往，今之来者，皆欲建一时之功，规万世之利，宜承制封拜，以广中兴之基。"

据《晋纪二十七》（卷一○五）

译评：

军中无奖兵不勇，前来都想立一功。
为了万代谋利益，扩展根基创中兴。
重赏之下有勇夫，运用之妙是心诚。
荣誉之心人皆有，奖赏应当贯军中。

二五六、结士以心

选译：

慕容农说：

"善用兵者，结士以心。不以异物，今起义兵，唯敌是求，当以山河为城池，何列人之足治也？"——善于用兵的人，是用诚心来结交兵士的，而不是靠其他的东西。现在发起义兵，只要是敌人就战胜他，应该把高山大海当作城池，何列人城值得加固呢？

据《晋纪二十七》（卷一○五）

译评：

　　善用兵者善诚心，结交兵士结到根。
　　靠送东西靠不住，诚心引发诚万分。

二五七、骄王御疲民　未有不亡

选译：

司马光认为，
人都认为苻坚亡，是因不杀（慕容）垂和（姚）苌。
我却认为不这样。
许劭称谓魏武帝：
"太平盛世贤明臣，混乱时代野心家。"
苻坚治国若正道，垂苌都是秦明臣，怎么能作乱呢？
苻坚所以遭灭亡，因胜而骄无人帮。
魏文侯向李悝询问吴国灭亡的原因。
李悝回答说：
"是因为屡战屡胜。"
魏文侯说："屡战屡胜，是国家的福气，怎么会灭亡？"
李悝回答说：
"屡次交战民疲劳，屡次取胜主骄傲。
骄君统御疲劳民，没有一个不灭亡。"
秦王苻坚与相似，所以一样会灭亡。

　　　　　　　　　　　据《晋纪二十八》（卷一〇六）

译评：

　　因胜骄傲必迷茫，以致至死无人帮。
　　苻坚步了吴后尘，骄王疲民共赴亡。

屡战屡胜看两面，福气里面含祸殃。
评论人说符坚软，不杀垂苌而灭亡。
实际情况非如此，观此应当放眼量。

二五八、用人之道

选译：

范宁在豫章，派遣十五个议曹到所属各县，搜集诉求与政事。遇到属吏休假回来时，询问当地官员的好坏。徐邈给范宁写信说：

"足下明断有公允，办事没有积压情。
官吏为了防差错，行事个个都谨慎。
人们心中没有疑，何须深入去探问。
粉饰虚浮求名声？
此举不但不获益，实际使人有机乘。
哪有正人君子干预分外的事情。
自古以来，想当别人耳目是小人。
先靠小忠做大不忠。
先借小信做大不信义的事情。
这样，
谗言阿谀都进来，是非善恶搞不清。
这点应当引警醒。
足下选属唯谨慎，管理部门人超群。
优秀吏员管文书，监察选拔公正人。
这样，
属吏清白混浊，才能高低，从办事过程可以看得清。
足下只需静观察，身边何需耳目用？

从前明德马皇后，不用侍卫议论公。
可以说是有远见，
身为男子汉还要设身边耳目用？

据《晋纪二十九》（卷一〇七）

译评：

政事情况凭政通，官吏办事可看清。
民情了解需专访，明察暗访仍可行。
要有远见身先正，站在高处无耳风。
静观不知窗外事，了解世事多下听。

二五九、先计后战

选译：

燕国范阳王慕容德令南安王慕容青等人，在夜间到县城攻打魏国军队，打败了他们，魏国军队退到新城屯驻。慕容青等人请求进击。韩别驾说："古有先定计谋再交战，
魏国军队不可再打的理由有四点：
孤军深入，有利于野外作战；
深入到我们的京城近郊，军队驻扎在没有退路的地方，唯有拼命；
前锋失败后，后面阵势还稳固；
敌众我寡。
我军不应出动的理由的三点：
在自己领土上作战；
出动后不能获胜，人心难以稳定；
城池没有修整加固，敌人前来时没有准备。
现在魏国军队没有物资粮食，不如深挖壕沟，高筑城墙，稳住军心，

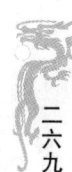

拖垮他们。"

慕容德听从了他的建议,召慕容青返回。

据《晋纪三十》(卷一〇八)

译评:

先计后战古今同,根据敌情来布兵。
天时地利要勇进,敌众我寡不盲冲。
京城近郊不开战,自己领土避战争。
深挖沟,高筑墙,稳军心,备物粮。
没有准备,没有把握,人心不稳,不出征。

二六〇、乾归勇略过人

选译:

凉王吕光因西秦王乞伏乾归多次反复无常而调发军队讨伐他。乞伏乾归的臣属请求向东逃往成纪躲避。乞伏乾归说:

"军队胜败,在于巧拙,不在众寡。
吕光士兵虽众多,没有法纪难掌舵。
吕延有勇而无谋,不必畏惧与其搏。
吕光精兵在延部,吕延一败光歇火。"
吕光驻扎在长最,吕纂金城点战火。
乾归率部去救援,吕纂已把全城握。
吕光遣部几处攻,各处战地均已夺。
乾旧派人骗吕延,乾归溃部成纪落。
吕延打算去追击,司台耿雅规劝说:
"乾归勇略不一般,不会闻声就散魄。
他曾败王广杨定,都用弱兵来诱惑。

信人眼睛向上看，神色不定恐有魔。
应该整阵向前进，集中兵力将其捉。"
吕延不听去进军，战死以后溃兵缩。
吕光率军返回姑臧。

据《晋纪三十一》（卷一〇九）

译评：

兵无法纪无战力，有勇无谋见阎罗。
弱兵诱敌能取胜，指挥巧作少胜多。

二六一、故名中国

选译：

公元398年，六月十六日。
魏王拓跋珪命令臣属讨论国名，都说：
"周秦以前，是由诸候升天子。
封国国号称天下。
汉代以来，都无尺土为资本。
我们国家百代相承。
在代郡的北边开创基业。
于是拥有华夏，现在应以代为国名。"
黄门侍郎崔宏说：
"从前商朝人住地不固定，所以称殷又称商，代虽是旧国名，但上天新近才赋予统帅天下的命运，登国初年，已经改国名为魏，是伟大的名称。神州上的上等国家，应该像从前一样称为魏国。"拓跋珪听从了他的主张。

据《晋纪三十二》（卷一一〇）

译评：

魏王令臣议国名，华夏历史可寻踪。
周秦以前设诸候，诸候能向天子升。
封国国号称天下，一代天骄扬威名。
汉代以来无封地，尺土没有大位登。
我们国家百代承，拥有华夏代国名。
殷商独有两个名，商朝佳地不固定。
朝代虽是旧国名，统冲天下神州同。
神州方夏是中国，四海之内永康宁。

二六二、益人神智

选译：

珪与博士相议事，天下何物善益智。
博士李先回答说，莫若书籍可益智。
书籍总共有多少，代有增加不可计。
假如国君爱书籍，不必担心能收集。
李先生意珪采纳，博采书籍平城济。

据《晋纪三十三》（卷一一〇）

译评：

拓跋珪，有思想，何物益人智与商。
当知益智唯书籍，下令集书读文章。

二六三、射钩斩袪

选译：

刘牢之驻溧州，参军刘裕请求攻打桓玄。刘牢之不同意，桓玄派刘牢之的堂舅何穆劝告刘牢之说：

"震撼君主有威名，身有丰功无法增。
戴功能够保自己，屈指可数有几人。
越国文种泰白起，汉朝时别有韩信。
他们共同侍明君，竭尽全力毕其功。
待到功成名就时，免于诛杀还不能。
何况是卖力于凶狠愚蠢的人。
作战胜败皆毁族，难道能够有安宁？
不如彻底变主张，荣华富贵长久拥。
管仲射中桓衣钩，桓公得仲为辅佐。
斩袪发生春秋时，勃鞮斩重耳衣襟。
重耳为国登位厉，不计前嫌把勃鞮用。
勃鞮密报谋反事，晋文公没有丧生。
何况你我往日无怨生？"

据《晋纪三十四》（卷一一二）

译评：

刀光剑影屡立功，英勇杀敌是英雄。
身经百战声名震，应得保全后半生。
桓公文公捐前嫌，管仲勃鞮被重用。
管仲辅佐桓公霸，勃鞮保护晋文公。
功臣人才应保护，保护功臣即保胜。

前事不忘后事师,善待人才国喜庆。

二六四、高困低囚

选译:

魏国君主拓跋珪,到达永安被敌窥。
秦国义阳公姚平,派遣精兵无一归。
姚平逃跑珪追击,初九柴壁即尾追。
姚平环城严防守,魏军将其大包围。
姚兴率军四万七,遂以救援战鼓擂。
准备一举占天渡,运送粮食供平炊。
魏国博士李先说:"兵法书上说,
驻扎高处敌易围,驻扎低处敌易焖。
秦军现在犯两错,应先姚兴占天渡。
紫壁不战而拿回。"
珪令加筑多重墙,对内防姚平突围。
对外阻止姚兴进了门。
广武将军安国说:
"汾河东西有蒙坑,东西三百里无路通。
姚兴前来必定从汾河西面直达柴壁。
敌人声势就可相接应,
重重围墙虽坚固,制服他们恐不能。
不如架桥到汾西,筑起围墙来阻行。
敌人即使到达后,无从施展其才能。"
拓跋珪按他的意见行。
姚兴到达蒲阪后,害怕魏军迟出征。

二十八日,
珪率步骑三万人,蒙坑南面迎姚兴。
斩下首级一千多,姚兴后退四十里。
姚平胆怯不出城。
珪部命兵占险要,秦军不能犯柴壁。
姚兴屯驻汾河西,凭借山谷垒建营。
捆绑柏树顺流而下想毁浮桥。
魏国人捞树当柴烧。
冬,十月,
姚平粮食吃光箭用尽。
趁着夜晚所有部队在西南方向搞突围。
姚兴在汾河两面陈兵举起烽火,击鼓呐喊加以呼应。
姚兴希望姚平突围脱险境,
姚平希望姚兴攻击围墙来接应,
只听两面相互喊,谁也不向围墙进,
姚平不能突围计用尽。
率部投水去一死,
珪令善水用钩捕,没有一人能逃行,
活捉狄伯支和越骑校尉唐小方四十多人。
兵士二万被活擒。
姚兴眼睁睁,走投无路,无力救助,全军悲哭,骤起震撼山谷声。
姚兴多次遣使请魏和,
拓跋珪不答应,并向蒲阪去进军。
秦国晋公姚绪坚守不出城。
正巧,柔然谋划伐魏国,
拓跋珪听说便回兵。

据《晋纪三十四》(卷一一二)

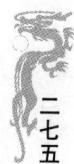

译评：

兵书上面说得清，高困低囚令人惊。
秦军同时错双重，全军悲哭无救星。
高困低囚陷重围，古战场上难逃生。
当代情况有不同，占领高地能打赢。
空中地下有救援，高处挖洞也能挺。
处在低处也有救，援兵外围布三重。
形成里外夹攻势，敌围必破兵被困。
高困低囚真会有，指挥人员要权衡。

二六五、屈伸有时

选译：

刘毅到达巴陵，诛杀王稚微。何无忌、刘道规进军，到马头攻打桓谦，到龙泉攻打桓蔚把他们都打败了。

何无忌，想乘胜，一直开往江陵城。

刘道规说：

"兵法书上讲得清，进军应有屈有伸，
不可冒进往前冲。
桓氏世代住西楚，为其效力是民众。
桓振勇猛冠全军，难以和他决雌雄。
暂且休整养精锐，计策制服不尤胜。"

何无忌，不听从，桓振灵溪迎战争。
冯该率军与会合，无忌败死一千人。
无忌退兵至寻阳，致信刘裕求处分。

刘裕因刘毅是节制调度各军之主将，免除他的青州刺史职位。

据《晋纪三十五》（卷一一三）

译评：

　　文武之道有张弛，进军应该有屈伸。
　　内含一定养精锐，冒进一定坏事情。
　　表面看来取攻势，损兵折将忙收兵。
　　连续作战有疲劳，一般情况应休整。
　　如果战局特有利，疲兵也能胜刀锋。
　　张弛屈伸灵活用，夺取胜利为本经。

二六六、勿任爱憎

选译：

　　李暠手谕告诫子，认为：
　　"从政赏罚要慎重，行事不要凭爱憎。
　　忠直君子要亲近，奸邪阿谀要远离，
　　不让左右窃权柄。
　　毁誉袭来辨真伪，审理案件究理情。
　　不猜疑，不臆断，恶言恶语切勿用。
　　务必广泛搞咨询，刚愎自用无人敬。
　　我执政，已五年，民生事项虽不能。
　　别人错误能宽容，早仇晚友一日清。
　　新知旧友讲公平。
　　心胸坦荡不偏爱，增损调适能包容。
　　虑今似乎不合算，长处着眼益无穷。

这样，在前代贤人面前不捉襟。"

据《晋纪三十六》（卷一一四）

译评：

> 李暠诫子吐真情，执政一定要谨慎。
> 奖赏惩罚要审慎，不凭爱憎办事情。
> 亲忠远奸防窃权，毁誉斟酌辨伪真。
> 审理案件究情理，猜疑臆断要止行。
> 说话态度要和蔼，恶言恶语防发生。
> 征求意见要广泛，刚愎自用不聪明。
> 民众生息应当心，宽宏大度讲公平。
> 心胸坦荡不偏爱，从长计议益无穷。
> 前代贤人作镜子，问心无愧有人敬。
> 李暠家训亦可鉴，执政先要自身正。

二六七、顺应民心

选译：

秃发傉檀宣德堂，宴请文武官员飧。
抬头仰望后叹说：
"古人有言：'作者不居，居者不作，信矣'"。
武威人孟祎说：
"从前张文王造这殿，现在已有一百年，
其间经历十二主，
只有履信义顺民心，才可久住享欢颜。"
秃发傉檀认为说得对。

据《晋纪三十六》（卷一一四）

译评：

　　打江山，坐江山，履信顺民有欢颜。
　　夺取江山非易事，以民为本安如磐。

二六八、治理民众

选译：

　　魏国君主拓跋嗣，不忍豪强祸百姓。
　　下诏优待召他们。
　　百姓恋土不迁京，郡县官吏逼其从。
　　于是一些刁强青年聚一起，
　　各地盗窃遂发生。
　　嗣召八公议这事，说
　　"我想为民来除害，郡守县令却不能。
　　现在各地多纷乱，犯罪现在呈高峰。
　　全部杀掉不可以，我想大赦来安定。"
　　元城候拓跋屈说：
　　"百姓逃亡做盗贼，赦免他们不严惩。
　　这是贵人求贼人，不如诛杀头恶者。
　　余党赦免以从轻。"
　　崔宏说：
　　"圣王治民使安定，不和他们较输赢。
　　赦免虽非属上策，权宜行事可通融。
　　屈想先杀后赦免，关键在于两不省，
　　哪如赦免就安定。
　　赦免以后还不听，再诛杀时理更通。

拓跋嗣听从了他的意见。二月初一，派遣将军于栗䃅率领一万骑兵讨伐不听从命令的人，所到之处均被平定。

据《晋纪三十七》（卷一一五）

译评：

拓跋嗣，知民情，为避民祸令迁京。
不料百姓恋故土，并不乐意迁京城。
郡县官吏逼百姓，刁强青民肆意行。
盗窃横行需治理，是杀是赦难为情。
有人主张杀头领，余党赦免可从轻。
崔宏之言道理深，治民在于使安定，
不与百姓较输赢。拓跋嗣，从崔宏。
拓跋嗣，有爱心，不愿百姓受欺凌。
豪强欺压老百姓，就应先把豪强惩。
不治豪强迁百姓，百姓不乐出乱景。
骚乱是杀还是赦，好事未果焚心情。
豪强致祸应首治，治祸才能保百姓。
社会不公直须治，不抓根本枉费心。

二六九、智勇与仁义

选译：

刘裕忿虐广国久攻不下，想全部活埋城中的兵士，把他们的妻女赏赐给晋国的将士。韩范规劝说：

"晋王室，向前迁，中原当时很混乱。
官吏百姓无依靠，归附于谁无主见。
君臣名分既然有，侍奉君王力尽全。

他们都是权势族,先帝遗子不一般。
今应安抚老百姓,讨伐异族统治者。
而你却要全活埋,究要百姓归谁边?
我私下里担心,西北的民众从此不再有欢颜。"
刘裕变脸致歉,仍斩王公以下有三千。
籍没家属一万多,削平城壕泄忿怨。
慕容趁被押建康,斩首示众显厉严。
司马光认为:
晋国自从渡江南,国威不再如另天。
戎狄横行,犹如猛虎噬中原。
直到刘裕平定华夏东,
不在这时,
奖俊杰,慰抚民,和睦相处风尚赞。
残秽之政受荡涤,所有士人闻风往过站,
遗留的民众踮脚盼,
却反而,
恣意杀戮泄心怨。
考察他做这种事,相差苻姚也很远,
难怪他不能定四海,伟业不能得实现。
这难道不是,
虽有智厚无仁义,自然造成此局面。

据《晋纪三十七》(卷一一五)

译评:

刘裕智勇慨而慷,没有仁义似糟糠。
依靠智勇打江山,唯有仁义可坐庄。

二七〇、随时任才

选译：

　　姚兴令臣举贤才。
　　右仆射梁喜说：
　　"臣下多次受诏令，却未发现适者在，
　　可以说，当代的确乏人才。"
　　姚兴说：
　　"自古以来帝王兴，宰相不从古人采，
　　不待后人任将领，都在当代选人才，
　　也都将国治起来。
　　自己不识选人才，却说四海之内没人才"
　　臣属个个都高兴，但愿随时选人才。

　　　　　　　　据《晋纪三十八》（卷一一六）

译评：

　　姚兴是个知古精，明意古帝选人经。
　　将相都从当代选，治理国家事竟成。
　　古人后人都不借，借待之举不聪明。
　　以其昏昏选人才，目中无人徒悲空。
　　不以糊涂选明白，选才之人应精明。

二七一、延之复书

选译：

刘裕密函韩延之，企图招诱韩延之。
这位司马休府中录事参军南阳人，
复信刘裕不受欺。
韩延之回信说：
"承蒙亲自领兵马，远道踏上西部陲。
全境官吏老百姓，恐惶惊骇无不急。
你能屈尊给我信，使我知道出兵事。
因为谯王从前事，如此出兵令叹息。
司马平西尽心国事，
忠诚坚贞，胸襟开阔，待人诚恳没说的。
因你匡正旧恶，复兴王室有功绩。
国家靠你来拯救，每事都要征询你。
谯王微事被弹劾，司马平西自奏请免职。
何况是有大过错，他能沉默不吭气。
前已上奏废谯王，只是其命来夺取。
出于真诚来相待，也只应该是如此。
你却匆忙调军队，就如古人所说的：
'欲加之罪，何患无辞。'
刘裕足下，四海以内，
谁人看不清你的意思，
你却要把国中才能出众的人来欺！
来信说'诚挚待人，历来如此'，

现在征伐人家的长官,
却以利益引诱人家,
这也是'诚挚待人,历来如此'?
刘藩死于皇宫正门外,
诸葛长民死于身边人之手,
先用甘甜来欺骗,再用轻兵来袭击。
于是使你座席上,没有一个诚信人。
京城外没有对你放心的诸候。
你却自以为得计,实在可耻!
贵府将佐、朝廷贤德虚度日。
我虽浅薄,但曾闻道于君子。
司马平西有崇德,甘愿为他去捐躯。
我定不入虎口,不与郗僧施同迹。
假使天助造祸乱,各家学术纷争极,
我将和臧洪同游九泉去,不再多吭气。"
刘裕看信直叹息,拿信让他将僚看,说:
"侍奉主人当如此。"

据《晋纪三十九》 (卷一一七)

译评:

韩延之,有节操,面对利诱不动摇。
严词痛斥刘裕恶,不惧刘裕抽屠刀。
懂得做人大道理,不会自己虎口跑。
刘裕失诚又失信,腐恶哪有人应招。

二七二、亦任亦疑忌

选译：

刘穆之去世刘裕惊，哀伤惋惜连日升。
起初裕想留长安，规划治理西北境。
但各将领都因久战想回去，
大多不愿在此停。
恰巧刘穆之去世，朝廷无托刘裕要返东。
穆之去世朝廷惊，打算颁布一诏令。
委派太尉左司马徐羡之来接任。
中军咨议参军张邵说：
"现在形势很严峻，重任落在羡之身。
不过世子无专命，太尉意见应征询。
刘裕想让王弘接，刘裕张邵荐不同。"
从事中郎谢晦说：
"王休元轻佻浮躁，不如徐羡之。"
于是朝廷委派徐羡之担任吏部尚书，建威将军，丹杨尹接替刘穆之掌管留守事务。
于是，平常由刘穆之决定的朝廷大事都要直接向刘裕咨询。
刘裕次子刘义兵，十二岁时当督军。
都督雍梁秦三州，安西将军还把雍、东秦二州刺史来兼任。
刘裕委派王修任长史，王镇恶任司马，兼任冯翊太守。沈田子，毛德祖担任中兵参军。又委派沈田子兼任始平太守，毛德祖兼任参军。又委派沈田子兼任始太守，毛德祖兼任秦州刺史，天水太守，傅弘之担任雍州治中从事史。

先前陇上流民居关中，盼借军威返回陇。
等到设置东秦州，叹息刘裕不西征。
关中一向敬王猛，裕克长安镇恶有头功。
南方将领都窝攻。
田子自恃峣柳功，心中不满与镇恶争。
刘裕将要返回去，田子傅弘吹耳风：
"镇恶老家在关中，信赖他可万不能。"
刘裕说：
"留下你们文武官员，精锐士兵，一万人，他若作乱是跳火坑。"
刘裕私下对沈田子说：
"钟会叛乱搞不成，因为卫瓘在坐东。
俗话说：'猛兽不如群狐'，
你们文武十多人，怎么会见镇恶惊。"
司马光以为：古人说过，
"疑则勿任，任则勿疑。"
裕任镇恶以关中，又给田子作叮咛。
这是促使两人斗，造成祸乱苦百姓。
敌寇延延一百年，千里境土一日还。
历经艰难得到手，轻而易举丢一边。
使丰镐古都又失攥。
荀子说：
"兼并容易坚凝难"信哉！

据《晋纪四十》（卷一一八）

译评：

刘裕率兵占长安，东晋政权失地盘。
多个民族主多国，先后经历百多年。
刘裕终结东晋史，安排将僚守长安。

任用背后又怀疑，两虎相斗坐山观。
一只猛兽一群狐，狐胜兽困手中掂。
兼并容易坚凝难，刘裕想的是篡权。
用有疑人应当忌，用人不疑刘裕奸。
推翻东晋有功劳，篡夺帝位却难言。

二七三、思无邪

选译：

司马光认为：
老庄之书主旨明，想把生死观等同。
利禄富贵的得失，老庄看来却为轻。
修炼神仙不与同，服用药饵求飞升。
欲炼草石为金银，不与老庄旨意用。
刘歆《七略》有分类，将道家列为诸子类，
神仙家为方技厅。
其后符水禁咒术生，到寇谦之时，
才把道家、神仙家及符咒合一统。
至今仍遵这一套，错误之大不高明。
崔浩不喜佛老庄，却信谦之的言论。
这是什么原因呢？
从前臧文仲祭祀爰居鸟，孔子认为不明智，像寇谦之这种人，此爰居鸟大不同。
《诗》三百篇，一言以蔽之，就是"思无邪"。

据《宋纪一》（卷一一九）

译评：

老庄学说生死同，利禄富贵同样轻。
修炼神仙枉费心，点石成金白费功。
老庄神仙不同类，合为一起不聪明。
崔浩信奉寇谦之，思想混乱邪念生。
祺安要做世间事，祭祀爱居不顶用。
端正思想无邪念，学术选择要清灵。
宁代开启议思路，清浊攸关宋世风。

二七四、折箭教子

选译：

鲜卑一支吐谷浑，首领阿柴令人钦。
临终交权不传子，折箭教子要一心。
阿柴有子二十人，病危君子传家伦，
先公车骑重大业，舍子拾虔传于今。
先君之志不能忘，你们当奉慕璝君。
阿柴长子是纬代，传于慕璝少私心。
慕璝本是柴母弟，叔文乌纥捉子民。
阿柴一日令诸子，每子献出一支箭。
授予一箭使折之，慕利延则折断箭。
十九支箭让折之，费尽力气折不断。
阿柴即刻谕诸子，孤则易折众则难。
你们应当同心力，才能保国宁家园。
阿柴说罢撒手去，慕璝随即接了班。
慕璝办事有才略，流民部落一一安。

部落人众渐昌盛,境内百姓户户欢。

据《宋纪二》(卷一二〇)

译评:

阿柴交权不传子,交于贤者保江山。
国君如若能大度,阿柴应当是典范。

二七五、教育子孙

选译:

元嘉三年正月十一日,宋文帝刘义隆到丹徒。二十五日,祭祀拜谒祖先陵墓。
宋高祖刘裕富贵以后不忘贫。
展示微贱时用过的农具教子孙。
文帝故宫见农具。
满脸羞色动了心。
近侍进言学先祖。
舜耕禹治见精神。
不睹遗物不知底,
先帝充满厚德与艰辛。

据《宋纪二》(卷一二〇)

译评:

出自寒门示子孙,皇帝是人不是神。
舜耕禹治创伟业,不忘过去应厚今。
有人聚财传后人,有人厚德示子孙。
君子之泽五世斩,富贵常常是成因。
若把穷人视先祖,好心善待天下人。

如居大位忘民苦，富贵必会成烟云。
刘裕育后善用心，苦其心志勿忘贫。

二七六、在德不在险

选译：

魏国君主健而勇，攻城对阵身先冲。
即使身边有死伤，乱箭飞石仍镇定。
将士个个佩服他，拼死作战齐尽诚。
生活节俭不多求，吃喝穿戴够就行。
臣请增高京墙和修皇宫说：

"《易经》说：'王公设险，以守其国。'意思是王公设置险隘，以守卫他的国家，另外萧何说：'天子以四海为家。'皇宫如果不雄伟不华丽，不能重显威严"。

魏国君主说：

"古人有言：'在德不在险，'——国家安全的保证在于德而不在于城池险峻。屈丐蒸土筑统万城，我却灭了他，难道是城池不行？"
现在天下还未定，力量来源是民众。
木修土建多少事，一个项目都不动。
萧何之言非雅训。"
魏国君主常认为财力是军事国事之根本，抓在手中不轻用。
赏赐只给功勋家，皇亲贵族没有份。
每逢命将要出兵，指挥调度事必躬。
用人选人有讲究，重用所长与才能。
有才士兵也提拔，不看身份与背景。
听言观事明敏锐，手下无人隐私情。

赏赐不遗低贱者，不避权贵常施惩。

他常说：

"法是朕与天下人共同的东西，要共同执行，哪里敢轻用！"

但他性情残忍，果敢杀戮，往往在杀人之后又后悔。

据《宋纪二》（卷一二〇）

译评：

  有德能够保国安，厚德能够补其天。
  有德能使民众服，有德执法心不偏。
  惜用民资也是德，民众才是力之源。
  国君不能性残忍，杀错人头不能安。

二七七、为治之理

选译：

  皇帝写信给刘义恭，告诫他说：
  "治理国家特艰难，国家事务重如山，
  虽然称其为守成，实行起来也非凡。
  国家兴衰与安危，都由我们兄弟揽。
  怎可不感帝业来不易，寻求为治理，
  重担在肩惶不安！
  你性子偏狭且急躁，心想什么要兑现，
  有时心里无所欲，却因外因生邪念。
  这种情况最坏事，应当自制与改观。
  卫青以礼待士大夫，也对小人有恩见。
  西门豹，董安于，矫正性情美名传。
  关羽张飞有名气，任性偏激遭毁患。

审视自己善于事，前人经验应借鉴。
如果时迁事有异，嗣位皇子处幼年。
司徒就要当周公，敬顺辅弼你要担。
那时天下的安危，就靠你们来决断。
你月用不可超三十万，若有节省更好看。
西楚府会我略知，不用求新去改建。
审讯狱讼这类事，当时裁决实为难。
审讯时，应广泛听取意见，
不以自己喜怒做判断。
选择善言听从它，美德自会坚于咱。
不可只按自己意见做裁决，
以独身裁断而自炫！
车服仪制要慎惜，不可轻易送人欢。
亲近之人封爵位，尤其应该做估算。
我对身边少恩惠，外风没有作批判。
仗着权势欺凌人，别人自然反目观。
用威严对待别人，别人不会有恶厌。
声色游乐不过分，赌酒渔猎不要沾。
供应服务要有节，奇服异器不扬鞭。
你应多见官府办，民间实事响耳边。

据.《宋经三》（卷一二一）

译评：

为治之理很客观，严于律己事方安。
前人经验要借鉴，谨言慎行不专断。
服务享受要有节，放荡之事不沾边。
下官知事要亲近，了解民情保平安。
皇帝嘱托很具体，目的在于能柱天。

二七八、弱肉强食

选译：

燕王不愿派太子到魏国做人质，散骑常侍刘滋规劝说：
"从前蜀国刘祥有重山之险，
吴国孙皓有浩浩长江之阻，
但都被晋朝擒获。为什么？
因为双方强弱悬殊。
现在我们弱吴蜀，魏国比晋有强度。
如果不从其欲望，危亡灾祸无多步。
希望大王派太子，即在国内修政务。
安抚百姓聚军民，饥饿贫民多照顾。
鼓励农桑诸事务，节省租赋和劳役。
国家也许能保住。"
燕王大怒，杀了刘滋。
不几日，
魏国出兵打燕国，收割燕国庄稼，
迁移燕国民众，然后收其兵。

据《宋纪四》（卷一二二）

译评：

弱国常被强国欺，应对之策强自己。
一定妥协尚可取，赢得时间顾大局。

二七九、尊师重教

选译：

雷次宗，好学问，隐居庐山不觉闷。
上召他做散骑侍郎，但他就是不赴任。
这一年，朝廷以处士身份召他到建康。
在鸡笼山为他开学馆，让他招子教学问。
皇帝十分爱文艺，玄史文儒都建立。
皇帝多次去学馆，命雷正衣讲学艺。
资助供给特丰厚，又授次宗一个职。
但雷次宗不接受，最终返回庐山去。
司马光认为：《易》说：
"君子多学前人言行，却是为了蓄积德行。"
孔子说："言辞明白就可以了。"
这样看来，
史学只是儒学一分支，文学只是儒余事。
至于老庄之学尚虚无，不可用以教人的。
求学是求真理。
两种真理天下无，哪里有什么四学呢？

据《宋纪五》 （卷一二三）

译评：

皇帝好文且尊师，兴学授职又丰资。
确定科目教弟子，亲临学馆去学习。
但见先生无兴趣，隐居仍回庐山去。
司马光，有见地，前言往事学积德。

言辞明白即可以，求学在于求真理。
老庄立学尚虚无，理解虚无不容易。
内中蕴含辩证法，领会运用能出奇。
文史儒学要分析，批判继承也有益。

二八〇、元嘉时代

选译：

皇帝仁厚恭俭，勤于处理政务。
守法不甚严峻，包容但不松驰。
百官长期任职，郡县六年任期。
官吏不轻易免，民众都有所祁。
在位三十年间，四方境域安然。
社会平安无事，民户人口升级。
征取徭赋徭役，只按一年税给。
民众早出晚归，各事自己活计。
乡里街头巷尾，讲学诵书声继。
士大夫敦操尚，老百姓轻无识。
江左风俗最美，后来谈论为政治国的人。
元嘉时代赞誉。

据《宋纪五》（卷一二三）

译评：

皇帝亲政又恭俭，守法包容不失严。
仁厚善待文武官，讲究任期不轻弹。
轻徭薄赋民有祁，各务其事都勤勉。
境域平安三十年，人口增长书声连。

士民心中都有秤，江左风俗有美谈。
为政治国有成就，元嘉时代都称赞。
只见江东有美景，历时仅仅三十年，
放眼华夏千万里，锦锈河山待装扮。

二八一、饥饿感

选译：

九月十七日，宋文帝刘义隆在武冈为衡阳王刘义季设宴饯别，宋文帝将要出行时，命儿子们暂且不要吃饭，到宴会时再摆上饭菜。太阳偏西，宴会未开，饭菜没有摆出，儿子面有饥色，宋文帝于是对他们说：

"你们从小到大，生活富裕闲逸。
不知生活艰难，现让你们知道。
蒙受饥饿痛苦，方知节俭物用。"
裴子野评论说：宋太祖好训导。
奢侈生于富余，节俭生于不足。
要让他们节俭，惟有贫贱更好。
习惯艰难困苦，利于任用他们。
要让明察真伪，就要躬亲事务。
太祖如按此导，磨练诸子志操。
降低礼仪官秩，完成此好教育。
使树优良美德，然后要从重任。
他们没有怠废，宋治远播天下。
刘裕欲固皇室，高官封至襁褓。
其后效法刘裕，皇子依次高任。
到了刘彧刘准，襁褓被杀数十。

国家兴盛衰亡，不系皇子之身。
让他们早年坐在人民头上恣肆。
不是好的教法。

据《宋纪六》（卷一二四）

译评：

皇家享特权，不知民艰难。
襁褓封高位，恣肆国不安。
国家存亡事，皇子应当关。
推荐贤良任，应以民为天。

二八二、货重物轻

选译：

货币太重物价廉，文帝令改四铢钱。
百姓趁机凿古钱，取铜盗铸四铢钱。
闹得文帝犯愁烦。
录尚书事江夏王刘义恭建议，
用因制大钱一个当两个四铢钱。
尚书右仆射议论说：
"商品交易货币兴，哪能靠多铸货币来平衡！
货币量少价值高，货币量多物价高。
钱数多少虽不同，完成交易无不同。
一个大钱当两小，货币虚价会上升。
如果照此去施行，富人钱财会增倍。
穷人变得更贫穷，贫富哪能搞均衡。
宋文帝心发懵，最终听从刘义恭。

据《宋纪七》（卷一二五）

译评：

商品交换货币生，劳动互换显公平。
币值虚高加盗铸，货物交易会失衡。
货币增加物价涨，社会哪里会安宁？
多发票子虚好事，苦的还是老百姓。
口袋装钱一大把，无奈物价又高升。
金融危机今又是，警惕债务归于零。
危机是把双刃剑，变革不来来战争。

二八三、赏罚为治

选译：

庾炳之，受宠信，屡升到吏部尚书。
爱好骂人收贿赂，士大夫见都厌恶。
庾留令史宿私宅，有关部门要查处。
文帝以为小过失，原本打算不屑顾。
尚书仆射何尚之极力揭发庾炳之：
"庾炳之，眼真尖，烛盘驴子乞求牵，
选拔任用不公平，不能一一都开盘，
交结同党煽是非，伤风乱俗范晔前，
反贼似乎缺少点。
纵使不治他的罪，朝廷也应将其遣。"
宋文帝想让庾炳之当丹杨尹，何尚之说：
"庾炳之犯罪负恩，反有显赫主恩宠，
更助他的声势添。古人说：
'无赏无罚，虽是尧舜，也不能治天下。'

臣从前建议，把范晔调出京城，
也怕冒犯皇上，如果陈述愚见。
九死也不后悔。
历观古今，哪有累犯过错，受贿数百万，却像庾炳之这样的人获得高官厚禄。"
宋文帝撤了庾炳之的官，让徐湛之担任丹杨尹。

据《宋纪七》（卷一二五）

译评：

有赏有罚治则明，无赏无罚治则空。
失宠有罪常诛杀，宠信升官不费功。
官若受宠常发疯，上下不顾恣意行。
不见棺材不落泪，失去人心脚蹬空。

二八四、修撰国记

选译：

魏国君主命崔浩，皇家藏书事操刀：
使与高允修《国记》，"务必实录"勿轻描，
著作令史闵湛郄标，崔浩宠信都受到。
崔浩曾为《易》、《论语》、《诗》、《书》作注解。
闵湛郄标称"马融、郑玄、王肃、贾逵的注解，
不如崔浩之精到。
请求收缴诸经书，颁布崔浩之注解，
令天下学习参考，请命崔浩为《礼传》作注，
以使后人能看到正义。"
崔浩荐闵湛郄标著才高，

闵湛郗标也劝崔浩把《国史》刻石碑。
秉笔直书以光耀。
高允听说有所思,对着作郎宗钦说:
"闵郗所事稍有错,恐给崔门万世精,
我们此等也活不了。"
崔浩采闵郗建言,《国史》刻碑主显要。
位于祭天神坛东,碑群方百造价高。
花去整整三百万,崔浩手笔令人瞧。
《国史》书写魏先祖,事迹详实不浮躁。
石碑排列大路旁,路人看后议相交。
北方鲜卑都愤恨,纷向魏王去控告。
认为国家丑闻为之曝。
太武帝大怒,命令按查以罪报。
辽东公,翟黑子,受宠出使到并州,
受布千匹事暴露,面向高允找算筹。
"皇上问时是实报,还是否认咬死口?"
高允说:
"公是皇帝宠臣,罪过应该直申。
或许能被宽恕,不可欺恼主君。"
中书侍郎崔览,公孙质说:
"实说不可估计,不如隐讳不认。"
翟怨高允说:"不如隐讳不认。"
进宫见魏主,不据实回答,魏主大怒,杀了翟黑子,魏主让高允教授太子拓跋晃儒经。
黑子杀,崔浩捕,太子晃,见高允,
留东宫,过一夜,次日晨,同入朝,
到宫门,太子说:"见至尊,我导你,
至尊问,顺我答"。高允问:"为什么?"

太子说："进去会知道。"

太子见到魏国君主，说：

"高允缜密地位微，《国史》主编乃是崔，

请赦免高允死罪！"

魏主召见，高允回答："《太祖记》是邓渊写，《先帝记》及《今记》是臣与崔浩共同写，但崔浩兼管事多。"

魏主生气说：高允罪过超过崔，怎么能饶！"

太子惊恐地说："天子威严，高允是个小臣，吓得语无伦次，臣以前问过他，都说崔浩所写。"

魏主问高允："真的像太子所说的吗？"

高允回答说："臣的罪应诛灭全族。不敢明说，太子殿下因为臣服侍讲经时间长，可怜臣子，是想为我求一条生路。实不曾问，臣也未说过这种话，不敢乱说。"

魏主回头对太子说："直率啊，人情难做到，高允能做到！临死不改口，这是诚实；为臣不欺君，这是忠贞，应特赦他的罪而表彰他。"于是赦免高允。

于是召崔浩，魏主亲自审，崔浩显恐惧，迷乱不能陈。高允讲每件事，明白有条理。君主命高允，起草一诏书，诛杀崔浩及下属，宗钦段承根等，以下至奴仆，共一百二十八人，全部诛杀。高允迟迟不动笔，君主频频派人促，高允请求再见主，然后再来写诏书，"崔浩所犯的罪，如果是史书中触犯了忌讳，不至于杀头。"魏主生了气，命人捉高允。太子再求情，魏主已明意，才说："没有这个人，将死数千人。"

六月，初十。

魏国君主下门诏，诛杀清河崔氏和崔浩。

崔浩同族无亲疏，崔浩联姻卢与柳。

全族全都诛杀掉，其余案犯开一刀。

崔浩受刑木槛车，送到城南待挨刀。

崔浩身上众兵尿，崔浩路上嗷嗷叫。

宗钦临刑叹息到："高允大概是圣人了。"
太子责怪高允说："人也应当惜机遇。
我想替你脱死刑，头绪已经廓得清。
而你始终却不听，激怒皇帝那神情。
每次想起有感慨，胆战心惊神不宁。
高允说："史书记录王善恶，后世帝王做借鉴。
所以人主有畏忌，谨慎行动有举措。
崔浩辜负圣之恩，私欲将其廉洁没。
爱憎化为正直桿，崔浩之罪没的说。
书写朝廷起居事，议论国政得与失，
这是史书主任务，未有多大过失。
臣与崔浩同编撰，生死荣辱义无殊。
承受殿下再生恩，违心假话苟免死。
这不是臣所愿意的。"
太子激动叹高允，高允退下对人说：
"我不遵奉太子旨，恐有负于翟黑子。"

据《宋纪七》（卷一二五）

译评：

编写史书应执要，秉笔在书不浮躁。
功过得失据实写，经验教训引正道。
史书暴露国家丑，皇帝大怒气难消。
杀了崔浩灭全族，其余案犯都挨刀。
高允编位仅次浩，按其罪过实难饶。
只缘临死勇担责，忠贞不渝皇帝饶。
高允命笔有正义，数千人命幸得保。
崔浩累及一大片，国史里外血溅袍。
魏主以后虽后悔，可惜崔浩再难招。

后人写史应明义，撰写以前先定调。

二八五、天地无私

选译：

魏国太子拓跋晃，监理国事信侍从。
经营田园收其利，高允劝其弃利争。

高允说："天地无私，故能覆载；王者无私，故能容养。——天地无私，能包载万物；王者无私，能容育万民，现在殿下为储君，天下行动是典范；经营私田养鸡狗，争利于市四处传；殿下天下富四海，招财进宝不用搬，蝇头小利争小贩。

从前虢国将灭亡，神灵赐给它土田。
汉灵帝私立府藏，都有亡国大祸患。
前车之鉴很明显。
周武王喜爱周公、邵公、齐公、毕公，
所以能够王天下。
殷纣王宠爱飞廉、恶来，所以造成其国亡。
现在东宫多俊才，都在朝廷有限量。
愿殿下斥去奸佞近忠良。
各处田园分贫民，取货应对去聚散。
美名很快会到来，批评议论会除光。"
太子不听。

据《宋纪八》（卷一二六）

译评：

心底无私天地宽，天地无私大包干。
占了大位占田园，争利于市心更贪。

当权只知谋私利，不知刀割禾不安。

劝君心怀老百姓，心怀天下谋民欢。

二八六、密谋与反叛

选译：

文帝心想废太子，命亲王刘濬自杀。

先和侍中来商议，让王僧绰找旧例。

找来汉魏以来相关例。

送给尚书仆射徐湛之和吏部尚书江湛阅之。

武陵王刘骏向来不受宠，多次出京任藩王。

受宠的是刘铄南平王，刘宏建平王。

铄妃便是江湛妹，徐湛之的女儿配妃于刘诞王。

江湛劝帝立刘铄为太子。

徐湛之想让刘诞上。

待中王僧绰说：

"建立太子仰皇上，尽快决断不可缓。

古人说，'当断不断，反受其乱。'

愿皇上大义割断父子情。

小事不忍之心往下按。

放宽心怀像当初，反复商议闹心烦。

事机虽然很隐密，也很容易被外传。

不使灾难生意外，否则千年流笑谈。"

宋文帝说：

"裁判大事你能行。

但这件事极重大，不可不深做思考。

况且彭城王刘义康刚死，
人们将要说我不复慈爱道。"
王僧绰说："臣怕千年以后人，会说陛下只能制裁弟，不能制裁子与孙。"
宋文帝，默无语。
江湛一起侍从也在座，出宫便对僧绰说：
"你方言过直率"，
王僧绰说："弟也恨你不直率！"
刘铄进京朝见帝，言行不合文帝意。
帝想主宏立太子，又嫌他不合次序。
长时不定主谁为太子，
每天夜里与徐湛之搞密谈，
有时几天几夜不休息。
让徐点烛绕墙走，担心有人听机密。
帝将打算告潘淑妃，潘又秘密告刘濬。
刘濬飞驰告刘劭，刘劭随机生杀机。
秘密与心腹商议，谋划反叛杀文帝。
刘劭刚猛而狡黠，宋文帝，特倚重。
将要作乱杀文帝，刘劭夜夜搞宴请。
招待卫队众将士，有时劝酒还亲自。
僧绰偷报宋文帝。
巧遇严道育婢女将押到，二月二十夜，
刘劭伪称文帝诏书说：
"鲁秀谋反，汝可黎明，守卫宫门，率领卫队进入。"
于是让张趁之等人，集中兵士两千多。
身披铁甲头戴盔，又召内外幢队主副。
预先部署战务。
夜里，

刘劭召来前任中庶子右军长史萧斌。

太子左卫率袁淑。

中舍人殷仲素。

左积弩将军王正见，

一同进入东宫。

刘劭含泪对他们说：

"皇上相信谗言，我将被治罪废黜。

内心反省无过错，我不能蒙受冤屈。

明天早上办大事，诚望众位尽力助。"

于是一一作下拜，众人惊愕没吭气。

袁淑、萧斌二人说：

"自古没有这种事，希望好好再合计。"

刘劭愤怒变了脸，萧斌害怕和众说：

"当竭力遵奉命令。"

袁淑叱责萧斌说：

"你以为殿下真有事，或许殿下风病又骤起。"

刘劭听后更生气，斜视袁淑说："事当会成功吗？"

袁淑说：

"殿下地位不怀疑，何怕不成功。

只怕事情成功后，天地不容大祸临，

假如真有此计时，现在停止还可浑。"

左右拉袁出来说：

"这是什么事，可以说罢休？"

袁淑回到官署，绕床而行到四更。

二十一日，皇宫门还没打开。

刘劭朱衣套军服，与萧斌同乘画轮车。

卫队侍从以常式，入宫仪式无特别。

刘劭呼叫袁淑急，袁淑睡着不显急。

刘劭停车在奉化门,他们不断催。
袁淑慢来到车后,刘劭让他上车他又推辞不上车,刘劭命侍从将他刺。
皇宫以前有制度,东宫卫队不能进皇城,刘劭以假诏书骗门卫,
说是皇帝命令要收击,命后继卫队快来。
张超之等数十人,驰马进入云龙门和斋阁,拔刀直冲上合殿。
宋文帝、徐湛之,夜间谈话到黎明,
蜡烛还未灭,卫兵未睡醒。
文帝见超之冲进来,举起矮桌防起来,
五个手指被砍掉,超之杀死宋文帝。
徐湛之,骤受惊,急奔北门往外冲。
未等门开死于兵。
刘劭进合殿中阁,听说文帝毙了命,
出来坐在东堂正。
萧斌持刀来侍卫,叫中书舍人顾嘏来。
顾嘏见势害了怕,畏缩不前难招架。
到了以后刘劭问:"他们想要废黜我。
为何不早报告?"顾嘏未答即被杀。
江湛在上省值班,听到喧哗声音大。
叹息到:"不听僧绰言,灾难遂连连。"
于是躲在小房里,刘劭派兵将其斩。
皇宫夜间守卫罗训、徐罕,闻风丧胆,
屈服依附来斩。
广武将军卜天与,来不及穿护甲。
执刀持弓听部下。
徐罕说:"殿下入宫想干啥?"
卜天与骂道:"殿下常来,为甚现在说这话,只有你是叛贼!"随即出手射刘劭,几乎射中刘劭。

刘劭党羽群起攻，砍断手臂将其杀。
皇宫卫队将领张泓之、朱道钦、陈谒和卜天与倒在战刀下。
左卫将军叫尹弘，胆战心惊向劭报告求处罚。
刘劭让人杀死潘淑妃，文帝亲信尽数杀。
急忙召始兴王刘濬，让他率军入皇宫。
刘濬当时在西州，府舍人奔来告诉：
"皇宫乱成一锅粥，宫门关闭内有忧。
传说太子搞反叛，不知祸变几多愁。"
刘濬似吃惊样，这"现在应当如何走？"朱法瑜劝他进占石头城。
刘濬未得劭口信，不知是否搞成功。
惊慌失措无适从。
将军王庆说："现在皇宫有异变，皇上安危不知情，凡臣应当奋赴难，节操之臣不守城。"
刘濬不听出南门，直接进发石头城，
跟随文武官员千多人。
当时刘铄守石城，士兵也有千多人。
不久刘劭派人召刘濬。
刘濬退众问进程，当即军服把马乘。
朱法瑜，硬阻止，刘濬根本不待听。
出了中门王庆劝，"太子反逆天下愤。
明公只应闭城门，坐吃军粮待机临。
不过三天叛党自出门，情堪公岂可出门。"
刘濬说："皇太子有命令，敢有再说把头拧。"
进宫之后见刘劭，刘劭说："潘淑妃被老兵杀。"刘濬说："在下心想你做啦"。
刘劭伪称文帝诏，召大将军刘义恭、尚书令何尚之进宫，拘禁宫内不使逃，召见百官几十个。
刘劭马上即帝位，下诏书说：

"徐湛之、江湛弑帝，我率兵入殿救不及，只有血泪痛哭泣。
现在罪人已抓获，元凶已处极，可以行大赦，改年号为太初。"
即位完毕称有病，马上回到永福省。
不敢亲临帝丧事，严密守卫不放松。
任命萧斌何尚之，一批新命都到位。
刘劭不知僧绰谋，任命为吏部尚书。
刘骏屯扎在五州，沈庆之从巴水来。
咨询接受军机部署。
三月初二，典签董元嗣从建康到五州，
详谈太子弑帝仇，刘骏让董元嗣告下属，
沈庆之对心腹说：
"萧斌似女人，其余将帅难对付。
东宫同党不过卅，此外威逼不会牛。
现在辅助武陵王，讨伐叛逆不用愁。"

据《宋纪九》（卷一二七）

译评：

为要治国先治家，治家重在妃和子。
妃子耳风飘香气，心软骨酥身发麻。
皇子个个有血气，不服权配就厮杀。
兄弟相杀争重权，弑父以后夺天下。
权臣日夜与帝谋，权倾以后受牵连。
皇帝威严明大义，树子之事莫变卦。
当断不断受其害，当变不明有后怕。
清官难断家务事，忠臣为君受倾轧。
君死臣灭皇子争，就看谁的实力大。
皇权不能家族拿，得人心者得天下。

二八七、铸币有度

选译：

宋文帝元嘉年间，官府铸造四铢钱。
钱样同于汉代以来五铢钱。
交易消费老百姓无光沾。
因此老百姓没有私铸四铢钱。
孝武帝刘骏即位后，
另铸孝建四铢钱。
铜钱形状薄又小，轮廓也无完整边。
于是偷铸多起来，铜钱混杂锡和铅。
古钱剪凿来使用，薄小残缺生恶变。
各地官吏禁不住，杀头罢官仍不断。
私铸越来越兴盛，物价飞涨朝廷难。
去年春天帝下诏，命令残币不准用。
民间发生大骚乱。
这一年，始兴郡公沈庆之向孝武帝建议：
"应许百姓自铸钱，郡县设置铸钱署。
愿意铸钱住钱署，统一标准去假钱。
前禁新钱可同用，今后铸钱要规范。
私铸铜钱一万个，官方以税收三千。
严格责监私铸钱。"
丹杨尹颜竣反驳沈庆之：
"一个铜钱重五铢，汉代已经有明颁，
魏晋以来没改动，因为五铢钱使得商品和货币价值均一般，若改重量

伪币泛。

现在说去年春天禁止可开放,
铜钱大小轻重都失范,私铸个人获多利,
伪造假铸无限滥,私造剪凿无法禁,
商品货币不统一不完善,
就使官造大钱全消失,不出几年官方大钱全部换脸面。
禁令刚行又停禁,皇上想法非这般。
只会造成国库空,实在是个大忧患。
纵使允许使小钱,增加赋税理不沾。
百姓虽然能富足,官方贫乏不能减。
只应少消费,去奢侈,行节俭,求得富足惟此更妥善。"
议论此事的官员又认为:
"铜材难得,应该铸二铢钱。"
颜竣说:
"现在改铸二铢钱,新的小钱上市面。
财政困乏不能救,作奸犯科风弥漫。
将把天下的货币全砸烂!
空洞设立要严禁,但因涉利禁绝难。
再过一两年,弊害挽救不回天。
百姓怕钱大换小,也怕禁令最近颁。
这样只会在市井民间制造纷争和骚乱。
长远利益看不到,现实祸害在眼前。
富商得意贫民窘,小钱不行因油然。"
孝武帝于是停止改铸小钱的计划。

据《宋纪十》 (卷一二八)

译评:

铸造钱币多面看,统一标准最关键。

统一铸造不分散,重量样式必规范。
商品交易用方便,财富储备令人羡。
前朝货币善融汇,处理不慎生骚乱。
私人造币不可取,即使增税难易患。
商品价值货币换,等价交换无贵贱。
铸币轻重量价值,币重加大国负担。
铸币发行要评估,利国利民顾长远。
铸币安全极重要,防假反伪必至严。

二八八、好自为之

选译:

宋国金紫光禄大夫颜延之,儿子名字叫颜竣。
颜竣位高有大权,凡有供奉父不受。
延之布衣住草屋,清寒素持如往旧。
出门常坐老牛车,遇子仪仗路边就。
延之常对颜竣说:
"达官贵人我不喜,今天见到权贵你。"
颜竣盖府邸,颜延之对他说:
"你好自为之,不要让后人笑话你的笨拙。"
颜延之一次清晨见颜竣,看到颜竣家宾客满门而颜竣还未起床就发怒:
"你出身粪土升云霞,这样骄傲怎长久!"
延之去世竣服丧,才湍一月升为将,
丹杨尹的官职仍保留。
颜竣坚辞不受升,上书十次帝保留。

派人抱竣登上车,接到丹杨尹官署。
赐予布衣一大套,里面絮着好彩绸。
派主衣官给颜竣身上扣。

据《宋纪十》（卷一二八）

译评:

宋国高官颜延之,当面教子人可齐。
儿子供奉不接受,为子让路后又批。
权贵儿子盖府邸,好自为之当面提。
颜竣慢客其发怒,出身粪土莫骄极。
高于云霞莫冷漠,志存高远可久居。
望子成龙心意好,严以教子当面宜。
以身作则形象美,有理有度善为父。

二八九、允好切谏

选译:

公元458年正月十二日,魏国君主回平城,修建太华殿,给事中郭善明劝说魏主大修宫殿,中书侍郎高允劝阻说:

"太祖始建都城时,必定要在农闲时。
现在建国已很久,永安前殿足够用。
西堂温室用休息,紫楼足够眺望景。
纵使要有新增修,也应逐步来进行。
现在工程役两万,供应饭食两万人。
耗时半年可完工。
一个农夫不耕种,就要有人受饥饿。
何况动用四万人,状况谁能算得清。

此事陛下应留心。"魏主采纳高允议。
高允爱好直劝谏,朝事失当总求见。
魏王常屏身边人,等待高允当面谈。
有时谈话早到晚,有时一连好几天,
大臣无人知所谈。
允言有时过痛切,魏主休听出去转,
但对高允仍然善。
当时有臣向主提意见,激烈抨击火花溅。
魏主看了奏章后,面对大臣把话谈:
"君与父是一样的,父有过错不外谈。
而在私室无人之处谏,
难道不是不想把父丑往外传。
至于奉事君主,为何偏偏不这般。
君主有了过错不面说,
却要上书公开谏,揭短显直把忠臣攀。
像高允这种人,才是真正的忠臣。
朕有过失当面指,朕不愿听也都谈。
朕知己过人不知,能不说是忠臣?
高允一拨入朝人,多人封候当大官。
部下属吏成批升,刺史太守有百员。
高允当的是郎官,二十七年不升官。"
魏主对群臣说:
"你们守候朕身边,每天只都白白站。
未有句言把朕劝,只是在朕高兴时。
伸手向朕求个官,现在都有王公衔。
高允执笔辅佐国家几十年,功劳不小,不过做郎官,你们不自惭?"
于是拜高允为中书令。
当时魏官无俸禄,允使诸子打柴采果自养眷。·司徒陆丽对魏王说:

"高允虽然受宠遇，但家中贫穷生活艰。"

魏主说："公为什么不早说，现在看到朕重用他，才说他贫穷的话？"

当天就到高允家，只有几间草屋，布被旧棉袍，厨房只有青菜和盐。

魏王看了很感叹，赐给高允五百匹绸缎，

一千斛粮食，提拔高允的长子高悦为长乐太守。

高允坚辞，魏主不许。

魏主尊重高允，常称"令公"不叫名。

据《宋纪十》（卷一二八）

译评：

为君为民敢直言，身在君侧却贫寒。
二十七年不升官，长子受官又坚辞。
魏主曾作君父比，侍卫无语窥求官。
尊重高允称令公，今日令公能多观。

二九〇、官得其才

选译：

帝不欲权在臣下，吏部尚书二人架。
谢庄顾觊之共职，五兵尚书被节省。
晋初散骑常侍选望重，重与侍中地位同。
其后散骑常侍成闲职，任用人物渐微轻。
考试帝想新加重，挑选名士来任用。
临海太守孔觊，司徒长史王彧被选中。
侍中蔡兴宗对人说：
"吏部职位很重要，常侍官职是闲送。
改名不从实际改，虽然皇帝想加重。

但是不能变人心。"

此后常侍职又低,吏部贵重与往同。

裴子野评论说:

"选人任官的确难,先代帝王早已宣。

周礼选才学校始,州郡乡里评一番。

报告六卿诸长官,然后再给天子荐。

汉代州郡积功能,五府推举为下官。

三公评论功得失,尚书述情奏报天。

一人情况评监多,能使人才相应官。

败坏任职很少见。

魏晋两代改了制,造成失误常多见。

知人知面不知心,细察言行仍怕险。

何况一人有多面,匆由一面做决断。

各种官僚千百位,只有一部专裁断。

于是钻营之风甚弥漫。

追求升官求到手,谄媚引贿失节操。

官邪国败难复原。

倘龙来做吏部尚书,舜当皇帝而治国。

一切努力会枉然,何况后代任命的官。

孝武帝虽然把吏部尚书分二人。

但是不能返到周汉时期的好局面,

这种朝三暮四式的改变,真的有好处?"

据《宋纪十》(卷一二八)

译评:

周代命官礼为先,学校开始选冒尖。

州郡乡里四级评,报告六卿后通天。

汉代选官也周严,州郡人物有档案。

人才功能送王府，由此推举作下官。
三公评论看得失，尚书报告直冲天。
评论监督人很多，官得其才坏少见。
魏晋两代改制度，造成失误非鲜伴。
颇有面善心不善，千人千面难分辨。
一面之交一部断，钻营风气难抑按。
谄媚行贿寡廉耻，忠厚节操不得见。
官邪国衰难整顿，江山社稷何以堪。
龙来做，舜来管，魏晋改制事难办。
以权定职选贤才，官得其才兴职权，
权力分配要统筹，朝三暮四累江山。
今人选官求其贤，程序公开信息全。
组织人事相配合，纪检监察观清廉。
公示人选告民众，群众拥护好定盘。
跑官要官不时有，买官卖官时有见。
丑恶现象要改变，政体改革是关键。
民主建设更全面，法制建设立规范，
教育为先育新人，一心为公美为贤。
严字当头来治吏，莫让贪官他国安。

二九一、沈约论道

选译：

沈约评论说：
"君子小人类人称，遵循正道称君子，
违背正道称小人。

太公垂钓起周师，傅说版筑为殷相。
贤明荣耀愚暗沉，都据才能来决定。
两汉王朝道未变，胡广几代人为农夫。
最后三公宰相都能升。
黄宪是个牿子，声名显赫在京城。
不像后代高门士族和寒门庶士两分型。
曹操始设九品官法，论优劣不讲身份。
但各州评选九品人才的中正官和一帮俗士有不同，根据时世变标准，最后只凭世族门，以便相互来制衡。由此沿袭往下传，最后以法来固定。
周汉用人贤役愚，魏晋用人贵役贱，士族寒士分得清。"

据《宋纪十》（卷一二八）

译评：

　　正道取人多圣贤，门缝取人失之偏。
　　贤愚贵贱莫称道，士族寒士令人酸。

二九二、尊重德义

选译：

裴子野评论说：
"古代之人重德义，以德取人很盛行。
人善德义值得尊，命官不看其出身。
不论商贩与挑夫，该任命的就任用。
如果不是可任才，不因出身高贵而任用。
名公子孙在选拔任用时同于平民老百姓。
士族庶族虽区分，但本没有贵贱人。
晋代以来风渐变，但寒门人才显高层。

晋代来年大变样，高官专取士族门。
从此以后，
三公儿子看不起九卿之家。
黄门散骑侍郎的孙子蔑视县令郡长家。
高门士族相轻慢，一点一滴计短长。
只论门户谁高贵，不问谁人才能大。
谢灵运，王僧达，二人轻浮有才华。
假使二人出寒门，还将要遭摧垮。
他们仗恃高门第，招致杀身没二话！"

据《宋纪十》（卷一二八）

译评：

古人以德来取官，不以出身和贵贱。
晋代末年变了味，门阀制度翻了盘。
三公之子小看卿，黄门散骑侍郎蔑郡县。
社会分化明显化，社会矛盾也趋尖。
德重风气被颠覆，官人也要论贵贱。
高贵以后易轻浮，轻浮引祸去黄泉。

二九三、严谨言行

选译：

当初刘骏在江州，戴法兴，戴明宝，蔡闲任典签。

等到刘骏即位后，三位典签都升迁，他们都被任命为御史台侍御史兼中书省通事舍人。

这一年，三位典签都因参与密谋举兵获县易爵衔，因为蔡闲已去世，追加了爵衔。

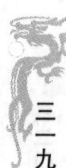

孝武帝刘骏自揽政，亲理朝政不交臣。

对于心腹和耳目，自然不能不委任。

法兴熟悉古今事，孝武帝，很宠信。

出身低微的巢尚之，广览文史中书通史有任命。

凡是选调诛赏事，帝与二人同商定。

杂事交由明宝定，戴巢戴权最重。

二戴借势大受贿，门庭若市蓄千金。

二戴推荐帝认可，趋炎附势人成群。

吏部尚书顾觊之，独独不向戴氏亲。

蔡兴宗与顾关系好，嫌顾风节过直峻。

顾觊之说："辛毗说过这样一句话：'孙资，刘放不过让我不当三公罢了。'"

顾觊之常认为：

"个人命运有定分，非人智力可变型，人只应该严谨言行守道义，愚人此理搞不清，往往获福于侥幸，只会白白损正道，对个人得失并无用，"命侄顾原把这种思想撰写《定命论》。

据《宋纪十》（卷一二八）

译评：

功爵俸禄一定丰，权重莫要收黑金。

门庭若市人趋炎，野火烧来命难存。

觊之峻直有风骨，不向权势去曲身。

严谨言行走正道，不求侥幸而劳神。

智力可以改命运，《定命论》里应直陈。

古人盛言走正道，正道走来腰不损。

莫去乘坐风火轮，风停火灭无人亲。

二九四、谢庄守城门

选译：

宋孝武帝，打猎游玩，无止无休，曾有一次，出城游玩，夜里才回，命开城门，侍中谢庄，守卫城门，判定符信，假而不真，拒不奉命，拒不开门。孝武帝写，亲笔手令，才开城门，后在宴会，孝武帝对谢庄说："你想仿效郅君章吗？"谢庄回答："臣前听说，帝王祭游，进出节制。现在陛下，清晨出去，夜中才归，臣恐不法之徒，妄托伪旨，所以要等皇上神笔手令，才敢开门。"

据《宋纪十一》（卷一二九）

译评：

> 皇帝猎游无止休，朝出暮归节制流。
> 谢庄以常守城门，严把死守丝不苟。
> 皇帝写了手令后，才许归人进城楼。
> 帝在宴会说谢庄，效郅君章有由头。
> 谢庄回话很机智，有批有护有应酬。
> 宫外大旱祈求雨，宫内宴会玉浆稠。
> 宫内宫外两重天，谁人欢乐谁人愁。

二九五、祖冲之新历法

选译：

祖冲之任南徐州从事史官，

欲编新历挑战何承天。

祖冲之上书孝武帝，

认为何承天历多疏舛，祖冲之认为：

"旧历法，冬至这一天，太阳的位置是固定在一个度数上，不满一百年，总有两度偏。

现在的历法让冬至这天太阳的位置每年有一个小偏，这样长久用下去，不用屡改历法去麻烦。

十二辰是子首位，它的位置在正北天；虚宿为北天七宿正中一星宿。现在新造历法，最早的元年元日太阳位，从虚宿一度开始算。

记载日期时辰时，以甲子为第一年。现在的新历最早的元年始于甲子年。

在何承天的历法中，太阳、月亮、五大行星各有起始点。现在的新历法，太阳与月亮、五大行星运行中的相交相遇，运行快慢，全根据最早一年的岁首日、月、五星的起点为计始点。"孝武帝命制历善者来诘难，无人能够将题翻。

不料皇帝撒了手，冲之历法未下颁。

据《宋纪十一》（卷一二九）

译评：

祖冲之冲何承天，新历纠正旧历偏。

每年三百六十五，零点二四二八天。

科学测算趋精确，误差只在46秒间。

日月五星定起点，打破常规敢问天。

当时论证脚根稳，只缘帝去未御颁。

司马光，有慧眼，纪传新历秀新篇。

新历里面有科学，寄托科学报新天。

二九六、滥钱乱市

选译：

宋帝刘骏在位间，民间盗铸劣铜钱，
商品贸易不能前。
泰始元年二月廿七，宋国重铸二铢钱，
钱的形状更小前。
官方铸钱一出市，民间模仿滥铸钱。
形状更小无轮廓，粗巴不平"耒子"般。
庆之请许私铸钱，宋国钱币劣还乱。
千钱串起小三寸，钱小堪称"鹅眼钱"。
比之更劣"绖环钱"，串钱漂水手碎断。
市场用钱不清点，十万钱不满一把。
一斗米价一万钱，商业贸易举步难。

据《宋纪十二》（卷一三〇）

译评：

宋国不能统制钱，私铸滥钱官钱惨。
市井不振交易难，钱乱流祸在民间。
沈庆之，请私钱，火上加油更添乱。
谁家暴富谁家困，社会分化两重天。
白刃交前淡流矢，朝不保夕求脱难。
矛盾激化相血刃，残局竟有有收盘。

二九七、宜立长君

选译：

兖州刺史殷孝祖的外甥司徒参军葛僧韶请宋明帝召殷孝祖入京朝见，宋明帝派他前去。

葛僧韶，到兖州，立即劝说殷孝祖。
景和凶狂未曾有，朝野延数以钟点数。
皇上剪凶重造天，宜立长君当舵手。
群乱煽惑造谣言，贪利幼君名怀有。
假使天道助叛逆，群乱能够获成功。
君主年幼国势艰，大权不在君主手。
兵难交替无止休，容身之地何岂有。
舅父早有立功志，如招义勇护朝廷。
不仅能助君平乱，名垂史册不用求。
孝祖详问朝廷事，僧韶对答如水流。
述说朝廷有精兵，皇帝重托殷孝祖。
殷孝祖当天作安顿，率领文武二千人。
跟随葛僧韶往建康走。
当时四方依附刘子勋，朝廷只保丹杨郡。
永世县令叛朝廷，义兴叛军将要到延陵。
朝廷内外欲逃遁。
殷孝祖忽然到，增加兵力也不少。
而且都是年青人，建康人心趋安定。
宋明帝刘彧很感动，殷孝祖获赏又晋升。
晋升以后又受命，立即向虎槛进军。

正月十八日，宋明帝出宫带兵扎中堂。命官令将向西讨伐殷琰，向东讨伐孔觊。当时，军中将士多是东方郡人，他们的父子弟都已附在觊旗下，这个情况明帝知，部队出发即发话：

"我行德政简刑罚，家人有罪不牵挂。

无论是顺从朝廷还是附同叛逆。

都只对本人行为估价。

大家应知我心意，不要为亲戚事而害怕。"

士兵于是很高兴，凡是叛逆者的亲戚家属在建康的，原任职务都不下。

据《宋纪十三》（卷一三一）

译评：

处于乱世事犹艰，硬软兼施要明宣。

宜立长君施大略，争取人心仍为先。

前世诛杀搞株连，频杀无辜令心寒。

明帝大胆施新政，惩罚犯罪不牵连。

二九八、开诚心　布敦实

选译：

裴子野评论说：

"齐桓公在葵丘待人傲慢。

导致九个诸候国的背叛。

曹操对张松不礼貌，导致天下三分的局面。

一旦失之毫厘，后果就差千里之远。

太宗明帝刘彧初年，威令之地不满百里，

士兵心有叛，官员无意守。

但太宗能开诚心，布真诚。

人们感恩服德，尽忠效死。

所以能摧毁西方强敌，荡平北面叛军。

境内统一定安。

然后六军献捷报，擒获地方的反叛。

而太宗却想显余威，于是师出无名。

致使淮河以北成为魏国领土，失之转眼间。

可惜啊！

如果能以当初的虚心，

薛安都三位将军就不会反叛。

宋高祖武帝刘裕打天下开拓疆域。

后来的子孙，一天就把百里领土缩减，

维持祖先的基业艰难。"

据《宋纪十四》（卷一三二）

译评：

　　傲慢失礼一瞬间，众叛亲离后果惨。
　　失之毫厘差千里，心碎国破难成金。
　　开诚布真有好报，得了人心天下安。
　　骄君心想显余威，丢人败兴国土残。
　　维持祖业不容易，顺应民心则不难。
　　戒骄戒躁唯谨慎，稳住阵脚国自安。
　　要想更上一层楼，眼睛向下跑民间。
　　民情贵重能镇江，民心厚重如泰山。

二九九、同室操戈

选译：

宋明帝，为诸王，宽厚仁和名声扬。
世祖孝武帝刘骏亲宠曾独享。
即位初，
刘子勋的党羽受宽恕，根据才能任官职，
就像自己的国臣一个样。
到晚年，却变得疑嫉残暴信鬼神，忌讳多达千种上。
说话，文字书籍当中祸败凶丧类，一有触犯必定戕。
把骠字改为驱字，就因骠字与祸字有点像。
侍从如果违心意，剖腹断肢受酷刑。
当时淮泗有用兵，国库亏空全部官员不发饷。
而宋明帝奢侈消费显贵相。
一种用品同时制正副三套各三十样。
身边亲信摆大权，收取贿赂成时尚。
宋明帝，没儿子，想要儿子黑心肠。
密接诸王姬有孕者于内宫，生男杀母使宠姬养。
时年明帝已病重，太子年幼皇弟枉。
南徐州刺史晋平刺王刘休佑，以前守江陵，贪虐无度，上下使任留建康，派其高官代行当。
刘休裕，极凶狂，明帝面前多顶撞。
明帝记虐在心上，担心将来难控制。
寻找机会使人亡。
二月二十六日，

三七

刘休裕跟随宋明帝到岩山去打猎,他的随从在后方。

夜幕降,宋明帝派人别马脚,逼控刘休裕落马群殴使之亡,然后传呼"骠骑将军落马"腔。

宋明帝,假吃惊,派上御医去看望。

等刘休裕随从赶到时,刘休裕已经断了气,帝追赠刘休裕司空官衔按礼节葬。

建康百姓有传说,荆州刺史巴陵王刘休若有帝王至贵面相,宋明帝把这话告诉刘休若,刘休若害怕多忧伤。

三十日,任命刘休若为南徐州刺史。

刘休若的左右都说,刘休若如果返回京城,必定不免遭殃。

中兵参军王敬光对刘休若说:

"现在皇上处弥留,朝廷大权在中书省手里头,那伙小人气势汹,想全除皇亲便私求。

殿下名声传海内,接诏入朝无回头。

荆州甲兵十多万,土地方圆数千里。

上可匡救天子除奸臣。

下可保全领土顾自身。

与被赐死让家臣妻妾含泪不敢葬比起来哪个好?"

刘休若假装答应他,王敬先出去后,刘休若命人抓住他,向宋明帝报告后杀死王敬先。

刘休若死后,建安王刘休仁更加恐惧不安。

宋明帝与亲信杨运长商量身后事。

杨运长也担心宋明帝之后由刘休仁掌大权,自己一伙人不能专权,更赞成宋明帝送刘休仁上西天。

宋明帝的疾病曾一度出危情。

宫廷内外都寄希望于刘休仁。

宫内主书以下官员都评访刘休仁,预先巴结刘休仁,有些正在值班不能出宫的人都担心。

宋明帝听说更加厌恶刘休仁。

五月初一，

宋明帝把刘休仁召进宫，

对刘休仁说：

"今晚就在尚书省过夜，明天早上可早点来见我。"当天夜里，宋明帝派人带去毒药赐刘休仁自杀。

刘休仁骂道：

"皇上得天下，是靠谁的力量！孝武帝因诛杀自己的兄弟，使自己的子孙死光，现在又干这种事，宋国的国运能久长？"

宋明帝担心有意外。

硬撑着起床乘车出皇宫正门，等刘休仁死后才上床。

宋明帝下诏说：

"刘休仁勾结禁卫军，阴谋进行叛乱，朕不忍正法下诏问，刘休仁对皇恩感到惭愧，害怕罪行暴露，忽然自尽身死。可宽恕他的两个儿子，降爵为始安县王，准许他儿子刘伯融继承爵位。"

宋明帝担心人心不服，下诏人臣将军说：

"刘休仁和刘休裕深勾结，刘休仁对刘休裕说：'奉承皇上足安身，我靠此法很安心。'

为民除害灭刘休裕，刘休仁产生恐惧心。

每次召他进宫见，都与杨太妃辞行。

有次春猎雨未行，

刘休仁对身边的人说：'我又活过一天整。'

刘休仁，经南征，对皇宫宿卫将帅共事亲。

我曾多日有不适，刘休仁出入宫廷施厚情。

他的意图无法知，事情进展不会停。

我反复思考下决心。

恐怕你们不理解，所以特别报内情。"

宋明帝与刘休仁，他俩关系一向深。

虽然杀了刘休仁，常对人说："从小就亲近。
废帝景和、泰始年间，他的功勋重十分，
到了事态紧急时，除他悲痛给自控。"
于是泪悲不自胜。
当初，明帝在当亲王时，
与褚渊因风雅而相反亲。
到明帝继位后，对褚渊依赖和深任。
宋明帝病重时，褚渊作为吴郡太守被紧急召回。
褚渊进宫面见宋明帝，宋明帝流泪说：
"我已接近病危，所以召回你，想让你穿上黄缥衣。"
黄缥衣，是皇子乳母的衣服，
宋明帝与褚渊商议杀死建安王刘休仁。
褚渊认为不可以杀刘休仁。
宋明帝发怒说："你是个呆子，不能与你计议大事。"褚渊恐惧服从宋明帝的命令。
宋明帝又任命褚渊为吏部尚书。
五月十三月，又任命尚书右仆射袁粲为尚书令，褚渊为尚书左仆射。
沈约评论说：
圣人建法规传制度，之所以言必称先王，
"就是因为先王遗训风范留为后代作榜样。
宋文帝刘义隆治国规划虽宏伟，
但他兴隆家族的方针却糟糠。
彭城王刘义康不学习了解古代史，
只看与刘义隆的交情，不懂他与刘义隆之间的君臣名分礼仪，希望以家族情分来治国。
皇上猜疑他冒犯，皇恩淡薄还未见。
致以呵训小过错，遂成灭亲之大祸。

刘义隆开了兄弟相杀头，兄弟之间构隙仇。
后来子孙都照学。
宋明帝刘彧兄弟有疑情，沿习旧例剪弟兄。
之后皇室无人护，幼皇孤单权倾覆。
帝王天命随着人心向背而改变。
这就是从小到大，从霜到冰，严寒冷酷的全过程，其来由已远。"
裴子野评论说：
"吞虎之兽知护子，鸟斗狐狸不护他窝雏。
刘彧保养他人子，同胞兄弟却杀戮。
不知兄弟天然亲，不懂父子血缘根。
宋国政终非天废，是其自己送了终。
那些危亡诸君王，未尝不先灭直亲。
却护着旁系远亲。
他们对亲信小人开诚待，却要冷酷恨父兄。
前人已乘覆亡车，后来君王还要与之并。
假使自己兄弟继帝位，不失配享天帝祭祀。
而别人夺了帝位，七代帝王宗庙香火废。
不对这些有认识，甘心剪除亲兄弟。
晋武帝违背母终托，灭亡中原是他姓氏。
宋太祖放弃初宁陵前发的誓。
结果是子登金殿将他弑。
祸福到来没规律。
怎么能预先选择！兄弟友爱不就平安了吗？"

据《晋纪十五》（卷一三三）

译评：

晋国皇权很典型，独断专行世成风。
任命诛杀凭性情，滥杀无辜极端凶。

只要猜疑有嫉恨，格杀不念父兄情。
只缘皇权只传子，密将他子拉宫中。
对外宣示皇妃生，如获至宝护养精。
担心幼子难揽政，杀尽兄弟心才宁。
兄弟友爱合天性，兄弟相杀无人性。
受嘱托，发誓言，重蹈覆辙无人拧。
同室操戈史常见，皇权似虎笼子空。
祸福相对又相生，规律伏在祸福中。
个人罪孽尽可诉，根源本在制度中。
封建制，搞集权，集权使帝变畸形。
皇权传子实现时，亲情友情转眼空。
六亲不认二重看，为公却是好事情。
历史风云有雨露，删恨就爱国安宁。

三〇〇、罪高佛塔

选译：

王府改建湘宫寺，极为壮丽很神气。
十层佛塔来建成，分建两塔双挺立。
新安太守巢尚之离任入京觐见帝。
宋明帝对他说："你到过湘宫寺吗？这是我的一大功德，用钱不少。"
通直散骑侍郎虞愿在一旁侍主，说：
"这都是老百姓卖儿卖妇的钱修成的。
佛陀如果有知，当会慈悲怜悯。
罪比佛塔还高，哪有什么功德！"
在座人都脸失色，帝怒将虞赶下殿。

虞愿慢慢离去，脸色不异平常。

据《宋纪十五》（卷一三三）

译评：

　　明帝奢华又好功，花钱不少腰不疼。
　　虞愿论罪不夸功，罪高佛塔有何功。
　　皇帝远离老百姓，卖儿卖妇不知情。
　　天下百姓在吃苦，湘宫寺里却夸功。

三〇一、皇帝飞棋

选译：

宋明帝，好围棋，但是棋艺却很低。
一等国手彭城丞，王抗与帝相对弈。
王抗假装让棋说：
"皇帝的飞棋，臣无法断。"
宋明帝，不领悟，爱好有加着了迷。
虞愿又说："尧以弈教丹朱，对弈不是帝王所应爱好的。"
宋明帝，气至极，但因虞愿是老部下，常常宽容以了之。

据《晋纪十五》（卷一三三）

译评：

　　明帝好弈不为奇，棋艺低劣不用欺。
　　但是不知话中话，迷棋已经成积习。
　　直到听说尧教子，这才一下破了题。
　　皇帝掌管天下事，不应好弈虞愿寄。

三〇二、坐以待毙

选译：

明帝病重，担心驾崩。驾崩以后，皇后掌权，江安懿候，王景文凭借国舅身份，成为宰相，门族强盛，会有野心。

三月初七，明帝遣使，携带毒，赐景文死。

亲笔令说："与你多年相处，想保全你的家门户，才有此处。"手令送到，王景文正与客人对弈，拆开看后，把信放在棋盘下，神色不变，继续弈，局棋下完，收棋进盒，慢慢地说："奉皇上命被赐自尽。"才拿手令，给客人看，中直兵焦度，赵智略愤怒，说："大丈夫怎能坐以待毙！扬州文武，有数百人，足够奋击。"

王景文说，"知你真心，如真帮我，请替我一家百口着想。"于是，回信寻令，致以谢意，然后饮药而死，宋明帝追赠王景文开府仪同三司。

据《宋纪十五》（卷一三三）

译评：

明帝病重作布控，驾崩以后权不倾。
看中懿候王景文，手令赐死非心冷。
王景文，真忠诚，知道赐死心不惊。
从容下完一局棋，才给棋友道真情。
棋友愤怒劝奋击，坐以待毙不如拼。
景文听劝无动衷，信答手令致谢仍。
为了百口饮药死，明帝追赠九泉领。
明帝赐死赠功名，对于景文一场空。
赐赠出于一人手，宋国政治见畸形。
坐以待毙认赐死，俯首致谢非英雄。

皇权严然赐人死,但悲不见九州醒。
明帝做梦也杀人,日月潭里有黑龙。
总有清水潭中过,黑龙选择污泥终。

三〇三、沈约评论

选译:

宋国君主临天下,住在九重深宫中。
亲信朝夕作陪侍,朝廷官员却远宫。
宫廷内侍有选任,有关部门应确定。
近臣与君长相处,君臣狎亲生恩情。
君臣恩情固信任,人君去威显亲近。
刘骏刘彧当帝时,君主威权揽手中。
政务刑罚多纠结,君主　人难完成。
根据侍从所接触,有关政务交侍从。
曾几何时,
君主喜怒他们窥,君主哀乐他们测。
举措不曾违君意,行动总能合君心。
君主以为其低贱,参政权力并不重。
却不知道,
老鼠社坛变高贵,狐狸借虎增威风。
近臣外无逼君嫌,内有专权好效用。
权势有以倾天下,君主不曾有觉醒。
宋太祖刘彧晚年,屡经多次生变乱。
专权近幸之人,畏惧皇亲国戚。
想使幼君无援,自己永窃国权。

于是制造祸端，皇帝诸弟亲王。

相继送到西天。

天下很快倾覆，实在与此有关。

据《宋纪十六》（卷一三四）

译评：

日月潭里有深宫，深宫里面住黑龙。

黑龙身边有侍从，君主侍从把权弄。

君主分权给侍从，侍从顺势将君蒙。

老鼠狐狸有凭借，显得高贵增威风。

君主头昏心又黑，不觉侍从阴谋动。

亲王杀死一大片，人去宫空大厦倾。

君侧窃权应警醒，君主不是可怜虫。

君将兄弟看不清，何须众生老百姓。

三〇四、万世之宝

选译：

齐高帝问政于刘瓛，刘瓛回答为政玄：

"为政的道理都在《孝经》里边。

大抵而言，宋国之所以灭亡，陛下之所以得天下，都不出《孝经》画的圈。陛下如果以前车之失为警戒，宽厚待人，即使危险也能转平安，如果沿着覆辙往前走，即使安定也危险。"

高帝听后很感叹："儒者之言，可宝万世！"

据《晋纪一》（卷一三五）

译评：

  政在《孝经》确有谈，内有论述十多篇。
  为政道理有详谈，分层谨言又细观。
  天子为政德为本，兆民赖之勿恶慢。
  诸候富贵和其民，如履薄冰临深渊。
  卿大夫，法先王，夙夜不懈事皇权。
  其余各篇都贯孝，因人因事有其言。
  成其德教行其政，尽忠相亲顺其天。
  礼相敬，重诤谏，修身慎行通人寰。
  孝经出世超千年，治国济事有其宣。
  治国之要德为本，德之新义今胜前。
  礼敬和顺通上下，以人为本谱新篇。
  古今都求治长久，顺应民心应当先。
  今人也要讲求孝，新事新办乐家园。

三〇五、革正其失

选译：

高帝令群臣，分论政得失。

淮南，宣城二郡太守刘善明要求：

"清除宋氏大明泰始苛政细则，以崇简易。"

又以为：

"交州偏远，地势险要，宋末政令苛刻，人民怨恨逃脱，如今已开始教化，应该布施恩德，交州出产珠宝，不是圣朝所需，讨伐交州之事我看应该暂停。"

给事黄门郎崔祖恩上言认为：

"人不学，便不知，背逆肇祸扰乱滋。
如今员外白受禄，人民资财耗损支。
应该开办文武校，限外官吏去学习。
倘有荒废回原籍，技艺优异破等提。
如今陛下倡节俭，群臣仍沿旧日侈。
清高简朴应褒扬，骄奢淫乐应贬斥。
风气好转遂有期。"
宋元嘉，派督台，从此使者纵横来。
作威作福谋私利，接受贿赂路走歪。
会稽太守闻喜公，萧子良，表斥责。
认为：
"朝廷需求下诏令，约定期限送上来。
若有稽留和延迟，依照法律去制裁。
现在使者虽很多，真正办事非使者。
懈怠拖延相迁怒，督台应该撤下来。"
员外散骑郎刘思政上言：
"宋自大明显渐衰，征敛赋税往上抬，
但天子的府库往下裁。
小民愁怨没生气，贵族富豪耀华宅。
山林湖海有居民，本地所产不敢采。
陛下宜一新王度，革正其失新局开。"
高帝听后感觉好，褒扬赏赐遂颁来。
表章交会外廷办，皇子皇孙勿霸寨。

据《宋纪一》（卷一三五）

译评：

前朝得失要认清，布局新政始有成。
失误常使民积怨，富更富来穷更穷。

履行节俭止奢靡，切实关心老百姓。
使者纵横咸受贿，错误之举要止行。
薄赋轻税办学校，官民相知渠道通。
穿新鞋，走正路，以史为鉴事轻松。
当政应知得与失，除旧布新众识成。

三〇六、为政尚宽

选译：

魏泰刺史于洛侯，生性残酷令人愁。
刑罚一定断手腕，割舌肢解悬挂勾。
全州百姓惊又怕，州民造反有王元寿。
有司因由奏弹劾，魏主派使到泰州。
在于洛侯罚人地，宣布告示杀于洛侯。
齐州刺史韩麒麟，处理政务尚宽和。
州佐刘普庆谏韩说：
"宰公持着符节来，镇守齐州无斩首，
何以示威让人瞅。"
韩麒麟说：
"刑罚用于戒坏事，仁德运用不得已。
如今人民不犯法，诛罚无人何处求。
倘若一定要斩首，主威拿你去应酬。
刘普庆惭愧又恐惧，无趣掩面起身走。"

据《齐纪一》（卷一二五）

译评：

于洛侯，无人性，刑罚残酷人心冷。

断手割舌肢解挂，州民惊恐怒声涌。
魏主知情派使处，就地宣示将于惩。
杀人恶魔被处斩，当地百姓把气松。
韩麒麟，尚宽和，虽持符节却心平。
有人劝谏用斩首，不斩不能生威风。
无人犯法去斩谁，要不自己去试镜。
劝者惭愧而离去，不知威望恩德生。

三〇七、范缜无佛

选译：

萧子良，好佛学，招徕名僧讲议佛。
信仰佛学风气盛，江南一带未有过。
有时替僧送食物，舆论认为失相座。
范缜强调世无佛，子良与其相互磋。
萧子良说：
"因果报应你不信，富贵贫贱因何在？"
范缜说：
"人生有如树上花，同时开放随风散。
有的拂过窗帘落床席，
有的穿过篱墙落粪坑。
落床好比是殿下，落到粪坑是下家。
贵贱虽说径不同，因果关系在何处？"
萧子良没法驳倒他。
范缜写了《神灭论》，形神关系有阐发。
"形体原是精神质，形体作用神始挂。

精神实际属形体,有如锋利刀为家。
没有刀子没锋利,形亡神来同时下!"
这一议论发出去,朝野轰动激大话。
辩论围攻真不少,范缜居高不屈下。
王琰论文讽范缜,说:"唉呀!范先生竟不知他先祖神灵所在的地方!"想以此使范缜无以对答。
范缜说:"唉呀,王先生知道他先祖神灵所在的地方,却不能自杀追随服侍!"
萧子良让王融去对范缜说:"以卿才华,何患不至中书郎,故作此论很可惜!应该赶快毁文章。"范缜大笑说:"要是范缜卖文换作官,早已收到尚书令,两仆射了,何止中书郎!"

据《齐纪二》(卷一三六)

译评:

求神拜佛欲成仙,仙人那里是苍天。
苍天那里藏天子,天子生来享皇权。
子良好佛议佛法,佛的效力满人寰。
因果报应是编造,富贵贫贱佛无关,
信佛风气空前盛,原来心地是想官。
范缜根本不信佛,《神灭论》里多明言。
形体是质是本原,精神之光形体衍。
锋利存于刀子上,形灭神灭不回还。
萧范论战非赋闲,神在神灭联皇权。
皇权为求长久在,摆出佛神来挡箭。

三〇八、长城五利

选译：

中书监高闾又上表，认为：
"北狄强悍与兽同，长于野战短攻城。
如果利用狄族短，削弱狄族的长处。
他们人数虽然多，来侵祸患不能成。
狄族散居在荒野，跟着水草常迁移。
作战带着家业来，逃跑带着家畜奔。
他们不带财粮米，吃喝自己供应足。
所以他们历代都能犯边境。
现在六个镇戍区，力量分散不如狄。
镇守士兵不敢拼，相互围困很难胜。
我求遵循秦汉例，六镇北边筑长城。
选择险要开个门，建造小城安守军。
狄人不敢攻城池，原野掠夺没收成。
牛马草穷就撤走，终究一定受戒惩。
六镇东西近千里，一个工匠一月功。
可以建造一丈八，大致十万月建成。
虽然暂时有劳善，可以求得久安宁。
大凡长城有五利：一免活动防守苦。
二无放牧遭祸患，三登高城察狄情。
四是停止备战紧，五是运送粮草有保障。"
魏主特别有礼遇，下诏答复闾建议。

据《齐纪二》（卷一三六）

译评：

北狄强悍常入侵，为了防患修长城。
修建长城有五利，华夏以此护常荣。
秦汉时期修长城，齐国务实增新容。
长城固在长忧患，有备无患国安宁。
长城蜿蜒似长龙，龙的传人播文明。
巡天遥看长城显，长城精神促复兴。
爱国爱民不受悔，和平和谐和睦拢。

三〇九、劝人从善

选译：

益州大度獠，仗恃地险要，骄慢而放纵，刺史管不了。
陈显达，做刺史，遣使督獠把税缴。
獠人首领说：
"两眼的刺史还不敢动我，何况独眼刺史啊？"于是杀了使者。
陈显达部兵将，声言出外去打猎，
夜袭獠人全杀光。
从晋朝以来，
益州刺史出名将，十一月，十八日，
皇帝任命始兴王，萧鉴做都督益宁诸军事益州刺史，征调陈显达做中护军。
起先，
盗匪首领韩武方，聚会党羽千人上。
截断流事凶暴，郡县无法将其控。
萧鉴来到上明后，韩武方出来投降。

长史虞悰等人都要求把他斩。

萧鉴说:"杀了他就失信用,劝人行善受影响。"遂向台省去禀报,宽恕罪过放眼量,于是巴西一带贼暴闻风都投降。

萧鉴当时十四岁,新城路上众议详。

"陈显达大选兵马,不肯接受征调。"

于是萧鉴留新城,派遣典签去察访。

不久陈显达遣使看萧鉴。

手下都劝萧鉴把使者绑。

萧鉴说:"陈显达在本朝做官,很有名节,一定不会这样。"

过了两天,典签张昙皙回来,详说陈显达全家搬出益州城,殿下到来很盼望。

于是萧鉴继续向前方。

据《齐纪二》 (卷一三六)

译评:

獠人骄慢不服管,拒缴租税逞凶狂。
陈显达,太鲁莽,不分情况全杀光。
萧鉴十四做刺史,办事老成有分量。
盗匪首领曾闹事,萧鉴来了就投降。
有人要求杀匪首,萧鉴不杀求宽谅。
杀其旧将失信用,劝人从善也泡汤。
上任路上风言多,萧鉴派人去察访。
弄清真实情况后,信心满满向前方。
萧鉴刺史善为政,信实宽善见力量。
为官应当讲策略,取信于民更坚强。

三一〇、魏禁图谶

选译：

魏国君主下诏说：
"河图符命占验兴，在夏商周晚期逞。
毁非治理国家典，徒然成为妖邪凭。
从今以后，河图符命，玄秘纬书全都烧，
敢留此类处死刑！"
严禁男女巫人，街巷占卜，违背经典诸行径。

据《齐纪二》（卷一三六）

译评：

河图符命非典籍，历代帝王多信奉。
符命皇权相附会，为保皇权骗百姓。
魏国君主灭河图，严禁巫卜街巷清。
治国经典何处是，魏国君主要实用。
今人也有信巫卜，科学教育要施行。

三一一、储积九稔

选译：

魏国春夏有大旱，代地旱情似火焰。
加上耕牛染疾疫，百姓饿死真很惨。
六月二十九日，
魏诏群臣尽进言，不要隐讳不要瞒。

齐州刺史韩麒麟上表言：

"古圣储存九年粮，到了两汉重农奖。

献粮杀敌同封爵，勤耕孝敬都有赏。

如今京师人众多，三分之二吃闲饭。

相承太平连丰年，互夸奢侈习俗渐。

显贵富有衣华美，工商家族奴仆吃美餐。

种田农民糟糠吃不饱，蚕妇布衣穿不全。

农民耕田日渐少，田园荒芜已出现。

五谷丝棉府库空，宝货充斥市井间。

很多家庭无衣食，路上却多华衣衫。

饥寒本因在此间。

我认为珍奇特异的物品要禁断，吉庆凶灾的礼仪严规范；劝导农耕与养蚕，奖赏处罚把握严。数年以后盈余连。往年赋税又少，没有多余粟库存，虽对百姓有好处，长久之计却不称；要有战争或天灾，供应米粮无所从，丝绢粗布可减收，五谷租税要加征，年岁丰饶多积存，收成不好开库存；私人谷物存官府，府粮多存人心稳。

据《齐纪二》（卷一三六）

译评：

圣君能存九年粮，尊重农业有奖赏。

国有存粮能度险，手中有粮心不慌。

农民都往京师涌，农耕减少地有荒。

粮食连年都丰产，奢侈浪费不稀样。

粮食安全应严谨，十年存粮应为纲。

天下有人五有一，请谁为尔多存粮。

农民减少地不荒，优化配置有吉祥。

三一二、唯才是举 官方斯穆

选译：

魏国秘书令高裕，秘书丞顾彪上奏请求更改《国书》编年体制为纪、传、表、志，魏主答应他去做。十二月，诏令李彪与著作郎崔光改修《国书》。

魏主问高裕说："怎样可以防盗窃？"

高裕回答说："汉明帝时宋均讲德化，猛虎渡河远离了，汉平帝时卓茂施行教化，蝗虫不入他的区辖，何况贼不感化。只要镇主是好人，治理教化有法则，防止盗贼就容易啦。"

高裕又上奏疏说：

"现在选举人才，不重治才优与劣，专顾年资往上接，人尽其才一边贴。应该中止这选法。弃劳唯才就举荐，官路清和自然列。

另外，老功臣，多辛勤，其才不适抚恤民，可以赐爵来奖赏，不宜给其降大任。

这即是，王者以财赠送人，不能以官做人情！"皇帝很赞赏他。

据《齐纪二》（卷一三六）

译评：

立德教化感虎虫，防止盗贼犹可行。
见识治才优者取，论资排辈政事庸。
功臣可以赐爵位，不宜政任勿硬充。
唯才是举是正道，为官路上有清风。
君可用财赠送人，官位不能送人情。
高裕之论有借鉴，行政为公要清明。
选官犹如选旗手，民众眼睛看得清。

三一三、体恤民苦

选译：

西陵戍主杜元懿建议说：
"吴兴无收会稽丰，商旅往来翻倍增。
西陵牛埭通关税，每天三千五百整。
臣观每天增一倍，连带浦阳南北渡。
柳浦的四个水坝，请求替官管一年。
在规定之外，四百多万有的增。
西陵戍前查税收，并不妨害戍守政。
其他三个关口税，自己推举得力人。"
皇上听了此建议，吩咐下去给会稽。
会稽行事顾宪之，研究以后却认为：
"初置牛埭有用意，不是单为收取税。
因为风浪有凶险，可以救急利物通。
后代监理统领人，不知本来用意情。
只管自己讲功绩，有的禁闭其他路。
强迫商旅牛埭行，只求能把关税征。
有的规定：
只要船在江中行，无货也得把税征。
吴兴近年都歉收，今年灾情更严重。
百姓流徙丰收地，实是饥饿有苦情。
税官责求起税款，分毫不减照常征。
旧规新近有所减，但未研议作布公。
如今还要加倍征，将以何方待百姓。

皇上慈恤民众苦，发放米粮免税赋。
而杜元懿幸灾衡利加重人民苦。
不存仁爱古今恨，官逼民税民恨生。
杜元懿，性苛纵，过去之事已证明。
若要他来管人民，犹如让狼领羊群。
他要推举得力人，老虎戴帽未易性。
古书说：
'与其有个聚敛臣，宁可有个盗窃臣。'
此言盗公损失尚算小，刮民遭祸却无穷。
愚见以为：所谓方便适宜意，可为对公方便对民宜。
近谈方便适宜的人，并不能在善用民力之外，善用天道，分享地利，大抵都是远远对民不宜对公不便的，名实相反，损违政体，实应查清。"
皇上采纳他的建议，而不施行杜元懿的建议。

据《晋纪二》（卷一三六）

译评：

老虎戴帽不做臣，不能让狼带羊群。
古今为官讲仁爱，不仁不爱万民恨。
税官收税要知根，执行规定民乐存。
灾祸发生应酌减，收税不如收人心。

三一四、安定民心

选译：

魏国君主访群臣，安民之术论古今。
李彪呈上密封奏，认为：
"有钱有势显贵家，奢华过度超名分。

他们宅车服饰应分等,加以制约慰人心。
国家兴盛与衰亡,关键是皇位继承人。
皇位继承好与坏,在于教导成与败。"
高宗文成皇帝曾对群臣说:
"朕幼初学心不专,即位之后少空闲,
现在回想朕有过,教师辅相教导不勤也有关。"
尚书李䜣脱帽谢罪,这是可以用戒鉴。
臣下认为应该依古法:
设置教师辅相之官教导太子知世安。
汉代设置常平仓,救济匮乏是良方。
去年京师遇歉收,官府迁民分外忙。
民众到了丰收地,自己农田又撂荒。
长途移民艰难多,对于国体有损伤。
不如设库储备粮,安民必要再发放。
总比迁民糊口强。
应把州郡常年税收九之二,
京师每年支出用度的盈余。
各自设官做专营,
丰年买米存入库,遇到年景歉收就出售。
虽然加了二分利,总比千里之外逃荒强。
这样以来,
民众都会去耕田,以便取得官丝绢。
攒钱以购官家米粮。
丰年储粮糕年出,几年功夫能度荒。

据《齐纪二》 (卷一三六)

译评:

安民之本要商量,显贵人家应约章。

奢华过度越名分，民心激荡起波浪。
国家兴盛或衰亡，皇位人选应精当。
学习教育要贯彻，尊师重教育好皇。
其实忠民应为本，人民力量关兴亡。
粮食储备是大略，古今都有大灾害。
手中有粮心不慌，国家有粮稳当当。
中国人口世居首，休盼他国救饥荒。
人口众多有长计，粮食安全自布防。

三一五、铸钱纪中

选译：

想当初，太祖因为南方钱币少，想再铸钱。建元末年，奉朝请孔颛上言：

"食物货物相交换，道理情势都自然，李悝说：'米价昂贵民难负，米价过低亦伤农。'

米价太贵或太贱，造成伤害百姓疼。
三吴是国重要地，近年常被大水冲。
然而米价不昂贵，是因钱币稀少弄。
不是谷价低廉致，此事不能不察明。
发行铸钱有弊病，在于经常变轻重。
钱币如果分量重，害处在于难广用。
而难以推广使用流弊还算轻，
钱币重量如果轻，流弊在于私铸。
而易私铸致祸很沉重。
人们所以偷铸钱，严厉法令禁不能，

是因官府铸钱爱惜铜，舍不得多用工。
爱铜舍不得多用工，原因是认为钱没用。
流通让它多又轻，节省工夫易铸成。
没有考虑祸患生。
说到人们趋利行，如水趋低求其平。
现在开启逐利口，接着又施严重刑。
导其为非致死地，不能这样来为政。
汉代如兴铸轻币，民间巧诈数不清。
到了元狩才治弊，铸五铢钱才令行。
两面边缘都加工，随意磨损不得铜。
加工不能抵偿利，私下偷铸少发生。
不惜铜材不惜工，好的结果才有成。
君王不怕没铜工，使人无法逐利行。
偷铸钱币事会停。
宋文帝铸造四铢钱，景和年间钱更轻。
虽然面边都加工，但是熔冶不够精。
于是偷铸又纷生，重现无法再止行。
这是因为舍不得铜，舍不得工。
但凡铸造钱币，
如果做不到轻重恰为好，宁可取重不可轻。
自从汉代铸造五铢钱，到宋文帝经五百年。
制度每代有增减，一直不变五铢钱。
明了轻重应固定，宜于交易商货兴。
根据考察。
现代钱币多五铢，不同分量偶见行。
自宋文帝铸造四铢钱，又不禁止削凿剡。
造成祸害很广泛，积弊累累到今天。
怎么能够无悲情。

晋氏不铸造钱币，多事导致遗失重。
磨石日磨不见耗，总有一天会殆尽。
天下钱币怎能不耗净？
钱币耗净，士农工商都失业，民众怎样过光景！
愚以为：
"大兴熔铸五铢钱，依照汉代办法行。
如果官铸钱币发民间，禁止割削挖凿风。
残币不准进流通，
官钱一定要标准，便利善良的老百姓。
堵塞奸巧的门径。
钱币货场能均衡，钱币纪中远近同。
交易市场无争执，百姓乐业有繁荣。"
太祖认为有道理，交代各州准备行。
可惜太祖去了世，事情搁下未实行。

据《齐纪三》（卷一三七）

译评：

方块字，铜铸钱，秦汉施行久流传。
各个时代有异制，三铢四铢五铢沿。
唯有五铢历史久，宋文帝时五百年。
唐代武德废五铢，开元通宝铜铸钱。
原有五铢民间用，这与铜铸有关联。
隋元明清铜铸币，名形有异值不变。
铜钱流铸越千年，因为元是中国钱。
各代都奉龙图腾，各朝都用铜铸钱，
龙图铜钱方块字，中国名称其中含。
使用铸钱续历史，铸钱纪中在人寰。
五铢钱长久流传，商品货币值当间。

钱币稀少要伤商,钱币失控民不安。
规范标准天下稳,打假防盗受称赞。
物价币价两相值,等价交换无欺瞒。
为政应当知公平,公平正义人心欢。

三一六、魏祖轩辕

选译:

魏国君主令群臣,议定魏在五行根。
中书监高闾提议,认为:
"帝王都以中原为正统,
不把传世的多寡为亡存,
不把善恶看作是非分。
桀纣暴虐不废夏商历,
厉王惠帝再昏庸。
却也不妨害周晋帝王名录。
晋代承魏算金德,赵承晋是水德。
燕接赵属木德,秦承燕是火德。
秦亡魏就君天下,改颁历法以新划。
魏的姓氏源轩辕,应当按照土德算。"
秘书丞李彪、著作郎崔光等提议,认为:
"神元与晋武帝往来关系好。
至于桓帝、穆帝,一心一意辅晋室。
这样说来,
司马福祚郏鄏,正是拓跋云代受命时。
秦并天下汉朝把它比共工,
终究直接把国承,算是火德。

何况刘氏、石氏、苻氏、地方偏小，传世短促，魏终他们的乱局，怎能舍去晋朝而算作土德呢？"司空穆亮等都要求依从李彪的建议。

初五，皇帝下诏，继承晋朝，算是水德，从申日祭祖神，以辰日引岁终腊祭。

据《齐纪三》（卷一三七）

译评：

王以中原为正统，传世多少不视终。
魏以五行议定位，魏姓轩辕作为根。
与其五行排次第，宁认轩辕大树种。
朝代更替国不变，绵延百代仍在中。
中原本是中国心，炎黄子孙轩辕生。
五行说法欠科学，定位应在中国中。
轩辕早于五行说，轩辕是魏老祖宗。

三一七、魏迁中原

选译：

平城地寒魏主嫌，六月雨雪风沙连。
将要迁都到洛阳，欲以协众伐齐谈。
明堂偏斋有布局，吩咐王谌把卜占。
碰到《革》的卦象时，皇帝趁机出玉言：
"'商汤周武王革命，顺合人心应和天'，
吉瑞没有比这大"，群臣没人敢进言。
尚书任城王拓跋澄说：
"帝有中土勋业扬，出兵未服得汤武签。
这不算是全吉见。"

皇帝严词说:"爻辞有'大人虎变',怎说不一定是吉瑞见!"拓跋澄说:"陛下龙起已很久,如今竟然如虎变!"

皇帝随即变了脸,说:"社稷是我的社稷,任城欲将众人犯?"

拓跋澄说:"陛下虽然拥社稷,臣是社稷之臣,怎能知危而不言?"

皇帝听后不再言,过了一会脸色缓,说:"大家各自谈心志,没有什么可阻拦!"、

明堂回转宫廷后,皇帝召唤拓跋澄入宫觐见,迎上来对他说:"刚才的《革卦》现在再听听卿的意见,在明堂我发怒,是怕大家争发言坏了我的大计,所以厉声厉色来压谏。我想卿能理解这点。"于是单独对澄说:

"今日我想做的事,确实难以去实现。

但国北兴迁平城,施展武功才成全,

文教治理未开盘。

现在要移风易俗确实难,朕想借此迁都到中原,卿怎么看?"

拓跋澄说:"陛下想在中土择都安,这是周汉兴隆缘。"皇帝说:"北方人习惯恋旧物,如果布公有乱怎么办?"拓跋澄说:"非常之事常人难,圣明决断他们有何言?"皇帝说:"任城王,真是人才,朕的张良!"

据《齐纪四》 (卷一三八)

译评:

魏主知道祖轩辕,一心迁都到中原。
恐有群臣不同意,吩咐人员把卜占。
碰到《革》卦汤武签,皇帝当即出玉言。
汤武革命是上签,下合人心上应天。
群臣没人敢进言,尚书拓跋澄有意见。
皇帝严词用爻辞,"大人虎变"吉瑞见。
拓跋质疑龙虎变,皇帝不悦把脸变。
"社稷总体属于我,任城王你想怎样。"
拓跋澄,再强辩,为臣知危表意见。

皇帝冷静脸色缓,认可大家把话谈。
回到宫后找澄谈,再表大计让澄判。
武功以后要文治,文治应当迁中原。
周汉选择中原兴,再有干扰也要办。
非常之事非常办,二人合群一根弦。
凡遇大事做舆论,心仪相通事不难。
先造舆论后做事,工夫费在人心尖。

三一八、远至四方

选译:

八月二十四日,
魏国君主到肆州,路观百姓有瘤盲。
停下车驾来慰劳,吩咐终身给给养。
大司马安定王拓跋休,
抓了三个为盗的军士示众准备杀。
魏国君主路遇命赦免,拓跋休不买账,说:
"陛下亲自率三军,远去江南去打仗,
现在行军到这里,盗贼不斩士气伤。"
皇帝说:"事实确实像你说,
但王者的体制,恩泽常有不寻常,
三人罪过虽该死,但是机缘朕遇上,
违背军法虽然是,可以特例免于罚。"
接着告诉司徒冯诞说:
"大司马,执法严,你们不能不谨严。"
于是军中特敬大司马,丝毫不敢有怠慢。

司马光评论说：

"君主对国好比身，看远如同看近临，
国境之内如朝廷。
荐举贤才任百官，整饬政事为百姓。
封域之内皆有成。
先王黄绵塞耳朵，冠前玉串遮眼睛。
抛开近视耳边风，远臣四方有锐敏。
身有残疾该供养，但是应当至全境。
仅仅施于路偶遇，遗众希施仁碎零。
赦罪干扰官执法，人君不应有此行。
堪叹魏主孝文帝，贤明君主有此风。"

据《齐纪四》（卷一三八）

译评：

为君应有天下观，百姓疾残要统盘。
路遇施仁显皇恩，皇恩浩荡举国欢。
官吏执法应当严，皇恩近视要戒免。
君主不应干小事，远至四方国能安。

三一九、治吏严明

选译：

九月初一魏主令，三年考绩三考升黜定。
该贬黜的不算迟，该升迁的就嫌蹭。
现定三年考一次，当即实施黜与升。
目的使愚不碍贤，贤能不致低位停。
命令各部当事官，考属优劣分三等。

上下两等再按三级评。
六品以下复审由尚书省。
五品以上朕与公卿评。
优升劣黜中不动。
魏主北边巡察时，留下任城拓跋澄。
解析简选原有臣，公候以下几万人。
澄评他们优与劣，分为三等看才能。
十一日，主临朝，黜升百官当朝明。
对尚书省官员说：
"尚书当政担重任，不仅总管各种事。
处理文书，朕施政的得失，全在尚书省。
你们在位近两年，可行办法没进献，
不好的办法措施未去除。
贤人未进，不贤未退，这是最大的罪过。"
对其弟弟拓跋羽说：
"你是录尚书事广陵王，处丁主政机构上，
没有勤谨好声誉，却有同党之迹象，
现在废黜你的职，只做特进，太子太保。"
又对尚书令陆睿说：
"叔翻到尚书省之初声誉好，近来做事有偏怠，由于你不能以义来引导，虽无大责宜有小罚，一年俸禄要减掉。"
又对左仆射拓跋赞说：
"叔翻被贬黜，你该砍头，我把错误全归化，你就不再受重罚，现在解除你少师职，把你一年俸禄下。"
又对左丞公孙良，右丞气伏义爱说：
"你们罪也应砍头，让你们穿便服，奉守原官职，礼服抚恤全剥夺，如果三年有成效，让你们复职戴官帽；如果无成效，就永远退职回家吧。"
又对尚书任城王拓跋澄说："叔父神志骄傲，可解除少保的职务。"

又对长兼尚书于果说：

"你理职事不勤勉，好几次称病请假，解除长兼职务，一年的俸禄免。"

其余守尚书尉羽，卢渊等人，都因不称职，有的解除职务，有的贬除官位，有的剥夺俸禄，都当面诉罪处罚。

据《齐纪五》（卷一三九）

译评：

> 魏主命官又考官，考绩评等亲自颁。
> 当朝点评表升降，无论近疏严把关。
> 对于亲戚更严厉，严惩不殆无情面。
> 严格治吏观其效，不达要求把家还。
> 帝王应当学魏主，严格治吏严把关。
> 如果放任官渎职，腐败导致丢江山。

三二〇、不学面墙

选译：

孝文帝对陆睿说：

"北边人常说'北方风俗朴实鲁，不知书籍从何求！'朕听了，深感失意和怅惘，现在知书人很多，读书并非圣人稠！不过是学和不学区。

> 朕修百官兴礼乐，心志本来有远谋。
> 移风易俗是主轴，朕做天子住中原。
> 想让子孙染美俗，闻见广博显风流。
> 如果永留恒山北，再遇君主非好文。
> 不免成了面对墙，眼前一片空悠悠。"

陆睿回答说：

"陛下所论见圣明，金日䃅要是不到汉朝去当官，怎能七代享名声。"皇帝听了很高兴。

据《齐纪五》（卷一三九）

译评：

学与不学大不同，移风易俗建文明。
闻见广博心志远，不学面壁失智聪。
古之帝王兴读书，整饬百官心志雄。
今日要建中持社，善于学习求成功。

三二一、何以是忠

选译：

宣城王，称萧鸾，蓄谋继承统大权。
朝廷名士多方引，参与谋划定方案。
侍中谢朓不愿意，求任吴兴太守官。
到了郡城，给在吏部尚书的胞弟谢瀹几斛酒，写信说："你可力饮这些酒，别人的事情不要参。"
司马光说："听说穿谁家衣服与谁家共排难吃谁家饭，为谁家拼死干，谢朓、谢瀹兄弟，同时显贵安享荣华俸禄，国家危殆都不肯参与过问，这样的臣子，能说是忠心吗？"

据《齐纪五》（卷一三九）

译评：

明知有人谋大权，权中之人却溜边。
劝说弟弟力饮酒，权倾谁手不要参。
司马光，有感言，听说世间有流传。
穿谁的衣服为谁干，与谁一起排忧患。

吃谁的饭为谁干,拼死拼活一起干。
高官厚禄谢氏享,国家危亡却等闲。
这样的臣子虽不奸,没有忠心尽可言。
谢氏人品似有传,今日也有谢血缘。
穿衣不知谁买单,吃饭不知谁花钱。
三公消费都沾边,跟着流言划大船。
骂大街,无边缘,不知自己在哪边。
劝君读读这一篇,问问自己心和肝。
时过境迁事虽异,践行忠诚仍待观。
国家利益居上位,誓死捍卫可谓贤。

资治通鉴译评

（下册）

原爱民 编著

山西出版传媒集团
山西人民出版社

目　录

（下册）

三二二、典签之弊 …………………………………… 363
三二三、超越创新 …………………………………… 365
三二四、魏主好读 …………………………………… 366
三二五、本身正直 …………………………………… 367
三二六、议政纳谏 …………………………………… 367
三二七、拓跋氏释 …………………………………… 368
三二八、选举用人 …………………………………… 369
三二九、各司其职 …………………………………… 370
三三〇、不死不予授 ………………………………… 371
三三一、亲疏并用 …………………………………… 373
三三二、与人好合 …………………………………… 374
三三三、愚民易动　不足穷法 ……………………… 376
三三四、物盛必衰 …………………………………… 377
三三五、司徒王元勰 ………………………………… 378
三三六、空函之计 …………………………………… 379
三三七、伸张正义 …………………………………… 381
三三八、人情不可失 ………………………………… 383
三三九、肺石华表木 ………………………………… 384
三四〇、务选廉平 …………………………………… 385
三四一、鸡变与机变 ………………………………… 386

三四二、养民安国 …… 387
三四三、刑政偏私 …… 388
三四四、惧灾修德 …… 389
三四五、为民守之 …… 390
三四六、当举纲维 …… 392
三四七、咸服无私 …… 392
三四八、学问多益 …… 393
三四九、统制铸币 …… 394
三五〇、爱民惜法 …… 395
三五一、抑武招祸 …… 396
三五二、飞雁游鱼 …… 397
三五三、采纳善言 …… 399
三五四、崔楷持节 …… 400
三五五、忠且无私 …… 401
三五六、盐为军资 …… 402
三五七、无利自改 …… 403
三五八、嫉贤妒能 …… 404
三五九、三皇五帝 …… 405
三六〇、引以为戒 …… 405
三六一、胶州刺史 …… 406
三六二、屋漏在上　知之在下 …… 407
三六三、革易时政 …… 408
三六四、切要直言 …… 410
三六五、政事之要 …… 413
三六六、失信不祥 …… 414
三六七、侯景围城 …… 416
三六八、下战之理 …… 419
三六九、优中选优 …… 420

三七〇、悬而不赏	421
三七一、李集面谏	421
三七二、借题发挥	422
三七三、漆黑一团	423
三七四、齐王高演	424
三七五、守信勿失	425
三七六、人臣事君	426
三七七、只靠功劳	428
三七八、语出惊人	429
三七九、左丞相斛律光	430
三八〇、天下公义	432
三八一、善待胜利	433
三八二、罪不及嗣	435
三八三、松柏节操	436
三八四、减免赋徭	437
三八五、立身治国	438
三八六、统一钱币	439
三八七、文风连着政风	439
三八八、孔范骄横	440
三八九、傅縡之冤	441
三九〇、举大纲	442
三九一、修订雅乐	443
三九二、刺史辛公义	445
三九三、死罪复审	446
三九四、藏粮于民	447
三九五、大弘恩信	447
三九六、治国立法	448
三九七、自警戒	452

三九八、越礼失宠	453
三九九、任人唯亲	454
四〇〇、与时消息	455
四〇一、以德化民	455
四〇二、化解危机	457
四〇三、双面人性	458
四〇四、竖子之忧	459
四〇五、精兵简政	460
四〇六、埋头读书	461
四〇七、京杭运河	461
四〇八、厌比前朝	462
四〇九、言当指实	463
四一〇、炀帝自负	464
四一一、先后制异	465
四一二、李世民	466
四一三、重赏郝瑗	469
四一四、应天顺人	470
四一五、易其覆辙	471
四一六、令鉴观	472
四一七、引火烧身	473
四一八、贵在坚持	474
四一九、信不可去	475
四二〇、开通元宝	476
四二一、唐初政体	477
四二二、初定均田法	478
四二三、如为布衣	479
四二四、至公无私	480
四二五、论止盗	481

四二六、不敢纵欲 …… 482

四二七、表动影随 …… 482

四二八、君子用人取其长 …… 483

四二九、善则从之 …… 484

四三〇、问政得失 …… 484

四三一、以至诚治天下 …… 485

四三二、长短得失 …… 486

四三三、必资明镜 …… 486

四三四、与人同利 …… 487

四三五、忘其身 …… 488

四三六、兼听则明　偏听则暗 …… 489

四三七、致治之要 …… 489

四三八、为政之道在至公 …… 490

四三九、每思治道 …… 491

四四〇、礼乐有本 …… 491

四四一、前事不远　吾属之师 …… 493

四四二、一言三思 …… 494

四四三、择县令 …… 495

四四四、不得独私故人 …… 495

四四五、隋亡于二代 …… 496

四四六、居安思危 …… 497

四四七、畅所欲言 …… 498

四四八、安危之本 …… 499

四四九、为官择人 …… 499

四五〇、当官应知民疾苦 …… 500

四五一、孰为优劣 …… 501

四五二、不虞后患 …… 501

四五三、无为而治——十思 …… 502

四五四、以隋为鉴 …… 503
四五五、弦韦之警 …… 504
四五六、恩结人心 …… 505
四五七、创业守成哪个难 …… 506
四五八、三维镜 …… 507
四五九、竖子远谋 …… 508
四六〇、遇物则诲之 …… 509
四六一、直书其事 …… 509
四六二、五者自与 …… 510
四六三、知足不辱　知止不殆 …… 511
四六四、来济引典 …… 512
四六五、虚心求谏 …… 513
四六六、人各有能有不能 …… 514
四六七、文成七步 …… 515
四六八、抚民不扰民 …… 516
四六九、治国要务 …… 516
四七〇、欲知其人　观其所使 …… 517
四七一、前事不忘　后事之师 …… 518
四七二、分层管理 …… 520
四七三、试用官吏 …… 520
四七四、文韬武略 …… 521
四七五、人命至重 …… 522
四七六、苏模棱 …… 522
四七七、以理为上 …… 523
四七八、为官择人 …… 524
四七九、思无邪 …… 524
四八〇、推崇失当 …… 525
四八一、名高万古 …… 526

四八二、隋氏纵欲而亡 …… 527
四八三、小事勿扰 …… 528
四八四、为政大体 …… 529
四八五、苍生安乐即是福 …… 529
四八六、善始善终孰更难 …… 530
四八七、怀慎之人 …… 531
四八八、深明事理有担当 …… 533
四八九、永为后法 …… 534
四九〇、水表 …… 535
四九一、文韬武略·司马光论文韬武略 …… 536
四九二、不准私人铸钱 …… 537
四九三、《千秋金镜录》 …… 538
四九四、天下大柄不可假人 …… 539
四九五、宦官为患 …… 540
四九六、臣不聚敛 …… 541
四九七、选美德察政绩 …… 542
四九八、天下无敢言灾者 …… 543
四九九、以仁为乐 …… 544
五〇〇、官任能爵赏功 …… 545
五〇一、国以法理 …… 546
五〇二、治军必本于礼 …… 547
五〇三、忠勇之谓 …… 549
五〇四、愚而顽 …… 550
五〇五、科考之策 …… 550
五〇六、柳伉上疏 …… 551
五〇七、防壅蔽 …… 553
五〇八、以百姓为本 …… 554
五〇九、常衮辞禄 …… 555

五一〇、秋雨损稼之查 …… 556
五一一、公正公认选贤能 …… 557
五一二、选人标准 …… 558
五一三、国之大本 …… 559
五一四、为政之本 …… 560
五一五、两税法治 …… 561
五一六、刘晏用人 …… 562
五一七、常平盐 …… 564
五一八、凡事必为永久之虑 …… 565
五一九、朝廷借债 …… 566
五二〇、多难兴邦 …… 567
五二一、理乱之本系于人心 …… 569
五二二、立国之本在乎得众 …… 570
五二三、陆贽进谏 …… 571
五二四、陆贽劝帝 …… 573
五二五、尊号无益 …… 574
五二六、改过行善 …… 575
五二七、奏表去尊 …… 575
五二八、万世根基 …… 577
五二九、爵位慎惜 …… 578
五三〇、前车之鉴 …… 579
五三一、军机之要 …… 580
五三二、任德布恩 …… 581
五三三、宽严效异 …… 582
五三四、德宗之失 …… 583
五三五、大盈库 …… 585
五三六、一言丧邦 …… 586
五三七、苟不失人何忧乏用 …… 587

五三八、军垦政令应统一 ………………………… 588
五三九、陆贽论边备六失 ………………………… 589
五四〇、穷则思变 ………………………………… 590
五四一、取之有度 用之有节 …………………… 591
五四二、设义仓 …………………………………… 593
五四三、宫市 ……………………………………… 594
五四四、《春秋》不书祥瑞 ……………………… 595
五四五、纪纲有序 ………………………………… 595
五四六、元稹论谏官 ……………………………… 596
五四七、为政宽猛何先 …………………………… 598
五四八、《梓人传》 ……………………………… 598
五四九、《种树郭橐驼传》 ……………………… 599
五五〇、不令惑众 ………………………………… 600
五五一、政之根本 ………………………………… 602
五五二、用人得失 所系非轻 …………………… 603
五五三、此非佳事 ………………………………… 604
五五四、禁闱患大 ………………………………… 605
五五五、顺人则理 ………………………………… 606
五五六、兵机尚速 威断贵定 …………………… 607
五五七、纲纪四方 ………………………………… 607
五五八、木腐蠹生 ………………………………… 609
五五九、知人则用 有过则惩 …………………… 610
五六〇、诤臣风采 ………………………………… 611
五六一、致理之要 ………………………………… 611
五六二、义利之辨 ………………………………… 612
五六三、信义为国 ………………………………… 614
五六四、此言为首 ………………………………… 615
五六五、清除积弊 ………………………………… 616

五六六、重文轻工 ································· 617

五六七、崔荛喝尿 ································· 617

五六八、深念黎元 ································· 618

五六九、不免流放 ································· 619

五七〇、黄巢起义 ································· 620

五七一、包围与突袭 ······························· 625

五七二、孝子王朝 ································· 626

五七三、空寨设伏 ································· 627

五七四、教子孙不忘本 ····························· 629

五七五、贤言利远 ································· 630

五七六、舍安就危 ································· 631

五七七、明习国事 ································· 632

五七八、士处世贵智谋 ····························· 633

五七九、克用引咎 ································· 634

五八〇、以奇取胜 ································· 635

五八一、先赞后诉 ································· 636

五八二、千载评说 ································· 637

五八三、见危不救非义也 ··························· 638

五八四、廉者足而不忧 ····························· 638

五八五、乘其无备击之 ····························· 639

五八六、弹疽不严必将复聚 ························· 640

五八七、求纳除杜 ································· 641

五八八、警枕粉盘 ································· 642

五八九、爱惜百姓 ································· 643

五九〇、梁朝败亡折 ······························· 644

五九一、革故鼎新 ································· 645

五九二、存审戒子 ································· 646

五九三、计农发兵 ································· 647

五九四、志古自镜 …… 648

五九五、冯道论政 …… 648

五九六、征贤寺 …… 649

五九七、开益智思 …… 650

五九八、建立纪纲信守许诺 …… 651

五九九、统御天下重于信 …… 653

六〇〇、相辅相成 …… 653

六〇一、追求安宁 …… 654

六〇二、至理名言 …… 655

六〇三、职在养民 …… 656

六〇四、民怨伤国 …… 657

六〇五、自古但闻汉和蕃 …… 658

六〇六、铸铁钱资赏赐 …… 659

六〇七、惠泽其民 …… 660

六〇八、仁信刑 …… 661

六〇九、常杜其渐 …… 663

六一〇、修行德政 …… 664

六一一、岂敢厚自奉养 …… 665

六一二、礼义廉耻 …… 666

六一三、极言得失 …… 668

六一四、致治之方 …… 669

六一五、不爱其身而爱民 …… 670

六一六、为政之道 …… 671

六一七、周世宗 …… 672

六一八、皇帝欲立相 岂尽由科第 …… 673

参考文献 …… 675

后记 …… 676

三二二、典签之弊

选译：

诸王镇守设典签，地方事务都监办。
典签时常入京都，奏明事务年几番。
君主用其查镇守，刺史好坏典签言。
典签凭有一片嘴，刺史以下侍奉全。
于是典签威四方，权力到县搜刮敛。

武陵王萧晔做江州刺史，刚烈正直，没法向他捞好处，典签赵渥之对人说：

"今天出了都城换刺史！"

等到见了世祖，极力毁谤萧晔，萧晔果真被免职。

南海王萧子罕戍守琅邪，想到东堂玩一玩，典签姜秀说不行。

萧子罕回京泣对母："孩儿想挪五步都不成，这和囚犯有什么不同？"

邵陵王萧子贞曾经表示要熊白，

厨子说典签不在，不敢给他拿出来。

永明中，巴东王萧子响杀了刘寅等。

世祖知道后对群臣说："子响竟然造反！"

戴僧静大声说："诸王都该造反，哪里只是巴东王而已！"

皇上问原因，戴僧静说：

"这些王爷没罪过，却得时时被拘囚，

取一节藕，喝一杯汁，都得问典签，

典签不在，就一整天忍受饥渴。

各州史听说有签帅，没听有刺史，怎能不造反！"

竟陵王萧子良曾问众人说：

"士大夫都去拜谒签帅是什么用意?"

参军范云说:

"拜谒长史均无益,拜谒签帅本倍长。

不拜谒他有何当!萧子良有愧色,事情原来是这样。

等到宣城王诛杀诸王,都令典签去执行,竟无一人能抵抗,孔珪听了,流着泪说:

"齐的衡阳王,江夏王,最有心思辅佐王,但还是把他们戕,如当时不设典签,不至于是这个样。"

宣城王知典签弊,于是下令改规章:

从现在开始,

各州凡有急大事,应该秘奏表于上,

不要再派典签进京来见上,从此典签渐歇凉。

萧子显议论说:

"帝王之子,生长福堂,早出阁阁。

暮管一方,防止骄横,剪除闲逸。

累代典常,确优辅佐,帝自欣赏。

旧时左右,用做主将,饮食起居。

有所动作,都须知详,诸王秘处。

虽是要位,行动屏障,威势不在。

恩惠不降,朝廷一旦患难,希望他们抛弃权位,扶助倾危,怎么可能有了用场。

这是宋氏留下的旧习,到了齐室弊端更张。"

据《晋纪五》(卷一三九)

译评:

帝设典签单线联,典签借势直通天。

监督转为握实权,州郡长官被边缘。

典签敛财胆更大,说免说杀由嘴翻。

诸王被杀一大片,皇帝不知谁柱天。
宋齐两代兴典签,体制重构州郡惨。
祸害殃及到皇室,找寻何人去补天。
典签监督似可取,典签滥权应除奸。

三二三、超越创新

选译:

魏主想变北地俗,召见群臣来议计。

对群臣说:

"你们希望追商周,还是希望不及汉晋?"

咸阳王拓跋禧说:

"群臣都望陛下能把前代圣王超过去。"

魏主说:

"如此说来,是应变易风俗呢,还是应当因循守旧呢?"

回答说:"但愿政事日日新。"

魏帝说:"是望功业到我止,还是希望传子孙?"

回答说:"但愿传到一百代。"

魏帝说:"这样一定要改革创新,你们一定要遵循。"

回答说:"皇上命令臣遵从,谁敢背而行。"

魏帝说:"'名分不正,言辞不顺,礼乐就不能振兴',现在要禁鲜卑语,完全遵从中华的汉话,年过三十习性久,或许不易能速成,三十岁以下,现在朝廷有任职,不准再说鲜卑话,如果故意还说鲜卑话,要加以降职贬黜,各位自己应警醒。"

据《齐纪六》 (卷一百四十)

译评：

魏主变俗求文明，推广汉语求共通。
坚持进步超前圣，功业传承享长生。
群臣希望传百代，坚持改革日日新。
因循守旧误政业，遵从改革布新荣。
改革可能遇风浪，漩涡过后水前行。

三二四、魏主好读

选译：

魏高祖游华林园，观看旧筑景阳山；

黄门侍郎郭祚说：

"仁智之人喜山水，应该修整再复原。"

高祖说："明帝奢华失在前，他的过失怎能沿？"帝好读书，手不释卷，车上马上，讲道连连，善于文章，马上口述，他人录用，写成以后，自成篇章。自从太和十年以后，诏令策命都是自己笔创，喜好贤德，乐于行善，心情迫切，饥渴一般，接触交游，平民交感，像李冲、李彪、高闾、王肃、郭祚、宋弁、刘芳、崔光、邢峦等人，都因文雅被亲近，被任用，地位显贵，制礼作乐，郁然可观，很有太平文治的风范。

据《齐纪六》（卷一四〇）

译评：

前有之失不可沿，喜欢读书手不闲。
车头马背讲道理，口述文章有佳篇。
喜好贤德乐行善，心情迫切饥渴般。
交游常寄平民情，深知行止乃非凡。

三二五、本身正直

选译：

相州刺史高闾馆,魏主到邺几多观。

赞扬他治理政绩,常赐丰厚很不凡。

高闾几次提要求,家乡幽州治一番。

诏令说：

"高闾到了告老年,要求衣锦把乡还。

知道前进忘后退,有蒙谦恭美德嫌。

降称平北之将官。

他是年资双老臣,应该成全他心愿。

迁调为幽州刺史,让存劝恩法两全。"

任命高阳王拓跋雍为相州刺史,警戒他说：

"做个守牧一方官,可说容易可说难：'本身正直不必令,百姓自然去照办,'所以容易；'本身不正直,即使有号令,百姓也不从。'所以很难。"

据《齐纪六》（卷一四〇）

译评：

做官身正很关键,不必号令事易办。

四面八方透视官,身正胜过发誓言。

三二六、议政纳谏

选译：

魏主对群臣说：

"国有一事总有叹,得失臣下不公言。

君怕不能接纳谏,臣怕不能忠尽全。

从今以后,

朕的用人有不妥,你们直说其缺陷。

如有才能朕不知,你们应当来推荐。

推荐贤能有赏赐,明知不对又不说应该把罪担。

据《齐纪六》 (卷一四〇)

译评:

议政纳谏正相关,二者相济关乎天。

君主善听群臣议,纳谏一事才不难。

广开言路善言多,不拘一格人才全。

政治得失如常有,决策失误用人偏。

历史经验值注意,善于借鉴无叹言。

三二七、拓跋氏释

选译:

魏主下诏言,拓跋氏有其源。北人土为拓,后为跋而言。魏祖是黄帝,以土德王天下,叫做拓跋氏。土为黄中色,万物之根元,应该拓跋氏,姓氏谓之元。令功臣旧族,从代州迁来,姓氏重复的,将其都改观。

于是开始改,拔拔氏为长孙氏,达奚氏为奚氏,乙旃氏为叔孙氏,丘穆陵氏为穆氏,步六孤氏为陆氏,贺赖氏为贺氏,独孤氏为刘氏,贺楼氏为楼氏,勿忸于氏为于氏,尉迟氏为尉氏;其余所改的,不能全记下来。

据《齐纪六》 (卷一四〇)

译评：

姓氏有源也有流，近本溯源情更稠。
中华民族大融合，四海之内竟自由。
炎黄子孙为一家，和睦和谐同心求。
念祖归一话一统，今人更上一层楼。

三二八、选举用人

选译：

帝与群臣论选调，说："近代高卑有常分，这种做法究何因？"

李冲回答："不知上古以来，设置官爵名位，究竟是为了富家子弟，还是为了好处政事？"

皇帝说："想使政事处理好罢了！"

李冲说："那么陛下为什么专选显贵人家的子弟，不选拔真正有才能的人呢？"

皇帝说："只要有过人的才能，不怕上位不知情，君门即使无用才，总有笃厚的德行，所以贵人子弟朕任用。"

李冲说："傅说、吕望怎能以门第选他们！"

皇帝说："非常特异不会多，自古以来一两个。"

秘书令李彪说："如果专门根据门第地位选官吏，不知道鲁国的季孙，孟孙，叔孙与孔门四科的弟子谁更优秀一些？"

著作郎韩显宗说："陛下怎能以显贵的承袭显贵的，以卑贱承袭贱的地位呢？"

皇帝说："如果有高明特异，出类拔萃的，朕也不拘泥这个制度。"

皇帝对刘昶说："有人说，看有才能托重任不必拘泥门第，朕认为不可信，清浊同流相混杂，士人和庶族，爵位车服没区分，这实在不行。现

在八族以上士人，品第有九种，九品以外，庶族官位有七等。如果有特异人才，也可以兴家一直做到三公，正怕贤才难得，也不能为一人乱了我的制度。"

司马光说：选举的方法，先看门第地位，后看贤德才能，这是魏、晋的深刻弊病，而后历代互相因循，未能改变。所谓君子小人，不在于世代食禄与贫贱低微，就今天看来，是愚者智者都能认识到的，而在当时，即使像魏孝文帝那样贤明，还难免这个弊病，所以能明白地辩别是非，不受世俗观念迷惑的，确实很少。

据《齐纪六》（卷一四〇）

译评：

先门地，后贤才，此法选举魏晋来。
历代相因流弊深，贤才门闭贵门开。
魏帝坚持旧制度，以贵袭贵很明白。
过人之才代代有，只缘拘门将其汰。
我劝天公重抖擞，不拘一格降人才。
突破阶级局限性，与时俱进选良才。

三二九、各司其职

选译：

皇上躬亲无巨细，纲目细密很难记。
郡县六署九府常职事，上奏皇上诏令替。
文武官员和勋旧，选用不归吏部事。
亲戚倚情侯机取，人君事务过繁密。
南廉王侍郎颍川人钟嵘上书说：
"古时候，明君选人颁政令，衡量才能授官职，三公坐着议论理，九

卿工作有任务，天子只是面朝南，谦恭修已坐龙椅。"奏书呈上帝不悦，对太中大夫顾暠说："钟嵘是个什么人，替我裁断机要事！"顾暠回答说："钟嵘位低名气小。所说或有采纳地，政务职事确繁多，各有官吏去掌理，人主亲自去总揽，人主辛劳臣逸，所谓代庖切割为大匠斫。"皇上没有听进去，转而去谈其他事。

据《齐纪六》（卷一四〇）

译评：

皇上躬亲劳其身，应知只抓大事情。
抓纲放手郡县事，六署九府看运行。
各司其职看业绩，何须事事下诏令。
头戴皇冠下厨房，切割不知纵和横。
若为巨匠用刀斧，自身定位要搞清。
若要知道朝廷事，不妨访问老百姓。

注释：

1. 六署，指尚书左右什射，左右丞所通常处理的除署，功论、封爵、贬黜、八议、疑谳等六案。
2. 九府：指太常，光禄勋，卫尉，大司农，少府，将作大匠，太仆，大鸿胪九卿府。

三三〇、不死不予授

选译：

元恂将迁洛阳时，元隆穆泰密留恂。
发兵裁断雁门关，计划占据陉北屏。
元丕当时在并州，元隆将计与之通。
元丕表面有顾虑，心里实际很赞同。
等到事情被察觉，丕跟皇帝到平城。
皇帝每讽穆泰等，常让元丕坐观听。

有司陈奏元业，元隆、元超犯罪应该满族抄斩，元丕应该被判刑。

皇帝因为元丕受诏允不死，

由他免除死刑做百姓，留下妻儿住太原，

杀了元隆，元超同母兄弟乙升，其余的儿子到异井。

起初，元丕，陆睿与仆射李冲，领军于烈都接受免死令，陆睿被杀以后，皇帝对李冲、于烈表心情：陆睿谋反咎自取，想要宽恕不可能，但朕没忘前誓约，听任别府去了命，他的妻女免于刑。

元丕的两子一弟首为贼端连坐该处死，特别宽恕，让他做百姓。

朕本期望有始终，是其自己绝于朕，

违逆的心念促悲情。

所以在此以另告，想无致怪平心影。

除反之外，我们君臣如日月明！"

李冲、于烈都上表致谢。

司马光，有评论：

爵位俸禄，废黜安置杀戮存活，给予夺取，是君王驾驭群臣的大权柄。所以先王的制度，虽有亲戚、故旧、贤德、才能、功勋、显贵、殊勤、宾客，如果他们犯了罪，不直接赦免，一定要在象征公卿的三槐九棘之间议论他们的罪刑，可赦免的就赦免，可宽宥的就宽宥。该刑罚的就刑罚，该杀戮的就杀戮，轻重看情况而定，宽严随时机不同，所以，君主可以施恩惠而不失威严，臣子可以免罪罚而不致自我仗恃，到魏就不是这个样，有功勋的显贵臣子，常常答应他们免死，当他们骄横而触犯罪罚，又依法杀了他们。是以不信守的许诺诱使臣子陷入死地！刑政的缺失，没有比这更大的了。

据《齐纪七》（卷一四一）

译评：

勋臣免死代有传，先颁其效促更贤。

免死意味多保护，防止犯罪失其言。

其实免死应限定，灵活掌握用法颂。
如果犯罪极严重，免死不能来挡箭。
为了一人守免死，群情激愤国不安。
刑政立法应全面，不能缺失致自残。
免死享受公权利，此权制衡应明宣。

三三一、亲疏并用

选译：

十九日，魏主在华林园讲论武艺，二十五日，军队由洛阳出发，吩咐吏部尚书任城王元澄留守；任命御史中丞李彪兼度支尚书，与仆射李冲参议处理留守各机构的事，授命彭城王元勰为中军大将军。元勰推辞，说："亲疏并用是古理，臣屡烦陛下授事！过去陈思王要求自效从军，而魏文帝不应允，愚臣未求却得到，命运悬殊是何因？"

魏主大笑，握着元勰的手说：

"魏文帝与陈思王由于才名相猜忌，我和你由于道德相互亲。"

据《齐纪七》（卷一四一）

译评：

亲疏并用古人经，道德相通有亲情。
因为才名相猜忌，二人怎样能合拢？
崇尚道德必有友，友情相会有倍功。
角斗名利讨人嫌，嫌忌常去枉事城。

三三二、与人好合

选译：

李彪家世原贫贱,朝中无亲可攀援。
初到代都游学时,李冲好士便附攀。
李冲看重其才学,便向魏主去引荐。
朝中宣传树声誉,公私两面都引见。
等到李彪做中尉,弹劾错失,不避权贵。
魏主认为李彪贤,把他比做汉代汲黯。
李彪以为己得势,不需李冲渐疏远。
公开场合见李冲,以示礼节整衣衫。
不开道从敬李冲,李冲逐渐产生怨。
到了魏主南代时,
李彪与李冲及元澄共掌留守事。
李彪豪爽性刚烈,意见建议很特别。
屡与李冲相争辩,拉下脸皮也要争。
自认身为执法官,他人不能来纠评。
专擅放肆做事情。
李冲忿恨已到极,遂把李彪罪过集。
尚书省里押李彪,上表弹劾也开启,称李彪：
"违令傲慢,趾高气扬,偷懒越礼,坐着轿子进入禁省,私取官财,常驾御马,无所惮慑。臣召集尚书以下、令史以上的官员,在尚书省会座,面问李彪所犯罪行,审其虚实,李彪供认不讳,承认罪过,请就李彪所犯罪行免其官职,交付廷尉治罪",李冲又上表说："臣与李彪相识近二十年,看他才能出众,学问渊博,议论刚正,以为选了正清廉。

后来稍察其酷躁，以为益处多一点。

自从陛下南行后，李彪兼度支尚书，我与他朝夕相处，共同处事，才知他专断放肆无忌惮，听其言，如古贤；观其行，是暴奸。

我与任城委曲自己，他的无理要求，我们也得屈从去办。

以上所讲，都有事实可验。

如果臣列举的都是事实，就应把李彪诛杀，以除扰乱政事之奸。

如果臣述不实，就应流放至远，以平谗人的毁谤之言。"

皇帝看过奏表后，惆怅感叹说："没想到留守的这几个人竟闹翻。"接着又说："李彪骄傲，李冲自满。"黄门侍郎宋弁向来怨恨李冲，而与李彪同是相州人，交情很好，暗中为李彪好言。有司叛除李彪砍头大罪，皇帝宽宥了他，只是削除名位而已。

据《齐纪七》（卷一四一）

译评：

  惠眼识才，真心荐上，不嫌贫贱，以礼相交，李冲诚可贵。
  李彪中尉，弹劾错失，不避权贵，以贤取信，可比汉汲黯。
  以为接纳，不需凭藉，展示刚烈，相争翻脸，做事多专擅。
  李冲忿恨，收集罪恶，上表弹劾，事实具体，已忍无可忍。
  皇帝阅奏，惆怅感叹，李彪骄傲，李冲自满，各打五十板。

李彪未诛杀，李冲却气死，伤心伤肝冤！

  与人好合礼为先，贤德相容共维坚。
  施人恩惠不图报，知恩不报勿作奸。
  真诚待人戒骄横，目中无人讨人嫌。
  秉公执法勿枉政，不谋私利人自端。

三三三、愚民易动　不足穷法

选译：

高武旧将王敬则，东方举事仓悴间，

朝廷恐惧又震憾。

太子派人上屋顶。望见征虏亭火焰。

以为王敬则攻来，穿了军服想逃窜。

王敬则闻声高兴地说："檀公三十六策，逃走算是上策，我料定只有走了！""檀公三十六策，走为上策"是时人讥讽檀道济逃避魏兵的话。王敬则起兵如雷声，不几日便销声了。

王敬则，受讨代伐，附王民众也处罚，

太守王瞻上奏说：

"愚民容易被鼓动，治罪不值全照法。"

皇上应允此宽大，好几万人免被杀。

据《齐纪七》（卷一四一）

译评：

案件涉及众百姓，执法一定要谨慎。

主犯依法来治罪，胁从教育后来人。

太守王瞻能尽职，"不是穷法"救"愚民"。

古人古法有古理，今人借鉴善区分。

三三四、物盛必衰

选译：

冯熙文明太后事，
恭宗女儿博陵长公主要回阁。
冯熙三女两皇后，一女左昭仪也显赫。
冯氏家族显贵专宠冠群臣。
皇帝赏赐累万多。
公主生了两儿子，冯诞冯修启气卓。
冯熙做太保，冯诞做司徒，冯修做侍中、尚书，冯熙的庶子冯聿做黄门郎，黄门侍郎崔光与聿同直，对冯聿说：
"君家富贵太盛，终必衰败。"聿说：
"我家没有负于您，您竟无故诅咒我？"
崔光说："我本没有诅咒意，物盛必衰是恒理。如果以古来推论，你们家不可不慎！"
后来过了一年多，冯修果然滑了坡。
冯修骄躁且好胜，冯诞常劝不改过。
冯诞上报杖责之，冯修愤恨堵心窝，
找到毒药谋害诞，事发皇帝想把冯修刹。
冯诞引咎来自责，恳求让冯修命能活。
皇帝念其父年迈，杖责贬黜为百姓。
等到诞熙相继死，幽后不久便被废。
冯聿被摈弃，冯氏于是就衰败。

据《齐纪八》（卷一四二）

译评：

> 天地之理盛必衰，富贵太盛终自裁。
> 认识此律多谨慎，莫让骄奢促退台。
> 新陈代谢日日新，来让善事滚滚来。
> 平稳过渡多积累，质量互变路必开。
> 松柏长青当思量，少取多与把树栽。
> 春花秋实结硕果，造福民众福满怀。

三三五、司徒王元勰

选译：

> 彭城王，王元勰，司徒录尚书事未辞弃。
> 元勰向来喜恬静，素朴不悦争权益。
> 高祖看重其才干，委以重任扛大旗。
> 虽然同意他引退，又被世宗所重启。
> 元勰无奈做政务，违背意愿常叹息。
> 他一表人才有风雅，端正肃穆待人宜。
> 谈笑风生随处见，常常使人乐忘疲。
> 爱好文史工余阅，手不释卷披阅及。
> 小心谨慎无过失，闲居独处无倦姿。
> 喜爱敬重儒雅士，倾心以礼相待之。
> 清廉分正素勤俭，府上没有私访的。

据《齐纪九》 （卷一四三）

译评：

恬静素朴，不逐权势，被授官职，坚决请辞，违心为政，常叹息。
风度优雅，清廉公正，爱好文史，谈笑风生，以礼待人，常倾心。

端正肃穆，公务谨慎，勤俭朴素，精神饱满，一表人才，不徇私。
元魍是人不是神，但其行止耐人寻。
借问今时官迷们，争官安的什么心。
若是为公休买官，买官必是投资人。
投入必然要回报，谋取私利怎为民。

三三六、空函之计

选译：

帝疑萧衍有异志，遂派郑植去行刺。
郑植之弟郑绍叔，萧衍手下当长史。
绍叔知道真情后，便向萧衍去传递。
萧衍在绍叔家摆酒席，开玩笑地对郑植说：
"朝廷派你暗杀我，宴饮正是好时机"，说罢宾主笑一起。酒后领植去参观。城池、府库、兵士、器械、舟舰无掩饰，郑植后对绍叔说："雍州的实力不是轻易能取的。"
郑绍叔说："哥回详情报天子，如要攻雍我决死"，别时二人相哭泣。
萧衍听说萧懿死，连夜召人拿主意。
张弘策、吕僧珍，长史王茂、别驾柳庆远，功曹吉士瞻共参议。
王茂是王天生子，柳庆远是柳元景侄。
初九萧衍集僚属，对他们说：
"君主恶行超商纣，该与你们把他去。"
这天，树大旗，召兵士，征兵一万多，战马上千匹，船舰三千艘，捞起檀溪底的竹子，木料，装上船，盖好顶，各项事务都顺利，各将都还争船桨，每船两桨才止息。
荆州刺史萧宝融，萧颖胄执掌府州事。

　　帝派辅国将军兼巴西梓潼两郡太守刘山阳带领三千士兵去就任，路过江陵，便与萧颖胄军队把襄阳袭击。萧衍知道这一计，派遣参算王天虎到江陵，向当地官属到处把信递。信中说："刘山阳溯流西上，同时要把荆雍二州取。"

　　萧衍对将领傣佐说："荆州人向来都怕襄阳人，荆雍二州相毗邻，唇亡齿寒，暗中必与我协力。我们荆雍两州兵，大张旗鼓去东进，即使韩信、白起能复活，也不能为建康谋计，何况是昏君把御刀，应敕之徒来役使。"

　　萧颖胄，接到信，不能决断有犹豫。

　　刘山阳到了巴陵，萧衍又令王天虎。

　　带信给萧颖胄和他的弟弟（萧颖达）。

　　王天虎出发后，萧衍对张弘策说：

　　"用兵之道，攻心为上。我派天虎到荆州，给每个人把信递，但只有两封信给萧颖胄兄弟，信中只写'天虎口具'；等到询问王天虎，王天虎却没说的，王天虎是萧颖胄的心腹，他们荆州及西中郎府官属定疑萧王合隐匿，人人都会心生疑。

　　刘山阳，又迷惑，相疑忌，萧颖胄进退忌，说不清自己堪何争！必定落入我圈套，这是以两封空函定一州计。"

　　刘山阳，到江安，徘徊十多天不向前。

　　萧颖胄，大恐惧，不知该用什么计。

　　夜晚召人定主意，西中郎城局参军安定人席阐文，咨议参军柳忱都参议。

　　席阐文说："萧蓄兵马非一日，江陵人向来畏惧襄阳人，寡不敌众取荆州，必定不能去控制，就算一时能控制，朝廷那里不容许。如今若杀刘山阳，与雍州一起举事，拥立天子以令诸侯，则霸业可以成。刘山阳疑不进，是对我们不相信，现在斩了王老虎，送去头颅使其信，到时候再去收拾他。取得成功不费劲。"

　　柳忱说："朝廷狂悖日益重，大臣惊吓重足敬，我们幸好在远地，才

能暂时保住命，袭击雍州是借机，是让我们相杀拼，你不看看萧令君以几千精兵，打败拥有十万兵士的崔慧景却被小人所害，灾祸很快降及身。"前事不忘，后事之师"。雍州兵精粮草足，萧使君谋略过人，刘山阳不能敌，若是击破刘山阳，荆州面临朝廷斥，进退失据应慎虑。"萧颖达也劝萧颖胄依众席阐文等人计，天亮时，萧颖胄对王天虎说：你跟刘辅国认识，现在非得借卿头，"于是斩了王天虎，将头送给刘山阳，调用民间车辆牛，声言步兵伐襄阳，刘山阳很高兴，不知内中把祸藏。刘山阳到江津，单东白服，带了左右几十人，去拜会萧颖胄，萧颖胄安埋伏，刘山阳进江陵城门，就在车上把他戕。副军主李元履收编留下的军队请求降。

据《齐纪九》（卷一四三）

译评：

两封空函惑相关，心有疑虑徘徊连。
一计得手再施计，送去人头释人嫌。
轻信人头失警觉，遭人暗算把头搬。
空函计套苦肉计，一事不识退也难。
皇帝有心除异己，暗杀却被衍暗算。
古人举事常用计，心中无计别动员。
智取必然要用计，斗智斗勇不嫌烦。
前事不忘后事师，用兵之道攻心尖。

三三七、伸张正义

选译：

崔慧景，有少子，崔偃便是其名字。
崔慧景死时曹潜逃，所以能够免一死。
江陵政权建立时，崔偃为宁朔将军。

崔偃到公车门上书说："臣私下认为：高宗的孝子忠臣而昏君的乱臣贼子，就是江夏王与陛下，先父与镇军了。

虽然成败有不同，所用方法则相同。

陛下初登至尊位，恰与天道相符从。

纤微屈辱天下有，希望陛下为申公。

何论他是先帝子，何论他是陛下兄。

陛下正走他的路，不能怜恤余望空。

现在不能有侥幸，靠人无知而欺弄。

若让他们知内情，相率逃散怎对应？"

事情搁置无回答，崔偃又上奏疏说：

"最近冒昧陈述江夏王的冤情，

并非敢以父子亲情而伤至公，

实在是圣朝对此事意见搞不明。

如果认为君乱毕竟天子，江夏王虽然贤明毕竟是臣，所以，先尊奉人臣叛逆人君不可以，那么不知现在以强兵勇卒直捣巍峨的宫阙，又是为了甚？臣不死，苟存世，只是要等待运启，皇运开泰那一天，忠魂冤屈可以申。现在皇运已开泰。为社稷而死的反成贼臣，臣在陛下之世活着有何成？臣仔细想过：

镇军将军萧颖胄，中领军聂候详，都是社稷臣，都知先父佐江夏王，匡正挽救王室，结果天命未到，人主死亡臣跟死，但臣不在陛下面前提一句。知道不说不是忠，不知不说是不智。

如果认为先父派使者而江夏王杀了使者。

那么征东将军的驿使为何被杀？

陛下杀征东将军的使者，实为欺骗刘山阳。

江夏王不依从先父的请求，是谋取司马孔矜。天命自有定数，所以事业不顺成！臣述毕，请用刑，但是臣虽死上一万次，还请陛下一定要为先父把冤伸，因为事情本身冤，人们都有伤悲情。对此伸张正义，则天下归心；如果不值同情不平反，则天下反叛会不停。

先父忠诚士都知，南董之笔千载清，又何必等待陛下特意对他把屈伸。

小臣情急几近愚，是为陛下谋事情。"

诏令回覆说：

"完全了解卿心情，谥号显赫为之赠。"

不久，崔偃下狱死狱中。

据《齐纪十》（卷一四四）

译评：

忠魂含冤应昭雪，正义事业方能兴。
南董史笔垂青史，流芳千古直笔赢。
伸张正义崔偃奏，天下归心应力争。
不顾自身入牢狱，情切意急愚心宁。
天道天命不相同，不信天命人自竞。

注：南董史笔：南指春秋时期齐国史官南史；董是晋国史官董狐，周人辛有的后裔，世袭太史之职，变称史狐，古对多以"南史董狐"并称，作为编写历史直书的典型。

三三八、人情不可失

选译：

大司马萧衍，黄门侍郎范云，南清河太守沈约，司徒右长史任昉同在竟陵王萧子良的西邸，彼此关系密切，情意随和。是时，萧衍便让范云做大司马咨议参军，领录事，沈约做了骠骑参军，任昉做了记室参军，参与谋议。

大司马内心有受禅，沈约隐言行试探，大司马没有对答言。有一天，沈约向大司马进了言，"今与古代不一样，您不能期待今人按照古代淳风做规范。士大夫攀龙附凤望功建，牧童皆知齐运去，明公应把大运揽，天

象谶语图藉显，天意不可违，人情不可失。天命所在，明公谦让也得担。"大司马萧衍说："我正考虑这一点。"沈约说："您当初在樊沔设官署，倒是应想这一点；现在帝业已告成，还有什么再思念，如果不早定大业，假使有人提异议，就会损害您的威严。况且人心非金石，时事难保不变迁。岂将"建安郡公"往后传！如果天子还都在建康，公卿大臣居其位，君臣名分即确定，国君明睿在上位，大臣忠心在下边，难道有人想改变？"大司马认为他说得对，遂即约人去盘算。

据《梁纪一》（卷一四五）

译评：

  天地人，紧相关，各有常道在运旋。
  古和今，紧相连，相承相异有新天。
  改天换地有人与，天象谶语是谎言。
  顺应时世成伟业，不失人心得江山。
  传承国运莫谦让，国是认定安百官。
  新人不能走老路，以史为鉴路不偏。

三三九、肺石华表木

选译：

  十五日，诏令室，在公车府的谤木和肺石边各设一个箱，谤木又称华表木，肺石即是赤石岩，官吏好坏记上面。如果处士布衣议朝政，在位者又不能代言，可投信于谤木边的箱子里面；如果官吏认为自己有功劳才器冤沉莫达，投肺石函。

据《梁纪一》（卷一四五）

译评：

  官吏不言设横议，功过是非分发函。

朝政可以发议论，功劳才器可书言。
兼听可以明事理，通观右辨官德贤。
时下有网也有箱，得愿效能凝瑞祥。

三四〇、务选廉平

选译：

皇上身穿洗漂衣，常膳只有蔬菜盘。
选拔长吏求廉平，并把他们召面前。
用为政之道鼓励，选拔程序台阶严。
提拔建安内史，晋安太守，都以廉治奉公闻名人间，又定下法令，"小县令有才能，升迁为大县令；大县令有才能，升迁为郡守。"同时升迁山阴令丘仲孚为长沙内史，武康令东海人何远为宣城太守，廉能之才受称赞。

据《梁纪一》（卷一四五）

译评：

选拔官吏求清廉，为政之道当面谈。
选拔升迁观才能，廉洁奉公尽升迁。
表彰激励要及时，正气氛围出德贤。
为官当受众口赞，莫让后背万箭穿。
权力行使有监督，公开透明制约权。
公车使用要立法，公款招待要限钱。
公职人员防异化，一心为公应当先。

三四一、鸡变与机变

选译：

典事史元显进献一只小鸡，四个翅膀四只足，魏帝下诏问侍中崔光。崔光上表说："汉元帝初元年间，丞相府史家中的母鸡孵小鸡，慢慢向着公鸡变，鸡冠和附足的突出，打鸣还围鸡群转。永光年间，有人把头上长角的雄鸡献，刘向认为：'鸡是小牲畜，给人起居报钟点，小臣为政由此显。竟宁元年，石显被杀是应验'。汉灵帝光和元年，南宫寺母鸡将要变雄鸡，但是鸡头还未变，汉灵帝下诏书问议郎蔡邕，蔡邕回答说：'头是人的首脑，是国君的象征。现在鸡的全身都已变，唯有头上没有变，皇上知道这件事，是将乱无果早见。如果应付不精当，政治改良无进展，鸡头变化获实现，祸患就会大蔓延，此后黄巾搞起义，天下于是便大乱。现在鸡变与汉异，但是应验相类似，实在是件可怕事。依照刘蔡预言推此事，鸡的翅足有增多，是大臣结党搞动乱，鸡小说明势力小，还容易将其擦。听说天地灾异现，都是报道人间怨；明君据此启警觉，这样就能福祥见；昏君把灾异看得淡，反应迟缓有怠慢，灾祸就会摆面前。或许朝廷有新贵，参与国政似石显，希望陛下用贤能，黜奸佞，那就可以集吉除灾难。"过了几天，茹皓等人被诛杀，魏宣武帝更加器重崔光。

据《梁纪一》（卷一四五）

译评：

谋士议政引典章，天下兴亡诉衷肠。
尚有诉诸身边事，鸡变便是好选项。
明君若是认识鸡，哪有四足四翅膀。
母鸡孵鸡变公鸡，打鸣还要报时光。
分明说的人间事，明君应该有主张。

黄巾起义震天下，推动社会是良方。

皇帝只知搞镇压，不知除弊治内伤。

三四二、养民安国

选译：

北魏发生大旱灾，散骑常待兼尚书邢峦上奏说："昔者明王重粟帛，金石珠玉受轻视；因为粮棉养民又安国，金石珠玉无用又败德，先王深知奢费害，务崇节俭不为怪，纸绢做帷幔屏风，铜铁用做马辔勒，府库里头藏黄金，只够日用就得了，不买不积费国资，景明初年继升平，国境之内享安宁，远近百姓来归附，络绎不绝有进贡，商人争先交赋税，财税收入成倍增，金玉常有余，但国家开支不够用。如果不定分限额，只怕岁计会不充，从今以后，不是必须受贡。"魏宣武帝遂采从。

据《梁纪一》（卷一四五）

译评：

粮棉养民古今同，安国也是大事情。
库中有粮心不慌，缺米少吃国不宁。
粮棉要在土地生，国土资源勿放松。
农业用地要保证，吃饭问题头一宗。
金石珠玉也应采，滥挖乱采自毁生。
矿藏资源是定数，挖采以后不再生。
只顾眼前花销用，后代困乏苦无穷。
战略资源换外汇，二者可能趋于零。

三四三、刑政偏私

选译：

冠军将军叫孔陵，率兵两万守深杭，鲁方达，守南安，任僧褒守石周，共御北魏做抵抗。刑峦派军王足带兵攻，北魏剑阁庆辉煌，孔陵等人退梓潼，王足遂攻即败仗，梁朝梁州十四郡，都被北魏收入囊。

起初，梁益州刺史邓元起，称母年老求赡养。梁诏他右卫将军，派西昌侯萧渊藻去代当，夏侯道迁叛变时，尹天宝速报邓元起，等到北魏攻看看，王景胤派人求救忙，众劝元起速救接，元起仍然不慌忙。元起说：

朝廷相隔有万里，援军不会赶到场。

如果敌寇不断侵，才须讨伐来对抗。

都督舍我还有谁，救援之事勿匆忙。"

梁朝果然诏元起，都督诸军援汉中。

此时晋寿已失防，萧渊藻，将到任，元起整理回朝行装，粮储武器取尽光。渊藻来到益州城，看到此状怨激肠；遂向元起要良马，元起冷言把心伤，一气之下借着酒醉把元起戕。元起部下围益州，哭吊追问元起亡，渊藻假称有帝令，元起部下才散场，渊藻上诬元起反，皇上盛觉有迷汤。邓元起手下故吏罗研到宫中诉，皇上说"果然不出我料想。"派使者责备萧渊藻说：

"邓元起为你报家仇，你却替敌人报了仇，你的忠孝之道就这样！"于是把藻贬为冠军将军，返赠邓元起为征西将军，谥号为忠侯。

李延寿有感言，邓元起勤于亲上幸下，功劳只在于开拓疆土，功勋未赏遭祸端；渊藻贬为冠军将军，处罚太轻，刑政制有盲点，刑政偏私起祸端，梁朝短命事必然。

译评：

攻者胜，守者败，大好河山丢得快。

无联防，不敢援，右卫将军缘何在。
妄说朝廷隔万里，军不飞至要等待。
如果寇贼连入侵，方须出征将其败。
都督军事唯有我，显出一副大作派。
粮食武器多取走，他军驻防当乞丐。
他人良马不坚还，反问要马何事来。
气得渊藻举直刀，杀了元起不应该。
误称"皇帝有诏令"，皇帝知后只轻责。
将军相杀助敌威，刑政偏私国运埋。
面临敌侵各顾名，竽帝朝上无制裁。
上梁不正下梁歪，梁朝不久便倒台。

三四四、惧灾修德

选译：

北魏太极殿两侧，周屋下面长芝草。
帝指芝草崔光看，崔光当即上奏表。
"这是《庄子》里面所说的'气蒸成菌'，人们把它称芝草。
芝草柔弱容易折，生于秽湿地墟落。
殿堂高华生奇妙，忽有茂盛足异巧。
野树长到朝廷殿，野鸟进入老爷庙。
古人认为这些都是国家将要败亡征兆。
殷王太戊，高宗对此心恐惧，修养自己的德业，殷商国运得昌盛，这就是'家道将要转吉利，怪异现象先发生。
国运将要向兴盛，怪事就会同时竟。'
现在西方南方战未息，郊甸大旱已很久，百姓劳苦，物资匮乏超以

往,这正是承受天命抚育百姓的人所应关心赈恤的;我希望陛下躬亲政事,顺从天意,革新政治,节制长夜纵酒的快乐,保养玉体,那么北魏的国运就会久兴盛,皇上也就可以万寿无疆了。"

魏宣武帝好酒乐,崔光上表言由衷。

据《梁纪二》(卷一四六)

译评:

北魏宫殿长芝草,帝观芝草很奇妙。
随手指给侍中看,崔光即刻上奏表。
芝草本是一种菌,豆芽身材似高挑。
原本生于污湿地,不应在此惹人恼。
突然生长又茂盛,确实使人感烦燥。
奇妙源自不识菌,不识屋下长芝草。
野树生朝很平常,野鸟入庙无蹊跷。
古人思维善联想,怪事能把国运兆。
修养德业唯谨慎,国运昌盛亦看好。
战祸大旱民累苦,抚育百姓宜趁早。
革新政治亲政事,长久兴盛能得到。
居安思危借景致,善于联想有吉兆。
柔弱易折不失察,联系兴亡戒骄躁。
忧劳兴国向前看,谨小致大多妖娆。

三四五、为民守之

选译:

起初,北魏御史中尉甄琛上表魏宣武帝说:"《周礼》一书里,山林川泽有虞、衡等官吏管理,制定各种厉行禁止的法令,大概是要让人们依一定季节去取用，不让山川资源受伤害，虽然设置官吏管，实际却是替百姓守卫，一家之长惠子孙，一国之君惠世民。未有父母吝惜肉酱醋，富有天下万物却靠专卖一物以谋利，朝廷独占盐池专收利，这是只饱口腹不管四肢。天子富有四海物，担心贫家用不着，盐池禁令应解除，盐池之利与民握！"

录尚书事彭城王元勰，尚书邢峦上奏章：

认为甄琛之言义理高，实行起来不实到，古代善政那些主，定是随时把税调，丰盛节俭与事套，有时役使有时养，应合时宜调节巧，如果任有自生长，随其所欲去饮食，顺其自然养万物，何须代代把君造！圣人敛财宽田赋，收取税捐补不到，这手取来给那手，皆非一己装腰包。所谓资用天地产，施恩遍及天下民，说的就是这一条，盐池禁令为时久，积利军政事开销，不只御厨后宫搞奢销，既利不在皇帝身，盐利归民归国无须挑。

据《梁纪二》（卷一四六）

译评：

一家之长为子孙，一国之君惠世民。
设置官吏搞管理，守卫却是替百姓。
田赋税捐取于民，公用宫用也惠民。
国有资源要保护，善政君主要治根。
古之谋臣为君主，其中道理耐人寻。
管理实际是守卫，官员为民也卫民。
人民公仆为人民，公仆是民保护神。
但是劝君莫神气，鞠躬尽瘁应唯真。
把握自己定准位，公仆卫士双重身。
天下为公是大势，天下为民须公心。

三四六、当举纲维

选译：

北魏骠骑大将军惠公源怀，性情宽简不喜繁，总是说："做贵人，应当抓住纲要和关键，不必每事都细缠，这就好比造房子，只要高大宽敞，楹栏栋梁平稳正直，屋基围墙完整牢固，就足焉；斧斤不平，斫削不密，那不是屋子的毛病，勿细烦。"

据《梁纪二》（卷一四六）

译评：

性情宽简不喜烦，为人厚道好人缘。
抓住纲要和关键，势如破竹人皆欢。
姿态高，品行正，贵和不会引硝烟。
求同存异同基牢，金无足赤斫削偏。

三四七、咸服无私

选译：

十月十六日梁任命，五兵尚书徐勉为吏部尚书。徐勉精力充沛超常人，即使满案文书满堂客，对答如流笔未停，综知百氏优缺点，各族忌讳记得清。有次晚上与门人聚，门客虞暠向他求詹事五官掾之职请，徐勉正色说："今晚只可谈风月，不可涉及公事情"，当时人们都佩服，徐勉无私能秉公。

据《梁纪二》（卷一四六）

译评：

只谈风月不及公，徐勉公心情很浓。
莫让笑颜媚公事，清风留在门客中。
官至高处有门客，不嫌门客可有情。
情份只在私人间，私情不应将公冲。
公事公办特认真，人情练达仍秉公。

三四八、学问多益

选译：

十一月十五日，北魏在式乾殿为群僧和大任讲解《维摩诘经》。

魏宣武帝宛佛教，儒家经籍不留心。

中书侍郎裴延隽上书云：

"汉光武帝刘秀，魏武帝曹操，虽然生活战火中，不废经书仍然诵，本朝先祖孝文帝，迁都行军手把经书不肯停，实在是学问多益记心中。陛下亲自登法座，为臣民讲授大彻大悟道，凡是听到您讲经，不论俗人和众僧，都觉得茅塞顿开心有灵。《五经》治世是典范，应览群籍应首捧，乞求陛下各类经典交替阅，儒学佛学双双拥，那么内圣外王之道全具备，真谛俗义全畅通。"

据《梁纪二》（卷一四七）

译评：

古帝学习不放松，战火马背学不停。
学问多益知之深，暂停一刻也不行。
帝制《五经》治天下，儒学讲学能相融。
而今处在新时代，创新是个大本宗。
科学发展是宗旨，不学新知绝不行。

竞争遍布全世界,学习创新才从容。

三四九、统制铸币

选译:

北魏早期真艰难,民间交易不用钱。
孝文帝太和十九年,始铸太和五铢钱。
派遣钱工在官府,鼓风吹炉铸造钱。
百姓想要铸铜钱,就到官炉无人拦。
铜材选用很精细,以次充好不能炼。
魏宣武帝永平三年,朝廷又铸五铢钱。
禁止使用非标钱,不料不久有麻烦。
洛阳州郡诸边镇,钱各不同交易难。
尚书令任城王澄上表说:
"禁用钱币法明颁,专指鸡眼镮凿钱。
再无其他禁令言。
黄河以南各个州,流通之钱不在限。
黄河以北无新币,又不准许用旧钱。
细绢粗布作货币,布幅不够异定式,
且将整布扯尺条,作为货币通市面。
互通有无来交换,织布之人白流汗。
百姓不免受饥寒,不合朝廷原意愿。
钱币使用以绳穿,不需衡器来测算。
公平合理行简便,宜于济世民心安。
乞请同令州边镇,太和五铢新铸五铢和古钱,只要不残都可通市面,贵贱之差照从前。

货物交易能畅通，公家私人都无嫌。
鸡眼镮凿和假钱，依法处理要从严。"
朝廷采纳澄建言，但黄河以北仍少钱。
百姓依旧物物换，钱币不在市场面。

据《梁纪四》（卷一四八）

译评：

统一天下要统钱，统钱才能天下安。
统制新币易济世，旧币折合新币面。
百姓无钱以物换，官府应当做盘算。
收购民间农产品，百姓手中便有钱。
国际贸易当别论，货物互贸为主弦。
金币结算是常规，纸币应换也应然。
如果单方用纸币，要看合算不合算。
如果纸币失信誉，显失公平要倒算。

三五〇、爱民惜法

选译：

尚书奏请复征百姓棉麻税，张普惠呈上奏疏，认为"高祖孝文帝，废大斗，去长尺，改重称，爱民减赋税。

军政须用棉和麻，征绢匹外税棉八两加，征布匹外加十五斤税麻，百姓认为称尺所减不只棉和麻，从此以后戴歌戴舞交税加。征收税绢布渐渐变长变宽，百姓怨声朝廷内外都听到了。问题根本不是尺变大，而是骤然降棉麻。过了不久，尚书又因财政困，又要大肆把税加，此举失信问题大，既定诏令被背弃，想改前非后失达。不想府库多棉麻，大臣合伙盗外拉，老百姓交来实物被压称，未听因此州官受处罚；而时有些微粗劣，户

主治罪三长受扒；因此，国库中的绢和麻，超过法定尺寸多又加；群臣受俸绢和布，长宽厚重无限大，从来听说绢布超标往回打。现要复征棉麻税，应把称尺标准下，明确颁布相关法，不能滥行告天下，要让百姓都知道，上爱百姓珍重法，那么太和政治可久发。

据《梁纪四》（卷一四八）

译评：

大斗长尺重砣秤，盘剥百姓无诚信。
官吏从中捞油水，苦的都是老百姓。
重法惜民犹可见，百姓只得一时幸。
太和政治要清明，应当确爱老百姓。
天下百姓都知恩，劝君为民知民心。

三五一、抑武招祸

选译：

张彝将军子仲瑀，向上密奏请修题。
选官人数要削减，武将势力要制抑。
德行尚洁士大夫，不让武将杂士亲。
混言一出武人怒，要和张氏见高低。
大街小巷贴文告，刀丛怒向张父子。
张彝父子泰然处，不把此事放心里。
二月二十日，
羽林、虎贲武士近一千人，云集尚书省门前呐喊，寻找瑀兄尚书左氏郎中张始均。没有找到张始均，瓦块石头砸大门，尚书省的官员惧，无人禁止和抓人。那些武士拿火把，以石头木棍作武器。直奔张家门，把张彝拖堂下，随意殴打侮辱，把房舍焚，张始均翻墙跑，又赶回来求饶，请求

饶了他父亲，反被殴打被火烧，仲瑀重伤后逃脱，张彝两天后死掉。此事影响非常大，朝廷内外震惊了。朝太后收捕羽林虎贲中的八个首犯并处死，其他人就不究了，二十五日，北魏朝廷又颁大赦令，安抚参与闹事的武士们，武将按资历入选朝廷官吏。有识之士有感触，北魏将有大乱子。

据《梁纪五》（卷一四九）

译评：

文官武将都是官，一视同仁不能偏。
没有文官国不治，没有武官国不安。
混言不慎闯大祸，损兵折将起乌烟。
朝廷又杀又大赦，武将还要去入选。
文官莫要自清高，武官莫要相自残。
文武双全又相敬，维国理政天下安。

三五二、飞雁游鱼

选译：

北魏官员此时少，应选之人却很多。

吏部尚书李韶停止选举录用事，很多埋怨起风波，朝廷改任崔亮接工作。

崔亮请定新选制，只以待选时间为准则。不管应选士子好与坏，而待选时间长的都称自己才能卓。

崔亮外甥刘景安，司空咨议有工作，写信致崔亮说：

"商周从乡塾选官吏，两汉由州郡推荐贤良孝廉和文学，魏晋沿用前朝法，增加'九品中正制'，虽然不能尽善美，但贤能招揽十有六七多。

当然，

贡举仅求文采好，不察他们的事理。

察举孝廉只看辨析才，不问治国理政理，
立中正官却不考核品行才；
只关心姓氏宗族，取才途不广泛，淘汰庸滥的办法不精妙。
您受命，任要职，应当改革除前弊，反以年资来取士，这样子，天下的士子有谁养名节和操行！"

崔亮回答说：
"甥以天下为己任，待时为准也有由；
古今天下相同，处事方法应适求；
子产刑律救时弊，叔向讥讽逆先法，这与你用古礼责难是同轴。"

洛阳令薛琡上书朝廷说："百姓命运系在尚书身，如果吏部选士只按待选时间为准，不看士人才能高与下，就像飞雁排队行，就像游鱼贯水中，接照登记叫姓名，一位小吏就能行，待选年月就定用，这怎么能叫选人才！"

薛琡上书呈进后，并未送至上手中。
后来薛琡又请求推贤才，填补郡县官员缺空，卿臣议论无下文。
往后甄琛替崔亮，崔亮之法仍在用。
北魏选官不得法，始于崔亮待时令。

据《梁纪五》（卷一四九）

译评：

选官是个大事情，治国理政联百姓。
先人都知选贤能，崔亮却要待时令。
式如飞雁和游鱼，选择人才是过程。
北魏选官图省事，麻烦将会鱼贯行。
飞雁一字将远离，北魏朝廷人才空。
尚贤即有为政本，国兴须以任贤能。

三五三、采纳善言

选译：

北魏孝明帝召集丞相、令、仆、尚书、侍中、黄门到显阳殿，问他们说："现在寇贼连恒朔，逼近光祖陵墓，计何所？"吏部尚书元修义请求派遣都督大军镇守恒朔抵御。

孝明帝说："去年阿那瑰叛乱，我派李崇去讨伐，李崇上表奏请将边镇改为州，我以旧制难改未采言。寻思李崇此奏表，开启边民非份心，招致眼下此祸患，往事已经难追究，这里姑且不再言，李崇身为皇亲声望高，英武超群我想派他去征战，不知能否这样办？"仆射萧宝寅等人说："这样决定合众愿。"

李崇说："愚臣请奏镇改州，误认六镇处边远，与戎狄部落相距近，想借改镇为州取悦百姓受抚安，哪个启导他们来叛！"凭臣该死谢赦免，现在又派我北行，报恩改过是机缘。但是我已年七十，疾病在身，已经承受不了战火炼，希望能够另捧贤，孝明帝不允许。

司马光说：

"李崇上表，是为灭祸萌发前，无形之中将敌铲，魏主不采崇建言，等到叛乱发生后，无愧反把李煎，君主竟然不明理，何人敢与把政谈！"《诗经》说："听到美言才搭理，听到讽喻垂眼帘，良善之言不采纳，反而说我连反叛。"魏孝明帝乃这般。

据《梁纪六》（卷一五〇）

译评：

听到美言喜眉梢，听到谏讽垂眼帘。
腾云驾雾不明理，却把善言当罪判。
明君大略驾群才，举贤方得天下善。

善言有甜也有苦，苦口直言却也难。
治国需要集贤良，莫让忠良受摧残。

三五四、崔楷持节

选译：

北魏拟定设殷州，定相四郡往出抽。

任命崔楷到殷州，刺史一职令楷筹。

崔楷上奏朝廷说：

"殷州如令刚设立，武器粮食都没有。

请求朝廷以资助。"

朝廷诏令作核算，结果什么都没有。

人劝楷家留京城，独自一人赴殷州。

崔楷说："吃人俸禄替人忧，一人赴任谁坚守"，于是，带上全家去殷州。

葛荣逼近州城时，人劝楷家老少走。

小儿小女曾出城，后又反悔令回走。

崔楷说："人们会说不坚决，为了父爱忠义抽。

叛军到达殷州城，守城器具也没有。

崔楷励志去抵抗，将士人人勇当头。

都说"崔公尚舍家人命，我等怎能惜己命！"

连日战斗死相枕，始终固志战敌仇。

后来州城被攻破，崔楷持节不屈辱。

葛荣遂把崔楷杀，不见朝廷派人救。

据《梁纪七》（卷一五一）

译评：

北魏朝廷令人愁，设置新州竟无忧。

不给武器和粮食，崔楷只有自己筹。
叛军乘虚攻殷州，不见朝廷有援救。
崔楷信奉有忠骨，食人俸禄替人忧。
为有将士志弥坚，自己家人脑后丢。
坚持抗敌人至死，保持节操芳留州。
崔楷堪称人楷模，忠骨节操百代优。

三五五、忠且无私

选译：

梁朝谯州刺史湛僧智，在广陵围攻北魏东豫州刺史元庆和，魏将前往去救援，梁朝夏侯夔去助湛僧智。

冬十月夏侯夔到东豫州城下，元庆和献上州城投降。夏侯夔想让湛僧智受降，湛僧智说："元庆和要向您投降，不向湛某人投降，现在让我去受降，恐怕本意不相当，况且我率乌合之众军纪没有您军强，您的治军向来严，不会发生侵民事，非常适合去受降。"

夏侯夔登上东豫城，拔掉魏旗梁旗物。

元庆和放下武器出城降，全城百姓官吏无乱象。

司马光说：

湛僧智，真君子，长期苦战全忘记。

受降战果交新将，知己之短扬人长，大功告成却不取，以便成就国家大事，忠心无私，堪称谦谦君子。

据《梁纪七》（卷一五一）

译评：

湛僧智，确有智，知道自己不容易。

不显战果扬人长，无私方显有正气。

三五六、盐为军资

选译：

北魏诏令废盐税，长孙稚上表朝廷认为：

"盐池是自然资源，应该珍视与守护。

按理均衡蓄国库。

现在府库空竭四方乱，冀州定州乱不断，正常征绢收不到，全靠国库来应变，只有支出无收入，现在国家有多难，盐税收入按绢算，一年不下三十万（匹）。现在如把盐税免，那可就是再失算。臣下上次违圣旨，不先计平潼关叛，径直去解河东围，不缘萧坂急长安缓，是怕一旦失盐池，三军军资即难办，幸亏上天助大魏，我这一着没失算，从前高祖盛世时，国家什么也不缺，尚且置官守护盐，这非与民争夺利，而怕百姓争盐风俗乱，况今财力不够用，地租已征六年粮，调绢已征来年物，此皆夺财不得已，臣将会同管理盐池的将尉行，率部去把盐税征，是否可行侯敕令。"

据《梁纪八》（卷一五二）

译评：

　　天赐盐池到人间，军民享用非一般。
　　士兵缺盐无战力，民众缺盐软绵绵。
　　如果废止盐池税，地租也应同时免。
　　长孙稚言确有理，朝廷无财怎补天。
　　运城盐池今亦盛，利国利民有新盐。
　　盐业征收工商税，盐池蓄养国有权。
　　作为军用要保证，科技成果掺进盐。
　　盐税盐价有指导，只缘日月换新天。

三五七、无利自改

选译：

孝庄帝时钱小薄，斗米卖价到一千。

高道穆向孝庄奏，认为"八十一钱一斤铜，民间私铸薄小钱，斤铜可铸二百钱。铜价既显有厚利，又用重刑示之严；抵罪人数虽很多，私铸钱币肩挨肩。令钱徒有五铢名，实际不到二铢廉；如果把钱放水上，不会沉下似小船。这种情况乃旧弊积，监察监督不力也有关，这是朝廷的过失，百姓没有罪可言，现在应改铸大钱，钱上刻文记铸年，用以记录始发用，斤铜只铸七十钱，私铸不会有利润，自然放弃私铸造钱，并且严刑禁私铸造钱。"金紫光禄大夫扬侃也上奏，请求允许百姓和官府同铸新型五铢钱。让民高兴放手造，会因无利自动放弃私铸钱。

据《梁纪九》（卷一五三）

译评：

国家制定标准钱，政令法令齐上前。
经济手段同时用，价值规律作用宽。
允私高兴照标铸，无利可图必弃权。
前代铸钱流弊多，只缘缺乏组合拳。
时下纸币也有假，科技手段应出山。
四手多于"三只手"，零缝无利无人钻。
国家造币多钻研，保密工作应周全。
核心技术严防泄，用者品行也要端。

三五八、嫉贤妒能

选译：

北魏孝庄帝任命城阳王元徽兼任大司马，录尚书事，全面负责朝廷事务。

元徽以为尔朱荣死，他的党羽会自散。

尔朱世隆兵四起，元徽不知怎么办。

元徽生怕妒贤能，不愿人居自己前。

总是单独与帝议，群臣如有献计者。

元徽劝帝弃一边。并且说："平叛不用把心担。"

非常吝惜财与货，功臣有赏赐很可怜。

有时说多中途减，有时已经颁赐却又把赏赐返。

白白耗费钱和物，朝廷恩惠却未感。

据《梁纪十》（卷一五四）

译评：

元徽朝廷握大权，行政不谨遭人怨。

轻敌同时又恐放，嫉贤妒能嫌人前。

独与孝庄议大事，群臣献策劝靠边。

赏赐很少又到扣，已经颁赐往回搬。

古代权谋多轶事，元徽之吝却空前。

孝庄放权给元徽，朝政不臭也会酸。

三五九、三皇五帝

选译：

三十日，节闵帝下诏认为："三皇都称'皇'，五帝都称'帝'，夏、商、周三代都称'王'，大致是一个比一个谦虚，从秦朝以后，各朝君主都争着称'皇帝'，我现在只称'帝'，这已经是对自己最好的褒奖了。"

据《梁纪十一》（卷一五五）

译评：

中华民族荡悠悠，三皇五帝乃开头。
称皇称帝确谦虚，为民造福岁月稠。
历史绵延夏商周，国君称王亦风流。
确定纲纪治天下，百姓有喜也有愁。
秦朝始行封建制，皇帝至尊任其由。
节闵称'帝'已满足，应知百姓有多忧。
追溯历史看发展，人民地位谁与求。
竟看人民当家日，公仆称谓分外忧。

三六〇、引以为戒

选评：

昭明太子安葬母，派人找块吉祥地。

有人贿赂宦官俞三副，卖地得到三百万，三分之一给三副。三副秘密奏皇上，"昭明太子买来的地没有现在我买的这块地对皇上吉利。"皇上年迈多忌讳，买下三副说的那块地。葬毕有位道士说："墓地对长子不吉

利,如果施镇可长命。"于是做了蜡鹅及储物埋在墓地一旁长子位。昭明太子东宫宫监鲍邈之,魏雅都受宠,鲍邈之后来不如魏雅受宠信,就暗中启奏皇上说:"魏雅为太子镇邪祷寿。"皇上派人去核实,果然有物来证实,准备深追这件事,劝止只杀该道士。昭明太子生羞愤,无法说明事真情。等到太子去了世,皇上召长子萧欢来建康城,想把他立为皇位继承人,但因记恨昭明那件事,犹豫很久来决定,二十一日,又把萧欢送回程。

司马光说:

"君子正道不缝偏,不可发生跬步失。

昭明有仁爱孝谨,梁武帝慈善博爱。

一旦产生了嫌疑,自己便忧愤而死。

而且罪恶连后代,寻求吉利却得祸。

直到死未能洗去冤,怎能不让人引以为戒!因此对那些荒诞不经的人,奇异诡怪的术数,君子应该离远些。"

据《梁纪十一》 (卷一五五)

译评:

不信邪,不迷信,遇到怪事多疑问。

近臣耳语多思索,不要轻意下结论。

天下人都求吉利,只有正道才趋近。

诡怪术数要远离,做错事情别郁闷。

寻求吉利却得祸,引以为戒稳坐镇。

三六一、胶州刺史

选译:

北魏青州平民耿朔,聚集众人攻掠三齐,胶州刺史裴粲,只会高谈阔论，对此不作防备，四月耿朔突袭胶州城，裴粲接到报告却说："岂有此理"。过了一会儿，手下人说敌人已攻入城门，粲缓慢地说："耿王来，可以把他带到堂上说事，其余人员，都交给城中百姓处理。"耿朔杀了裴粲，带着他的首级来向梁朝投降。

据《梁纪十二》（一五六）

译评：

  青州耿朔攻三齐，胶州刺史无动衷。
  裴粲只会出高论，不作防备且放松。
  耿朔攻至胶州城，裴粲言至理不通。
  忽报耿朔入城门，裴粲回话堂上领。
  耿朔割下裴粲头，携头向梁朝投诚。
  轻妄无知是自负，怠慢无心确无用。
  情报信息尚能通，知情应该有行动。
  对手已经杀进来，竟让堂上领事情。
  愚钝至极谁与比，原来是个可怜虫。

三六二、屋漏在上　知之在下

选译：

梁尚书左丞江子四，特向皇帝上密章。
详论国政得与失，梁武帝颁诏打比方。
"古人有一句话叫做'屋漏在上，知之在下'。
我有过失的话，自己不一定能觉上，江子四等人言之况，尚书可时时检查，凡是对人民有利的事，都应及时详呈上！"

据《梁纪十三》（卷一五七）

译评：

国政得失劣与优，千万民众最清楚。
屋漏在上在下知，不治屋漏住户忧。
上知下情善决策，常查常知从谏流。
高位得知反射镜，调理利民志不休。
应当设立政策局，情报信息上下求。

三六三、革易时政

选译：

西魏丞相宇文泰，改革时政心敞开。

采取强国富民策，大行台度及尚书兼司农卿苏绰赞成改革，尽其才能与其协；减官员，置二长，搞屯田，资助军政能铺排。提出措施有六条，文帝认可以诏来，六条诏书内容是：

一、纯洁心灵把心清；

二、促进教育开新风；

三、土地资源充分用；

四、贤良之才要重用；

五、公正对待诉讼策；

六、赋税公平又均衡。

宇文重视这六条，将之视为座右铭。

命令各部要背诵，如不精通就另请。

据《梁纪十四》（卷一五八）

译评：

政治改革要推行，强国利民是本宗。

精兵简政先开展,首先取信老百姓。
公平均衡摊赋税,慎重公正待诉讼。
实际工作要铺开,清心教育要先行。
宇文重视六措施,身体力行座右铭。
实行屯田利军民,沿习前代也算精。
宇文之改果难料,思路措施有初衷。
而今政改至攻坚,不能心急搞运动。
总体目标要确定,分步实施要贯通。
民主政治要建立,精神文明要过硬。
思想路线要端正,公心公正正气浓。
公德公序公信强,公权公务忠于公。
公事公办公责贵,天下为公公易成。
政改是个总工程,人事制度要慎从。
人事改革重选人,选对人才事方兴。
制度带有根本性,围绕公益做工程。
政党关系要善处,视为兄弟同为公。
执政参政共给力,无私才能求大同。
中国事情办得好,各个方面都光荣。
法制政策相配合,施政依法来运行。
监督机制要强化,赋予权力独立挺。
以人为本做大事,人民满意有好评。
史上改革如逝水,只有今时好光景。
人人都知争朝夕,心急不利起鹏程。
家大业大事情多,稳扎稳打合国情。
中国发展促世界,时弊总会被扫清。
民主法制和效率,令人满意世界惊。
中国民主早西方,西方民主非先行。
以史为鉴不盲从,退行容易掉陷阱。

四〇九

社会主义民主真，完善民主遍地红。
政改是个长过程，不断变革终有成。

三六四、切要直言

选译：

司马光说：
"梁武帝不得善终，与其自身乃相称。
帝王听意见，纳谏言，失在碎小略大观。
臣下上书进谏失在零碎令人烦。因此，
明君善抓本计指导万事物，
忠臣善从国家大局着眼格君言。这样，
不需亲身劳碌收远效，
言语简约却受益非浅，
综观贺琛的进谏，未尽切直帝怒颜。
护其短，夸其优，法问谁是贪暴官，
追问劳费众条目，置以细节来刁难，
责写奏章难成篇。
自从食蔬节俭大美德，每天忙到太阳偏西才吃饭，勤勉工作是治国良方，为君之道已具备，再无什么需增添，群臣进谏规劝是，全都不值到耳边。这样一来，再有比贺琛更切中时弊的直言进谏，谁还敢对皇帝言。于是，
奸臣眼前看不见，大谋颠错不知原。
落得声名受凌辱，生命遇到危险。
国家败亡宗嗣断，千古耻笑后世怜。"

据《梁纪十五》（卷一五九）

译评：

> 切要直言献国是，抓纲执要谋大篇。
> 广开言路识大体，拒绝进谏害关天。

附：贺琛进谏与梁武帝责琛

梁朝散骑常侍贺琛，上书陈述四项意见：

其一，认为如今北方东魏与我们已通好，这正是让百姓繁衍后代，积聚财富，教养训导的好时候，而天下户口却减少，边关之外减得更厉害。郡不堪忍受州的控制，县不堪忍受郡的盘剥，相互呼叫骚扰，只知道横征暴敛，民众忍受不了这种重压，各自谋求流亡迁移，这难道不是地方长官的过失吗！东部边境地区户口空虚，都是由于国家派去的使节过多，即使是偏远地区，也无所不至，每当一位使节到来，所属地区便受到骚扰；无能愚钝的地方长官，只好拱手听命，任其鱼肉搜刮，强横狡猾的地方长官，则趁机加倍贪剥，即使有一些廉平正直的官员，也会受到郡守的阻挠和限制，在这种情况下，虽然皇上年年颁下恢复生产，安居乐业的诏书，多次下令免除赋税，但老百姓还是无法返回原籍。（注：事无巨细不切要，杂乱无章不开窍，一盘散沙难收托，一团乱麻难梳通。）

其二，认为"现在天下官员贪暴，是由奢靡风俗造成的，喜庆宴会比豪华，果品堆积如山包；美味佳肴美如绣，百两金子不足一宴消；宾主只选一部分，其余饭菜都倒掉；蓄养歌妓无区限，官员敛财有亿万，酒席歌舞只能用几年。他们花钱如小山，追求快乐只瞬间。他们后悔做官聚敛少，如能复官加聚敛，其他淫侈也很多，陋习成风旦日渐，要使人们守清廉，的确已经不好办。应该严禁和限制，提倡节俭纠正浮华不实的弊端。使得风气有改变，我对失节有感叹，如同民众感忧患，只是耻于不如人，所以勉强去追赶；假如大力倡朴素，就是以纠正衰败邪侈的弊端。（注：只因花的是百姓钱，奢侈浪费只等闲，只有剥夺剥夺者，提倡节俭合心愿。）

其三，以为皇上忧国忧民，不辞劳苦，朝廷各部，直接奏事，骗您信任，升官晋爵，不顾大局，内心虽明，却自原谅，吹毛求疵，细致分析，以严酷为能干，以纠过捕人为能事，表面来看，为国为公，事实只为，作威作福，犯罪增加，舞弊严重，弊端不断，奸诈增多，实由此因，真诚希望，朝廷责成，官员办事，讲究公平，净化官员，奸邪用心，这样就会上下安宁，没有忧患。（注：直接奏事仍可行，只要皇上愿接听，忽有直奏骗信任，皇上听了怒气生。犯罪增加弊端生，皇上本身扯不清。）

其四，认为天下太平无闲暇，减事节支是良法，减事百姓养生息，节支国财减因乏；朝廷各部应直辖；凡是都城的治署邸肆以及国容军备，地方上的屯传邸治，应该撤的就撤销，需要削减的就削减，兴建工程不急需可以缓，征收赋税徭役可停减，积聚财富派大用，人民安居乐业是为久使。如果小事钱少办不止，如果小工成年累月征，难谈富国强民

建霸业。(注:减事简政缓征节支似有理,但要富国强民需要抓本宗,根本大计抓不住,小打小闹无大成。)

梁武帝责琛,

皇上看了琛表章,勃然大怒不寻常。

主书令史叫面前,口授诏书斥贺章。

大意是说:

我在位四十多年,臣民直言每天观。

他们述事与你同,我苦于忙碌糊涂添。

你不该混国低能辈,图个虚名向路人炫。

"我可向上提建,遗臧皇帝不采贤。"为什么不分别说明:某刺史横行不法,某太守贪婪残暴,尚书台兰台某人奸滑,渔猎百姓的朝廷使节姓甚名谁?从谁手里掠取,又给了谁?把事情说明白,以便朝廷诛杀,罢黜他们,再选贤能的人才,此外官吏百姓,饮食豪华。如果严禁,高墙深院,如何拿准,倘着家家搜查,必然骚扰有加。如指朝廷生活奢侈,我是没有这种情况,我是佛食素,好久没有宰杀。朝廷聚会用餐,一般蔬菜而已;如果削减蔬菜,必有《蟋蟀》之讥,晋僖公过分节俭失礼,被人讥笑讽刺。如指供佛供僧等事,那便不对,因为所用是菜园中的东西,一种瓜做几十样菜,一道菜做成几十味,花样翻新成多种,这有何妨害!我除了出席公宴,平常不吃国家酒食,这已有好几年了,后宫之人,也不食用国家钱粮。营造塔寺用料用工不用公,都是花钱请私人。官员们有的胆大,有的怯懦,有的贪婪,有的廉洁,并非朝廷使之成这样。你以朝政有悖误,而自以为了不起,应思考导致犯错误的原因。你说'应该提倡节俭',我断绝房室已经三十多年,睡在不过放一张床的地方,宫中没有雕镂装饰,我平生不好饮酒,不好音乐,朝廷设宴,未曾奏乐,文武百官,人所共知。我每天三更即起处理政务,时间随事情多少而定,事情少午饭前就可办完,事情多则日偏西才能吃饭,每天常吃一顿饭,无日夜之分;过去我的腰腹超过十围,如今只有两尺多,过去的腰带还在,可以作证,我这样做,还不是为了救国救民。你又说'各部门无不向皇上奏事,竟相花言巧语以求升官晋爵,如今若不让臣民上书呈报事务,谁家承担通达民情的责任!把国事全都委托给专人,你说如何能找到这种可靠的人呢?'古人说过:'专听生奸,独任成乱'。秦二世宠任赵高一人,西汉元帝皇后把国事全托付给王莽,最后走到指鹿为马,颠倒是非的地步,这可以效法吗?你说'吹毛求疵',又指的是谁?"擘肌分理"又指的什么事?治、署、邸肆等,哪个该撤?哪个该减?哪个工程不急需?哪种税收应该缓?你要分举具体事,详细奏报我面前,富国强兵,减省车段,休养生息的方法措施,也应一一展现!如果列不出来,就是对朝廷的欺骗,我期待你再奏,自当再览,交给尚书,全国颁布,期望新政,再现今天。"贺琛接到诏书,只是向皇上认错道歉,不敢再说什么。

皇上考慈恭俭，博学能文，阴阳、卜筮、骑射、声律、草隶、围棋无不精深。对朝廷政务勤勉认真，冬起四更批阅公文，天气寒冷，手都裂皴。天监年间，信奉佛教，素食斋饭，菜汤粗米，日餐一顿，有时事多，漱口算进，身穿布衣，床上蚊帐，木棉织布。一顶帽子戴三年，一床被子用两年，后宫贵妃以下，不穿拖裙，生性不喝酒，如果不是宗庙祭祀、大宴席、拜佛，就不奏乐。衣帽得体，以礼待人，然而过分优待官吏，以致州郡长大多鱼肉百姓，朝廷使节在各州郡横行霸道。又好亲近任用奸诈小人，用人失于苛求，还兴建了许多佛塔寺庙，耗费了国家和民众的大量物力、人力。江南长期安定，形成了奢侈的生活习性，所以贺琛上书反映这些情况，皇上恼恨他触及实际，说话太直，所以发怒。

译评：

发怒只因头脑空，根本大事无影踪。
锣鼓听声话听音，知过改过乃高明。
切要直言能听取，贵在改过政令行。
亲近小人无大作，跟着小人跳火坑。

三六五、政事之要

选译：

高澄任命廷尉卿杜弼为军司，代理行台左丞，临出发前，高澄向他请教为政的要点以及应该警惕的问题，让他写出几条来，杜弼请求口述，说："天下大政莫过赏罚。奖赏一人人皆喜，惩罚一人人都怕，假如奖罚没差错，自然尽美就到家"。高澄听了很高兴，说："语虽不多理切中。"

据《梁纪十六》（卷一六〇）

译评：

古人遇到大事情，操办总是问要领。
提纲挈领心有底，胸有成竹总成功。
今人办事讲论证，探索可行不可行。
公论以后再综合，确定方案再行动。

程序要铄和同标，总体推进求大成。

价值效益作判断，大大利于老百姓。

三六六、失信不祥

选评：

东魏占领悬瓠项城，完全恢复原有边境。

大将军高澄多次派使，到梁朝传递书信。

再与梁朝通和友好，梁朝没有答应。

高澄对贞明侯萧渊明说："我父高王与梁武帝保持了十几年的友情。听说梁武帝在拜佛的礼仪文字中写到：'为魏国国主及高丞相祝福。'这是梁武帝的一片好心，不料一时间断绝来往，导致纷乱烦扰的发生，这非梁武帝的本意，一定是侯景造成，应当派使者去咨询。如果梁武帝记友情，我也不违先王睦邻友好心，诸将都会立即放，侯景的家属同时送。萧渊明派省事夏侯僧辩带着书启见皇上，信中声称"渤海王高澄长者多宽宏，如果与东魏再和好，他们许我返回建康城。"皇上看书泪伤心，商议此事召群臣。右卫将军朱异，御史中丞张绾等人都说："平息寇乱，休养百姓，和好确实是上策"。司农卿傅歧认为"高澄为什么要调和？必是设置离间计，故意让贞阳侯派使者回来，想让侯景生猜疑，侯景意识到不安全，就会图谋搞叛乱。如果答应与东魏和好，正好中了离间计。"朱异等人认为应和好，皇上也厌烦用兵，于是采纳朱异的意见，给萧渊明复信说："已知高澄大将待你好，阅信心里很宽慰，我会另使到魏国，重建两国和睦友好关系。

夏侯僧辩回去时，侯景查知这件事，将路经寿阳的夏侯僧辩抓起来拷问，夏侯僧便一一供出来，于是侯景给萧渊明写了回信，另上书启奏皇上说：高氏狠毒有民愤，高欢死去遂人愿。高澄继承其恶毒，灭亡时间可指

算。漏阳一战所从胜，也许是上天让他恶贯满盈，高澄的行为如果合天意，内部稳定无危机，何必急忙提出优厚条件求和呢？只缘秦军扼其喉，柔然人背后逼，以甘辞厚来换取与梁朝的和平友好关系。臣下听说："一日纵敌，数世之患"。意思是一天放纵敌人，就会有数代的祸患，您何必怜悯高澄，背弃亿万人的心愿呢！我以为，北魏安强始天监，钟离一战马失鞍，北魏强时尚攻伐，及至衰弱反思和。陛下放弃胜利果，纵容垂死之敌人，使其倚梁而苟延，给后世留祸患。对此不仅我扼腕，有识之士皆痛心。从前，楚相伍子胥奔吴国，吴王对伍很重用，最后吴国灭楚国，陈平弃项投刘邦，刘邦建汉称了帝。臣下才能低古人，但心愿却是同样的。我深知高澄如同晋人怕贾季，随会。贾季奔翟，随会奔秦，秦人用其谋，晋人以为患，高澄恨我投奔梁，他的求盟请和，只是想借此除其后患。如臣下死而益于梁，我一定万死不辞，只怕事实不如此，那就成千年笑柄了。侯景又写信给朱异，并送黄金三百两，朱异收了黄金却未把侯景奏折呈皇上。

十七日，皇上派使得去东魏吊唁高欢，安慰高澄，侯景又上书说："我和高氏怨隙深，我们赖陛下威福望报仇雪恨。如今陛下与高澄重和好，叫我侯景怎做人！乞请允我再出战，宣扬陛下的皇威！"皇上回答说："我与您君臣关系已确定，怎会当您顺时接纳败时弃呢！高澄派使来求和，我也想着停战争，进退国家有计划，您只管养身不劳神！"侯景又上书说："臣下如今积粮草，征集兵力养战马，整治武器，制订进兵计划，准备收复失地，平定东魏，但是不应擅出兵，希望陛下发布出师令，如今陛下把我抛一边与东魏重新和好，只怕将来难逃命。"皇上又复信说："我是万乘大国君，怎会在这种事上失信！我想您能理解我的心，不必再来启奏信。"

侯景于是伪造东魏致梁朝信，信中请求用萧渊明换取侯景，皇上准备作答应，舍人傅歧说："侯景处困来归义，抛弃他是不吉祥，这种身经百战的人，怎奈束手就擒。"谢举，朱异说："侯景是败将来投奔，只需一使把他擒。"皇上听从了他们的建议，复信东魏说："贞阳侯早晨到建康，傍晚就可返侯景。"侯景得到这封回信后，对手下人说："我早知萧衍无情义。"王伟劝侯景说："坐任萧衍出卖是死，武装造反也是死，希望大

四一五

王拿主意！"于是谋反，所属各城镇居民，全部征召为士兵，并停止追征商税田租，老百姓的子女都分配众将士。

据《梁纪十七》（郑一六一）

译评：

和睦友好尽力争，涉及造反要慎重。
投来将才应重用，绝不失信应尊崇。
应当警惕离间计，中计以后祸无穷。
两相交好似可取，遣返奔将不随从。
一次不慎失了信，谁人还会来投诚。
侯景反叛显忠诚，数次请战皆未听。
侯景反叛酿大祸，闹得上下不安宁。
武帝蔽事不明智，难耐困于建康城。

三六七、侯景围城

选译：

临贺王萧正德的记室参军顾野王，
讨伐侯景二月五日率部到建康。
当初皇城关闭城门时，
大臣们考虑储备粮，
男女老少齐发动，出城运米备饥荒。
收集储金和布帛，集中保管德阳堂。
但燃料，饲料，鱼肉，食盐未进账。
到时候，解决燃料要拆房，垫席剁碎喂马配备米粮。
士兵们没肉吃，煮革，烤鼠，捉雀吃，
皇厨有一种干海苔，又酸又咸，士兵们去分享。

士兵们杀马掺人肉，吃得人闹病荒。

侯景的部队也挨饿，四处掠夺无收获。

东府城中虽有米，可供部队吃一年，但通道被援军封锁。

听说荆州部队即将到，侯景忧患内生火，

王伟说："如今皇城不立克，各地援兵日益增多，我军粮食又缺乏，不如假意去求和，和能缓解对方攻势，东城储米好调拨，休整部队修缮器械，抓住对方松懈倦怠可速破。"

侯景听了王伟劝，派部将来到皇城下。

恭递表章给皇帝，请求和好回原辖。

太子虑及皇城困，禀报皇上请应答。

皇上愤怒说重话，与其讲和不如自杀。

太子再三求皇帝：

"侯景围城已很久，援军推诿不出伐。

只好暂与侯景和，然后再作新打划。"

皇上沉吟很久才说话："你们自己做主吧，只是不要留下千年的大笑话。"

太子回报侯景皇帝允许和。

侯景趁机要挟，请求分到江西四个州，要宣城王萧大器出城护送才渡江撤下。

中领军傅岐争辩说："哪有叛贼领兵围皇宫，我们却与讲和便作罢。侯景求和只想援军退，其人面兽心又使诈。宣城王是皇上嫡亲后嗣，国家命运系于身，怎么能让他去护送他。"皇上任命萧大器的弟弟石城公萧大款为侍中。把他送出城，到侯景那里去作人质，又命令各路援军不准再前进，同时颁布诏书说："善兵不战，止戈为武——善于用兵不战而胜，止息干戈，彰显武功，可委任侯景做大丞相，都督江西四州诸军事，仍保留原有豫州牧，河南王的官爵"。

十月三日，在西华门外筑坛，派仆射王克等六人一同登上祭坛订盟约，梁太子詹事柳津来到西华门外，侯景也走到包围皇城的栅栏门口，两

人远远相对，随后杀牲，以血盟誓。之后，侯景的包围并未撤，借口说："没有船只，无法立即开拔"担心各路援军随后追击。"让萧大款回皇城，萧大器去送行，没有离意。皇太子虽知侯景使诈，但仍不停地笼络他。

十四日，前南兖州刺史南康王萧会理，前青冀二州刺史湘潭侯萧退，西昌侯世子萧或率国三万到达马印洲，侯景担心受攻，上书说："请把马印州的援军移到秦淮河南岸去，如不这样，妨碍我们渡江。"皇太子随后令萧会理从白下城移军到江潭苑。

几天后，侯景启奏："高澄已占领寿阳，钟离，臣下今无立锥之地，请求皇上把广陵和谯州或给我，等我收复寿阳后，即把广陵和谯州还给朝廷。"又说："援军既然驻南岸，把京口让与我们以渡江。"皇太子全部答应了。

二十四，侯奏上书说："永安侯萧确，直阁将军赵威方经常隔着栅栏骂我说：皇上自己与你订盟约，我们最终要打败你。请召回这二人，以便我们退兵上路。"

皇上派人召萧确，二十五日对萧赵任命。

萧确屡次上书不进城，但皇上总是不答应。

萧确先派赵威方入城，自己往南方奔。

邵陵王萧纶流着眼泪对萧确说：

"皇城围困已很久，皇上处境危险令人惊，我们的心情很急切，如同身在沸水大火中，暂且与侯景结个盟，让他尽早离开城，再作后计求长宁。如今命令已经下，怎能抗拒不执行。"

当时，皇太子的使者周石珍、东宫主书在该生正在萧纶身边，萧确对他们说："侯景虽说要退兵，却不撤围意图明，现在召我进皇城也无用。"周日珍说：'皇上命令如是说，您怎样推辞而不动。"萧确坚持不入城，萧纶恼火智已穷，让赵伯趋提着萧确脑袋去进城。"赵伯趋拿起刀斜视萧确说："伯趋认识你永安侯，可是这把刀不认识你。"萧确流着眼泪进皇城。

皇上平时吃素食，皇城久围菜危机，

萧纶借机送鸡蛋，梁武帝捡蛋也抽泣。

据《梁纪十八》（卷一六二）

译评:

　　　　武帝大清已三年,无奈侯景退无边。
　　　　侯景得寸又进尺,皇上泪水洒衣衫。
　　　　一着不慎受百害,满朝文武沸水煎。
　　　　侯景当面虽称臣,君臣关系已倒颠。
　　　　武帝忌讳留笑柄,谁料笑柄传千年。
　　　　侯景奔来又反叛,由谁去论忠和奸!

三六八、下战之理

选译:

　　邵陵王萧纶想救援河东王萧誉,但缺粮,便马信给湘东王,对湘东王说:"天时,地利,不如人和,何况是骨肉同胞,怎互伤!如今国家危亡,君臣蒙耻,创伤巨大,悲痛深刻,唯有互相推心置腹,卧薪尝胆,积极备战,放弃忿怨。如果外患未除,家族相残,观今鉴古,无不灭亡,凡是战争,追求胜仗,占领地盘;至于骨肉之亲,愈是战胜愈是残,大捷无功,战败伤残,劳累将士,损害人伦道义,损失多繁。侯景之军,未窥江外,只缘皇室藩王,互为屏障,固如磐石,同宗牧守,强盛密严,贤弟你若陷湘州,不止进兵,雍州疑你,将要进犯,怎能安心,必引魏军,以为助援,这样,你会受胁,如你不安,梁朝天下就完。务必希望,撤除围湘,为社稷生存着想。"

　　萧绎回信,陈述旧账,萧誉之过,难以原谅,并且说:"萧誉引来扬忠之军侵逼,为我轻取,谁是谁非,事实俱在,不多解释。湘洲一平,我马上撤军返回。"萧纶阅信,扔到桌上,感叹流泪,说:"天下之事,竟败坏至此,湘州萧誉如收,我亡无日。"

据《梁纪十九》 (卷一六三)

译评：

天时地利人和序，人和领利有多多。
兄弟恩怨多少事，国危面前乃细末。
同室再戈失道义，相残难有好结果。
只有同心挟国危，才有机会站住脚。
英要仰天长感叹，生存大计多捉摸。
千年苍桑多兴叹，危难之时你如何。

三六九、优中选优

选译：

北齐辛术升任吏部尚书，自东魏迁部邺城后，负责选举重任的吏部长官，知名的几个人各有优势：

北齐世宗高澄年少有为，志高气扬，不足之处，草率粗放。

袁叔德深沉严密，谨慎宽厚，不足之处，琐碎细伤。

杨愔风流倜傥，口齿流利，录用人才，失之浮华。

唯有辛术生性崇尚忠贞清明，选取人才，必据才能器识，注重各实相符，不论新人旧臣，据才提拔，即使是库官，只要有才也提拔任用，门阀士族也兼顾不遗。综合考察这几个吏部长官，要数辛术比较中正无所偏颇。

据《梁纪二十》（卷一六四）

译评：

知人善任用其长，德才兼备口碑良。
名实相符看业绩，公道正派无私囊。
不拘一格选人才，勇挑重担有气量。
因才施用不偏颇，切妨用人帮倒忙。
北齐时有北齐事，今人用人有时方。

坚持原则德为本，开拓进取崇纪纲。
四化首要革命化，与时俱进不迷茫。

三七〇、悬而不赏

选译：

萧纪用一斤黄金做圆饼，一百金饼装一箱，共有一百箱，银子储备更多，五倍黄金也在上，锦缎缯彩多非常。每次作战都挂出，并不用来作奖赏。宁州刺史陈智祖，请求散发招勇士，萧纪不听陈哭亡。谁要有事来求见，萧纪称病拒来访。因此部队人心散，逐渐瓦解近乎亡。

据《梁纪二十一》（卷一六五）

译评：

金满箱，银满箱，锦缎缯彩做天帐。
每次作战都挂出，吊人胃口把心伤。
重奖之下有勇夫，恐怕萧纪已迷茫。
将士受欺志疲软，人心涣散难收场。
抱着黄金人死去，不知谁做嫁衣裳。
人知金银财宝贵，更贵志气能久扬。

三七一、李集面谏

选译：

典御丞，李集在，面谏比帝桀与纣。
帝令捆集放水中，沉没一会来解怒。
复令拉起再问集，我有何事如桀纣。

　　集说没有不及桀纣。

　　帝令沉出达四次，集语如初不改口。

　　北齐文宣帝大笑，"天下竟有这痴呆"。

　　方知龙逄比干不俊秀。

　　遂后李集被释放，沉入水中未喝够。

　　不久李集又被召，李集似科有谏露。

　　文宣帝似不耐烦，下令推出腰斩就。

　　变化难测文宣帝，李集死而不改口。

　　　　　　　据《梁纪二十二》（卷一六六）

注：龙逄传说为夏代人，因劝谏夏桀王而被杀。

比干为商纣王叔父，纣王淫乱不止，比干面谏三日不去，纣王怒，将其杀之，剖其腹而观其心。

译评：

　　李集身为典御丞，御膳御药在手中。

　　配其膳药知所好，每日精心可谓忠。

　　但是面谏太直率，比帝桀纣将祸生。

　　高洋令其沉水中，几次洗涮不变心。

　　高洋下令处腰斩，剖腹观心找原因？

　　文宣帝，并不文，残暴岂能求其心。

三七二、借题发挥

选译：

　　河南河北蝗灾重，齐王高洋便提问：

　　"什么原因致蝗灾？"魏郡丞崔叔赞论：

　　"《汉书·五行志》上说：

'不合时宜劳民众，大兴土木蝗灾生。'目前陛下动员修长城筑三台，招致蝗灾或是因！"

齐王高洋发了怒，命令左右把他揍。

扯头发，浇污水，倒拖出去让其受。

据《陈纪一》（卷一六七）

译评：

  蝗皇发音难分清：蝗灾与皇有关联。
  大量劳民田荒芜，时宜蝗聚灾害生。
  皇帝听了勃然怒，毒打污辱实不应。
  叔瓒引用《汉书》说，至理引火烧了身。
  真话直说确不易，齐王应当谢直臣。
  蝗虫现在已很少，但是蝗因依然存。
  农民进城田荒芜，蝗虫也会应时生。
  调整政策讲科学，莫让蝗虫袭扰人。

三七三、漆黑一团

选译：

早先齐有术士言，"亡高者黑衣"外传。

齐高祖每次外出，沙门和尚不欲见。

齐显祖晋阳问左右，"什么东西最黑？"

左右回答说："莫过于漆。"

齐显祖因上党王高涣在兄弟中排行七，便派库直都督破六韩伯升到邺都召高涣。高涣随破六韩伯升行圣紫陌桥，料知此去凶多涵，东死破六韩伯升，渡河南逃抵济州平西南。古三济州被逮捕，送往邺都……

据《陈纪一》（卷一六七）

译评：

齐高祖，信邪教，黑漆七，一起套。
"黑衣亡高"术士言，高祖每出忌黑照。
显祖晋阳问左右，将黑与漆列一道。
沉沉一线漆连七，老七高涣被征召。
高涣似知显祖心，料知此去吉很少。
杀死破六欲逃走，被人追捕命难逃。
邪门邪道有邪心，邪气生发祸必遭。
指点江山用邪意，江山不倒人自找。
漆黑一团不开窍，自相杀戮怪邪教。

三七四、齐王高演

齐主高演对王晞说：

"我自当国君以后，你却变成一外人。

几乎不登我的门，从今以后，即使不是职内事，只要有意见，随宣书简凑空申。"于是敕令王晞，尚书阳休之，鸿胪卿崔劼等三人，每日化毕入厢房，共同条举摘录门，历代礼乐和职官，田市征税，古往相承沿用不便于今，或自古施行有利而废于今；或道德之士、高贤俊才，长久埋没志不伸；或巧言惑世，妖邪害政，全都要他们详加思索，逐条列奏，一日三餐在宫中，日落西山回家中。

齐主高演很聪敏，少理尚书吏时明。

即位以后尤勤勉，厉改高洋时弊政。

他行精明人敬佩，人的苛细受讥讽。

中书舍人裴泽他曾问，外人有什么议评。

裴泽直言："陛下聪明，处事又极公正，可以远比古贤王，但有识之

士都说陛下过苛细，作为帝王不恢宏。"齐王高演笑着说："初政担心不周正，所以招致人议论，此作怎可长久去，只怕后有疏漏论。"

高演表兄叫显安，相坐之时有托言。

显安可去君臣礼，无所不及大胆谈。

显安说君多妄言，齐王问其何以见。

显安回答说："陛下从前看见文宣帝用马鞭打人称不对，而今您也如那般，你这不是有妄言"。高演赶紧去握手，道谢之时要直言，显安说："陛下太过于苛细，当上天子像吏员。"齐王高演说："朕也清楚这一点，不久就会改进，逐步达到无为而治观。"以后群臣提出批评和建议，高演接受采纳很自然。

据《陈纪二》 （卷一六八）

译评：

　　　　高演鉴古智施治，接受批评听直言。
　　　　以礼相待思改过，公正严细可承传。
　　　　学习前人行智治，谨慎行事船不翻。

三七五、守信勿失

选评：

　　　　周主将要察太学，任命于谨为三老。
　　　　于谨上表坚推辞，因主不准仍把延年杖赐于谨。
　　　　察完学，吃完饭，周主以治国之道问于谨。
　　　　于谨站立回答说：
　　　　"绳墨能把木矫正，木材因而得端正。
　　　　帝王能纳忠臣谏，就能达到圣明境。
　　　　明帝虚心求纳谏，知政得失天下定。"

于谨又说：

"可失粮食可失兵，但是不能失信用。
希望陛下要守信，不要失信老百姓。
有功人员一定奖，有罪之人一定惩。
为善之人日日增，为恶之人下波峰。
主身根本言为行，凡事三思再发声。
三思而言九虑行，勿使过错有发生。
天子之过日月食，无人不知要慎行。"
周主再详领教诲，礼仪结束而后行。

据《陈纪三》（卷一六九）

译评：

治国之道在知政，知政之义在端正。
正要能纳忠臣谏，臣谏之时要虚心。
虚心便能知得失，得失明晰天下定。
定夺三思九虑行，行止一定要守信。
守信奖赏要分明，分明善恶真明君。
君令严刑恶人消，恶人缩小善人增。
人增岁月到今日，今日守信更时兴。
时兴让人来说话，说话大厦更坚挺。
坚挺治道民为本，为本施惠老百姓。

三七六、人臣事君

选译：

陈文帝，生了病，官署事务有统令。
尚书仆射到仲举，五兵尚书孔奂，尚书台阁共运行。

到了文帝病重时，孔奂，到仲举和尚书令司空，扬州剌史安成王陈顼，吏部尚书袁征，中书舍人刘师知侍候医病进了宫。

太子陈伯宗显懦弱，守住皇位帝担心，对陈顼说：

"我要效法周大伯，将这皇位让弟你。"

陈顼流泪伏在地，坚决推辞不应许，

文帝又对仲举，孔奂说：

"三方鼎立恃今时，天下事务繁重极，

应该立个年长人，作为国君较适宜。

朕想近法晋成帝，立母弟为嗣之事，

远法殷代兄终弟及，你们要遵朕旨意。"

孔奂流着眼泪说：

"陛下饮食失调体欠安，不久就能复康健。

皇太子，尚年轻，他的盛德日益添。

安成王，弟首尊，足以承担辅重任。

陛下若有废立思，我们不敢听到此诏命。"

文帝说："直道而行古遗风，而今现于你们身。"于是任命孔奂为太子詹事。

司马光有思量，直道而行有主张。

人臣侍奉君主常，顺随对的失补匡。

孔奂陈朝负重任，国家大计手中掌。

如认帝言非真心，应像窦婴当面讲。

像袁盎去力争，防微杜渐，绝了安成王窥帝位的妄想。

若认帝言乃真诚，应请皇上明诏扬。

舍子立弟有美名，与宋宣公一个样。

陈顼不致搞篡弑，恶行不似楚灵王。

不然，认为太子嫡嗣不动摇，保护辅佐尽忠节，像晋国的荀息，赵国的肥仪一样。

怎可君在揣测去迎合，君没权臣移国不能救，嗣主失去王位而不能殉

四二七

节!

这就是极尽奸诈奉承之人,而世祖称赞他们有古代直道而行的遗风,托付他们辅佐未成年而继位的君王,岂不是很荒唐。

据《陈纪三》(卷一六九)

译评:

> 皇帝传位有遗风,往往都是子弟兵。
> 诏命明传托辅佐,避免君没相互争。
> 定国安邦行大道,奸诈巧作难得逞。
> 帝位传承防事变,新老交替求安宁。
> 而今世事大不同,以史为鉴防奸佞。
> 国家安定为要务,长治久安求繁荣。
> 只要结果合民意,仰望北岳江山恒。

三七七、只靠功劳

选译:

斛律家事奉北齐,三代显贵无人及。
自打肃宗高演始,斛律金受特礼遇。
每当上朝见天子,人力车乘宫前止,有时宫廷派出羊车去接其。然而,斛律金,不自恃,曾对斛律光说:

"我虽没有读过书,但听说自古以来外戚很少能保全自家的,女儿如得国君宠,其他嫔妃便妒嫉;有朝一日失了宠,天子就会厌弃的,我家只靠功劳获得荣华富贵,何必靠女儿得宠而求取富贵!"

据《陈纪四》(卷一七〇)

译评:

> 斛律金,说得对,只靠功劳求富贵。

女儿得宠贵一时,如果失宠将被废。
今人不可讲富贵,但是功劳有优惠。
但求有功没有过,立功之时莫陶醉。

三七八、语出惊人

选译:

杨素从小多才艺,志向宏大小不拘。
其父杨敷守节操,不降陷没于北齐。
朝廷办事见势迟,未赠官职未加谥。
杨素心里不服气,向上表章做申题。
北周武帝不答允,杨素一再往上提。
武帝大怒令斩首,杨素大声语惊奇。
"无道天子臣事奉,自己本分死得起。"
豪言壮语帝清醒,追赠杨敷官与谥。
仪同三司素受命,对其日渐加礼遇。
武帝叫素写诏书,文笔立成极佳宜。
武帝鼓励多努力,今后不愁不富贵。
杨素说:"只怕富贵来逼近,臣倒无心谋富贵。"

据《陈纪四》(卷一七〇)

译评:

杨素从小才艺丰,志向宏大立命忠。
敢为父亲鸣不平,冒死坚持出语惊。
豪言壮语有本分,为父争得"忠壮"赠。
提笔诏书显才艺,富贵到来却心平。
淡泊名利情自高,追逐名利常落空。

天下之事多怪异，水到渠成不用争。

富贵之事莫争论，争抢难免落粪坑。

仰望星空立奇志，奉献多多为国荣。

三七九、左丞相斛律光

选译：

北齐尚书左仆射祖珽权倾朝野，左丞相咸阳王斛律光很讨厌他，远远看见就骂他说："多事小人，欲行何计！"还对诸将领说："军事调度，尚书令赵彦深还常常和我们一起商讨，这个瞎子掌机密，不给我们通信息，只怕如是国事危！"光曾坐堂帘子后，祖珽不知骑马过，光说"小人竟如此。"祖珽后在门下省，大声说话傲慢挺，斛律光正巧路见，怒气又从心中生。祖珽发觉欲知因，私下贿赂光随从。对其说："自您掌权入了朝，相王每晚上叹说：'瞎子入朝，国破没跑。'"

穆提婆求光妾女，斛律光，没应允。齐王赐穆提婆晋阳田，斛律光上朝直言："此田神武以来种稻谷，养育马匹有几千，专是防御外敌侵，赏赐个人军务减。"祖珽穆提婆白眼翻。

斛律光位虽显贵，作为人臣到极点。

性节俭，忌声色，杜馈将，不贪权。

结交宾客很少见。每逢朝廷议政时，常在最后才发言，发言总是合理观。表章奏疏命人笔，口述总求意明简。行军作战效其父，安好营房才心甘。有时整天不落座，打仗总在士卒先。士兵有罪只杖背，从来没有胡乱杀，他的部队士气甲。参军打仗无败绩，敌国非常害怕他。北周勋州刺史韦效宽暗中编造歌谣说：

"百升飞上天，明月照长安。"又说：

"高山不推自崩，槲木不扶自举。"

派人把歌传邺城，城中小孩沿路唱。

祖珽趁机加两句：

"盲老公背受大斧，饶舌老母不得语。"让他的内光郑道盖奏报北齐后主。后主询问这件事，祖珽和陆令萱都说："确实听到此歌谣。"祖珽遂释歌谣寓意：

"百升就是斛，盲老公，是指微臣，和国家同忧愁。饶舌老母，似乎指的是女侍中陆令萱，斛律氏几代都是大将，斛律光字明月，明月声震关西；斛律羡字丰乐，丰乐威行突厥，女儿是皇后，儿子娶公主，歌谣使人生畏。"后主又向韩长鸾询问这些情况。韩长鸾认为不会是这样，这件事才搁一旁。

祖珽又去见后主，请求屏退左右商，只留何洪珍在身旁，后主说："前得公奏欲行动，韩长鸾认为斛律氏必无谋反方。"祖珽未言何播话："若本无意除掉光，那就不要再声张；既有除意却不动，走露风声有何方？"后主说："洪珍之言是中藏"，但是主意没有样，时有相府密启说："光前西征师回朝，皇上令他散士卒，光却率兵逼辛城，图谋不轨事未成，他的家里兵器，僮仆奴婢在千上，经常遣使到斛律本乐，斛律武都处，阴谋性来作密商，如不及早除掉他，恐事难测不好防。"后主于是信光反，便对身旁洪珍讲："人心有灵，前疑他反，而今果然"，后主懦弱胆子小，担心马上有变乱，即刻命何召祖珽，告诉说："我要召见斛律光，恐怕不肯来从命。"祖珽献计说："陛下只要赐骏马，告他明天游东山，光可骑骏和我行，光会进宫来道谢，便可趁机将他擒。"后主照计去施行。

斛律光果然进宫，走到凉风堂后时，刘桃枝从他背后扑上去，斛律光，没跌倒，回过头去斥责道："刘桃枝你干此事，我可没有辜负国。"刘桃枝和三力士，用弓弦将光勒死。于是下诏说光谋反，并将他的儿子开府仪同三司斛律世雄，仪同三司斛律恒伽都处死。

祖珽派邢祖信抄光家，搜出十五张弓，聚宴习射用的一百支箭，七把刀，御赐长矛两根，枣木棍二十捆。祖珽惭愧低声说："朝廷对他处重刑，郎中何必为他申雪呢？"邢祖信从都省出来，有人责怪他直率抗上，

四三一

他感慨说:"贤相尚且被处死,我何必爱惜余生!"

北齐国主派人前往梁州,兖州起决斛律武都,又派中镇等贺拨优恩抵达幽州刺杀斛律羡。

斛律羡的五个儿子斛律伏护、斛律世达、斛律世迁、斛律世辨、斛律世酋都被杀。

北周国主听到斛律光死了,大赦全国。

据《陈纪五》(卷一七一)

译评:

斛律光有忠肠,文治武功名显扬。
敌国害怕扬国威,国主不识小人狂。
一家三代被杀死,恶风腥雨掀黑浪。
莫道民族英道姓,捏造罪民害忠良。
贤良处死奸贼横,识时务者当思量。
奸贼害国害忠良,忠良含冤史流芳!

三八〇、天下公义

选译:

北周伊娄谦访北齐。
他们参军高遵把周将伐齐的情报密告齐。
齐主便下令将伊娄谦在晋阳拘。
北周国主攻克晋阳后,
召见伊娄谦并慰藉,
同时,逮捕高遵并交给伊娄谦任处之。
伊娄谦向国主叩头道谢,请赦之。
周主说:你可以聚众向他脸上吐口水,让他丢脸皮。"

伊娄谦说:"高遵之罪,不是向他脸上吐口水所能处罚的。"

武帝认为说得对,不再责罚高遵,伊待高遵和从前一样的。

司马光认为:

"赏有功,诛有罪,君之任,高遵出,泄大密,是叛臣,北国主,不令死,送给伊,去报复,失政纲,弃刑罚,丢尊严!孔子说,德报怨,拿什么,为报德,伊娄谦,应不受,把高遵,交官府,护法纪。却请求,赦高遵,以成就,宽宏美,美名倒是美,天下公义却不美。"

据《陈纪六》(卷一七二)

译评:

使者叛国应严惩,口水洗面似太轻。
违法应交官府办,交由个人似不公。
重罪不诛求赦免,周主眼睛也不睁。
枉法宽宏倒求美,天下公义转头空。
人君失政臣渎职,以德报怨德何从。
天若有情五雷震,伤天害国岂能容。

三八一、善待胜利

选译:

司马光以为:

"周高祖堪称善称胜利的人,
别人胜利后更奢侈,
周高祖胜利后却更节俭。"

事如是:

周主擒获尉相贵,曾经招降北齐东雍州刺史傅伏,傅伏不降与之对。北齐任命傅伏为行台后仆射与之惠。

北周国主攻下并州后,又派韦效宽去招降,并命他的儿子送去上大将军武乡公的委任状和周主赐给他的镶金玛瑙作为凭据。

傅伏不受对韦说:

"事君临难死报君,绝无二心以叛国,我儿为臣不竭忠,为子不尽孝,人人憎恨,赶快斩他昭天下!"

北周国主到晋州,派高阿那肱等一百多人在汾水边召傅伏率军出城,他隔水便问:"皇上现在哪里?"高阿那肱说:"已被擒。"傅伏仰天大哭,率部进城,在官署的厅堂前向北方痛哭,哭后投降。

北周国主见他说:"为什么不早降?"

傅伏泪流满面回答说:"我家三代为齐臣,吃齐国的俸禄不能为国殉,实在愧见天地!"北周国主握住他的手说:"做臣当如是。"便把所食羊排赐于伏说:"骨亲肉疏,所从相付。"便派他宿卫宫廷,授任上仪同大将军,劝勉说:"你只要努力奉事朕,不愁不富贵。"另日问伏:"以前救援河阴,得到什么奖赏?"伏答说:"蒙主加恩,官升一级,授为特进,永昌郡公。"周主对高纬说:"朕三年练兵敖战,决心攻下河阴。由于傅伏善防,城不可拔,收军而还。他当时对你的赏赐,是多么微薄!"

四月三,北周国主回长安,把高纬安排在队伍最前面,把北齐的王公排其后,车辆,旗帜,器物,依次排列,天子大驾,六军排列,演奏凯旋曲,到太庙举行献俘仪式。观者都高呼万岁。四月六,封高纬为温公,北齐的三十多个王,都受到封爵。北周国主与北齐君臣一同饮酒,叫温公为大家跳舞。高延宗悲不自持,几次要服毒自杀,他的侍婢劝止了他。

五月十七,北周国主到方丘祭祀,下诏说:"天子的正室会义、崇信、含仁、云和、思齐等殿,都是晋公宇文护专政时兴建,营造极尽壮丽,超过宗庙规模,全拆。雕饰物赐给贫民,修建之事,一定要简朴。"二十六日,又下诏说:"晋阳、邺都二宫所有堂殿,过于豪华壮丽的,一概照此办理。"

据《陈纪七》(卷一七三)

译评：
>
> 胜者骄侈古往多，骄败相随见阎罗。
> 高祖胜利更节俭，奖赏可是不微薄。
> 重赏必然有诱惑，恰如傅伏谁见过。
> 齐人享受齐俸禄，危难之时想殉国。
> 享受公权人民饭，为公天下才合格。
> 合格莫要生骄气，老虎老鼠眼瞪着！

三八二、罪不及嗣

选译：
>
> 北魏俘虏西凉人，沦为官府奴隶户。
> 北齐沿袭北魏法，奴隶户役仍如故。
> 周主灭齐施恩惠，欲废旧习将新布。
> 下诏说：
> 罪不延嗣古有法，杀役之徒异常法。
> 一旦犯罪被发配，百代不得解锁枷。
> 惩罚既然无穷尽，弄措之用应到家。
> 凡属于这类杂户，悉数为民独立家。
> 国主推行此改革，劳役杀户无复了。

据《陈纪七》（卷一七三）

译评：
>
> 罪不及嗣古有法，百代不赦违古法。
> 改掉旧制换新制，隶户为民解放了。
> 封建枷锁边环套，打破枷锁立新法。
> 新法应当重解放，民众受益有芳华。

三八三、松柏节操

选译：

梁世宗，派柳庄，带着国书使周朝。
丞相杨坚握柳手，深情厚意话节操，说：
"从前我曾到江陵，深蒙梁主多关照。
时天子幼时事艰，承蒙顾托辅佐朝。
梁主累世忠朝廷，松柏节操应共保。"
时将竟劝梁主兵，与尉迟迥相合谋。
进可对周尽忠节，退可席卷山南衮。
梁主犹豫未决策，恰好柳庄回来了。
柳庄转告杨坚强，并且说：
"以前袁绍、刘表、王凌、诸葛诞、名冠一时逞英豪，他们据要有强兵，然而功业未建造。祸难接踵滚滚来，皆因魏晋挟天子令诸侯，占据京城，倚仗大顺为名闹。尉迟虽说是老将，年迈昏乱无定招。司马消难和王谦，丰庸无才匡正天下不会搞，周朝将相多为身，竟为杨坚去效劳。臣预料，尉迟迥，终将灭，杨坚必定篡周朝政权，我们不如保境安民，静观其变。"
梁主赞同柳见解，劝梁主起兵之议止息了。

据《陈纪八》（卷一七四）（580）

译评：

特殊年代多时艰，既有忠者又有奸。
松柏节操忠者清，对付时艰能补天。
静观其变有人在，不动干戈求其安。
历史长河有漩涡，水流激湍难撑船。

安全行唯难智勇,漩涡过后水向前。
留在岸边观逝水,苍桑之变有感叹!

三八四、减免赋徭

选译:

苏绰在西魏,制定重税法,颁行有慨叹:

"今日我所为,就像张满弓,并非平世法。后世之君子,谁能放宽它?"苏威听话记在心,就把责任揽在身,担任度支尚书后,奏请减免税和役。提出从轻又从简,他的建议主全认。苏威逐渐得信任,和高颎共掌朝政。

隋文帝曾恼一人,怒气不消要杀他。
苏威知后进谏止,文帝不听将亲杀。
苏威挡住不让走,文帝绕出再挡驾。
文帝生气返回宫,过了许久想开了,
文帝召苏道歉说:"你能这样,我就没忧了"。

据《陈纪九》 (卷一七五)

译评:

平世不用重税法,国用不足可暂发。
重税如同张满弓,时间既久危害大。
百姓重负不安宁,只有改制利天下。
苏威牢记父训示,文帝初位需支架。
赋税徭役从轻简,文帝全部采纳了。
苏威从此得重用,为帝着想治天下。
赋税也需留余地,休养生息好处大。
民有生意国能兴,老虎老鼠都不怕!

三八五、立身治国

选译：

治书侍御史梁毗，见苏威身职五集。

安繁贪显无让意，上表弹劾让下去。

隋文帝说："威早到晚忙不息，志向远大何促逼？"对朝廷群臣说："苏威要是不遇我，改革政令无法提；我如没有得苏威，安邦定国何推及？杨素才辩虽无双，斟酌古今搞沿革，助我宣导教化，还是不能与威齐。苏威如果逢乱世，像西汉初年的商山四皓那样隐居避世，难能轻使屈出仕！"

苏威曾对隋文帝说："我的父亲常告诫：'只要熟读《孝经》一卷，就足以立身治国，何必读很多书！'"隋文帝深有感。

据《陈纪九》（卷一七五）

译评：

苏威理政身多兼，从早到晚忙不闲。
寻事官员心眼多，上表弹劾不让贤。
文帝知后做解释，苏威出山却非凡。
安邦定国推改革，不是苏威推不前。
事情不多读《孝经》，立身治国做高参。
至德要道顺天下，民用和睦都无怨。
孝道之本在于德，立身应当德为先。
有德施于老百姓，拥有百姓定胜天。

三八六、统一钱币

选译:

北周、北齐官铸钱币共四种,加上民间名品众多,轻重不一的私钱,隋主堪忧,因此下令重铸五铢钱。五铢钱的钱面钱身钱孔外圆内方都合规格,每一千个五铢钱重四斤二两,每枚钱重四分二厘。一律禁止使用前代古钱和民间私铸钱,在各关口放置标准新五铢钱,不如样本的钱币一律没收销毁。这样做,使钱币得到统一,民间商品交易方便了。

据《陈纪九》(卷一七五)

译评:

隋主理政铸新钱,古钱私钱禁得严。
首次明确新钱重,统一钱币用方便。
铸币权握官府事,货真价实天下安。
私造钱币应法办,以法治币才安全。
自有钱币便有贪,治贪不止不厌烦。
世界尚行金本位,纸币代金要防奸。

三八七、文风连着政风

选译:

隋主不喜,词章华丽,诏令天下,公私文书,据实撰录,不要浮华。泗州刺史司马幼,上表章浮华艳丽,隋主下令治其罪。治书侍御史李谔,因时文以浮艳为高上书说:"以前曹魏太祖曹操,高祖曹丕,列祖曹

叡尚词章,忽略治理万民方,喜好雕琢词句小伎俩。上行下效成风尚,到了东晋和齐梁,这种文风流弊扬。一韵新奇相竟逐,一字之妙争高上。连篇累牍刻画月初露,满箱描写风起云涌状。世俗以此比高下,朝廷据此选官上,以雕虫小技获取功名利禄之路由此开,人们偏受华丽崇尚轻浮之情更高昂。因此,不论乡间儿童,还是王公贵族子弟,六十甲子还不会数,便先学作五言诗;至于伏羲、虞舜、禹的典籍,伊尹、傅说、周公、孔子的学说便放一旁,一时间,傲慢轻诞成清雅,缘情体物为勋大,有德硕儒成迂腐,擅词之士成君大。文翰日盛,政治日乱。皆缘弃古圣贤制,无用华文把治道攘。今颁诏令禁浮华,边远州县仍旧样,躬仁孝者不录用,擅作浮华进官场。刺史县令不遵诏令致这样,请求陛下派人察,发现违令以罪当。"其后又上书说:"有些士大夫仗势炫耀自己的功绩门第以谋官,失羞寡廉也加贬,以让正风得回扬。"隋主诏令将李谔两次奏言颁四方。

据《陈纪十》 (卷一七六)

译评:

公文求实不求华,华丽词章饰浮夸。
文风浮艳害世风,政治紊乱世道差。
写作轻薄可做官,政务形同一枝花。
文帝治政有魄力,文风权当政风抓。
文风形人表政风,端正治道兴天下。

三八八、孔范骄横

选译:

孔范自恃文武斌,满朝文武都矮身。
神色自若对后主说:
"朝外将帅行伍身,有勇气谋草木根!"

皇上听他这样说，就去询问施文庆，施文庆怕孔范，也就认为孔言真；中书通事舍人司马申，人云亦云奏和琴，自此以后，将帅谁人有闪失，就立刻抹掉兵权，交给文职官吏，分领军将军任忠被抹后，部众分给孔范和蔡征。

因此，陈朝文武解了体，最终灭亡成浮云。

据《陈纪十》（卷一七六）

译评：

孔范自以有才能，满朝文武都蹲坑。
带兵将帅无远见，文职就范只作哼！
将帅有过丧兵权，文职跟随去瓜分。
陈朝文武人心散，最终灭亡跳火坑。
十亩地里一颗谷，秋天哪有好收成。
朝里容忍一人横，大厦将倾无人撑。

三八九、傅𬘭之冤

选译：

傅𬘭曾经在东宫，侍奉太子陈叔宝，
到了太子继位后，傅𬘭官升位自高。
秘书监，右卫将军兼中书通事舍人一齐兼，别人见了脸发烧，由于负才出气粗，大家怨恨气难消。

施文庆，沈客卿，诬陷傅𬘭受贿将其入了牢。

傅𬘭狱中上书说："作为一个君主，应该恭事上帝爱人民，节制奢欲戒侈糜，远离谄媚和佞臣；不到天亮就起床，到了晚上无食心，如是恩泽施天下，福庆才能传子孙。但是陛下纵酒色，不敬天地宗庙神，鬼迷心窍媚事淫。小人在侧不去除，宦官擅权不问询，忠直之士视仇敌，轻民生命

如草根，妃嫔锦绣拖长地，御马喂食菽粟存，百姓流离失居所，僵尸遍野无人寻，官吏公然收贿赂，国家库藏越现贫，天怒人怨，众叛亲离，臣忧江南王气从此泯。"

傅縡上书呈进宫，陈后主读后把怒生。

片刻怒意稍有缓，派遣使者去叮咛，对傅縡说："我想赦免你，你改正以前的错误行不行？"傅縡回答说："臣行心性如相貌，相貌能改心才能。"陈后主更恼怒，命令宦官李善庆穷治极办，最后赐死在狱中。

据《陈纪十》（卷一七六）

译评：

骄傲之人似失聪，不知骄傲会孤零。
遇事没有好帮手，事情不成受人讽。
如果骄傲致众怨，更要警惕起妖风。
傅縡骄傲可批评，诬蔑加罪不公平。
骄傲可以记大过，遭受诬蔑却冤情。
陈后主，居后宫，众臣之事不全明。
傅縡上书关天下，后主迁怒动感情。
重怒之后赐縡死，诬蔑之冤藏狱中。
冤者略雪骄者戒，规范行为天下宁。

三九〇、举大纲

选评：

十月初二这一天，杨尚希从兵部往礼部搬，因为隋朝有任命，尚书不变部门变。隋主每天清晨去听政，太阳偏西还不倦，杨尚希进谏说："周文王以忧国勤政而折寿，周武王以安乐而延年。希望陛下举大纲，责成宰相去画圆。至于繁碎诸事务，人主不宜亲自办。"隋文帝以意见好，但却不照办。

据《陈纪十》（卷一七六）

译评：

　　陛下应当抓大纲，纲举目张不用忙。
　　宰相去做操盘手，具体事务由裁量。
　　如以折寿延年理，隋主勤政仍照常。
　　但讲治国布政道，少事多谋序纪纲。
　　大纲相形即大政，政通人和国久长。

三九一、修订雅乐

选译：

　　隋文帝，即位初，柱国沛公郑译请求修雅乐，诏令太常卿牛弘，国子祭酒辛彦之，博士何妥去商议，历经多年无结果。

　　郑译进言说："古乐十二律，每律可宫音，宫音十二调，每调用七声，世人莫能通。"苏祗婆，善琵琶，郑译请教她，才懂定音法，推演八十四个调，用以校订太乐署乐师演奏乐，发现大多不格作，郑译又在七音外，提出一声为应声，并写文章在朝廷相阅送，还与苏威长子苏夔议，排列黍粒来定律。

　　当时的人有认同，音律很久无人通。
　　郑译苏夔作调试，不会一朝一夕定。
　　文章向来轻学问，牛弘音律不精通。

　　何妥宿儒而音律逊于人，常想阻挠修乐事，反对旋宫起轰动，各种意见竞相出，各立朋党相互争。有主张各出调，事成择优来使用。妥怕乐成好坏显，便请文帝设乐演，比试各种音乐调，实由何妥作导演，预先告诉文帝说："黄钟调象征人君的德业。"及至演奏黄钟调，文帝说："滔滔

不绝,和顺雅致,会我心意。"何妥一手来制造,奏请只用黄钟调,文帝阅后很高兴,其他乐律往边靠。

当时有个万宝常,精通音律人有闻。

郑译制成黄钟调,专坊演奏请宝常。

奏后文帝问宝常,万宝常回答说:"这是亡国之者。"文帝一时失雅兴。万宝常提请求,用水尺调定五音,定好五音律吕校乐器,皇上采纳他的建议。万宝常造乐器,乐调比译定调低二律,他对乐器的增损改进难详及。这些乐器声音雅淡,不被当时人所喜,太常寺里人排斥,夔尤嫉恨万宝常,夔借父威,压制万宝常的乐调不流传。

及到平定陈朝时,获得宋齐乐器及江左乐师,文帝命之殿廷演,赞叹说:"这才是华夏的正声啊!"于是调整五音为五夏,二舞、登歌,房内十四调,宴宾祭祀用。并诏令,在太常寺设置清商署负责管理。

当时全国已统一,各代乐器乐府集。牛弘上奏说:"中国古乐江左多,攻取荆州得梁乐,今平蒋州添陈乐,史书相承,都以合合乐。请令修辑备雅乐,北魏北固乐有杂,不可使用全部停。"

十二月,诏令牛弘与许善心,姚察及通直郎虞世基共同修订雅乐。

据《隋纪一》(卷一七七)

译评:

音律有格调,人各有所好,盛世喜雅乐,宫廷宴宾要。古乐有传承,调音代有造,花样有飘新,但仍有基调,华夏有正声,坚持真奇妙,鉴古以出新,新人情志高,雅俗共欣赏,莫要只一调,百家常争鸣,格调会更好。要有主旋律,民声不能抛,挖掘古乐律,寻访原生调。百鸟朝凤音和谐,万象更新有新标。

三九二、刺史辛公义

选评：

驾部侍郎狄道人，辛公义任岷刺史。

岷州习俗怕瘟疫，一人染病全家避，因此病人大多死。

辛公义，无顾忌，命人将病人抬到公堂内，时值夏天，送来病人有数百，厅堂走廊皆病人，辛公义，设床榻，昼夜守候在那里，用自己的俸禄请医生付药费，亲自探问病情不觉累。病人痊愈告诉亲属，人的生死命里定，怎能相互传染病，如果传染我早就没命。后来有人生了病，争着到刺史那里去医病，病人亲属留陪视，相互关心弃旧风，辛公义职调到弁州，刚到弁州一下车，先到监狱露天审囚犯，十多天，案办完，才到州衙厅堂理新案。每个案件当堂结，案子不结住宿厅堂不回家，有人劝他说："公事办理有程序，没有必要这样办。"辛公义说："刺史无德止民讼，岂可囚人而安于家！"囚犯听到这些话，主动坦白去认罪。后来有人要诉讼，乡里父老便劝退，说："这是件小事，何必去劳刺史大人！"诉讼大多互谅互让自化解。

据《隋纪一》（卷一七七）

译评：

辛公义，副其名，公义义公章满盈。
岷州百姓怕瘟疫，全家躲避患病人。
辛公大义恤民难，办公厅内住病人。
请医生，付药费，还要亲自问病情。
刺史料理病痊愈，再消亲属心理病。
虽然信奉宿命论，生死淡定令人敬。
同职迁调到弁州，下车以后就办公。

到监狱，露天坐，亲自审问犯罪人。
十多天后全结案，方回州衙理新讼。
案件快办当堂结，案件不结住在厅。
有人劝说辛公义，公事公办有程序。
不必这样费苦心，他却不结睡不宁。
犯人听了受感动，坦白认罪都主动。
民间纠纷自化解，不劳刺史费苦辛。
刺史这般很辛苦，勤政爱民留芳名。

三九三、死罪复审

选译：

法官对法律解读有偏颇，同罪判决有异果。

文帝知后有举措，八月初一下制书，"各州如有犯死罪，州府不要随意作，全部移交大理寺，复审完毕，送尚书省裁决。"

据《隋纪二》（卷一七八）

译评：

法律是杆秤，执法要端正。
法官法理偏，应当作调整。
对于死刑犯，判决要慎重。
初审又复审，最后作裁定。
执法应当严，程序应当统。
纠正随意性，三审出明镜。

三九四、藏粮于民

选译：

主管官员上奏说：

"府库已经满当当，收来东西无处放，只好堆放在走廊。"

文帝说："朕已对民减赋税，赏赐耗用又大量，怎么还是这个样？"

主管官员说："每年收支有余量，对府库所藏差不多没影响。"于是又建左藏院，新征财物内中藏，又下诏说："粮帛宁可积于民，也不要在府库藏。"

据《隋纪二》（卷一七八）

译评：

积粮于民好主张，百姓存粮堆满仓。
存粮三年不顺旱，手中有粮心不慌。
余粮能够用五年，打起仗来不紧张。
百姓安宁社会稳，天灾人祸也安祥。
以人为本粮为命，粮食丰收别忘藏。
民藏府藏相结合，战胜危机无忧肠。

三九五、大弘恩信

选译：

岭南夷族、越族多起兵，上命汴州刺史令狐熙桂州去总管，统率十七州军事，许其自行处急事，刺史以下官职可任命，令狐熙，到驻所，大力弘扬恩德信，夷族越族首长在溪洞中议论："前总皆以兵威胁，今总却以

劝导亲教令，我们怎能违其政？"于是率部去归顺。以前岭南各个州县抗朝命，刺史县令不到任，只能寄住总管府，现在熙派全到职，各个州县建了城，兴办学校抓教育，汉夷各族人民教育同。俚族部落酋长宁猛力，陈时已经镇而海，隋朝抚他授为安州刺史，宁猛力，恃险要，态度傲慢，从不去总管府去报告，令孤待他以恩信，宁猛力感动了，到总管府里去拜谒，从此以后不再刁。

据《隋纪一》（卷一七八）

译评：

施政德信优于兵，以兵威胁却不从。
宽厚待人人心暖，执政之要得人心。
化干戈，克骄慢，置信便把政令通。
镇守南海责任重，恩威并重驰纵横。

三九六、治国立法

选译：

下属不敬其长官，什么事情都难办。

文帝知悉下诏令："府部可以问属罪，如遇法律处罚轻，犯罪情节确严重，法外酌情处杖刑。"于是各部整属官，经常拷打，把残酷暴虐当能干，遵纪守法视无能。

盗贼太多帝下令，偷钱一枚要在闹市斩首，并要暴尸街头。三人偷了一个瓜，抓住以后都杀头，于是人们不敢早起晚宿赶路程，人心惶惶不安宁。有人劫持执政官，对他说："我们不是贪求钱，只是为了来平冤，你替我们奏报上：自古立法为治国，没有偷钱一个就被杀，你如不把我们的话报皇上，我们再来就格杀。"文帝接到奏报特废止这条法。

文帝曾在盛怒时，想在六月杖杀人，赵绰极力谏争说："盛夏万物蓬

勃长，不可这时杖杀人。"文帝回答说："六月万物确生长，但也正有天帝雷霆，效法上天何不行？"仍下令将人用杖打死。

大理寺掌固来旷，上奏说："大理寺法官定罪判刑太宽，文帝认为来旷忠直，命他早朝在五品行列参见。来旷又告少卿赵绰，滥用职权免囚犯，文帝派人去调查，赵绰没有枉法嫌，文帝发怒命将来旷斩，赵绰极力去谏争，认为来旷不应斩，文帝不听进了殿。赵绰机智大声说："来旷之事不再议，本来还有其他事，没有来得及给陛下谏。"文帝命人带绰进后殿，赵绰再拜请罪说："臣的死罪归为三，臣任少卿，旷犯国法，管束掌固不到边，囚犯罪不当死，臣不能冒死辨，臣本没有其他事，谎言请求陛下见。"文帝怒容刚缓和，独孤皇后坐旁边，下令赏赐赵绰两金杯酒，并连金杯也赏他。来旷有幸免死罪，流放广州去把边。

萧摩诃子萧世略，江南作乱父应连坐，皇上说："世略不到二十岁，他能做出什么事，只缘名将之子受胁迫。"于是赦免萧摩诃，赵绰力谏不可免，皇上对绰无奈何。命绰退朝回吃饭，想等绰离再赦免萧诃。赵绰说："臣奏狱案还未结，不敢退下把案拖。"皇上只得说："大理卿你就为朕特赦萧摩诃吧！"便令左右释放了萧摩诃。

刑部侍郎辛亶曾经穿红裤，给以利于官运亨。皇上认为是妖术，欲将辛亶脑袋拧。赵绰说："依法辛亶不应死，为臣不能受诏命。"皇上更加恼怒说："卿惜辛亶不自惜？"命将赵绰斩首，赵绰说："陛下宁可杀臣，也不可杀辛亶。"将要斩首皇上派人问赵绰："你到底如何定？"回答说："一心执法，决不怕死。"皇上拂袖去后阁，过了很久放释令。翌日向绰去致歉，赏赐绢帛示慰情。

当时皇上禁假币，两人违禁抓现行，

巡察随即报朝廷，皇上命令处极刑。

赵绰进谏说："二犯应当处杖刑，将处斩首不合法律规定。"皇上说："这不关你的事。"赵绰说："陛下置臣法司位，随意杀人正关臣的事。"皇上说："撼大树，树不动者则当退。"赵绰说："臣望感动天子心，何论能够摇动树。"皇上说："喝汤汤烫先放下，天子神威你想犯！"绰拜前

四四九

移受呵斥，皇上转身入阁退，治书侍卿史柳彧上奏苦劝谏，皇上最后才未争。

上因赵绰有在诚，常常召他入阁中。

有时遇上皇后在，三人同榻议论政。

评论政事的得失，对绰赏赐万计重。

赵绰与大理寺卿薛胄公平宽恕双闻名。

薛胄断案重情理，赵绰守法确对定。

文帝晚年用法凶，动辄就要处死人。

有个御史元朝会没有纠察武官衣剑不整齐，帝说作为御史你纵自流，命杀之。谏议大夫毛思祖去劝谏，也杀之；将作寺丞因征收麦秸太迟，武库令因府署大堂荒芜，左右近臣出使，有的人接受州牧县宰赠送的马鞭、鹦鹉，文帝察觉都处死，并亲自监杀。

文帝喜怒已无恒，信任杨素，杨素恣情任性，待人处事又不公。他与鸿胪寺少卿陈延有隔阂，发现接待外来使节馆庭中有马屎，多个仆人挤在毛毡上骨干层赌博，杨素报告皇上，皇上大发雷霆，下令将主客令和参赌人用刑杖打死，并棰打陈延，打得几乎没有命。

文帝派亲卫大都督屈突通去陇西，复查畜牧情况，查出隐瞒马匹两万多。文帝大怒，要将大仆卿慕容悉达和其他监官一千五百人全部斩首。屈突通劝谏说："人的生命至为重，陛下何因几个牲畜要杀千余人，臣愿冒死请求收回成命！"文帝怒目厉声呵责，屈突通又叩头说："臣一个人罪当死，特向陛下哀求一千多余人命。"文帝深受感动，说："朕糊涂竟然到此步！幸亏有你忠言劝。"于是悉达等皆减死论，提拔通为左武侯将军。

（注：十二禁卫军首领之一）

上柱国刘昶和文帝是旧交，文帝对其特别亲。

刘昶之子刘居士，违纪犯罪肆意行。

皇上因与刘昶交，每次原谅不用刑。

刘居士，更骄横，取公卿子弟雄健者于家中，车轮挂颈而棒打，宁死不屈称壮士，释放结交立畸情，党羽共有三百多，常常行凶打人，抢劫财

物，连公卿大臣公主王妃都怕几分。后有控告刘居士，文帝大怒把他斩，公卿子弟受牵连，免官除名相当众。

据《隋纪二》（卷一七八）

译评：

属不敬畏政不通，以刑处置必乱营。
属官遭虐与拷打，法外有法乱了政。
盗贼太多有原因，大开杀戒不去根。
偷一个钱就斩首，三人偷了一个瓜，
三人全部见冤神，处罚显然过于重。
法律具有社会性，公平正义乃本宗。
地价对偿以强制，反制要求以持平。
草菅人命要偿命，不废苛法活不成。
治国立法古已兴，谁人违法谁受惩。
法律分类分层次，总的原则要公正。
行政执法如偏颇，社会反应要听从。
盛夏杀人应缓行，三五七日有民风。
防腐是个大难题，何苦伤害众心灵。
以德报怨好德性，救人冒死全力争。
赵绰执法不含糊，文帝酌情免连坐。
连坐之法太严苛，谁人违法谁担责。
法官应当着正装，穿上红裤心仪妄。
文帝认为是妖术，打算处斩镇妖术。
赵绰依法去辩争，一心执法不怕戕。
文帝感动赐奖赏，不问罚红当不当。
假币流通应禁止，处罚应当有规定。
用假币者处杀头，如此执法显然重。
赵绰谏言用杖刑，斩首法律未规定。

随意杀人事关法,不受监督事不成。
撼树不动不知退,喝汤汤烫不知停。
遇到阻遏仍向前,脑袋不掉仍前行。
赵绰尽职又尽责,不惜自己赌生命。
薛胄断案重情理,赵绰守法谨慎行。
文帝晚年崇峻法,动辄杀人发了疯。
元旦朝会武官装束不整杀御史,称其放任自流下杀令,谏议大夫去劝谏,也被杀头显威风,将作寺丞、武库令,近臣出使,都因小错一律处死并监刑。
文帝喜怒已无恒,法律体制仍运行。
冤假错案如丛生,多人进了枉死城。
皇帝应当管立法,执法不应皇帝统。
皇权至上人治盛,积重难返患大病。
谏议官吏苦劝谏,没有制约帝仍横。
皇帝虽然调包容,制约皇权事理通。

三九七、自警戒

选译:

当初,上使太子与国事,批评建议帝全纳。
太子杨勇性宽厚,直率坦诚不虚假。
皇上生性求节俭,不悦杨勇文铠甲。
告诫他说:"自古帝王若喜奢,没有一个不早下。储君俭约应为先,奉承宗庙方能达。我的昔衣按类留,时常拿出看一看,用以警戒我自家,恐你今心忘昔事。特赐缎带你佩刀一把,腌菜一盆,佩刀以前我用过,腌菜从前你常吃,你如果能记住从前的事,应知我心观之大。"

据《隋纪三》(卷一七九)

译评：

皇帝让子与军政，为其未来去执政。
宽厚率意又质朴，自求具有好品性。
文饰置铠显奢华，皇上见了不高兴。
鉴古帝王莫奢侈，奢侈未有好前程。
作为储君应俭约，奉承宗庙裕后生。
我以旧衣常自警，赐你刀酱作提醒。
前事不忘后事师，应当知道我的心。
善教使人继其志，善导使人正其心。
善树常以身为范，善作鉴古自警通。
堪叹皇帝只教子，王者存于百姓中。

三九八、越礼失宠

选评：

冬至百官去东宫，杨勇乐队受祝贺。

皇上知道此事后，问朝臣说："近听冬至那一天，朝廷内外百官都去东宫搞朝见，这是什么礼赞？"太常少卿回答说："前往东宫是祝贺，不能说是去朝见。"

皇上说："如去东宫是祝贺，三数十人随聚散，何由召集同时见，太子礼服礼乐接百官，怎么能如此随便？"因此下诏说："礼有等级之差别，君臣不能有混杂，太子虽是继承人，身兼臣子位居下，百官冬至去朝贺，进贡土产送东宫，此事有违礼与法，应立即关闸。"这件事情发生后，皇上对太子的恩宠始有衰，猜疑逐渐产生了。

据《隋纪三》（卷一七九）

译评：

国有礼，家有法，儿子总在老子下。
太子早用朝见礼，皇上心中有疙瘩。
越礼等于越皇位，皇帝不让就抓瞎。
封建秩序如铁城，时机不到不要跨。
皇帝世袭顺坡溜，造反夺权是另话。

三九九、任人唯亲

选译：

来和善相皇上命，为子看相于暗中。
所有儿子都被看，来和便把报告呈。
晋王眉上双骨隆，富贵无法去形容。
皇上又去问仪同三司韦鼎："在我几个儿子中，继承帝位哪个行？"
回答说："皇上皇后最爱谁，帝位就让谁继承。"
皇上笑着说："你不肯柳暗花明。"

据《隋纪三》（卷一七九）

译评：

皇帝选取继承人，又观面相又问臣。
诸子谁有富贵相，谁能赢得皇上心。
皇上皇后最爱谁，帝位就让谁继承。
任人唯亲家天下，心中哪里有人民。

四〇〇、与时消息

选译：

　　杨约担任大理寺少卿，杨素凡事先和约议再行动。宇文述，请杨约，珍宝古玩摆满桌，一起畅欢又赌博，宇文能赢却不赢，把摆出的金银财宝输给杨约，约赢很多示歉意，宇文述随口说："这些都是晋王赐，让我与您同玩乐。"杨约一听吃了惊，便问这是为什么？述便转达杨广意，劝他说："夫守正履道，固人臣之常致；反经合义，亦达者之令图。自古贤人君子，莫不与时消息以避祸患。"——人臣行事是正道，违规合义达人作；自古贤君识时务，消长进退避灾祸。

据《隋纪三》（卷一七九）

译评：

　　天上不会掉馅饼，吃喝赌送不白请。
　　反经合义意欲何，作事要看谁带领。
　　识时务者为俊杰，受人捧者防陷阱。
　　顺应潮流避漩涡，与时俱进向前挺。
　　为嘴让人牵鼻子，俯首贴耳听人命。
　　脑子竖在双肩上，高瞻远瞩顺势地。
　　废立太子有推手，岂知国运衰与兴！

四〇一、以德化民

选译：

　　齐州行参军王伽，押解众犯上京城。

流刑犯人七十多，行至荥阳动伽心。

看见他们都若焚，便把他们以话训。

你们自己犯国法，身体都被绳索捆。

这是你们罪应得，连累狱卒费苦心，难道你们无愧心，犯人李参等人都谢恩。

王伽于是开枷锁，狱卒从整化为零。和犯人确定说："某月某日你们应到京，如果太早或太迟，我替你们受死刑。"于是放手让前行，这些犯人都感激，都按期到京城。

皇上听到很吃惊，召见王伽赞不停。于是悉召流刑犯，命令他们带着妻子儿女到朝廷。在殿庭，上赐宴，然后赦免众罪行。还下诏说："凡人有生含灵善，知道善恶是非明，待以至诚耐心劝，一定能够变习性，人人都能以善从。往因战乱百姓苦，道德教化遂亦停。官吏没有慈爱心，民间奸邪欺诈行，朕遵古代圣贤法，以德化民兴新风，王伽深知朕心意，诚心宣导，感动参众，如期报到，说明不难教好老百姓。假使官吏都如伽，民众也都像李参。指日可得刑罚舍弃而不用。"为此还提拔王伽为县令。

据《隋纪三》（卷一七九）

译评：

以德化人伽为甲，受到表彰赞其行。
以法治国国有序，以德治国国人兴。
王伽之人可千万，李参等人不绝生。
道德教化张内力，点点滴滴有神功。
刑罚难去藏劣根，不要空想一功终。
王伽之举可思考，简单模仿会头痛。

四〇二、化解危机

选译：

山中獠人造了反，朝廷派人去镇抚。
卫尉少卿卫文升，作为刺史资州赴。
卫文升，刚到职，大牢镇上有战鼓。
他径直前往獠军中，面对獠军便宣布：
"我是资州新刺史，奉命前来作安抚，
希望你们不要怕，大家都会受保护。"
听了刺史一番话，獠人没有擂战鼓。
卫文升，心仪定，利害关系再叙述。
獠人首领受感动，撤兵而去山中住。
前后归附十多万，文帝大善开赏部。
随后再命卫文升，遂州总管如卧虎。

据《隋纪三》（卷一七九）

译评：

出现危机莫慢行，随即派人去调停。
独胆大略亮身份，深入危机漩涡中。
安抚保护明利害，不拧辫子心放松。
首领工作做到位，一人可带一个军。
化解危机出奇效，归附竟超十万人。
出现危机是常事，知是明臣勇献身。
危机常常有波澜，如何处置见机行。
先礼后兵施恩义，平定危机显神通。

四〇三、双面人性

选译：

高祖生性，严肃谨慎，令行禁止，坚定强硬，每天清晨，听理朝廷，太阳偏西，仍然坚挺，不吝钱财，慷慨赏功，将士战死，优抚一定，慰问家属，表示哀恸，爱护百姓，鼓励耕种，徭赋从轻，生活俭朴，车用旧仍，除了宴宾，平时吃饭，一肉即行，后妃穿着，洗旧漂新，垂范天下。省吃俭用，开皇仁寿，男穿绢布，装饰品物，骨头铁铜，兽角巧用，装饰普通。粮食衣物，仓库满盈。文帝初年，户近四百万，仁寿末年，近九百万，冀州一地，户有百万。但是文帝，猜忌心重，苛求细察，谗言也信，功臣故旧，无保始终，甚于子弟，仇气也重。

据《隋纪四》（卷一八〇）

译评：

令行禁止性严谨，主持朝政忘西东。
奖励耕战轻徭赋，节俭朴素有清风。
粮衣增多仓库满，民得生息户俱增。
猜忌心重乏大略，不能容人人不容。
苛术细察见地深，没有宾客也伤情。
易听谗言乱是非，功臣故旧子弟恨。
劝君高位主大略，扬长避短求国兴。
群才群力群情奋，民心齐聚山河红。

四〇四、竖子之忧

选译：

群臣上奏隋炀帝，汉王杨谅当处死，炀帝没有采臣奏，只除谅官成平民，宗室族籍一并降，一直囚禁到其死。谅的属民受牵连，处死流放二十万。当初高祖孤独皇后互敬爱，发誓不要有别的姬妾生孩子，曾对群臣说："前代的天子爱宠妾，嫡子庶子相斗争，遂有废立太子事，有的因此国不存。别的姬妾我没有，五个儿子一母生，可以说是真兄弟，怎么会有忧虑生？"帝鉴周室诸王弱，就使几个儿子分别守重镇，独当一面，权力与皇室都相等。晚年父子兄弟相猜忌，五个儿子没有一个是寿终。

司马光评论说：

从前，辛伯劝谏周桓公说："宠妾皇后地位等，外宠重臣贰朝政，庶子嫡子权势等，大都京与京师平，这些都是祸乱根。"人君如是持慎重，祸乱怎么会发生？隋高祖只知嫡子庶子常争夺，皇室孤单势弱易摇动，却不知同位平权，即使一母同胞，也不能避免相互倾轧争夺之祸，追述辛伯这些话，隋高祖得一丢三值得警。

据《隋纪四》（卷一八〇）

译评：

皇权世袭孽根生，嫡子庶子相争雄。
即使嫡子一母生，几个儿子摆不平。
争权夺位祸乱起，龙争虎斗国不宁。
竖子之忧帝深重，自作自受苦无穷。
要想改变旧制度，需待人民大革命。
暴风骤雨废帝制，雷电能带七彩虹。

四〇五、精兵简政

选译：

修订新律十八篇，取名称为《大业律》。
牛弘等人作修订，初六颁布即施行。
旧律严苛民久厌，喜颁新律行宽政。
新律实行没多久，劳役征发又勒绳。
百姓无法去承受，官吏临时胁迫济事情。
只要目标能达到，执行不再按律令。
刘炫参加修律令，牛弘曾经闲谈问，
"周礼士多府吏少，现在倒置百倍盈。
如果减少事不成，此果出自何原因？"旅骑尉刘炫说："古官要求出成绩，年终考核排次序，案不清理文书简，府吏举要就可以。现在文书虑复治，如果办理不周密，万里百年证案籍。有谚语说：'老吏抱案死，'事繁政弊，这就是属吏多效率低的原因。"牛弘说："魏齐属吏很从容，现在忙碌不安宁，这是什么原因？"刘炫说"往者州唯置纲纪——只设长史和司马（主要职官），郡只设置郡守、郡丞，县里只设一县令。其余僚属长官定，每州不过十几人。如今情况大不同，大小官吏吏部任，细小之事入考功，减官不如减事情，官吏事务不减少，希望从容壳里空。"牛以炫说很正确，但却不能去采用。

据《隋纪四》（卷一八〇）

译评：

设置官吏少而精，首长只抓大事情。
具体事务各方办，从容自在走基层。
精兵简政走大略，业绩考核要分明。

承上启下挑重担，造福一方树新风。
知道事理要试行，知而不用等于零。

四〇六、埋头读书

选译：

十二月初三，文安宪禄牛弘去世。

牛弘宽宏忠厚，谦恭节俭，学识渊博，隋王室中，始终信任，没有罪咎，没有灾祸，惟他一人。弘弟牛弼，喜好饮酒，酒醉以后，经常闹事，曾有酒醉，射杀弘牛，牛弘回家，妻子告他，"叔叔射死，你驾车牛。"牛弘听后，并不惊奇，只说一句，"拿去作脯"，坐定以后，其妻又说："叔叔忽然，把牛射死，真是奇怪。"牛弘回话，我知道了。

牛弘神情镇定自若，仍然读书不辍。

据《隋纪五》（卷一八一）

详评：

牛弘忠厚又宽宏，隋王室中出了名。
牛弼好酒又常醉，醉后闹事弘不惊。
即使杀死驾车牛，牛弘仍然很镇定。
杀牛之事知即可，不是什么大事情。
醉汉惹事不出家，埋头读书不能停。
而今醉驾祸连连，交警管理要严行。

四〇七、京杭运河

选译：

隋炀帝发敕令，开凿江南大运河，从京口到余杭南北足有八百里长，

运河宽有十多丈,旨在龙舟可通航,运河沿岸设驿站,行宫野外休闲房,准备到会稽游一趟。

据《隋纪五》(卷一八一)

译评:

> 京杭运河大工程,举世闻名史有评。
> 历史悠久越千年,纵贯南北又一龙。
> 吴王夫差开邗沟,沟通江淮受欢迎,
> 炀帝下令开运河,前后历时六年整。
> 济渠首先被修通,邗沟旧道又扩充。
> 随后开通永济渠,沁水引入黄河中。
> 最后开凿江南段,京杭运河大贯通。
> 运河之益有多面,文明接力出彩虹。
> 中国龙,展新容,飞腾东西南北中。
> 今人追忆古人事,振兴中华立新功。
> 运河管理入国策,总体效能促繁荣。

四〇八、厌比前朝

选评:

内史侍郎薛道衡,因有才学享盛名。
久管枢要高祖末,出调襄州任总管。
炀帝即位召回他,秘书监位待任用。
薛道衡,回到京,呈献《高祖文帝颂》。
炀帝看后很讨厌,对苏威说:"薛道衡赞颂前朝,这是《鱼藻》幽王讽。"给薛司隶大夫位,准备给他加罪行,司隶刺史房彦谦,劝薛杜门绝客宾,言辞卑屈薛不听,恰逢商议新律令,议论好久不能定,薛道衡对朝

臣说："倘若高颎仍然在，律令早定且颁行。"有人奏报隋炀帝，炀帝大怒不可容，"他还想念高颎啊！"移交司法去定刑，裴蕴见缝便插针，火上浇油把薛陈，"道衡仗着有才能，依恃旧恩目无君，制造灾祸加于人，论其罪名不明显，大逆不道是实心。"炀帝听了很认可，使得往事涌上心，说："我曾和他并伐陈，他看我的年龄小，就与高颎、贺若弼搞专政，一直到了我即位，他的内心不安守，幸好天下太平势，无机可乘未反成，你认为薛悖逆，精妙察出其本意。"薛自认为犯小错，催促司法早判决，希望上奏会谅解，他命家人备酒食，招待问候的宾客，到了判决上奏后，炀帝命薛道衡殁。薛道衡，没料到，不愿自杀就了了。司法部门再奏报，炀帝命人将他绞，家眷流放到且末。薛道衡冤枉了。

据《隋纪五》（卷一八一）

译评：

　　　　法古鉴古不一搭，只因此古就绞杀。
　　　　食古不化犹可训，借鉴古人可行甲。
　　　　过往恩怨应化解，谗言有使对手垮。
　　　　有才之人尽其能，冤枉道衡传天下。
　　　　天下不乏有情人，滥杀不是好办法。
　　　　滥权可以送人去，百姓心中记着他。

四〇九、言当指实

选译：

　　礼部尚书杨玄感，骑马射箭勇善战，爱好读书喜结友，名人志士交胜欢，他与李密交情好，李密作公在蒲山。李密少时有才略，志气远大轻视钱。炀帝见到李密后，对宇文述说："刚才那个黑小子，目光炯炯不一般，不要让他任宿卫官。"述便暗示密托病，主动请求将职免。李密于是

摒世事，专心读书往来断。曾骑黄牛读《汉书》，素见此人不平凡，于是召到家中谈，两人谈得很高兴，便对儿子玄感言："李密见识气度高，你们不能同比肩！"因此，杨玄感和李密交情渊。有时玄感欺李密，李密说："做人说话应诚实，当面奉承可不敢，若是两军相交战，怒吼呐喊，震慑敌人，李密比不上您，若是招贤纳士，各自发挥才能，您不如李密；怎么可因地位较高对天下士大夫轻慢！"杨玄感笑了笑，十分佩服他。

据《隋纪六》（卷一八二）

译评：

两友深交各有长，实话实说诉衷肠。
做人说话应诚实，当面奉承不应当。
奉承对友无济事，诚实待人友久长。
相比相帮相激励，佩服高兴有力量。

四一〇、炀帝自负

选译：

炀帝善于写文章，不愿别人在其上。薛道衡被处死，炀帝说"还能写'空梁落燕泥'吗？"王胄被处死，炀帝吟诵他的佳句："'庭草无人随意绿'，还能写出这样的句子吗？"

炀帝自负有才学，藐视天下众文士。曾对侍臣说："天下称我承先帝遗业而有四海，实际上经过和士大夫比试选秀我也应当作天子。"

炀帝曾对秘书郎虞世南说："我性就厌别人谏，尤其不容高人谏。位卑进谏稍宽容，但最终不留立足点，你记住这些话。"

据《隋纪六》（卷一八二）

译评：

炀帝善文心仪狂，谁敢冒尖让谁亡。
灭人即能灭佳句，天下文章数帝炀。
固然帝业由我承，就是选拔我也当。
别人进谏我就烦，进谏不会赏其光。
天下只有一个人，炀帝独有无二郎。
天子骄纵已至极，谁能为他做衣裳。
天下无敌唯我红，宫廷宝座谁能上。
俨然一副天子像，一人独尊学霸王。
天若有情会说话，炀帝一边去歇凉。

四一一、先后制异

选译：

李密劝翟让说："现在东都空虚，守兵没有训练，越王杨侗年幼，守官政令不一，军民离心，段达无文，愚昧无谋，依我所料，不是对手。若将军采用我计，天下挥手便平定。"于是派遣裴叔方，侦察东都的虚实。留守官员察觉后，即刻开始作防备，奏报炀帝纵马驰。李密对翟让说："事势如此，不可不发，兵法曰：'先则制于己，后则制于人。'——情况紧急，不可不击，先动手是自己控制别人，后动手自己就被别人控制——如今百姓闹饥荒，洛口仓内多存粮，距离东都一百多，大军袭取如翻掌，他们路远无法救，事先没有搞设防，待其知道消息后，我们已经夺手上。放粮赈济老百姓，远近之人都向往，聚集百万部众，只需一个早上。我们兵多势众，养精蓄锐，以逸待劳，纵然东都派来军队，我们已经有了提防，然后，我们告令四方，招揽豪杰贤士，采信他们主张，选用强悍之将，授予兵权，将隋之社稷除亡。发布将军之令，岂不盛壮？"翟让说：

"这是英雄的韬略,我没有这个担当,您发号令我去办,请您先行进发,我在后面跟上。"初九,李密、翟让率领精兵七千人,夺取兴洛仓,打开粮仓,让老百姓随意取粮,前来取粮的人扶老携幼,不断来往。

据《隋纪七》(卷一八三)

译评:

百姓饥荒急需粮,官府应当分发粮。
你不开仓我开仓,开仓以后尽放粮。
开仓之举似演习,麻木炀帝将灭亡,
先发别人搞突袭,十有八九打胜仗。
后发制人也有方,由防转攻蓄力量。
有人远来画圈圈,听言观行抓住纲。
口不应心有夹层,口蜜腹剑别上当。
设定套路搞突袭,防控反控让袭亡。
大海航行靠航手,围堵岂是来护航。

四一二、李世民

选译:

唐公李渊娶窦氏,生了四男又一女。四个儿子李建成、李世民、李玄霸、李元吉,女儿嫁给柴绍是临汾人。

世民聪勇果决,见识器量超人。
他见隋室方乱,暗怀天下壮志,
礼贤下士乐善施,结交宾客欢人心。
世民妻娶晟之女,长孙顺德晟族弟。
长孙顺德和合勋侍刘弘基为避征役一起逃至晋阳投靠李渊,与世民交情厚又密。左亲卫窦琮逃太原。素与世民有隔阂,常常疑虑心不安。世民

特意善待他，出入卧内心防安。

晋阳宫监裴寂，晋阳令刘文静住一起。

看到城上烽火裴叹息："我们贫贱战乱频，骨肉离散何求存？"刘文静笑道："时事可以看得清，我们相得何忧贫！"刘文静看到李世民，大感特异，就用心和他结交，并对裴寂说："李世民不寻常，豁达大度如刘邦，神采英武似曹操，年纪虽轻，将扬名于世把大任当。"裴寂初见有异样。

文静被囚太原监，李世民去探望他，刘文静说："天下大乱，非汉高祖，汉光武帝之才不能平定。"李世民说："不是没有那才能，只是人们未看清，我来探望非常情，而是想与您议大事情，您有什么主意请。"刘文静说："今主南巡游江淮，李密围逼东都城，群盗（实为农民起义军）大概以万计。这时天下失驾驭，夺取天下如反掌。太原百姓进入城，其中豪杰我知情，一旦把他们召起来，一下可得十万人，你父率军只几万，一言出口谁不从？以此兵力乘虚入，号令天下，不到半年时间，帝王之业即可成。"李世民笑道："君言正合我心意。"于是就暗中部署宾客，李渊不知道这事情，世民怕父不赞成，犹豫很久不吭声。

李渊裴寂有旧谊，每次宴谈肯用时。

文静想以裴寂劝李渊，引荐裴寂世民交。

世民出钱几百万，让高斌廉与裴寂赌。

每赌输给裴寂钱，裴寂因此很喜欢。

裴寂世民每天玩，感情日渐不一般。

世民见势摊底牌，裴寂答应把话传。

适逢突厥侵马邑，李渊派人去抵抗。

不料交战失了利，李渊恐罪甚忧肠。

世民乘机劝李渊："如今主上无道百姓穷，晋阳城外战火红，大人如果守小节，下有流寇上有峻法，危亡随时要来临，不如顺民心，兴义兵，化祸为福，这是天赐良机！"李渊听后吃一惊："你怎么说出这种话，我把你抓起来送县官！"于是拿出纸笔要写奏表，世民缓缓地说："我观天

下已这样,才敢说出这样话。如果定要抓起我,我即一死也不怕。"李渊说:"我哪里忍心告发你,你要谨慎,不要乱说话。"第二天,李世民又劝李渊:"如今盗贼(实为起义的农民)日日增,形势迅猛遍天下,大人受诏讨贼寇,贼众能够尽灭吗?总之最后扛锁枷。而且世人都传言,图谶李氏当应验,所以李金才虽无罪,却一天之间被诛灭全族。您若将贼全剿灭,功劳特高不赏身更险!只有昨话可去祸。希望大人驱疑问。"李渊说:"我夜思你话有道理,今天就是家破人亡也由你,把家变成国也由你了!"

渊御突厥败而归,炀帝加罪往江都推。

李渊当时很恐惧,世民裴寂劝相随。

今主昏庸有动乱,尽心效忠好不归。

本是将佐违军律,却把罪过加于魁。

事情已经很急迫,早定以计莫后推。

晋阳兵强马又壮,积蓄军备非常肥,以此举事,何患胜无门。

代王年幼,关中豪杰奋起造反,但不知归于谁,您如发兵西进,招抚他们,如同探囊取物一般。为何受使者囚禁坐以待毙?李渊认为说得对,秘密部署作准备。正要起事时,炀帝赦免李渊复原职,李渊起兵计划即未遂。

据《隋纪七》 (卷一八三)

译评:

隋末农民要翻天,各地起义遍烽烟;

炀帝派兵去镇压,剿灭不尽要斩官。

怒称农民为贼盗,隋室欲坠国不安。

李渊受命去灭贼,愈灭愈多败绩连。

按照王法应治罪,命危一线被人牵。

世民聪明又勇敢,思路清晰看破天。

农民起义主上昏,内忧外患矛盾联。

早想举兵去造反，害怕父阻不敢言。
李渊为官又率军，世民仍想借力反。
巧妙通话说时事，李渊明理也欣然。
只缘炀帝复渊职，举兵计划未拉弦。
风起云涌农奴戟，推动社会走向前。
李渊借力举义兵，不如农奴斗志坚。
官复原职便犹豫，要想换船看气旋。

四一三、重赏郝瑗

选译：

十七日，扶风之役传新闻，李世民大败薛家军，追到垅坻才转身。薛举此时很恐惧，便向臣属去发问："自古天子有降闻？"黄门侍郎褚亮说："赵佗归汉，刘祥降晋为臣，近世萧琮，其了孙至今还享殊荣，转祸为福之事，自古以来就存。"卫尉卿郝瑗快步上前说："陛下不该这样问，褚亮的回答是谬论！从前汉高祖经过多次逃亡与失败，蜀汉先主刘备屡次失去妻子儿女，但他们最终建立大业；陛下一战失利怎就问亡国计？"薛举后悔说："我不过试探一下各位的心意。"于是重赏郝瑗，引为策主。

据《隋纪八》（卷一八四）

译评：

一次失败想投降，骨子里头缺少刚。
失败尚为成功母，挫折失败催坚强。
正义事业不言败，屡挫屡勇抓大纲。
如果已是朽朽木，力劝早点退出场。

四一四、应天顺人

选译：

　　二十三日，隋炀帝下诏令，再给唐国加十郡。唐王仍然做相国，总理百官揆其政。丞相属官唐设置，九锡之礼又加送。唐王对着下属说："这是谄谀人所为。我主国政加宠幸，九锡之礼能可行？假若一定循魏晋，欺上诬下善饰文。求实不及春秋五霸，求名想超过三王，我常反讥耻为情。"有人说："历代都是这样做，要是废弃可不行！"唐王说："尧舜汤武，各因其时，取与异道，皆推其至诚以应天顺人，未闻夏商之末必效唐虞之禅也。若使少帝有知，必不肯为；若其无知，孤自尊而饰让，平生秦心所不为也。"——尧舜汤武，根据时代要求，取与不同法，诚心顺应天理，适合人情，从未听说夏商之末，一定要效法唐尧虞舜的禅让。假使少帝有智慧，必不去这样作；若是不懂事，妄自尊贵而伪饰逊让，我内心是不愿这样做。"只改丞相为相国府，九锡之礼，都归主管。

据《唐纪一》（卷一八五）

译评：

　　　　效与不效事不同，顺应形势有变通。
　　　　效仿前代利于治，顺治兴隆效可行。
　　　　不效前制有心改，改也应当合人情。
　　　　历史之镜已固化，活化天理人情容。
　　　　领新标异史常见，后人总比前人灵。
　　　　灵在善学知取舍，扬弃才能有新生。

四一五、易其覆辙

选译：

二十四日，万年县法曹孙伏伽上书表奏称："隋因恶闻其过失天下。陛下从晋阳起事，不一年即登帝位。只知得到帝位很容易，不知失去帝位也容易，得到易者失也易，隋亡覆辙要免蹈。下情尽量要知道，凡是君主言与行，小心谨慎不可轻。陛下今日即位后，明天就有雊雏送。雊雏本是小孩玩，不是明君必须用。百戏散乐烘气氛，乃是亡国荒淫声。最近太常传新闻，要借妇女连衣裙，五百多套充妓衣，游戏定在玄武门，五月五日大闹场，子孙效法不必循，凡是此类应通摈，善恶习惯随日染，天长日久变人性。太子诸王身边人，应当谨慎来择用。门风不正，素无德行，专好奢靡，喜好声色者，不要亲近，从古到今，骨肉分离，亡家败国，没有不是因为左右的人离间所造成，希望陛下谨慎小心。"皇上看表很高兴，下诏书褒奖称赞，将他提升为治书侍御史，赏赐帛三百匹，而且颁布告示，使远近都知。

据《唐纪一》（卷一八五）

译评：

厌恶闻过过更凶，凶致江山倾刻崩。
前车之覆要免蹈，君主言行唯谨慎。
上情一定要尽知，左右离间要认清。
善恶是非要明辨，莫让奢靡把心冲。
骄奢淫逸要废止，子孙效法树正风。

四一六、令鉴观

选译：

犯法不够判死罪，皇上特令把人杀，
监察御史李素立，劝谏皇上一席话：
"法律君民应同守，法律动摇难维法。
陛下初创宏基业，抛弃法律怎执法。
司法之事我负责，这一诏令奉后怕。"
皇上听了他的话。

上以胡舞人安比奴为散骑侍郎。礼部尚书李纲开了腔，谏说："古人乐士不同行，虽贤子师和师襄，世世代代不改行。齐末曹妙达封为王，安马驹为开府，齐后主亡国，鉴诫于唐。如今天下刚平定，建义功臣未遍赏，高才硕学仍在乡，先升舞胡五品官，带着玉印朝廷晃，这不是后人的榜样。"皇上不听从，说："我已授予他了，不能收回了。"

陈岳论说：君令即是子孙法，一不合理致祸端，高祖说："已经授予他了，不能再追回了。"假设授予是对的，就算了；授予他却是错的，为什么不追回呢！治理民众的法则，不能不拿"已经授予"作为鉴诫啊！

据《唐纪二》（卷一八六）

译评：

君令是法往下颁，对了英明广宣传。
意义深远是大计，坚决执行控制严。
抓典型，做示范，授予荣誉有礼赞。
如果授令不对头，主上不愿收摊摊。
收摊意味有错误，错误就会失尊严。
岂知错误会发酵，爆炸辐射往外传。

上有错误不自纠，上行下效有祸端。
上面错了错一个，下面有错千千万。
千万错误天下乱，拨乱反正何其难。
观史用权唯谨慎，错了赶快往回返。
"倒退"也是往前走，退够始能再往前。
唐人有首《插秧诗》，转抄于下供诚勉：
"手把青苗插满田，低头便见水中天，
心地清净方为道，退步原来是向前。"
要为日后天地宽，收回错误有何难。

四一七、引火烧身

选译：

民部尚书刘文静，居功比官心不平。
目标盯在裴寂上，专门与之相比拼。
每次朝廷议政时，裴论正确他呛声。
曾经多次侵侮裴，从此二人有嫌隙。
文静之弟叫文起，散骑常侍通直挺。
二人经常去喝酒，酒兴正浓失体统。
发泄不满拔刀舞，砍柱说："该当斩掉裴寂首级！"吓得家人毛骨悚。家中数次有妖作，刘文静召来巫师镇妖精，文静一妾未受宠，教她的兄长奏刘文静有叛变行。皇上交给主管办，裴寂萧瑀去审问，刘文静说："我任司马建义初，地位声望似长史，现在裴寂是仆射，一等佳宅据为己，我的官衔赏赐在众里，东西征战老母留京师，连个风雨无处庇，确有不满和怨气。酒醉以后出狂言，自己不能保自己。"皇上对群臣说："听其言，无反意。"李纲萧瑀都知底，李世民替他也执意："往昔在晋阳，文静定

主张,才告裴寂详,及到克京城,待遇不一样,文静有怨恨,并非谋反上。"裴寂对皇上说:"文静才略确实在人上,然而性情粗暴凶险难变样,当今天下没有定,留他必定后患藏。"皇上平素亲裴寂,徘徊很久,后将二刘送刑场。

据《唐纪三》(卷一八七)

译评:

才略功勋让人言,自己不要性出端。
官衔待遇应知足,比起死者高万千。
如果确有不公平,勿须拔刀泄不满。
恰遇有人告谋反,粘到一起受牵连。
虽然事情已清楚,裴寂一言送黄泉。
后患不是实体罪,处死二人确有冤。
文静当了冤大头,骄躁怨恨起祸端。
私欲让人失理智,自作自受谁人怜。

四一八、贵在坚持

选译:

秦王世民围洛阳宫城,城中护防很严明,
大炮飞石重五十斤,抛掷二百步也能行。
八号弩箭如东辐,箭头如巨斧,四周发射五百步径。李世民四面围攻,十多天也未克城。城中也有投降者,未成事实头被拧。唐的将士疲思归,总管刘弘基请退兵,李世民不答应。说:"大举而来求其成,一劳永逸不用兵。东方诸州望风服,只有洛阳一孤城,大势已去撑不久,功在垂成应坚挺!"于是军中下命令:"洛阳未破不收兵,敢说回师就严惩。"无人再提这事情,皇上听到此事后,也暗中命令李世民撤军。李世民上表

称：洛阳一定能攻克，又派参谋军事封德彝入朝当面去论评，封德彝对皇上说："世充得地虽然多，大多都是拘押从属于他，号令所推行的只有洛阳一孤城，全力以赴，旦夕即成，现在若回师，贼势复振，更相连结，后必难行！"皇上听从李世民。李世民送信给王世充，晓以利害，世充不回应。

据《唐纪四》（卷一八八）

译评：

大兵围攻洛阳城，十天不拔出情形。
城内有人想投降，城外有将想退兵。
城内世充不投降，城外世民更坚定。
下令军队不返回，谁敢回师把头拧。
皇上获悉暗中令，调回军队不攻城。
世民上表能攻克，又派参谋对上评。
洛阳势如一孤城，全力以赴拿手中。
回师使敌脱困境，振作起来搞结盟。
形势有利却退却，以后再取更坚硬。
皇上听从李世民，王世充却不回应。
两军对峙比坚持，谁能坚持谁能赢。
攻城不下若回师，兵家笑谈智力穷。
如果碰上石头城，是拼还是当肉松？
如果能够搞智取，不费一卒与一兵。
大兵围城又不攻，时间一久城自崩。

四一九、信不可去

选译：

十二日，天下略平赦百姓，免除徭役一年整。陕鼎函虢虞芮州，转运

四七五

辛劳又费资,长久隔绝于戎狄,同免徭役二年零。律令格式暂且袭用开皇同制令。赦令已下,而王窦余党还有远迁送。治书侍御史孙伏伽上奏说:"兵、食可以去掉,信不可去,陛下已经赦罪而再迁徙他们,自我违心,臣民何依凭?况且王世充还蒙受宽宥,而对余党更宜释放。"皇上听从了他的意见。

据《唐纪五》(卷一八九)

译评:

新政大赦求民心,赦令实施要认真。
只有贯彻大赦令,才能逐渐取信民。
如果边赦边违赦,臣民就要失依凭。
兵食可去信不可去,皇上国君要记心。
信与心是一条道,取信才能得民心。
得民心者得天下,信是金桥要维真。

四二〇、开通元宝

选译:

隋末钱币粗薄残,甚有革纸裁成钱。
民间无奈此弊害,初推开通元宝钱。
重量定为二铢四,一两得积十枚钱。
轻重大小都合适,远近交易都方便。
令给事中欧阳询,撰写钱字读回环。
环读为开通元宝,开元通宝是俗言。
开元不是指年号,年号本为武德年。
十八日,在洛、并、幽、益等州设钱监,赐给秦王李世民、齐王李元吉冶炉各三座,裴寂一座冶炉,听凭铸钱。其余私盗铸钱要杀戮。全家一

同赴黄泉。

据《唐纪五》（卷一八九）

译评：

唐王开始改革钱，残旧铸币弃一边。
初铸开通元宝钱，轻重大小用方便。
钱币铸文环形读，设置钱监保安全。
规定七家造铸币，私盗铸币惩治严。
统一货币治天下，一币能使万民安。

四二一、唐初政体

选译：

三月，初定政令：

以太尉、司徒、司空为三公；

以尚书、门下、中书、秘书、殿中、内侍为六省；其次为御史台；再其次以太常至太府为九寺；再其次将作监，国子监，天策上将府；再其次为左、右卫至左、右领卫为十四卫；东宫主设置三师、三少、詹事及两坊、三寺、十率府；王、公设置府佑，国官，公主设置邑司，以上官员一并为京城职事官。州、县、镇、戍的官员为外职事官。从开府仪同三司到将士郎，二十八阶，为文散官；从骠骑大将军到陪戎副尉三十一阶，为武散官，上柱国到武骑尉十二等，为勋官。

据《唐纪六》（卷一九〇）

译评：

三公六省和九寺，中央集权政令颁。
中央地方分职事，官分文武和勋官。
从京到外全覆盖，系列明确等级严。

权力中心在京城,州县镇戍从上边。
有统有分有程序,各司其职有其天。
皇帝龙居政体外,总揽大权独尊严。
若知封建社会事,皇帝一人说了算。

四二二、初定均田法

选评:

初定均田租庸调法:
成人民众一顷田,十六二十在其间;
重病减去十之六,妻妾寡者留十之三;
世业田为十之二,人口占为八成田;
丁年纳官二石米,调随地宜布帛绫绢。

每年服役二十天,不服劳役就收庸,每天按照尺算,有事增加劳役的,加劳役十五天,其调就予免,加劳役三十天者,租调都除免。水旱虫霜灾收成十失四以上免租子,损失六成以上免调,损失七成租调役则全免,凡民众资产分九等。百户为一里,五里为一乡,四家为邻,四邻为保。在城镇的为坊,在四野产村行为村,官宦之家,不得与民争利;工商杂家,不准人士。男女初生为黄,四岁为小,十六岁为中,二十岁为丁,六十岁为老。每年编造人口田赋计账,三年编造户籍。

据《唐纪六》(卷一九〇)

译评:

社会管理到农村,均田租调有细分。
遇到灾害斟情免,租役庸调很认真。
民众资产有等级,户居乡里又保邻。
城为街坊乡为村,官宦之家与民众,工商杂家与士人安其人;男女年

龄分层次,田赋户籍账册存。
　　划分细,有据存,安居乐业定得新。
　　职业利益作规定,社会矛盾易处分。
　　均田是个大举措,租役庸调尚合心。
　　官民关系有规定,天下可望年年欣。

四二三、如为布衣

　　选译:

　　唐高祖武德八年,正月二十一日,张镇周为舒州都督。舒州是镇周的本乡,到职后,既尽乡情又尽公职,舒州一片平和与安宁。
　　舒州都督张镇周,首敬亲朋酒肉酬。
　　披发蹲坐无拘束,如同百姓广交游。
　　欢聚十天赠钱财,告辞故旧眼泪流。
　　镇周今日与共饮,明日以后到舒州。
　　君民礼仪将相隔,治政不再分密友。
　　亲朋好友犯了法,一无所纵阶下囚。
　　舒州清明又太平,亲情不忘公为头。

据《唐纪七》(卷一九一)

　　译评:

　　　　自己花钱酬宾客,分赠金帛于乡亲。
　　　　如同布衣席地坐,既尽乡情又奉公。
　　　　镇周都督知敬民,舒州治理见清风。
　　　　追忆清官张镇周,公款吃喝应即停。

四二四、至公无私

选译：

世民定夺不一般，封爵封邑当殿宣。
声称勋赏若不当，应该当面谈一谈。
于是众将争发言。
淮安王李神通说：
响应起义我首先，关西举兵事非凡。
房玄龄杜如晦专靠摇笔杆，功劳却在我上面，太宗说：
起义之初您当先，大半是想求祸免。
建德吞并山东时，叔父您却全军完。
建德余部重纠合，望风而逃您谁边？
玄龄等人在国帐，运筹帷幄国家安。
论功行赏本应前。
叔父朕诚无所爱，国之至亲血脉连。
勋臣赏赐名实副，升迁不因私恩滥。
诸将听了不争论，皇上公道无异言。
房玄龄，曾经言，秦府旧人有怨言。
伺候皇上已多年，现在任官授职时，反而被排在后边。皇上说：
至公无私治天下，人心平和国家安。
你我衣食取之民，为了百姓设置官。
择官选能理应当，新人旧人不划线。
如果新人是贤才，旧人不肖，舍新取旧心何安。如今不谈贤不贤，只为政不讲恩怨。

据《唐纪八》（一九二）

译评：
　　　　论功行赏且择贤，政治清明天亦蓝。
　　　　论资排辈用庸才，为政之体偏难安。

四二五、论止盗

选译：
二十一日，皇上与群臣议止盗。
有人请求用严刑，重法禁止盗窃生。
皇上微笑着说：
"民众所以去行盗，是由赋役繁又重。
官吏贪贿民饥寒，不顾廉耻乃发生。
我应去奢节费用，轻徭薄赋选廉用。
民众富裕不偷盗，何必重法用严刑！"
从此以后若干年，海内升平，路不拾遗，
外户不闭，商人旅客，敢在野外露宿。

　　　　　　　　　　据《唐纪八》（卷一九二）

译评：
　　　　防止盗窃思路清，先从自身找原因。
　　　　财政政策作检讨，官吏贪贿民苦深。
　　　　调整政策轻徭赋，选用廉官去奢根。
　　　　民众富裕知廉耻，自然不盗休止心。

四二六、不敢纵欲

选译：

上对侍臣谈高论：
君主靠国国靠民，薄民奉君危害深。
身上割肉充腹饥，肚子饱了反丧身。
君主富足国家亡，君主高位无处存。
人君祸患不外来，常常出自其本身。
凡事繁盛费用大，费用大了重税跟。
赋税繁重民忧愁，民忧国亡泪沾巾。
国家危亡君位失，不敢纵欲常思忖。

据《唐纪八》（卷一九二）

译评：

君主国家和人民，人民至上理本真。
爱民敬民又重民，江山如画葆青春。
而今天下属人民，人民当家做主人。
主人汇聚公权力，推动历史向纵深。

四二七、表动影随

选译：

民吏受贿皇帝忧，密使左右试贿赂。
有官接受一匹绢，皇上欲杀在心头。
民部尚书裴矩劝："作为官吏受贿赂，罪大确实应杀头，只是陛下派人送，害人犯法事不周，恐怕不是以道导，按照礼仪来要求。"皇上召来五品官，高高兴兴诉文武："裴矩当官能力诤，不因我的情面而屈从，倘若每事能这样，国家大治何须忧心中！"

司马光认为，古人有言：君明臣直。

裴矩对隋奸佞对唐忠，不是生性有变形。

君主恶听他的过，忠贞遂之变奸佞，君主乐闻直言谏，奸佞也就变忠贞。由此可知，君者为表臣为影，表动以后影随从。

据《唐纪八》（卷一九二）

译评：

君明臣直见奸忠，闻过则喜座右铭。
让人说话天不倾，要想治范听谏诤。
一朝天子一朝臣，一个盘子一杆秤。
一个标准一个样，天下升平显峥嵘。

四二八、君子用人取其长

选译：

唐太宗令封德彝，推举贤才久无举。

太宗追问举贤事，封答不是不尽心，只是没有奇才难为举，太宗说：君子用人如用器，各有所长用便是，古代达到国大治，难道从别的时代借人去？只能怪你不识才，怎辱一个时代无人才呢？封德彝惭愧退去。

据《唐纪八》（卷一九二）

译评：

一道艄公一道河，人才济济如星罗。
唯贤是举用其长，大略方见人才多。

识才不用他代借，就地取才尽英模。

江山代有人才出，不识人才是罪过。

四二九、善则从之

选译：

御史大夫杜淹奏："各部文卷恐误失，请求令御史去察核。"上以此问封德彝，回答说："设官分职各有管，果有误失应纠检，假若御史普遍，挑剔毛病实在烦。"杜淹沉默不发言，皇上问杜淹："何故不再作论辩？"回答说："天下之务当尽至公，善则从之，德彝之言，真得大体，我确实诚服，不敢非议。"皇上高兴地说："公等各能如是，朕又何忧！"

据《唐纪八》（卷一九二）

译评：

天下之务应尽公，择善从之职司明。

真得大体不争论，心悦诚服做事情。

四三〇、问政得失

选译：

二十日，皇上对太子少师萧瑀说："少年时代我好箭，得到良弓十几件，自认好到无伦比，造弓工匠持异见。造弓材料不太好，心曲致斜射箭偏。从此醒悟别样看，原有认识不精专。我以弓箭定四方，对弓认识未尽善，天下之务更纷繁，听能遍知自赋闲，乃令京官五品上，更宿中书省值班，太宗屡次去接见，询问百姓苦与难，政事得失随察问，天下之务勿误判。

据《唐纪八》（卷一九二）

译评：

少年时代见识浅，爱好之心不检点。
自以天下数第一，不知曲直不长眼。
弓匠一言受启发，弓箭天下理一般。
从此问政得与失，天下之务要止偏。
政事得失日日问，随机应变天下安。

四三一、以至诚治天下

选译：

有人上书请除奸，上问奸臣在哪边？回答说：
"臣居草野水泽沿，不能确知将其拦，
希望陛下与臣谈，可用佯怒来试探，
坚贞不屈是直臣，畏严顺从就是奸。"
皇上说："君是源头臣是流，源头混浊无清流。君主自己做假，臣直凭何去责求！我以至诚治天下，前帝诈臣我觉羞，你的计策虽然好，但我不能采作筹。"

据《唐纪八》（卷一九一）

译评：

执法不能想当然，根据事实作判断。
上面如果使了假，不知臣子几多冤。
君为源，臣为流，君明臣直国事安。
君至诚，臣直正，治理天下无斜边。

四三二、长短得失

选译：

二十八日，

上与侍臣议周秦，长短得失有其因。

萧瑀回答说："纣为不道周武征，春秋六国无罪行，秦皇将之一扫平。得到天下虽相同，人心归向却不同。"皇上说："您只知其一，不知其二，周得天下更修仁，秦取天下更崇力，长短得失有不同，得到天下都需打，守住天下则需仁。"萧瑀谢罪，认为皇上见识真。

据《唐纪八》（卷一九二）

译评：

打天下，坐江山，二者都要顺时转。
扭转乾坤需暴力，守住天下仁义传。
秦灭六国顺时势，武王伐纣开新天。
概知朝代兴替事，新枝总比朽枝鲜。
政治得失常议好，除弊兴利国民欢。

四三三、必资明镜

选译：

皇上神采英毅焕，臣见敬畏举措范。
皇上了解这一点，见人奏事显慈祥。
和颜悦色很中肯，冀望规谏诉衷肠。
曾经面对公卿说："人要看到自己脸，借助明镜来端详；君主欲知其

过失，善得忠臣反馈样；倘若某君恃自能，他的臣子遂顺从，君主失掉国家后，臣子哪能善其身，像虞世基等人，谄谀炀帝保富贵，炀帝被杀虞同罪。你们应以为鉴戒，畅所欲言应尽瘁。"

据《唐纪八》（卷一九二）

译评：

一副面孔人见慌，哪能从容诉衷肠。
皇上知悉这一点，态度和蔼又慈祥。
变脸不是为演戏，而是为了天地长。
希望群臣能规谏，畅所欲言无忧伤。
借用明镜正容貌，善待忠臣集吉良。
不要学习虞世基，谄谀求荣反被殇。

四三四、与人同利

选译：

皇上对公卿们说："夏禹治水民众无怨恨，与民众利益相同是本因，秦皇建宫民怨恨，是损害民众顾自己利益，奢华珍奇人所欲，假若纵欲不停息，危机灭亡立刻至，我本想营建一座殿，材料用度都具备，以秦为鉴而中止。王公众官应知我的心。"从此以后二十年，锦绣衣服都不穿，风俗素朴，公私富足齐欢颜。

据《唐纪八》（卷一九二）

译评：

与民谋利得欢颜，损害民益有积怨。
秦皇建宫伤民利，一时奢华却冒烟。
皇上以秦为鉴戒，停建殿宇告众官。
素朴不穿锦绣衣，公私富裕二十年。

民众利益比山高,为官谨守勇登攀。

民众利益比天大,众官应当记心间。

四三五、忘其身

选译:

皇上问侍臣:"听说西域有胡贾,得到美玉剖身藏,有这回事吗?"回答说:"有这回事。"皇上又说:"人们都知爱宝珠,爱其自身却不如。官吏受贿抗拒法,与帝王穷奢极欲致国亡,与可笑的胡商相比有什么不同呢?"

魏征说:"从前鲁哀公对孔子说:'有个健忘的人,迁徙住宅忘妻。'孔子说:'还有比这严重的,桀、纣二人忘自身。'也如同这样的。"皇上说:"你我应当同心力,相辅相成,不留笑柄被人耻!"

据《唐纪八》(卷一九二)

译评:

身外之物却身寄,忘掉自身令人奇。

求其美物顺自然,勿为宝物将命弃。

古之胡商诚可笑,竟为珠宝剖肚皮。

金钱满屋租房放,却把生命黄泉寄。

寄言诸君重自我,克己奉公当积极。

莫以善小而不为,为善总会广众提。

忘掉自身不求名,传遍天下胜自己。

四三六、兼听则明　偏听则暗

选译：

皇上问魏征："人主何为就能明，怎样做就暗呢？"魏征说："兼听则明，偏听则暗。从前唐尧问下民，苗的罪恶上能闻；舜能四聪又四明，共工、鲧、骧兜不能蒙，逃脱罪责落了空。秦二世偏信赵高，被逼自杀望夷宫，梁武帝偏信朱异，台城被困死其中；炀帝偏信虞世基，被弑彭城阁中，因此，人君兼听广纳多方意见，言路畅通，下情上达。"皇上说："很好。"

据《唐纪八》（卷一九二）

译评：

　　兼听明，偏听暗，情况清楚事好办。
　　兼听需要好肚量，海纳百川也不厌。
　　兼听需要耳根硬，拒绝左右咬耳尖。
　　兼听需要好心情，闻过则喜有欢颜。
　　兼听需要好分析，言路畅通不怕烦。
　　古人已知兼听好，今人兼听能排难。
　　正确分析作判断，科学决策能搬山。

四三七、致治之要

选评：

二月，皇上对着侍臣说："人说天子至尊无畏惧，我上惧皇天监督临，下怕瞻望仰视的群臣，兢兢业业，犹恐不合天意顺人心。"魏征说：

四八九

"这是真治之要领,愿陛下慎终如始就好了。"

据《唐纪八》(卷一九二)

译评:

人居尊位身不轻,兢兢业业善始终。
上有监督下有看,心明如镜唯谨慎。
合乎天意在于心,顺应民心在于行。
致治之要不糊涂,至尊实现慎行中。

四三八、为政之道在至公

选译:

上对房玄龄说:"为政莫若于至公。诸葛亮把廖立、李严放逐到南夷,亮死廖李极悲痛,李严因悲而致命,不是极公正能够有此情。高颎隋朝做宰相,公平正直知治要,隋朝兴亡系在高颎的存亡上。前代明君我仰慕,前代贤相你们要做榜样。

据《唐纪八》(卷一九二)

译评:

公平连着众人心,为政至公主义真。
人间贫富有差别,公平不能差毫分。
人若公平有人敬,天下为公有至尊。
公平是把社会尺,正义在上显寸分。
公平正义是杆秤,衡量社会衰与兴。
公平正义是理想,认真贯彻终有成。

四三九、每思治道

选译：

唐太宗对裴寂谈："近来言事上书繁，脱贴屋壁进出参，每当想到治道事，常到深夜方去眠，公辈任职当恪勤，副朕此意治当先。"

据《唐纪八》（卷一九二）

译评：

千头万绪一手牵，日理万机几无眠。
百端待举思治道，王宫也有不夜天。
劝官任职当恪勤，君臣一道治当先。
天若有情也感奋，为公忘我思想端。

四四〇、礼乐有本

选译：

太常寺少卿祖孝孙，因梁陈音乐带吴楚音，北朝周齐音乐带胡夷音，斟酌南北的方音，用古声韵以定音，创作一部《唐雅乐》，八十四调，三十一曲，十二和。诏令协律郎张文收与祖孝孙共同修订。

六月十一日，祖孝孙等演奏新乐曲。皇上说："礼乐，大概是圣人据情置教化，政治盛衰哪里由礼乐？"御史大夫杜淹说："北齐将要灭亡时，产生一部《伴侣曲》，南陈将要灭亡时，产生《玉树后庭花》，其声调衰思缠绵，路人听到悲伤流泪，怎能说政治的盛衰不在于礼乐呢？"皇上说："不对，音乐能够感染人，乐者听到就喜悦，忧者听到就悲伤，悲喜在于人心境，不是由于音乐生。将亡之政民必愁，听到音乐就悲伤，如今二曲

都在手，我奏您听岂悲伤？"右丞魏征说："古人称礼非礼品，乐也不是乐器声！音乐实质在人和，不在钟鼓乐器声。"

司马光认为：

古代垂目测方圆，度量曲直用内心，但是不能教别人，他所用的教人物，一定是规矩。圣人不勉握事理，稍思能得治国谛，然而不能授别人，用来传授别人的，必定是礼乐而已。礼者圣人之所行，乐者圣人之所乐。履中正而乐和平，四海拥有百代传，于是礼乐便开启。工匠手执锤的规矩搞制作，这是锤的功劳；君王以五帝三王的礼乐推于世，是五帝三王之治，五帝三王久离世，后人见其礼便知其所履，听其音乐便知其所乐，彪炳千秋如在世，这不是礼乐的功劳吗！

礼乐有本也有文，中正和平是其本，

仪容声音是其末，二者相辅不偏摈。

先王谨守礼乐本，一刻不离存于心。

实行礼乐之文，不可须臾离身。

兴于闺阁居室门，著于朝廷乡北邻。

达于诸侯流四海，自祭祀军旅至饮食起居未尝不在礼乐中，如此数十百年做，治化融润凤凰来仪。假若没有礼乐之本而空有礼乐之末，一日推行百日弃，想用此移风易俗事难成。

汉武帝置协律都尉，歌颂天祥瑞，不能说不关，不能免除哀痛诏。王莽建羲和，考律吕，不是不精确，渐台上面将头落。西晋武帝造笛尺，调和金石乐器律，不是不尽详，平阳城里遭了殃。南朝梁武帝以四器调八音，明察却遭台城辱。然而，《韶》、《夏》、《濩》、《武》长流行，如果尧禹汤武他们的德行不足以称道，曾不能感化一个人，更何况四海之内的民众呢？这像拿着锤的规矩而无工匠和器材，却要坐着待器成最终不可以得到。况且齐陈君淫庸，亡国的音乐在朝廷暂时演奏，怎能改变一代的哀乐！然而太宗怎言政治的盛衰不是音乐的缘故，发言轻率，否定圣人如此果断！

礼并不对威仪言，然没有威仪礼不现。

乐并不对声音言,然无声乐在何处见。

例如一座山,取其一土一石称山不可以,然而土石全部搬走则不见山,所以说:'无本不立,无文不行',——本指内容,文指形式,礼乐的根本是内容,礼乐之文是其表现形式——礼乐没有内容就不能成立,没有表现形式就推行不开。为什么以齐陈的音乐不能验证于今世,就说明音乐对于治乱没有助益,这与看到拳头大于石头就轻视泰山有什么不同!一定如太宗所说的,那么这五帝三王创作音乐都虚妄。"君子对于他不知道的欠缺,可惜!

据《唐纪八》(卷一九二)

译评:

礼乐情志相连丰,情志却由经济生。
经济能够主政治,政治表里衰与兴。
礼乐政治双接头,礼乐贯穿政治中。
礼乐入政有久暂,内容形式不共存。
内容与政互为本,跟着政治如云风。
礼乐形式为之文,流传百代仍有吟。
礼乐能够教育人,一代江山一代鸣。
古人和乐求定律,文治富兴百姓拥。
礼乐之中有雅俗,宫内乡间不相同。
乐曲有颂也有衰,不同时运不同情。
人民音乐同声唱,长歌江山万代红。

四四一、前事不远　吾属之师

选译:

十三日,皇上对侍臣说:"我观看《隋炀帝集》文辞深奥博雅,也知

崇尧舜而批桀纣，然而做事为何向两极？"魏征回答说："人君虽然圣贤明，别人意见应兼听，智者献出其计策，勇者毅然竭力行，炀帝凭恃其才俊，骄矜自用，口诵尧舜而实按桀纣行，不知入了覆亡境。"皇上说："前事不远，吾属之师也"——前事不忘，后事之师。

据《唐纪八》（卷一九二）

译评：

世上不乏聪明人，聪明也各不相同。

智者不恃自聪明，谦虚待人求哲圣。

融民聪明大智慧，决策正确能成功。

前事不远知究竟，作为借鉴利于行。

骄矜自用不识事，盲人瞎马临崖惊。

四四二、一言三思

选译：

皇上说："朕每临朝欲一言，未尝不是想三遍，恐言不妥成民害，为此不想多发言。"给事中知起居事杜正伦说："臣的职责在记言，有言必寻记得全，陛下言论若有失，臣心记录不敢删，岂徒担心今有害，还恐贻害在后边。"皇上高兴赏赐他帛二百段。

据《唐纪八》（卷一九二）

译评：

谨言慎行要修炼，再三思忖妥为善。

多想言行都造福，莫把贻害留人间。

权力责任要求严，唯有谨慎好承担。

忘乎所以必铸错，后世留讥失尊严。

明君说话如抽丝，丝光闪闪有美谈。

每逢说话要多想，抢着说话有失言。

四四三、择县令

选译：

都督刺史位居中，为上教养老百姓。
名字刻在屏风上，坐卧观看记心中。
各自为害善与恶，事迹注在各人名。
日积月累相比较，进退升降可作凭。
县令尤亲老百姓，选择县令须慎重。
于是命令五品官，各举堪任好县令。

据《唐纪九》（卷一九三）

译评：

选官重视中下层，养民亲民记心中。
官吏善恶有记载，进退升降据实评。
身居高位看基层，高瞻远瞩亲民众。
百姓安乐天下稳，上在宫中身也轻。
上重下者下敬上，此乃天下大事情。
民养民选是根本，官之父如老百姓。

四四四、不得独私故人

选译：

濮州刺史庞相寿，贪污丢官找门路。

自诉秦府做过事，太宗听后怜未怒。
想要相寿复原职，魏征进谏不可助。
"秦王左右人很多，若是恃恩都来奏。
不仅不能作安插，善者担心无法就。"
魏征之言上接受，旋即开导庞相寿。
昔为秦王一府主，今居大位四海主。
权大不得独私故。
大臣坚持有道理，朕也不敢违众意。
赐给绢帛而后遣，相寿而去把泪流。

据《唐纪九》（卷一九三）

译评：

贪污丢官咎自取，回家路上把泪流。
再找门路官难就，还是回家拿锄头。
为官一日当清廉，不用伸手不外求。
伸手必有失手日，束手无策泪空流。
皇上声言不独私，谁要独私碰破头。
独私故人但开头，黄河决堤愁横流。

四四五、隋亡于二代

选译：

初二，皇上问房玄龄、萧瑀说："隋文帝为何君？"回答说："隋文帝勤于政，每次临朝，或至日西，五品以上，引坐论政，卫士传餐而用，虽然不够仁厚，也算励精图治之君。"上说："公得其一，未知其二。文帝不明而喜察。不明，了解不透彻，喜察，多疑放不下，凡事都是自作主，群臣无任有闲暇，天下至广日万机，苦心劳身岂皆恰！群臣已知君主意，照君决定去画鸭。虽然君主有失误，劝谏论争谁敢发，这就是经历二

代就灭亡的缘故。我就不是这个样，选贤才，置百官，让其思考天下事，由宰相把关，慎成安妥再奏上，有罪罚，有功赏，谁敢修治不尽力，治理天下无忧伤！"因此敕令各部门，诏令不当应奏上，不得阿谀站一旁。

据《唐纪九》（卷一九三）

译评：

君臣同把国事商，隋朝灭亡记心上。
前车之覆后车鉴，确保天下无忧伤。
一知半解需人帮，苛察使人躲一旁。
君的失误无人谏，错误促亡不久长。
唐宗尽悉别具格，君臣同心政无恙。
人亡政息画圈圈，明察无徒文帝僵！

四四六、居安思危

选评：

唐太宗告诫侍臣，治国治病理同根。
病虽痊愈应养护，若不约束病复临。
旧病复发治弥难，不可救药毁自身。
如今幸运又安定，四方宾服古稀新。
然而我却益谨慎，唯有恐惧没有终，因此数次卿辈谏诤听。魏征说："内外治安不为喜，唯喜陛下居安思危。"

据《唐纪九》（卷一九三）

译评：

治国就是治弊病，消除弊端获新生。
新生赢得新国运，新运到来国安宁。
居安思危唯谨慎，谨慎恐惧没有终。

满足现状宜警醒，居安思危日布新。
风雨过后天地新，风雨过去还会临。
江山代代有传承，居安思危没有终。

四四七、畅所欲言

选译：

闰八月，初四。

上宴近臣丹霄殿，长孙无忌抒己见：

"王珪魏征昔为仇，没想今日能同宴。"

皇上说："魏征王珪做事尽心力，所以我用在身边。魏征进谏我没从，我与他谈不开言，为什么？"魏征回答说："我以事情不可办，所以我才来诤谏，陛下不听我应和，事情于是又去办，所以不敢答同见。"皇上说："姑且答应后再谏，什么伤害能出现？"回答说："从前舜告诫群臣：'你们不可当面从，退下背后持异见。'我心知不是口应是，就是当面顺从背后反，难道是稷契事奉舜的意愿！"皇上大笑着说："人说魏征举止简，我看他觉得妩媚，正是为了这个点。"魏征起身拜谢道："陛下开导使臣言，我才得以把忠献；倘倘陛下不接受，岂敢数次犯龙颜。"

据《唐纪十》（卷一九四）

译评：

太宗用人看忠贤，只要尽力放身边。
近臣昔怨不介意，共同宴欢丹霄殿。
魏征诤谏帝不听，魏征不再抒己见。
但是也不作应声，以免上面付实践。
心中记着舜诫臣，人前人后不两面。
当面顺从背后反，直臣没有二劈脸。

畅所欲言坚持是，不怕当面犯龙颜。
当然方法要讲究，透辟事理待人观。

四四八、安危之本

选译：

十二月初四，帝臣共论安危本。中书令温彦博说："深切表达臣愿望，陛下常如贞观初善状。"皇帝说："朕近来听政不怎样？"魏征说："贞观初年陛下志节俭，追求劝谏不怠倦，近年营建修缮多，多有忤旨不进谏，不同之处谨所见！"皇上击掌大笑说："确有此事是这般。"

据《唐纪十》（卷一九四）

译评：

安危之本君臣谈，节俭求谏都在弦。
民心是个大工程，民富国强天下安。
营造修缮民重负，生活无着便造反。
知错改错兴正业，安危之本应长谈。
经验教训集于本，百姓知道天多蓝。
安危之本及家人，强本求是有欢颜。

四四九、为官择人

选译：

唐太宗告魏征，为官择人勿草从。
用一君子君子涌，用一小人小人争。
魏征听后答认同。

四九九

天下未定取其才,不考其行。

丧乱既平,不是才行兼备不可用。

据《唐纪十》(卷一九四)

译评:

择官如是树标兵,用一君子君子涌。

天下未定专取才,德才兼备方可用。

择官更是树世风,官正能够引风正。

君子要真不要伪,别忘民意是指针。

四五〇、当官应知民疾苦

选译:

太宗告诉杜正伦和于志宁,教养训戒太子清。

朕年十八在民间,民之疾苦尽知情。

及做皇帝居大位,处理政务有毛病。

太子生长在深宫,百姓艰难耳目空。

无闻无睹无感受,骄逸岂能不发生,你们规劝要力行。

太子好玩亏礼法,志宁颖达劝不停。

皇上知后颁嘉奖,金帛不菲育子情。

据《唐纪十》(卷一九四)

译评:

太宗教子良用心,教子应当知民情。

骄逸好玩亏礼法,针对施教勿放松。

教子为了子继承,区处世务有本领。

走出深宫到民间,知道民情好施政。

谁家都有儿女情,教子要办大事情。

无私求，无损公，学好本领好奉公。

独生子女勿娇宠，融入社会好经营。

四五一、孰为优劣

选译：

皇上对魏征说：

"齐后主、周天元，对百姓横征暴敛，

自己奉养很丰富，国力枯竭丢了权。

如同人馋食其肉，肉尽而毙何其憨！

然而二君比优劣，谁为优，谁为劣？回答说："齐后主懦弱，政出多门；周天元骄奢暴虐，权威祸福手中攥，虽然同样是亡国，齐后主劣得惨。"

据《唐纪十》（卷一九四）

译评：

齐后主、周天元，横征暴敛滥用权。

自己奉养很丰富，自啖其食来解馋。

骄奢暴虐揽大权，福有人享祸无担。

政出多门主懦弱，狂澜滚滚无人挽。

百姓当如心头肉，关心爱护勿自啖。

伤民就是伤自己，舍本之事不能干。

四五二、不虞后患

选译：

皇上营建飞山宫，特进魏征上奏称：

炀帝自恃其富强，日后祸患不入心；

穷奢极欲百姓穷，身亡国灭废墟中。

陛下拨乱反正时，应思隋朝失败因，我之所以获成功，高大殿宇全撤除，低矮宫室去安身。假若旧宫搞扩建，袭用旧宫而修葺，这就是以乱替乱，祸乱罪咎来有径，难得社稷易失去，可不思考不弄清？

据《唐纪十》（卷一九四）

译评：

规划前程心志宏，后患应当放心中。

修宫建殿看国力，不要挖穷老百姓。

民心工程应大搞，百姓富了胜修宫。

低矮宫室不压个，个头高在民心中。

盛世也要防后患，化解矛盾国长兴。

四五三、无为而治——十思

选译：

夏，四月二十五日，魏征上疏奏，认为：人主善始居之多，能够善终却很少，是取之容易失之难。这大抵是，忧患深重则竭诚尽心以待下，安乐时，则骄傲恣肆而慢待物；竭诚尽心，北胡南越也同心同德，轻心怠慢，六亲也离心离德，虽用威势来震慑，表面服从心不服。想到得到要想知足，兴建修缮要知止；身居高位危险时，要想到谦虚下士；临到自我满足时，要想自我去克制，遇到安逸游乐时，要想自我来节制；安乐平静想后患，防止耳塞想采听；疾恨谗邪要想正己德；封赏要想喜过头，刑罚要想滥施刑，兼备这十思，选贤任能可达无为而治，何必费尽心力去替任呢？

据《唐纪十》（卷一九四）

译评：

打天下，夺江山，只有一路是向前。
说来容易却也难，思路难定难选边。
如果要走新路子，创新心力要超凡。
总体而言说容易，因为目标在对面。
坐天下，守江山，瞻前顾后事纷繁。
如果安乐图享受，不知后来不知前。
十思是个好主意，总体思路连着权。
选贤任能不包办，无为而治有佳篇。
无为而治是至上，指点江山不赋闲。

四五四、以隋为鉴

选译：

五月，某一天，魏征上疏奏言："陛下欲善之志不如前，闻过必改胜欠，谴责惩罚累日增，施威发怒与日渐，贵不期骄骄自至，富不期奢奢自攀，这是实话非空谈。以隋朝府库，仓廪、户口、甲兵充实盛，我们今天怎比伴。然而，隋朝以富强用而致危，我以寡弱静而发，安危之理摆眼前。从前隋朝安宁时，自以不会生动乱；隋朝还在强盛时，自以不会有危险。曾何时，赋税徭役无穷尽，征讨杀伐不间断，灾祸将至未觉见，鉴形莫如手静水，鉴败莫如亡国显。宁愿以隋亡作鉴戒，去奢守俭近良远奸佞，太平之年行节俭，一切事情尽美善，无得也会受称赞。取得天下实在难，固守天下非常易，难得天下陛下得，固守天下也不难。

据《唐纪十一》（卷一九五）

译评：

前车之覆后车鉴，找到根由细盘算。

发挥优势避弊端，兴利除弊开新田。
追尾不是好车手，重蹈覆辙难以免。
平水作镜亮美丑，亡国之鉴勿自嫌。
为了盛世能长久，人间法宝能治偏。
经验教训都是宝，善于用宝能凯旋。
魏征是个明白人，忠心为唐见忠贤。
魏征之人应多有，教育培养应当先。
人在世间诚宝贵，各样人才能胜天。

四五五、弦韦之警

选评：

弦韦之警古有传，性急佩韦性缓弦。
西门豹急以佩韦，董安于缓自佩弦。
魏征上疏表忠言，引述《文子》把话谈：

同言而信信在前，同令而行诚在外。自行王道十多年，但德化不达深广与没有竭尽诚信有关联。如今立政达大治，定将政事托君肩，政事得失问民间，皇上待君敬而远，对待小人狎昵而轻慢，狎昵则言无不尽，疏远下情不达殿。中智之人有小慧，治国才略缺远见，虽然竭诚不免失，况且奸诈祸国殃民必深陷。君子固有小过错，对于正道无损害，可以略去不计算，既称君子不猜疑，直木不疑影曲现。陛下诚慎选君子，以礼信用治何偏，如果不能这样做，危亡之机无保险。皇上赐予魏征手写诏书褒奖赞美说："昔晋武帝平定吴，志衰骄慢位高宰相不能直谏，于是私对子孙言，自我夺耀聪明智慧不忠天，得你奏疏朕知错，把你的奏疏放几案，比做董安王，西门豹佩弦韦，作为自己警戒线。"

据《唐纪十一》（卷一九五）

译评：

> 古有明人佩韦玄，自警自戒有前瞻。
> 近臣竭诚敢直言，纠偏改错利补天。
> 耳边谗言要清除，保护忠良去佞奸。
> 今人自警格何物，自知之明可任选。

四五六、恩结人心

选评：

侍御史马周上疏奏，认为："三代到汉代，多者经历八百年，少者也有四百年，都是上善恩泽结民心，民众不忘记心间。从此以后不好言，经历长的六十年，少的才二十多年，都是于民无恩泽，国家根基不稳固。陛下应兴夏禹、商汤、文王、武王的功业。为子孙立万代之基，岂能点功恃当年！今之户口不及隋朝十之一，而服劳役兄弟连。陛下虽然施恩诏，服役人员大减少，然而营建修缮不停止，民众怎能不苦劳。有关部门空行文，曾无事实不调料。从前汉的文景帝，谦恭节俭来养民，武帝继承厚遗产，穷奢极欲未动乱，高祖若传汉武帝，汉室怎么能久安。京师四方造舆器，王妃公主做衣裳，纷纷议论不节俭。古人说：'起早勤政声名扬，后人没有学榜样。'陛下年轻时居住民间知民苦，尚且就如这个样，何况皇太子生长在深宫，宫外事务没经历，皇上一旦去世后，圣上思虑应考量。依我看，自古百姓积苦怨，聚众起事要大干，这样的国家没有不灭亡。君主虽然要悔过，也难以恢复保全。因此，当修国政即修治，失败以后悔难全。幽厉取笑桀纣亡，炀帝取笑周齐亡，莫使后代笑我们，如我们取笑隋炀帝一个样！贞观之初下荒，斗米匹绢相较量，然而百姓不怨恨，因知陛下念不忘。如今连年是丰收，匹绢与粟十余斛来计量，百姓怨言都发散，因知陛下不再念，多营不急之务忙。自古国之兴亡不在蓄，在于百姓苦乐

怎么样。且以近事来验证，隋朝贮蓄洛口仓李密用，东都积存布帛王世充借，西京的府库被我们所利用，用到如今有余量。蓄积固然不可无，有余收敛不可强。节俭可以安人心，陛下贞观初年曾施行，如果今天再节俭，身有经历很便当。陛下定要久打算，不必高远追上古，只如贞观初年样，天下幸运就非常。陛下宠爱厚待王，对他厚待当思量。昔魏武帝宠爱陈思王，到魏文帝即位，囚禁诸王无绳绑，然而受了武帝宠，正是使他把苦当。百姓所以得安定，刺史县令用人当，假若选好州县吏，陛下安坐不用忙。如今只重选京官，轻视州县选任官，刺史大多用行伍，或不适京官补外员，用人更轻在边远。百姓所以不安定，大概与此相关联。"马周疏奏上称善，表示刺史亲自选，县令诏令京官五品以上荐。

据《唐纪十一》（卷一九五）

译评：

恩结人心能长治，百姓安定选好官。
国之兴亡不在蓄，百姓苦乐国运连。
俭以息人也得人，莫让后代付笑谈。
当官当思民疾苦，爱民胜于宠爱官。
正事做到民心上，后人景仰有美言。

四五七、创业守成哪个难

选译：

太宗启问身边臣，创业守成哪个难：

房玄龄，先开言："草昧初，群雄起，与其角力定天下，创业难。"

魏征说："自古帝王历尽艰辛得天下，又在安逸之中失天下，守成更难。"

上说：

玄龄与我共同打天下，出一生而百死，感知创业难。

魏征与我共同安定天下，常担心富贵生骄奢，疏忽生祸乱，深知守成难。创业之难是往事，守成艰难担在肩。玄龄等人行礼道："陛下讲出这番话，四海万众福分填。"

据《唐纪十一》（卷一九五）

译评：

创业难，守业难，两难不在一个天。
创业艰难打天下，夺取江山若非凡。
守业艰难坐江山，骄奢淫逸生祸乱。
别人天下目标清，自己天下两眼暗。
不知进取尽享乐，守住天下确必难。
弄清两难有好处，自警自戒不算难。

四五八、三维镜

选译：

侍中魏征患重病，上派使者去问询。
赐给药物营养品，接连不断路相逢。
又派中郎住魏宅，全天要将动静闻。
上与太子赴魏家，指许衡山叔玉婚。
魏征去世赐厚葬，吊唁陪葬按一品。
裴氏婉言全谢绝，厚葬不合魏征心。
葬仪从简同凡人，皇上西楼欲断魂。
太宗亲自撰碑文，缮写石碑又躬亲。
无限思念文贞公，总结经验示侍臣。
以铜为镜正衣冠，以史为镜见衰兴。

以人为镜知得失，魏征逝世我失镜。

据《唐纪十二》（卷一九六）

译评：

反复比较找佐参，准确定位利起征。
善于比较找镜子，兴替得失一览明。
何正何兴何为得，沿着正道往前行。
古人借用三维镜，今人应当更清醒。

四五九、竖子远谋

选译：

初七，上立李治为太子，亲自登上承天门大赦天下宴三天。皇上对侍臣说："朕假如立泰为太子，则示太子之中经营而至。自今太子若失道，藩王伺机争夺者，两者弃置都不立。这一做法传后世，永作子孙的法则。如果把泰立太子，承乾与治皆不全，而把李治立太子，承乾与泰都安然。

司马光认为：唐太宗不把天下大位交私宠来杜绝祸乱的根源，可称得有远谋了。

据《唐纪十三》（卷一九六）

译评：

大位传子乃私权，竖子选谁图安然。
立子不慎宫自乱，平衡诸子想得全。
安定天下有大计，民众安乐才久远。
皇权私传乃封建，竖子不如实践选。

四六〇、遇物则诲之

选译：

六月初四皇上对侍臣说：

"朕自立了太子后，凡遇事物就教诲他。

在他吃饭时就说：'你如知道种田难，就会常常有饭吃。'"

在他骑马时就说："如你知道惜马力，就能常常骑着它。"

在他坐船时就说："民如水君如舟，水能载舟也能覆舟。"

见他在树下休息就说："木经墨绳而能正，君能纳谏方成圣。"

据《唐纪十三》（卷一九七）

译评：

  太宗教子真用心，遇事就教道理深。
  要想常常有饭吃，就要关心庄稼人。
  要想常常骑骏马，马的力量勿耗尽。
  民如水，君如舟，稳坐舟船勿忘民。
  载舟覆舟水全能，民众利益要当心。
  木头经过墨绳正，善纳谏者是圣君。

四六一、直书其事

选评：

起初，皇上对监修国史的房玄龄说："前代史官所记撰，为何不让君主看？"房玄龄回答说："史官不虚美不隐恶，若主见怒不敢献。"皇上说："朕的用心异前世。朕想亲自看国史，了解先前的过失，作为以后的

借鉴，编好以后呈我看。"谏议大夫朱子奢上奏说："陛下怀德行无过，史官撰述尽善美。陛下唯阅《起居注》，对事不会有损失，若以此规传后代，恐在曾孙玄孙后或许遇有上不智，饰非护短，史必被诛。这样下去，史官都迎合时势，顺从旨意，保全自身，远避祸害，悠悠千载，有什么可信的前代君主不看史，大概就是这个理。"皇上不听从，房玄龄与许敬宗刚改成《高祖实录》和《今上实录》，十六日书成呈皇上。皇上看到记载武德九年六月四日玄武门之变事，用词多隐讳曲折，便对房玄龄说："周公诛杀管叔，蔡叔而安定了周朝，季友毒死叔鲁而保存了鲁国，朕的所作所为也类似此，史官对此别隐讳！"立即命令删削浮华之词，秉笔直书玄武门之变一事。

据《唐纪十三》（卷一九七）

译评：

直书其事显公明，后世总会有正评。
莫虑自己生与死，真实才有借鉴功。
太宗端正修史事，历史真实得昌明。
人间只要真情在，华夏文明代代兴。

四六二、五者自与

选译：

庚辰日，皇上亲临翠微殿，问身边大臣："自古帝王虽然定中夏，但却不能服戎狄，朕的才能比不过古人，但成就功业却超之，自己不明其中理，你们各自直率如实说。"众大臣都称赞："陛下功德如天地，万物不得而名言。"皇上说："不是这样的，朕之所以能达此，是因做好了五件事。自古帝王大多数，嫉妒胜过自己的，朕见到别人优点如同见到自己的，人的德才不能兼备，朕即扬长避短之；君主往往招贤能，便想放在自

己的怀抱里,见不肖则推沟里;朕见贤能就敬重,见到不肖就怜惜,贤能不肖对得起。君主大多恶直人,暗诛明斩代有之。朕同直臣同共事,不曾贬斥一个人。自古以来崇华夏,而对夷狄有轻视。朕则始终爱夷狄,因此夷狄乐归依。五个方面综合看,朕的成功在于此。"回头对褚遂良说:"您曾专门管过史,朕言是否合史实?"回答说:"陛下盛德很硕大,仅以五者过谦虚。"

据《唐纪十四》(卷一九八)

译评：

骄横嫉妒他人长，贤良不用宫中荒。
博采众长归自己，大略治国群才忙。
贤者获爱怀抱藏，不肖推沟不应当。
见了贤能就敬重，见了不肖表怜肠。
人见人爱有大爱，包容必有好报偿。
君主如果恶直臣，心胸狭窄无担当。
暗诛明斩权自滥，君主不耐众刀殇。
君与直臣共议事，处理朝政有主张。
华夏自古应尊崇，而对夷狄应衷肠。
始终如一爱夷狄，多个民族同欢唱。
五个方面见包容，君的成功应赞扬。
今有诸事需大略，包容必有好篇章。
包容能够胜包围，自强一定破围墙！

四六三、知足不辱　知止不殆

选译：

《老子》曰：'知足不辱，知止不殆'，

　　司空梁文昭公房玄龄，因为病重留在京，上征去赴玉华宫，坐着轿子进入宫，皇上座旁才下车，相对流泪留宫中。

　　病情好转就喜形，病情加重憔不宁。

　　玄龄对其诸子说："皇上隆恩我蒙受，如今天下见太平，只有东征仍进行，群臣无人敢进谏，我知其非不说话，死了也有余辜生。"于是上表劝谏，引用《老子》表忠诚，知道满足不会受到羞辱，知道适可而止就不会有危险。

据《唐纪十五》（卷一九九）

　　译评：

　　《老子》四十四章中，辩证思维有述评。

　　过分追求名和利，跌倒如同坠粪坑。

　　知道满足有自重，适可而止久安宁。

　　生命要比财产贵，勿因贪财而丢命。

　　社会价值应追求，公而忘私要坚定。

　　老子之语寄天下，巨贪巨霸应听从。

　　如果不信老子语，那就杜门读佛经。

　　如果对佛无兴趣，那就登天去太空。

　　找太阳，找黑洞，要贪要霸都不行。

　　人类社会有法则，和平发展受欢迎。

　　自古贪霸在何处，历史暗处有影踪。

四六四、来济引典

　　选译：

　　二十五日，皇上询问身边臣："我想养育老百姓，未能找到其要领，你们为我来说明！"来济回答说："以前齐桓公出游，看见饥寒老年人，

命令赐给他们食物，"老人说："希望赐给全国挨饿老百姓。"桓公说："寡人府库藏有限，怎够周济全国挨饿老百姓！"老人说："只要国君不夺农人耕种时，国人粮食就充盈，不夺农人蚕织的时间，国人不会去受冻！"所以国君养育老百姓，征发徭役要减省，现在山东徭役壮丁每年增数万，役使壮丁苦了老百姓，收取雇佣的金钱，百姓负担会加重。希望陛下佐重公役丁，所需之外都免停。皇帝认同便听从。

据《唐纪十六》（卷二〇〇）

译评：

养人之道有要领，不要侵夺老百姓。
百姓负担要轻省，不违农时用民工。
王公贵族要民养，谁养谁，要搞清。
弄清百姓养官吏，应当回馈老百姓。
百姓非官乃民众，上层一定要下敬。
敬民不再提养民，官之父母是百姓。

四六五、虚心求谏

选译：

皇帝言至隋炀帝，便对左右侍臣说："炀帝拒谏而灭亡，我常引以为戒鉴，虚心要求臣进谏，竟然无谏让我接，这是为什么？"李勣回答说："陛下作为都尽善，群臣无话可进谏。"

据《唐纪十七》（卷二〇一）

译评：

炀帝拒谏而灭亡，教训惨痛勿迷茫。
进谏富涵良策多，纳谏应当空肚肠。
虚心纳谏情自高，良策善行受赞扬。

让人说话天不倾，善纳谏者国必强。
无谏应当问百姓，实话促君好思量。
谏言贯事全过程，尽善尽美谏中藏。

四六六、人各有能有不能

选译：

十一月二十日，皇帝到濮阳，窦德玄骑马随从，皇帝问他说："濮阳称为帝丘，有什么根由？"德玄回答不了，许敬宗从后面跃马到皇帝面前说："以前颛顼帝住在这里，所以称为帝丘。"皇帝表示称赞。敬宗后退，对人说："大臣不能没有学问。我看到德玄回答不出，心里实在感到羞愧。"德玄听到后说："人各有能与不能，不知不答我所能。"李勣说："敬宗多闻很美好，德玄之言很中听。"

据《唐纪十七》（卷二〇一）

译评：

人各有知有不知，人各有能有不能。
他人不知莫羞辱，他人不能应自警。
大臣应该有学问，学者能进决策层。
不知不答我能做，不强不卑表实情。
人生有涯世无涯，有涯总比无涯穷。
人知有涯识无涯，个人总比整体穷。
个人相比有差别，长短不比谁能行。
科学理论多追求，办大事情总光荣。
小事里头有真情，不弃不离也有功。
为公应当有学问，能办事者上天宫。
上天揽月开新宇，蛟龙潜海七千盈。

科学是个推进剂，突破重圆展新容，
积极做好分内事，乘风破浪稳步赢。
德玄敬宗有敬德，有德总会受人敬。

四六七、文成七步

选译：

有个人，叫刘晓，选举人才上疏道：

"现在掌管选举官，选拔人才重三招，能考功过能察伪，楷法文理美优俏，考察德才不知道，何况书文假人抄，礼部取用人士时，专统文章甲乙标，所以天下士人们，舍弃德性趋文高，甚至有人考科甲，随后犯法去坐牢，虽然每天频诵读，无甚益处于治道！七步能写好诗文，未必能把百姓教，何况倾向花草间，极力描绘烟云罩。如果以此成风俗，岂非大谬走邪道，人之慕名如水趋下，上有所好下必甚焉。取士若以德为先，文艺为末不乱套，天下士才风雷到。

据《唐纪十八》（卷二〇二）

译评：

君主爱才取有道，德才兼备不浮躁。
如开邪门走斜路，可用人才找不到。
社会风气被毒化，朝廷内外一团糟。
刘晓之言似长风，长风贯耳耐思考。

四六八、抚民不扰民

选译：

河南河北旱灾重，诏令派人去抚民。

分路慰问老百姓，赈济灾民四处巡。

侍御史宁陵刘思立上疏说："现在麦已抽穗蚕已黄，农事正忙无闲暇，皇帝使者四处巡，欢迎人群喜若狂，希望得到皇恩典，参与迎接忘家当，不少农事放一旁。既是赈灾须行文，事本安慰老百姓，反而变成去扰民，希望委托州县办，秋后农闲派人巡，赈济灾民看效果，褒贬考核州县行。"疏文上奏，使者来行。

据《唐纪十八》（卷二〇二）

译评：

关心民众多操心，抚民之时勿扰民。

农事正忙不巡抚，亲民之事州县分。

抚民扰民犹难分，不图形式看真心。

为民之事不扰民，方与民众心连心。

四六九、治国要务

选译：

太学士魏元忠，密封奏章往上呈，提出抵御吐蕃策，基本道理分外明："理国之要在文武。现在文事重文华，不及治国平天下，武则以骑射为先，不讲战术和战略，治国之益高高挂，陆机写了《辨亡论》，河桥失败无救驾，养由基射穿七层甲，鄢陵军队丢铠甲。古语道："人无常俗，

政有理乱；兵无强弱，将有巧拙"——没有不变的风气，政治必要理乱，军队不作强弱之分，将有巧拙之分——选将之本以智略，勇力为末在其次，如今朝廷用人时，多为将门子孙，这些都是庸才辈，怎能领军当大任！李左车、陈汤、吕蒙、孟观等人自寒门，而建立了大功勋，代代为将无他们。

据《唐纪十八》（卷二〇二）

译评：

治国之要在选人，重在实践德才存。
名门良才固可取，选人仍须合人心。

四七〇、欲知其人　观其所使

选评：

麟台正字射洪人陈子昂上疏，认为："朝廷遣使巡察时，使者不可不适当，任命刺史县令时，不可不选择。近年百姓为军旅事，疲不可以不安抚。"内容大略说："使者人选不适当，官员升降不公正，刑罚也就不能合理，结党营私者被选用，正直的人会退清；迎送使者修道路，百姓做了无用功。俗谚说：'要知其人，观其用谁人。'这是不能不谨慎小心的。"又说："宰相是陛下的心腹，刺史县令是陛下的手足，没有腹心和手足，岂能独把天下平。"又说："天下隐伏着危机，如此会产生祸患。危机静止算福运，危机爆发灾祸生。机静机发在百姓。百姓安利乐其业。不能安生轻其死，百姓有了赴死心，无所不至叛逆生。天下大乱事难平。"隋炀帝不知天下存危机，信任贪谄的大臣，终于国破而家亡。这种警戒大得很。

据《唐纪十九》（卷二〇三）

译评：

用人不当危机生，危机爆发天会倾。
炀帝不知危机事，及到灭亡不清醒。
百姓观察用人才，朝廷之事看得清。
危机是否会发生，玄机之妙在百姓。
天下兴亡多少事，全都寓于民众中。
纵观世事多殷鉴，人民却在镜子芯。
常言置官来治民，民之反制却不清。
举荐贤良唯谨慎，才能取信众乡亲。
百姓安则天下安，民不聊生天下终。

四七一、前事不忘　后事之师

选译：

麟台正字陈子昂，平冤祛奸提主见。
百官痛恨徐敬业，首先倡导闹叛乱。
为了阻止奸乱源，穷究徐党大追办。
唆使陛下下诏令，严刑追捕疑牵连。
甚有奸人惑主上，借势竞物君子陷。
纠举告发疑罪者，希望求得再升官。
这恐不是伐有罪，无意来把百姓怜。
臣私下观察天下，百姓求安早期盼。
扬州叛逆五十天，四海之内仍安然。
陛下不求默无为，反用严刑众兴叹。
臣对此事不明白，私下很有疑惑感。
臣见四方有告密，囚犯累积上百千。

但到情况核查后，百人就有百人冤。

陛下宽仁却枉法，宽容这些执法官。

因而恶徒有快意，仇视别人更加奸。

小怨被说有反叛，一人被诉百人监。

各地审问捕捉事，车马冠盖比市繁。

有人说，陛下爱一害一百，天下纷怨不知安。

臣听说，隋末天下很平静，杨玄感作乱不足一月就松散。天下败坏不到土崩瓦解不可收拾局面时，民众心理仍不安。但是炀帝不清醒，派了兵部尚书樊子盖挥刀剑。大肆穷究其党徒。海内豪士无幸免，以至杀人如砍麻，流血成泽人愤发，天下百姓都受害，揭竿而起将隋拔。

大的狱讼一兴起，不可能不过滥。

受冤人忧愁感叹，谐和之气有伤感。

瘟疫群体爆发，水旱灾害继至。百姓普遍失业，举事之心必生造反。古代圣明的国君，谨慎刑罚法令，就是害怕这一点。

汉武帝时巫蛊狱，江充竟把太子诒。

太子起兵捕江充，无辜被害有千万。

汉朝宗庙几覆翻。幸有壶关三老书，武帝感悟来扩延，诛杀江充三族人，其他人不再牵连，因此才得天下安。

古人说："从前事情不忘记，后来行事作借鉴，希望陛下想一想。"太后不听他的劝。

据《唐纪十九》（卷二○三）

译评：

　　天下兴衰事万件，后主应当多借鉴。
　　借鉴兴盛必助兴，借鉴衰亡不再犯。
　　借鉴不碍搞创新，借鉴有益出高见。
　　事半功倍利好多，拒绝借鉴就再见。

四七二、分层管理

选译：

太学生王循之呈上奏表请假回家，太后答应了。狄仁杰说："臣听说国君独揽生杀权，其他都归有关司。不理左右丞士庶以下事，左右相入流官吏以上事才判理，因其地位所尊贵。这个学生请休假，这是国子监丞主簿事，如果天子替他发敕令，那么天下事凭敕令就可以完全解决吗？定要事事不违心，只有普遍设立制度。"太后认为很对。

据《唐纪二十》（卷二〇四）

译评：

封建等级很严明，职事管理都分层。
越位敕令不适当，天下事岂凭敕令？
各项制度都建立，才能事事不违心。
一个职务一份责，履行职责要贯通。

四七三、试用官吏

选译：

正月初一，太后接见使臣荐举人，不论贤愚，一律提拔使用。才能上等试用为凤阁舍人给事中；次等试用为员外郎、侍御史、补阙、拾遗、校书郎。试用官吏的制度从这时开张。时人对此有批评："补阙用车装，拾遗平斗量，侍御史是一窝，校书郎一模样。"举人沈全交加两句："糊涂存抚使，眯眼神圣重。"此人被拘捕，劾举搞诽谤，请求处杖刑，然后法官量。太后笑着说："只要诸位不滥，哪怕众人议论，应赦免他的罪。"

太后滥用官职笼络人心，然而对不称职或免或判刑。控制赏罚大权治天下，自己决断政令行，明察善断才竞用。

据《唐纪二十一》（卷二〇五）

译评：

使臣推举试用官，分等安排实绩观。
优秀人才留着用，不称职的就罢免。
外间批评非坏事，不要打压把人关。
新事需要新认识，大度包容善用权。
人心稳则天下稳，人才济济能补天。

四七四、文韬武略

选译：

初八，补阙薛谦光上奏，认为："选举当在求真才，取舍之中系教化，现在选人经察举，竞相活动争高下，吵闹争讼耻不怕，才干是否适治国，策问考试制作罢，武功克敌考箭法。从前汉武帝看到了司马相如的《子虚赋》，恨不同时能书画，及至安置到朝廷，孝文帝陵园由他辖，因为大臣之任不能拔，吴起出战人献剑，吴起说："为将出征握鼓槌，判断攻守布战法，手持兵刃去战斗，将军不事去厮杀。"这样看来，空文怎能去救世，善射不足胜敌人，关键是考察文官的德才，考察武官胆识韬略，考核在职优与劣，再对推举的人赏罚。"

据《唐纪二十一》（卷二〇五）

译评：

选举当在求真才，关系教化慎取裁。
不耻无能必不取，策问箭法浮云来。
文韬武略适治国，优劣赏罚据实开。

选官务实树榜样，公信之树要多栽。

四七五、人命至重

选译：

辛亥日，万年县主薄徐坚上奏说："古书审案有五听，辞色气耳目判案情，明令死刑要经三次复斟奏闻，近有敕令审反犯，一得实情就斩行。人的生命最重要，死了不能再复生，万一含冤无法申，全族抄斩真痛心！这不是以整肃奸逆昭典律，反助刑吏的威风，而使人民疑惧生。臣望彻撤此处分，依法覆奏程序明。法官任命要选择。用法宽平百姓称，应该亲信和任用，办案残忍失人心，应该疏远将其拧。"徐坚是徐齐聃之子。

译评：

引经据典观实情，执行死刑要慎重。
人的生命要尊重，法官办案不独行。
一刀能杀一案犯，万针缝合冤难平。
依法覆奏要坚守，法官择人要清明。
百姓拥护就亲用，不允人望就退清。
人的尊严要保护，执法要保老百姓。
公正执法平邪恶，切莫粗疏伤民心。

四七六、苏模棱

选评：

委任天官侍郎苏味道，为凤阁侍郎同平章事。苏味道做宰相，依顺阿附求容于人，当了宰相有几年，有了体会对人云："处事不宜搞明白，模棱两可去持平。"时人称其苏模棱。

据《唐纪二十二》（卷二〇六）

译评：

　　苏味道，苏模棱，依顺阿附耍宫廷。
　　稀里糊涂保人情，模棱两可持平衡。
　　天下事，要经营，不明不白处事精。
　　宰相应当有握力，和事不能有反正。
　　忠直对事不对人，柱天何河曲身生。

四七七、以理为上

选译：

　　太后再向和尚尼姑征敛税，在白司马阪造大佛像，令春官尚书武攸宁担任检校主工程。耗费资财以亿计，李峤呈上奏疏："全国编户老百姓，贫困饥饿非常多，建佛钱超十七万，如以施舍救百姓，人可救十七万户，拯救饥寒减劳役，顺佛心，润帝意，人神欢喜，功德无穷，为求后世因缘，岂如现实报应。"监察御史张廷珪上疏谏曰："臣以现政来论说，优先考虑是边境，积贮国库、休养百姓，以释教论，拯救众生，不惑外象，崇尚无为。敬请陛下察臣愚见，施行佛心，把理国放到首位，不要以人废言。"太后停止建造佛像工程，对张廷珪大加赞赏抚慰。

据《唐纪二十四》（卷二〇七）

译评：

　　征税选佛续图像，不如抽钱救饥寒。
　　要反活国放首位，百姓乐而天下安。

四七八、为官择人

选译：

左台中丞桓彦范，右台中丞东光县人袁恕己共同推荐詹事司直阳峤为御史。杨再思问道：

"阳峤不乐意担当此任怎办？"彦范说："为国家职务物色官员，怎么能等乐意就职才任命呢？谁不愿意接受任命，越有必要任命谁，以增长知难而进的风尚，遏制意求功名的门路。"于是提拔阳峤担当右台待御史。

据《唐纪二十五》（卷二〇七）

译评：

弹劾检举与监察，职事相关无几差。
詹事司直能担当，改任御史应无话。
不必担心不愿意，只须担忧门踩塌。
不愿当任适者用，莫让小人握权把。
监察官，权力大，为国执事不偏斜。
只要上司腰板硬，御史职事何所怕。

四七九、思无邪

选评：

求士郑普思，尚衣奉御叶静能，依靠邪术得到皇帝信重，四月，皇帝亲书敕书，令郑普思为秘书监，令叶静能任国子祭酒，桓彦范和崔玄晖坚决反对这道令，皇帝说："我已任用了他们，不容许这么快就改令。"桓彦范说："陛下初即位，曾经颁诏书：'各项政令出，都依贞观制！'贞

观时期秘书监，魏征、虞世南、颜师古仁，国子祭酒是孔颖达，郑著思，叶静能哪能与他们相提并论！"初一，左拾遗李邕呈上奏疏："《诗经》三百篇，用一句话来说，叫做'思无邪'。如果神仙使人能长生，秦始皇汉武帝早保了，如果佛祖替人能造福，梁武帝早已满足了。唐尧、虞舜帝王之中居首位，是由于世间事情多修行，宠信郑叶这种人，于国无补倡邪行。"皇帝都没有听。

据《唐纪二十四》（卷二〇八）

译评：

听信邪术生邪心，邪心导致邪事行！
邪术之害显乘数，邪的自乘难上停。
朝令夕改不失荣，知错不改陷泥坑。
贞观之治可借鉴，诗言思想要能正。
正己要从正心始，正心才能求大成。
思路正确多修行，言行一致必成功！

四八〇、推崇失当

选译：

初四，清源县尉吕元泰呈上奏疏，"当前边境不安宁，戍守一直没有停，士卒疲惫很艰苦，补给导致民力国力难支应，陛下却兴建佛寺，规模数量日益增，役力耗财无穷尽，过去黄帝唐尧、虞舜、夏禹、商汤、周文王和周武王，只凭勤俭节约和道德仁义来建筑功德留善名，两晋和刘宋以来，各朝佛塔寺庙修建成风，沦丧祸乱也未停，这是推崇失当，攀此奢华，百姓无力承担所造成，敬请陛下收回营建佛寺的钱，扩充边境军需用，边警烽烟不再起，百姓富裕享安宁，佛恩主张平等心，怎能比这功德入人心？"奏疏呈上以后皇帝不称心。

据《唐纪二十五》（卷二〇九）

译评：

佛祖不能抗入侵，佛塔不能博人心。
佛心不能止祸乱，推崇失当沦丧临。
将钱花在国安上，抗御外敌不费劲。
将心放在民乐上，民心要比佛心真。
得民心者享天下，求佛恩者空受贫。
天下大事观三界，立体思维强自身。
太空海洋和陆地，自强自立稳脚跟。
二〇二〇中国龙，乘风破浪俯视群。
尧舜仁德贯长世，两晋刘宋似浮云。
人间自有真情在，佛恩空悠无处存。
求真务实重当世，国务当急中国魂。

四八一、名高万古

选译：

右补阙，辛替否，呈上奏疏论今古："古君无道破国家，教训深刻传天下，口说不如亲身经，耳闻不如亲见它。请允君见说一下。陛下祖父是太宗，治理乱世局面新，开辟唐朝大基业，建立法度和准则，官爵俸禄不白送，从不枉费国资财。未建寺观不乏福，少度僧尼未遭灾，皇天厚土重保佑，风调雨顺五谷丰。周边部落都归来，他的享位也很长，名高万古超以往，陛下为何不向往？中宗皇帝是陛下兄长，放弃祖训于一旁，曲从女人之胸膛，无才数千享俸禄，无功百家封爵赏。营造寺庙无止境，耗资达几百亿以上，剃度僧尼没有数，免租人有几十万众。国库支出日见增，财收却是逐日穷，夺民食而养贪残，剥民衣而饰寺观。众叛亲离人神怨，水旱灾害相继至，公私财用均若空，享有国祚难长久，杀身之祸难免临，陛下何不以鉴戒，扭转局面图长存，帝未取。

据《唐纪二十六》（卷二一〇）

译评：

口说不如亲身经，耳闻不如看着清；
祖宗之法为世范，治理乱世有丰功；
建立法度和准则，治政治吏手不松。
不信佛，不亲僧，五谷丰裕天下宁，
祖绩祖业于不顾，国运消去灾祸生。
放任邪事横着生，积怨爆发国难存。

四八二、隋氏纵欲而亡

选译：

晋陵县尉杨相如，论政奏疏往上呈，大意是：炀帝自恃国力强，不为时政费思量，诏书敕令频频发，言行错乱却反常，言词如同尧和舜，行迹却是桀纣样，举手一掷天下亡，他又说道："隋氏纵欲以至亡，太宗抑欲国运昌，希望陛下慎择方。"他还说："人主莫不好忠正而恶奸邪。但忠正常常被疏远，奸佞邪恶常被近。以至国亡身危还迷心，只缘忠正大多违帝心，奸佞大多曲意顺帝身，长期违帝使帝恶，长期顺承得帝心，亲疏不同有原因。圣明帝王不这样。陛下如果爱臣子，敢于违背自己心意来取得忠诚贤能之士的辅佐，憎恶臣子的曲意奉迎以除去身边的奸佞，那么当年太宗功业会遥远吗？"他又说："法禁贵简加禁戒，惩罚贵在宽必行，陛下方兴崇至德，大布新政去碎零。小过不察无烦苛，大罪不漏止奸恶，假使法简而难犯，惩罚宽而能止罪生，那就可以称善政。"皇帝看后有好评。

据《唐纪二十六》（卷二一〇）

译评：

> 炀帝恃强不用心，敕令频频似雾云。
> 言如尧舜行桀纣，举手一掷天下尽。
> 纵欲而亡抑欲昌，选择以后把事伸。
> 好忠正祛奸佞，太平盛世自会临。
> 法贵简明而能禁，惩罚贵宽而必行。
> 骄横纵欲不长久，亲正祛邪享太平。
> 以法治国严必行，分清轻重是善政。
> 轻重位置摆得正，齐心力行共求荣。

四八三、小事勿扰

选评：

姚元之相曾奏请，郎吏论资来任用；
皇帝盯着宫殿顶，姚复几遍不做声。
姚元之，有些恐，慌慌张张退出宫。
高力士，看得清，散朝以后吹耳风：
"陛下刚刚总国政，宰相言事应面定，为何不理不审不答应？"
皇帝回答说："我放手让姚主朝政，遇有军国大事才应面奏同商议，怎以郎吏卑秩来烦朕！"高力士宣谕尚书省，转话给姚皇帝声，姚的心迹才静平，了解这件事的人，无不信服皇帝君临天下的体统。

据《唐纪二十六》（卷二一〇）

译评：

> 总揽国事纲纪明，抓大放小职责清。
> 宰相履职操全盘，统盘运作不烦上。
> 选吏原则应一统，任免小吏勿扰总。

君临天下有体统，活棋一盘善政行。

四八四、为政大体

选译：

左拾遗，张九龄，给负有极高声望又被皇帝信任的姚元之写了一封信，劝他远谄躁，进纯厚，操守真。书信大意是："用人当依真才学，为政大体不用挪，与其一起共治政，共同坚持此基则，但在过去用人时，不是没有鉴别力，出现未能尽职事，私人情面阻中隔。"信中还说："自您担任宰相后，亲自执掌选任权，那些浅薄轻浮者，伸脖踮脚倾面前，他们托亲多美言，或者迎合您的宾客来混官。他们之中也有真才学，缺点是无耻厚颜。姚元之欣然接受并采纳。

据《唐纪二十六》（卷二一〇）

译评：

古有鲤鱼跳龙门，不是强者不飞身。
用人当才是大政，莫让混混享官运。
跑官要官不知耻，关系面子莫让存。
罚官卖官要追责，莫让脏水冲府门。

四八五、苍生安乐即是福

选译：

中宗皇帝继位后，贵戚竞相造佛寺。
奏请度人为僧身，兼有欺诈妄诞事。
富家男子纷削发，以僧逃避徭役使，全国各地不乏此。姚崇向帝进言

说："龟兹僧侣佛图澄未使后赵长存,天竺僧侣鸠摩罗什未使后秦有福音,齐襄、梁武帝崇佛,国破家亡未脱身。只要百姓能安乐,就能保佑有福身,用不着妄度奸人僧,破坏佛祖的规定。"他的建议帝听从了。

据《唐纪二十七》（卷二一一）

译评：

只要能够避徭役，贵戚家门也出僧。
崇佛不是求慈悲，度僧能钻朝廷空。
赵秦齐梁佛不保，百姓安身有福身。
佛祖本是人使之，以人为本能长生。
当今有佛也有僧，罕见佛面有兽心。
一会西，一会东，哪里有利往哪冲。
冲浑天涯海角水，混水摸鱼把手伸。
多少事，从来急，坚持公理把好门。
任其拉弧又画圈，科学发展强自身。
强身健体防强盗，两套准备都强劲。

四八六、善始善终孰更难

选译：

皇帝不忍奢侈风，七月初十颁诏命："车乘服饰金银器玩都销毁，化作金银军政用，珠宝玉器锦绣织物均火焚。宫中一律不许穿绵绣，只有后妃可特另。"十三日，皇帝又敕命："文武百官束官服的带子和饮酒的器具、马嚼子、马蹬，三品以上可用玉，四品以上可用金，五品以上可用银，其余职官金银珠玉饰物禁止用，妇女服饰标准与其丈夫儿子的品级相对应。那些原来制成的锦绣丝织品，染黑以后继续用。从今以后不许采集珠宝玉石，纺织锦绣衣物。违令判杖刑一百，工匠违禁罪降一等。"皇帝

还命裁撤东西两京的织锦坊。

司马光,有眼量,以事论理评明皇。

明皇最初想治理,节俭刻苦树榜样。

到了晚年挽不住,奢侈腐化朝政黄。

奢靡使人无自力,不能自拔遭了殃。

《诗经》里面这样讲:"凡事莫不有开头,坚持到底是少量。"对此慎重莫莽撞。

据《唐纪二十七》(卷二一一)

译评:

善始需要有胆量,大刀阔斧坚如钢。

善终坚持不动摇,石破天惊仍持常。

凡事开头有二重,难易交织贯全场。

人说万事开头难,开头容易有硬肠。

善始善终是理想,披荆斩棘抓住纲。

既知善终更艰难,赴汤蹈火也要上。

事在人为天能助,天人合一走四方。

扬善必须惩腐恶,坚持不懈不走样。

四八七、怀慎之人

选译:

正月二十这一天,皇帝命令卢怀慎担任检校吏部尚书兼黄门监,卢怀慎,清谨俭,从不谋求增家产,虽是贵臣和高官,俸禄赏赐送亲朋,妻子儿女受饥寒,住房竟能看到天。

姚崇子丧假旬多,应处政务积一摊。

怀慎不能做决断,惶恐入朝请罪嫌。

皇帝对他说：

我把政事托姚崇，让你坐雅俗关。

姚崇假满理朝政，所积政事轻松完。

姚崇得意脸显色，回对紫微舍人齐浣谈：

"我担任宰相，可以与哪些人相比？"齐浣一边未开言，姚崇继续问，"我与管仲晏婴可比肩？"齐浣回答说："管晏之法施当世，终身贯彻未改变。您出政令随时改，似此他们差一点。"姚崇又问："我究是什么样的宰相呢？"齐浣说："您只能是匡救时下的宰相吧。"姚崇听了很高兴。扔下手中的笔说："一位匡救时下的宰相容易找到吗！"

卢姚一同任宰相，卢以才能比不上，遇事请姚拿主意，人称他"伴食宰相"。

司马光，有全评，臣要忠诚和宽宏。

齐国鲍叔牙和管仲，郑国的子皮和子产，都是本职高后者，由于能够了解后者的贤能而甘居其下，便把治政权力托付他们，孔子曾赞颂这种说法。西汉丞相曹参自以才干不及萧何，沿袭萧法大业成，不贤之人执了政，僚属吝身便钻空，为保禄位从上司，不顾国家得失安危，这种人确实是国家的罪人；贤明宰相掌朝政，僚属之中也有另，利用欺蒙扰治理，削弱其权国分庭，嫉妒诽谤他人功，执乖以窃他人名。这种人应称罪人。姚崇是唐一贤相，怀慎和姚见真心，共促明皇盛世政，何罪之有可批评。《尚书》、《秦誓》有书评："如有这样一忠臣，忠诚心美能容人。别人本领如自己，善于利用无妒心，别人才彦喜心中，这般宽宏有器量，保护子孙和臣民，利于子孙和臣民"这些话里有形象，是卢怀慎式的人。

据《唐纪二十七》 （卷二一一）

译评：

姚崇怀慎是忠臣，同为宰相心力同。

忠诚心美能容人，群才交集盛世成。

叔牙子皮和曹参，可以称作古达人。
今人不乏达人秀，公心诚信能包容。
双相合作都尽力，国家强盛建奇功。
如果双相互干扰，外面就会起台风。
亲者痛，仇者快，祸国殃民罪不轻。
当今世界不安宁，国人一力求复兴。
民族复兴塑形象，当代国人要塑成。

四八八、深明事理有担当

选译：

六月山东蝗飞扬，灾民面蝗却烧香，
有些设祭去膜拜，不敢动手捕杀蝗。
姚崇奏请派御史，分赴各地去灭蝗：
有人认为蝗虫多，无法完全消灭光。
皇帝心中无底数，面对捕杀也迷茫。

姚崇说："现在蝗虫逞凶狂，漫山遍野飞满蝗，黄河两岸百姓流他乡，怎能坐视蝗灾漫，却不救灾去灭蝗，既使蝗虫灭不尽，也比养蝗成灾强。"皇帝这才批准姚主张。卢怀慎认为杀灭蝗虫如过多，天地阴阳和谐之气会有伤，姚崇说："当年楚庄王吃水蛭，他的病治复健康。孙叔敖杀死两条蛇，上天赐福有报偿。倘若灭蝗天降祸，由我姚崇一人当！"

据《唐纪二十七》（卷二一一）

译评：

爆发蝗虫不要慌，不要迷信去烧香。
组织民众齐上阵，紧急灭蝗打硬仗。

灭蝗不会引天怒,灭蝗更使人坚强。
天地阴阳失和谐,蝗虫生长有温床。
灭蝗重整天地气,人间才会有吉祥。
不忍蝗虫被杀死,脱离人世徒悲伤。
不忍百姓成饿殍,为官一任不耻当。
灭蝗如果天降祸,铁骨铮铮一人当。
为官做事要知理,敢于负责不彷徨。
姚崇灭蝗有担当,不知蝗虫何以狂。
怀慎担心灭蝗多,倒置因果仍忧伤。
堪谈都不懂科学,科学知识待传扬。
天下百姓比天大,蝗虫夺食民众慌。
救灾安民比天大,朝廷应当至为上。

四八九、永为后法

选评:

初三,姚崇去世,临死前发出遗命,"佛以清静慈悲为本,愚人抄经画佛以求福。北齐北周各据有,北周弃佛而修武,北齐崇佛宽刑政,一朝交战分胜负,北齐灭亡北周兴,近来武氏和韦氏,建寺度僧数不清,未挽族灭慈悲空,勿效儿女昧不醒,度经祈祷死福临,道士见僧由此利,于是效法僧侣行,不可将其请进门。这个家法应永遵。"

据《唐纪二十八》(卷二一二)

译评:

清静慈悲佛为本,事佛不会有福命。
北齐重佛轻政灭,北周弃佛修武兴。

冥福谁知在何方，儿女不要不觉醒。
道士为利效僧侣，莫把他们往家请。
这是一个铁规则，子孙后代应遵从。
"外来和尚会念经"，谁能知道合国情？
外来佛家发慈悲，进来容易出难送。
此事关系国之政，兴亡大事应严行。
世界风云多变幻，弱肉强食佛清静。
佛心能够安自己，不能对抗佛面虫。

四九〇、水表

选译：

　　十月初三已入冬，僧一行与梁令瓒水运浑天铜仪制成功，铜仪排列各星宿，加满水后冲激轮，轮子水激能自转，每个昼夜一圈程，铜仪外装两个轮，分嵌"日""月"逆向行，速度仍与日月同，还置木柜作"地"面，把铜仪一半装"地"下，再装两个小木人。一个一刻敲次鼓，一个每一时辰撞次钟，铜仪的机械藏在木柜中。

据《唐纪二十八》（卷二一二）

译评：

　　　　水运浑天铜仪成，堪称中国第一钟。
　　　　水流冲激钟轮转，一个昼夜一圈程，
　　　　一天钟示开田时，一个小时四刻钟。
　　　　流水冲轮能计时，历史久暂在其中。
　　　　水能载舟又覆舟，舟运却在水流中。
　　　　人民如水君如舟，人民促君奔前程。
　　　　莫骄莫躁眼向下，君动之力在民众。
　　　　水表制成能计时，浑天历史由水钟。

四九一、文韬武略·司马光论文韬武略

选译：

司马光，论高阔：经天纬地称文韬，戡乱定祸称武略，不兼而圣未有过。黄帝、唐尧、虞舜、夏禹、商汤、周文王、周武王、伊尹、周公，没有一人无征功，孔子虽无统兵去征战，但能阻止齐国使臣莱夷用兵劫持鲁公，还吩咐申句须、乐颀击退费人。并言如果作战能取胜，难道说孔子的专长只是文韬，姜太公的专长只是武略吗？孔子学宫受祭祀，是因礼制中有祀先圣先师的缘故，自有人类文明史，不曾有过像孔子那样的人，姜尚哪能与他相提并论。古时出兵先训练，乘车服甲裸腿臂，比赛射箭驾驭功，军事谋略也学习，呈献敌方首级来庆功，军事工作这样做，皆在先知礼义而尚勇，君子有勇无义会作乱，小人有勇无义有贼行，倘若专训有劳力，不让他们明礼义，什么事情也做不成！自从孙武吴起始，都靠劳力来争胜，以狡狯奸诈来比拼，这难道排在圣贤列而可称有武略吗？诬妄排偶十先哲，作为后世学者尊师。假使太公尚存灵，必定不与这类一同受人敬！

据《唐纪二十九》（卷二一三）

译评：

文韬武略非一功，文武交融胜作圣。
学习训练授以理，深明事理有大勇。
文韬武略古已有，圣有传世令人敬。
今人更要有韬略，沉着应对以取胜。
西人事理多二重，自裁自定显很凶。
口头说来很中听，心里却在做事情。
给点甜头牵鼻子，接你奴你把你坑。

骗你还说你聪明，打你因你不听从。
战略西，战略东，想把地球一口吞。
立足中国看世界，科学发展仍从容。
不管西北东南风，站在高处舞神龙。

四九二、不准私人铸钱

选译：

张九龄建议不禁私铸钱，三月十九上命百官谈。裴耀卿等人都说："这个门路一放开，弃农逐利私铸滥。"秘书监崔沔说："如果抽取采铜税，以税折徭充冶铸，国家铸钱就合算。铸钱成本核算后，私有铸钱无利见，此法容易能长行，简便而且难诬陷，铸钱这个自然物，贵在与货能交换，好处不在钱数多，何待私铸能足用！"右监门录事参军刘秩说："人富不再加赏劝，人穷不能严刑禁，如果允许私铸钱，私人必定不能办，臣恐怕穷人越来越穷而被富人使，富人越来越富而纵欲。汉文帝时，吴王刘濞富天子，就是私铸所导致。"皇上于是不许私铸钱。

据《唐纪三十》（卷二一四）

译评：

治国理政要管钱，禁止私铸要从严。
私铸穷富趋两极，穷人富人两重天。
富人如果私铸钱，富有可能超国钱。
富豪有钱超天子，国家何以能平安。
市场流通需用钱，钱少钱多不一般。
钱少市场会趋紧，钱币神气商品惨。
钱多市场很活跃，要想挣钱并不难。

铸钱也要算成本,铸钱不会赔了钱。
工钱应在成本计,成本利润精确算。
崔沔不会做计算,铸钱无利谁去干。
如果放任私铸钱,祸患无穷难收场。

四九三、《千秋金镜录》

选评:

八月初五千秋节,群臣竞相献宝镜。
张九龄,见地深,照镜之妙有美颂。
用镜自照见形貌,用人自照见吉凶。
前世兴亡叙根源,《千秋金镜录》上呈。
该书总共有五卷,皇上褒奖嘉美重。

据《唐纪三十》(卷二一四)

译评:

自照镜子求周正,与人相比应高兴。
身前身后都有人,后推前带众人竞。
前世兴亡是长卷,千秋金镜可资政。
经验教训有个性,个性之中有共性。
时过境迁不泥古,与时俱进展鹏程。
民族复兴鉴往昔,时代形象更鲜明。
兼收并蓄腰杆硬,科技强国打冲锋。
文明古国兴时集,振兴中华何惧封。

四九四、天下大柄不可假人

选译：

当初上从东都回，李林甫知上厌巡。
与牛仙客作计划，近京各道来增税。
用以购买民间粮，充实关中增积累。
几年以后见效果，积蓄渐渐丰足倍。
皇上悠闲又自在，得意给高力士说：
"朕不出京快十年，天下平安无事变。
我想高居君主位，无为而治政委办。
政事委托给林甫，情况如何你判断。"
高力士回答道："天子巡视天下事，从古至今已成制，天下大权要掌管，不可随意让人去，别人威势形成后，谁敢复议便交制。"皇上听了不高兴，力士连忙磕头说："为臣得了疯狂病，妄言应该获死罪。"皇上于是为高摆酒宴，左右之人呼万岁，高力士从此不敢深论天下大事。

据《唐纪三十一》（卷二一五）

译评：

天子巡视古制循，左右大臣应相跟。
内政外交多少事，见机行事行民心。
君民相知心相近，四方安定心向君。
如果讨厌巡视事，壅蔽可能埋祸根。
天下大权即归君，随便给人金成银。
高力士，宦官身，看人脸色胆无存。
君闲无为臣掺水，浑水漫宫政必沦。
清除君侧君集成，正确决策合民心。

国家强盛民安乐,早晚不怕鬼敲门。

四九五、宦官为患

选译:

唐朝建国有遵循,守边将帅用忠臣。

不久任,不遥领,不兼统,功名显赫把宰相任。周边四夷名将领,纵有才略也不能独把大将任,都用大臣做帅来制劲,一直到了开元年,天子有吞四夷心,边将十年不调换,开始有了长期任,皇子庆王、忠王,宰相萧嵩、牛仙客,才开始遥领远镇;盖嘉运、王忠嗣专权统制数道,才开始兼统他镇。李林甫想堵边帅为相路,拿出胡人占了路,认为胡人无文化,上奏说:"文臣做将怕敌弓,不如用贫朴胡人,胡人果敢善作战,出身寒族无党朋,陛下诚恩去感召,定会为朝廷卖命。"皇上喜欢这番话,安禄山则被任用。这时,各道的节度使全都用胡人,精兵戍守北方境,天下势力偏北方,终于使安禄山得逞,安禄山颠覆天下,李林甫想固守相位所造成。

据《唐纪三十二》(卷二一六)

译评:

文臣忠厚任将帅,即在边疆不变心。
功名显赫做宰相,大臣元帅制将军。
李林甫,暗操心,固守相位嫌别人。
上奏皇上用胡人,胡有得势大厦沉。
坚持任人要忠厚,休听奸佞耳边音。

四九六、臣不聚敛

选评：

度支郎中兼侍御史杨钊，善窥上意而迎好聚敛钱财屡升迁，一年任职十五超，初五升任给事中，还兼任御史中丞，专管钱财收支事，蒙受皇恩越盛隆。

苏冕评论说：
朝廷设官分职事，各有专门主管人。
政事常规易遵守，事物归本少失真。
理国长治久安理，除此以外再无凭。
奸臣言利求恩幸，朝廷繁职示荣宠。
苛剥百姓搞厚敛，虚假数字向上呈。
皇上浮荡更奢侈，怨声载道祸酿成。
天子群臣位无事，享受厚禄费国用。

宇文融，开了头，杨慎矜、王鉷仿其后，酿成大祸是杨国忠，孔子说：国家宁愿有盗臣，切切不要聚敛臣，这话说得到了根。前面车子已翻覆，后面车子不改辙，求达化本难于身。

据《唐纪三十二》（卷二一六）

译评：

杨钊是贵妃堂兄，贵妃受宠随迁升。
钊善迎合上所好，携贿入京攀玄宗。
甜言厚财玄宗喜，将钊改名杨国忠。
国忠勾结李林甫，快马加鞭赶行程。
一年领使超十五，国忠贵妃变紫红。

林甫死后代宰相，吏部尚书也兼拥。
依仗权势排才名，拉拢人心论资升。
赏赐贿赂极奢腐，红在宫廷死于兵。
前车既覆后车道，鬼迷心窍未达人。
教化之本在育人，教化也应配纪刑。
应知生命诚宝贵，权钱原比鸿毛轻。
权钱只是身外物，人格居于泰山顶。
他人翻车应自警，莫让自己当随从。

四九七、选美德察政绩

选译：

中书舍人叫宋昱，主管选举各项事。

前进士刘迺认为，选举之法欠完善，于是上书给宋昱，提出"禹、稷、皋陶这三人，舜的朝廷同做官，要选九种美德人，考察九年的政绩。近代的主考官，一篇判文看言辞，一次拜揖看行为，为何古今大不同！假使周公孔子来应考，要考他们的文辞华丽，将在徐陵庾信下。他们的口才差啬夫，哪里有时间同他们谈论圣贤的事业呢？"

据《唐纪三十二》（卷二一六）

译评：

舜时选官看九九，选贤任能不空走。
一文一拜选取官，轻浮草率史少有。
九种美德九年绩，要看民众有夸口。
政绩不能看一时，百姓认可有奔头。

四九八、天下无敢言灾者

选译：

去年水灾旱灾狂，关中出现大饥荒。
杨国忠讨厌李岘，只缘李岘不附杨。
以灾害归咎于岘，贬至长沙太守岗。
皇上忧雨伤庄稼，国忠择苗献皇上，说：
"雨水虽然有很多，但是没有庄稼伤。"
皇上听后以为真，没有实际出察访。
扶风太守房琯说其辖地有水灾，杨国忠派御史去追访。这一年，天下无人敢说有灾荒。高力士在皇帝旁，皇上说："阴雨不停，你可尽讲。"高力士回答说："自从陛下把权给宰相，赏罚无规，阴阳失常，臣如何敢讲。"皇上沉默不开腔。

据《唐纪三十三》（卷二一七）

译评：

关中出现大灾荒，权臣借机敲竹杠。
排斥异己下狠手，弄虚作假骗皇上。
另有报告有水灾，国忠派人追问忙，从此无人敢说有灾荒。皇帝疑惑问近臣，方知宰相滥权强。
上将大权放宰相，宰相应当有忠肠。
有了灾情不隐瞒，如实报上举措当。
瞒报谎报有遗患，伤国伤民要提防。
信息时代忌壅蔽，谁敢作梗去一旁。
自然灾害关民生，隐瞒就是犯罪狂。

农业丰收诚可善，虚报求荣以罪当。

粮食事关大战略，手中有粮心不慌。

如果粮库有虚数，隐含祸患难估量。

四九九、以仁为乐

选译：

想当初，太上皇，与臣民欢宴乐绵长。

太常雅乐先上场，坐部立部演奏后，演奏鼓吹乐、胡人乐、教坊乐，京兆府与长安万年两县散乐及杂戏，山车旱船载着乐工演奏忙；宫女表演《霓裳羽衣舞》，百马起舞祝寿长；犀牛大象也入场，拜揖跳舞也非常。禄山看了心头喜，等到攻克长安后，原班表演到洛阳。

司马光，有论说：圣人以道德为美，以仁义为乐，虽然住在茅土屋，布衣粗食简陋过，他们根本不害羞，只忧奢侈伤民多。唐明皇，倚太平，不虑以后有祸降，只顾尽情享欢乐，歌舞享极有海量，自认前帝不及己，后面帝王赶不上，娱乐夸耀双升帐，窃国大盗在身旁。不知大盗有野心，终于导致逃他乡，广大民众遭了殃，人君如果耀奢侈，足致窃贼露锋芒。

据《唐纪三十四》（卷二一八）

译评：

比享乐，夸奢侈，富贵满贯心却痴。

不知民众有苦难，不知国运将危及。

乐极生悲非戏言，奢极生祸必无疑。

德为美，仁为乐，德仁修炼应积极。

唐明皇，骄奢极，空前绝后无人及。

劝君莫学唐明皇，勤俭简朴日日思。

五〇〇、官任能爵赏功

选译：

皇上对着李泌讲："现在郭子仪、李光弼已经做了宰相，收复两京，平定天下，便无官奖。"李泌回答说："古时官职任才能，爵位酬答给有功。汉魏以来有郡县，利用郡县管人民，有功赐封一块地，土地可以传子孙，直到北周隋朝都因循。唐初还未得关东，赐封爵位是虚名。有些人，有实封，只赏丝绸布帛等。贞观太宗想复古，大臣意见不一未实行。从此多用官职赏有功。用官赏功两大害，才非所任会废政，权力太大难制控，有的功臣居高官，竟不远图为子孙，乘势弄权以邀利，无所不为败名声，禄山如有百里封，不会反叛传子孙。从现在情况考虑，等到天下平定后，不如封地赏功臣，即使是个大封国，也不过二三百里，相当现在一小郡，难道不好控手中！这对臣子有长利，子孙万代可享用。皇上说："很好！"

据《唐纪三十五》（卷二一九）

译评：

任用官制看才能，授予爵位看功情。
汉魏以来设郡县，爵位有虚也实封。
贞观太宗复古制，多以官职赏有功。
有功无才荒废政，有功无德私无穷。
封官不如封土地，圈地封国好布控。
人们常说封建制，一孔可以见全景。
现在用人德才兼，记功奖赏有规程。
官员功臣两系列，各有标准严执行。
功勋如是科学家，不要专职搞行政。

因为术业有专攻,荒废专业弊无穷。
官员不搞终身制,能上能下应力行。
政治体制要改革,民主法制促文明。
权力制衡有实招,公仆名实要相称。

五〇一、国以法理

选译:

将军王去荣,私仇杀县令,应当处死刑,因为善用炮,皇上免死刑,以平民身份,效力在陕郡,中书舍人贾至,没有立刻执行,上表进谏说:"王去荣罪大,杀死本县君,《周易》说:'臣弑其君,子弑其父,非一朝一夕之故,其所由来者渐矣。'如果放任王去荣,祸乱就会逐渐生。有人以陕刚恢复,没有此人不安宁,他郡没有王去荣,为何也能守住城,如以一技免死罪,各军绝技有者众,他们仗才可作乱,怎么能够将其平。如果免王杀他人,法令不统诱罪生,今天怜惜王去荣才能而不杀他,以后必然要杀十个像王去荣这样的人,王去荣叛逆作乱,不会此叛别处恭,乱于富平治陕郡,背叛县令对天子忠,敬请君主长思量,顾全大局祸乱平。"皇上将事交下面,组织百官去讨论。

太子太师韦见素,参与议论心事定,以为:"法是天下之大典,帝王还不敢擅杀人,王去荣竟敢杀县令,这是臣权超人主。既然王去荣杀人可赦免,那么军中有一技之长者,横行霸道无忧虑,郡县长官有多难!陛下作为天下主,不分亲疏爱臣民,得到一个王去荣,失去天下老百姓,影响有多深!杀死县令属"十恶",陛下竟然宽处理,王法得不到执行,道德得不到伸张,臣奉诏不知何从。国家靠法律治理,军队靠法律取胜,只有恩爱无威严,慈母也不能使子女顺从。陛下厚待战士却胜仗少,难道不是军法不严明?现在陕郡虽要紧,但无法律更要紧,有法海内无忧患,何况

一个陕郡呢？无法陕郡守不住，有王去荣何益处！王去荣，有小技，陕郡存亡不靠之，有无王法关国安，这是衷心望陛下遵守贞观年间制定法律的原因。"皇上不听群臣劝，还是赦免了王去荣。

据《唐纪三十五》（卷二一九）

译评：

　　私怨杀人法不容，纵有小技也不行。
　　因有小技绕法走，恃技滥杀世不宁。
　　皇上惜才不惜法，不知轻重劝不听。
　　国以法理不遵守，天下不会有太平。

五○二、治军必本于礼

选评：

王玄志，在平卢，节度使任不幸亡。
皇上派人去安抚，考察军中谁能上。
李怀玉，做裨将，杀死王玄志儿子，推举候希逸为军使，候母是怀玉姑妈，所以李怀玉拥立他。朝廷因此任命候希逸为节度副使，节度使的职位由军士废立从此开始。

司马光认为：民众天生有欲望，没有君主就动荡，因此制礼作朝纲，治理国家制四方。上自天子和诸候，下至公卿、大夫、士庶，有尊卑，序大小，好比纲目相维系，有条不紊臂使指，无不服从民奏上，在下之人听使唤，无取君位之妄想。《周易》中的《象传》说："天在上，泽在下，上下正理是《履》卦。""君子以此分上下尊卑，安定人心履天下。"君主能保有臣民，八种权柄手中拿。假如舍弃驾驭臣民的权柄，君臣均势怎活下！

　　肃宗经唐中衰幸复兴，应正君臣之礼治四方，而他只想取苟安，不思永久的祸患，任将帅，治地方，本是治国大事项，却派使者由从兵，不管贤愚随欲上，自是以后习为常，君臣因循却以良，"姑息"就是这个样，只求眼前不慌张。甚至偏裨士卒们，杀逐主帅不治罪，反授帅位给其上，君主驭臣八种权，爵禄废置杀生予夺都不出于皇上而出于臣下，天下动乱会趋常。

　　治国奖善惩凶恶，善者得勉恶受挫。
　　部下杀逐其上司，没有比这更大恶。
　　竟然要他握大权，统管一方实奖恶。
　　奖赏用来劝行恶，恶行怎能不廖廓。
　　《尚书》说："谋略要高远。"
　　《诗经》说："谋划不远是用大谏。"
　　孔子说："人无远虑，必有近忧。"
　　主政天下求暂安，天下忧患没个完。
　　于是臣下总蔑主，窥伺随机夺江山。
　　皇上惧臣惶不安，也会乘机将其残。
　　务争先发制人志，长久之计弃一边。
　　如此想求天下安，怎么能够成其全。
　　唐朝后期祸乱多，朝廷任命侯希逸为平卢节度使是祸端。
　　古有治军本礼法，少长有序军风中。
　　晋文公，懂兵法，城濮之战见军礼，便知楚军败手下。
　　唐朝治军不顾礼，士卒可以辱偏副，偏副可以辱将帅，那么将帅可以辱天子就常态化。
　　从此以后，祸乱迭起，战争不止，生民涂炭，无处控诉，二百多年，然后才是大宋天下。
　　宋太祖，制军法，按照官阶军衔高低序上下，如有违反就要杀。因此，上下有序，令行禁止，征讨不守礼法和势力使之顺服，天下太平安宁，百姓安居乐业，都是治军从礼的缘故，这不是为后代留下的深虑远谋吗?

据《唐纪三十六》(卷二二〇)

译评:

> 治国治军要有纲,纲举目张正风扬。
> 上下有序相维系,扬善惩恶要大张。
> 图谋高远立永志,苟且偏安必遭殃。
> 从严治军明纪令,令行禁止通四方。
> 少长有爱心相连,钢铁长城军威扬。
> 人民军队忠于党,保家卫国多荣光。
> 精兵建设达三界,不畏强敌固边防。
> 博弈石头剪子布,文明之师能择强。

五〇三、忠勇之谓

选评:

李岵逃离润州时,副使李藏用对他说:"身处重要的官位,享受优厚的俸禄,遇到危难而逃走,这是对国家的不忠,以数十州兵和粮。据险五湖和三江,不发一箭就弃城,勇气表现在何方,失掉忠诚和勇气,还有什么可事皇!藏用请求收残兵,得七百招两千整,设置栅栏抗刘展。

据《唐纪三十七》(卷二二一)

译评:

> 尊位重禄以养兵,临难而逃失掉忠。
> 兵粮充实又据险,不战弃地没有勇。
> 古时士卒讲忠勇,将帅应居更上层。
> 养兵千日用一时,忠勇不济谁养兵。
> 而今推行精兵策,忠勇有了新内容。

政治坚强作风好,军事过硬纪律明。

三化建设是目标,保障有力战必赢。

威武之师更文明,军民一致本益兴。

五〇四、愚而顽

选译:

二三列阵于邙山,李光弼命令列陈要靠险,仆固怀恩列阵却在平原,李光弼说:"据险要可进可退,在平原作战不利全军完,对史思明不可小看。"命令移阵于险要,怀恩再次不动弹,史思明趁机发了兵,官军大败死几千。军需器械都抛完。

《唐纪三十八》 (卷二二二)

译评:

弃险要,驻平原,不听令,愚而顽,懒不动,布兵慢;对手趁机来进攻,失败逃跑领地陷,如此军纪不整肃,如此责任不查问,要想取胜难上难。

五〇五、科考之策

选译:

礼部侍郎叫杨绾,上疏选士有议论:"古代选士察生平,近代选士专崇文,炀帝始设进士科,只考策论简易行。到了唐朝高宗时,考功员外郎刘思立开始奏请进士科考加试杂文,明经科加试帖经,从此积弊变成风,公卿以此来看士,长辈以此训子孙,有人考试明经科,只背帖括求侥幸。举人以牒去应试,返璞归真何处寻?廉洁礼让成浮云,请求县令察举孝廉,选取乡里德性突出,通晓经术者推荐到州里,经过刺史考试后,再送

到尚书省，任由口述一部经，朝廷选择精通儒学的人，考问二十条经书义理，三道对策，考试成绩揭晓后，上等的马上按名次授官职，中等的获得一种做官的身份和资格，下等的回程，道学科举与治国无关，望与明经科、进士科一起停。皇上命令相关部门共商议，给事中李栖筠，左丞贾至京兆尹严武都与杨绾的意见同，贾至认为："今试学问以帖字为精通，考文以懂声病为是非，这种颓风应止终，然而自打东晋始，人多侨居在他乡，士居乡土百一量，请求朝廷广设校，乡士应有多推举，寄居他乡由校举，上令礼部定细目，呈报上来再商量，杨绾又请求设置五经秀才科。

据《唐纪三十八》（卷二二二）

译评：

　　古代选士察事迹，贤能必定要考量。
　　隋唐选士走了样，选士专察有词章。
　　杨绾之疏似可行，习经义理入官房。
　　不与治国相关联，德才贤能通盘观。
　　进入官场看清廉，勤政廉洁要连年。
　　业绩要由口碑定，民众通过才过关。
　　定期考核定期查，优胜劣汰不留残。
　　自觉自警和自律，从政人格塑尊严。

五〇六、柳伉上疏

选译：

　　骠骑大将军、判元帅行军司马程元振，专权恣肆人皆瘆，功卓将领程嫉恨，总想加害打闷棍，吐蕃入侵是大事，程元振竟敢不即奏，导致皇上先逃遁，皇上发诏调兵马，李光弼等人嫉恨程，因为元振居要职，没人肯来由其抻，朝廷内外都恨程，但是不敢去对阵，太常博士柳伉上疏，直言

批评程元振，认为，"吐蕃进犯大震关，穿过陇山未交战，直进京师抢宫殿，焚烧陵寝，武士没有一人去奋战，这是将帅对陛下背叛，陛下远勋近奸佞，日积月累酿大祸，群臣没有一人敢犯龙颜把陛下劝，这是公卿大臣对陛下的背叛；陛下刚刚离都城，抢夺府库便发生，互相杀戮地区叛，十月初一征各道军四旬未见一车轮，这是四方对陛下叛，朝廷内外都背叛，形势是安还是险？良医用药要对症，药不对症没有用，陛下看看这病症，什么原因才形成，宗庙社稷一定保，只有砍下程元振的头告天下迁出内使隶各州，神策军由大臣管，削尊号诏引咎，说：'民众如允朕改过，应即召兵救朝廷，如以朕罪不能改，帝位岂敢碍圣贤，朕愿任凭天下人，推举圣贤做帝王。'如是援兵还不来，民众不受感动，天下仍然不服从，臣愿全家碎尸向陛下谢罪，上以程元振曾有保驾功，仅削去程元振的官职爵位放回乡。

据《唐纪三十九》（卷二二三）

译评：

因有功劳成近臣，专权恣肆嫉恨人。
遭到入侵不即报，皇上被逼逃丢魂。
此事皇上应思过，疏远功勋近奸臣。
危难时刻无救援，皇上日渐往下沉。
入侵军机迟作奏，不加严惩削为民。
柳伉上疏情意真，皇上改过似浮云。
军纪松弛元帅横，严加整饬才称心。
遭受侵略十万急，紧急动员抗敌人。
三军协防齐奋勇，举国上下作后勤。
信息战略应预制，定将豺狼赶出门。
中华民族不受侮，和平正义世界尊。

五〇七、防壅蔽

选评：

元载专权有近忧，私心害怕人奏上，于是请求，"百官凡是奏事情，都要首先报长官，长官再向宰相报，然后再给皇上呈。"他以圣旨谕百官，近来上奏事杂多，谗言诋毁又居多，所以委托长官宰相先决定，言事是否可上奏。

刑部尚书颜真卿，上疏皇帝开言路，认为："郎官御史是上耳目。上奏论事经宰相，是自己耳目自己挡。陛下担心臣谗言，为何不察其虚实，如果臣言果真假，应该据假把他杀，如果确是真实的，就应该奖赏他，现在还不这样做，人以陛下对奏章烦，堵塞劝谏诤辩路，臣为陛下感到惋！太宗《门司式》说："没有入宫通行证如有急事要上奏，门司仗家要引领，不得妨碍有奏请。"以防言路被壅蔽，李林甫做宰相，对进言者如断肠，言者路遇不敢谈，只以眼神示观感，致使上旨不通下，下情不能往上传，深宫皇上被蒙蔽，臣下各个不开言，酿成玄宗逃蜀中的祸端，国家衰败今至此，原因积累呈缓慢，皇上即使大开直言路，群臣不敢畅开言，何况宰相大臣裁决压，陛下视听只二三，天下之士将闭口，陛下见不到有进言，便以为天下无事可奏言，李林甫今天又复见，过去林甫虽专权，但是仍有直通天，李林甫只能找借口，假借事情放暗箭，不敢明令奏事先报宰相观，陛下如果不早醒，孤立后悔难回返！元载听说后嫉恨颜真卿，上奏颜真卿有意诽谤，初九皇上将颜真卿贬为峡州别驾。

据《唐纪四十》（卷二二四）

译评：

元载专权多谗言，皇上惯于听欺瞒。

言路堵塞已孤立，《门司式》说全忘完。

刑部尚书颜真卿，面对弊情敢直言。
破除壅蔽开言路，以免蒙蔽起祸端。
皇上听惯顺风耳，逆耳之言心必烦。
元载恶意毁真卿，上贬真卿远身边。
正不压邪邪犯上，国难必然连二三。
信息时代要开网，四维时空信息全。
自我壅蔽国则亡，管子早就有预言。
观察问题要高远，蝴蝶效应莫赋闲。
地球村里事情多，站稳脚跟全面观。
正义邪恶要明辨，扬善击恶志必坚。
国境水边蛙声噪，守好疆域种好田。
信息生态因势导，审时度势挽狂澜。

五〇八、以百姓为本

选评：

鱼朝恩奏请园改寺，用来为章敬太后祈冥福，鱼朝恩把章敬寺修得极壮丽，耗尽都市木材不够用，又奏请拆卸曲江和华清宫木料来充用，卫州进士高郢上书，大略说：先太后的圣德，不必以此来增辉，国家长治久安，无宁以民为本，舍弃人民修寺庙，有什么福可以得！"又说："没有寺庙不可以，没有什么不可以"，又说"陛下不应重宫室，以夏禹为法弃梁武！"又上书，略说："古代明君积善以得福，不费财物来求福，修养德性以消灾，而非劳民以消灾，现在急忙兴土木，日夜不停鞭民工，路上充满衰痛声，以此祈福恐不行。又说："陛下内心避正义，希求外物微小助，顺遂近臣以邪计，损害帝王之规程，臣为陛下而惋惜！"上书被搁没回应。

据《唐纪四十》（卷二二四）

译评：

> 为给章敬求冥福，建寺壮丽万亿酷。
> 都市木材不够用，毁掉宫馆用以补。
> 劳民伤财不增辉，昼夜不息民愁苦。
> 舍人就寺福不至，求助外物失掉主。
> 国家永图民为本，草根积聚柱天固。
> 善能致福德消祸，善待民众勿梁武。
> 重佛修寺不得福，重民轻赋迎官府。
> 佛福浮负悬空飘，积善修德福久处。
> 以民为本臣多言，皇上不听难开步。
> 待到无情覆舟日，新的香火又上竖。

五〇九、常衮辞禄

选译：

元载王缙做宰相，皇上每天有赐赏，宫中御厨做美味，习惯赐供十人享。二十四日，常衮与朱泚对皇上说："宰相膳费已够多，请求停止御食赏。"皇上同意了，常衮又想辞封邑，同僚认为不妥当。当时人都笑常衮，认为："朝廷厚禄养贤才，无才辞位不辞饷。"

司马光认为：君子耻于多受禄，常衮辞禄廉耻存胸膛，比那保官贪禄者强。《诗经》上说："那些贵族官吏尸位素餐还风光！"常衮其人不可讥伤。

据《唐纪四十一》（卷二二五）

译评：

> 尸位素餐古有风，辞禄之人受讥讽。
> 因有特权是非乱，清廉还是受人敬。

贪权贪钱不长久，荒塚一堆杂草封。
清廉总能芳百世，后世子孙也光荣。

五一〇、秋雨损稼之查

选译：

京兆尹黎干上奏说：连月秋雨损庄稼。韩滉上奏说黎干所奏情况有假，上令御史去核查。二十九日御史报："庄稼损了三万多顷。"渭南县令刘澡问韩滉，声称渭南没有损庄稼；御史赵计上奏与刘澡同说法。皇上说："连月各地普降雨，难道渭南没雨下！"又命御史朱敖去视察，损坏三千多顷庄稼。皇上叹息大一阵，说："县令是个父母官，没有损坏也应说损了。但他们竟不仁到这么假！"于是把刘澡贬为南浦县尉。赵计贬为澧州司户，但对韩滉有保驾。

据《唐纪四十一》（卷二二五）

译评：

连月秋雨损庄稼，情况反映版本杂；
有的说有有说无，上令三次去核查。
确实弄清灾情后，皇上叹息又开罚。
县令作为父母官，不实之词又有阿。
庄稼损坏很严重，附和度支被贬谪。
赵计只听县令话，没有灾情作回答。
皇上于是再罚贬，只有韩滉面子大。
自然灾害常发生，不可抗力人皆怕。
如实反映定政策，为了百姓稳天下。
但从仁政养民说，无灾说有也不查。
安民惜民讲仁义，不仁不义众人骂。

五一一、公正公认选贤能

选译：

德宗此时正居丧，政务都托崔佑甫，对他所说没有不。至德以后常用兵，各个将领竞邀功，加官晋爵滥成风。自打永泰年间始，天下渐渐趋平定，元载王缙握政权，贿赂求官如蜂涌，大官出自元王手，小官卓英清经营。求官如意人皆兴。等到常衮做宰相，想要革除这种病，堵塞侥幸捞官洞，上奏求官一律冻。由于没有做甄别，贤能也未受重用。佑甫代衮作宰相，想拢人心提声望，引荐推举很多人，每天不断挤门框。代相不到二百天，授官八百没商量。前后两相都矫正，终究没有一良方。皇上曾对佑甫说："人言卿用多亲故，什么原因要这样？"崔佑甫回答说："臣为陛下择百官，周密谨慎挂心上。如果平生不认识，何以知人派用场。"皇上认同未开腔。

司马光有主张：任用人才没有亲疏新旧之别，只以贤能和无能作考量。人非贤能沾亲带故任用不公正；某人贤能因是亲故而舍弃也不公正。天下贤才个人难认全，若必等到素识悉才德而用，遗漏人才会堆如山。古代宰相则不然，公推公正任用官，众人都说某人贤，己所不详先试选，等到无功再辞退。如果有功再高攀，被举之才确有才，就给举者把奖颁。否则要罚推举官，晋升、黜退、奖赏和惩罚。都由大家作公认。宰相不把私心掺，如是这般选人才，不漏贤才不滥官，足克任人唯亲之弊端。

据《唐纪四十一》（举二二五）

译评：

    公推公正公认官，贤能总会有官衔。
    任人唯亲能杜绝，买官卖官无空间。
    一人专权授人官，三公面前无对言。

能者进位愚靠边，功绩考量来定盘。
举荐之人有责任，赏罚有度不敢瞒。
决策之人无私心，愚者不往贤中掺。
今时选官超三公，公开公示采公言。
天下为公为公认，公激能过万重山。
要想功绩垂青史，只有为公能广延。
社会监督是激素，有序江山万代传。

五一二、选人标准

选译：

协律郎，沈既济，上奏选人出主意，认为"选用人才有办法，根据三个标准办，德行、才能和劳绩"。现在选人都不及。他们考核人才的办法是：书法是否优雅，文理是否畅通，资历是否深长，言语是否流利，举止是否恰当，待人是否得体。这些办法不治本，应当改变和废弃。安行徐言不是德，词藻华丽不是才，资历深长非功劳，据此不能选贤才。今人有些不住乡，家乡评价不合适，鉴审不能名实符，吏部独办不相宜。古代用人臣有悉，抚今鉴古作提议："五品以上宰相荐，吏部兵部可参议。六品以下州府聘，如果发生不公正，吏部兵部去除弊。负责官员轻贬免，重者严重不客气。任官要求有政绩，谁敢不勤不忠职？如果能够这样做，贤者不奖他自进，不肖不抑而自去，众才都可任官职，政治事务必有治。现由吏部选人才，下放州郡去试用，如果才职不相称，渎职失职自乱政，你还不能责刺史，因为人是刺史派来的。如果责备吏部官，吏部侍郎有说的，这是根据书法文章资历考核选取的，不能担保其政绩。责备初荐地方官，他们辩解有说辞，提供人籍贯和资历，其他情况概不知。受害只是老百姓。这个罪责谁能替；如果州郡自己聘，州郡长官没说的，如果州郡用人滥，那就干脆换刺史；如果吏部选错人，更换吏部侍郎不顶事。

现在人才济济却不得，制度办法有问题，不是主管过错造成的。现由各地各部自选聘，即使中间有私弊，总的来说，名实相符十有七。征辟吏法已施行，只是州县还未至。何利何害理自悉。如果以前各道长官之属都由吏部派，他们怎能负起镇守一方的重任，处理征收赋税的繁杂工作呢？"沈既济，是吴县人。

据《唐纪四十二》（卷二二六）

译评：

　　沈既济，很精明，唐官管理应分层。
　　权责相联能问责，谁的责任谁担承。
　　选人要重德能劳，三条标准应实行。
　　非德非才又非劳，积弊不改坏政风。
　　制度之弊弊最大，用人不当大厦倾。
　　人才济济待启用，博采众长国事兴。
　　吴人言简意又明，不知皇上啥心胸？

五一三、国之大本

选译：

以前制度有规定，税赋都储左藏中。
太府按季报储量，比部审核收支清。
第五琦，任度支，京师豪将欲无穷。
要钱要物管不住，上奏皇帝来对应。
财赋全部储藏在皇家内大盈中，派宦官负责管控。
皇帝觉得用赏便，财赋长储内库中。
是时公赋成帝私，主管无数核于盈，一直持续二十冬。
宦官领事三百多，贪盗串通一窝虫。

杨炎叩头上奏说:"财赋是治国本,关系安危和衰盛,关系百姓之生命,前朝重臣做掌管,难免损耗乱不清。现由宦官收支审亏盈,大臣不知其实情,朝政弊端无比重。请将主管财赋权,重归主管部门控。计算皇宫年费用,主管按数运宫中,他们不敢宫用穷,如是宫廷好为政。"皇帝当天下诏令:"征收财赋归左藏,一切行事依法行。年选上好布帛三五千匹,送入大盈内库存。"杨炎简言帝心动,此事大家有好评。

据《唐纪四十二》(卷二二六)

译评:

财赋收入取之民,国有国库严把门。
宦官掌之天子便,公赋私藏私用浑。
管家竟有三百多,贪窃如同耗子群。
前后经历二十年,乱象积弊孽根深。
盛衰安危多少事,财赋充足能定心。
杨炎之言切利弊,皇帝立改值得钦。
古今财赋取之民,与民多少别古今。
今时财税上万亿,科学使用要重申。
堵塞奢贪窃滥门,开源节流民开心。

五一四、为政之本

选译:

湖南贼头王国良,阻山为盗很猖狂。

对抗朝廷害地方,皇帝委派都官员外郎,关播受命招抚王国良。

辞行上问为政要,回答说:"为政之本在于必须找到德才兼备之人辅助治天下。"皇帝说:"我最近下诏求贤,又派使臣广寻访,天下可以治理了吧。"关播说:"陛下征召使臣荐,只能得到凭文采词章的求官郎。

哪有贤才肯凭州县文书，接受推荐甘心上？"皇帝听了和悦样。

据《唐纪四十二》（卷二二六）

译评：

擒贼先擒王，治国找贤良，广召又寻访。
不要偏方向，文采词章者，不要招进堂。
德才兼备者，治国能安邦。

五一五、两税法治

选译：

正月初一是大年，年号建中对下颁。
朝廷群臣对上尊，圣神文武皇帝宣。
皇帝大令赦天下，新的举措开了盘。
杨炎建议帝采用，命令统计人地产。
规定贫富的等级，国征两税规定严。
一律取消乱税目，二税以外滥收钱，按照违犯国法办。
唐初赋税租庸调，有田缴纳田租税，人丁就要缴庸税，家按户口缴调税。玄宗末年户口乱，户籍与实际不配。至德年间多战乱，地税受命马上催，确定标准即告吹。征税机构一再增，朝廷失控滥加税，几乎没有要消退。富家丁多通关节，官寺庇护免役税。贫穷人多没门路，没有办法免赋税，富裕家庭更优裕，贫穷家庭活受罪。官吏趁机大盘剥，租赋十天半月要交汇，普通百姓经不住，背乡离井去逃税。定居本乡百五最。事情到了这一步，杨炎建议制两税：核算州县年开支和缴上税，据此制定标准征民税。按照住地登户口，人以贫富负担税。流动商人也缴税，盈利百三交州县内。定居户赋税分夏秋两季两次配。以前的租庸调和各种杂役一律废。度支全权征赋税。皇帝采纳炎建议，下令免除百姓以前未清税，全面实行

两种税。

据《唐纪四十二》（卷二二六）

译评：

神武孝文帝，改革有新义，约百姓丁产，赋税分等级，中央和地方，两税要核计。地方收来税。一是自开支，二是交上级。度支总管税，只收两种税，谁收税外税，清退还治罪。民负得减轻，为政有大计。谁能为民谋，谁就有景气，谁能为国谋，必有连台戏。

　　首开财政分两层，中央地方权责明。
　　杜绝一切滥收费，违者依法来严惩。
　　个税收缴分等级，贫富人家不相同。
　　赋税一年征两次，夏秋两季固定征。
　　自始实行两税法，拖欠税费全免清。
　　根据利弊改税制，杨炎建议帝实行。
　　只是收税装口袋，不见用于老百姓。
　　取之于民用于民，民富国强永世兴。
　　而今农耕不收税，农民生活有照应。
　　自古农民多苦难，而今过上好光景。
　　"三农"未来前景美，更须努力争成功。

五一六、刘晏用人

选译：

刘晏机智多，流通搞得活，堪称是楷模。高薪招檀行，各地相联络，消息相传递，相望绵不绝。负责观物价，随时报到窝。虽然距离远，几天可上国，转运使司收，物价手中握。国家获实利，百姓能安坐。他认为："办好各种事，关键要把握，任用恰当人，选择要捉摸。通晓事务者，敏

捷又灵活，精明又强悍，廉洁勤奋恪，才干有其辙。核查簿记册，收支钱财物，委任谨慎者，办事小胥吏，只干文书活。不让随便说。"他还常常说："士人收赃物，谋求贿赂落。自己断前程，仕宦遇灾祸。对他们来说，声名重财货，廉洁自守多；胥吏虽廉洁，干也不显赫。对他们来说："实利重荣誉，多半贪财货。刘晏善其事，能让士守恪，廉洁又奉公，别人难仿作。他的属下官，即使千里外，教令如实做，无人敢假说。当时达官贵，对晏有委托，要晏委以官，刘晏都照做，但是有一条，不让有干涉。转运使属职，要由强者获。刘晏去世后，掌握财赋权，多半为晏属。

据《唐纪四十二》（卷二二六）

译评：

刘晏流通搞得活，选人联站信息通。
各地物价能汇总，物价总体抓手中。
国家获利人心安，信息效益彰显灵。
事在人为贵选才，任用恰当事必成。
用人分类看贤能，各司其职办事情。
通晓灵活精干士，务必发挥其才能。
簿记委任唯谨慎，只办文书不发声。
重名重利两相异，千里办事看忠诚。
人过留名古有训，做人应当受人崇。
刘晏善于选贤能，身后晏属占多成。
贤能唯有代代传，江山代代有继承。

五一七、常平盐

选译：

刘晏采用盐专卖，筹集经费军国用。当时从许州、汝州、郑州、邓州以西，居民都吃河东盐。度支管理和调供。汴州、滑州、唐州、蔡州以东都吃海盐，由刘晏负责管理和调控。刘晏以为官多会扰民。只设盐官收购盐又转盐商。放手让其去经营。其余州县无盐政。江岭一带远盐区，官盐转运当地存，遇到盐价暴涨时，库存官盐削价供。这种盐称常平盐，利国利民市场平。原来江淮年盐利四十万（吊），晏政后期六百余万（吊），国家财政充足民不困。而河东盐利每年不过八十万（吊），价格还比海盐低。

据《唐纪四十二》（卷二二六）

译评：

食盐专卖利非凡，利国利民天下安。
官府推出常平盐，稳定市场不缺盐。
盐价暴涨能平抑，国库储备囤冒尖。
常平盐，常平安，财足民逸稳江山。
市场经济要预测，国库储备要当先。
百姓消费七大项，辅料副食样样全。
遇见短缺物价涨，常平项目往出搬。
妙用两手加调节，科学治市抓货源。
掌握信息抓调控，两个市场求安全。
法则规划全用足，国计民生不犯难。
崛起之时障碍多，腾飞起来胜阻拦。
因应决策要高远，整体应对迎凯旋。

五一八、凡事必为永久之虑

选译：

关东谷物运长安，因为水运有凶险，一斛八斗受称赞。刘晏认为水情异，因水造船训人员。长江货船经扬州入淮河，汴河船只从清口到河阴，黄河行船到渭河入黄河的河口。渭河中的船只将粮食运到太仓点。各岸附近设粮仓，粮仓之间接力转。京城年收粮食百万斛。河中没有粮食翻。粮船十艘编一队，派出军队去护船。运粮十次没损失，记功优待提升官。押运人员很辛苦，几度操劳发白冠。扬子县设十个造船场，造船一艘工钱缗一千。有人认为给付多，实际花费只一半。刘晏说："我可不是这样看，干大事情，小费不吝算，凡事一定要作长远打算。现在刚开造船场。造船人才非常多。先让他们不缺钱，造出官船才会坚。斤斤计较造船费，怎能希望造好船？日后有人会减钱。材料工钱减过半，造出的船粮食不保干。"过了五十年，费用果然减一半。到了咸通年，造船费用如数付，造船人员没得赚，造出的船容易烂，水运粮食收了官。

据《唐纪四十二》（卷二二六）

译评：

> 水运粮食全靠船，口岸粮仓作统盘。
> 货船编队又护航，系统运作保安全。
> 造船费用从优付，目的为了造坚船。
> 凡事要作长远计，大事不让小费缠。
> 造出好船对国利，船工赚钱不抠算。
> 如果不给船工利，船薄易坏断了线。
> 中国是个大国家，河运海运都可观。

江河水运贯中国，运用科技造新船。
新船不仅跑运输，流动工厂也在船。
中国海疆上万里，连接大洋海浪翻。
海上航行须大舰，远洋舰船多内涵。
续航能力要强化，自给自卫保安全。
能反恐，能防盗，反抗侵略舰唯坚。
通观全球谋发展，保卫海疆最关键。
集国力，总盘算，系统工程重完善。
集成关键大项目，茫茫海域安如磐。
海上欲静风不止，朋友联手增安全。
不管西风东南风，乘风破浪挽狂澜。

五一九、朝廷借债

选译：

时年两河有战争，月费就有百万缗。府库数月不支应。太常博士韦都宾，陈京提建议，认为"商利都聚富商中，请求皇上下个令"，富商留用一万缗，其余全借官府用，只借富商一千二，可供军队几年用。"国库里面有亏空，采纳建议下命令，十二月，就行动，官府向商人借钱，让度支负责执行。杜佑作为负责人，派人长安查实情，如疑商人招不实，拷打鞭笞便上身，商人不胜这般苦，上吊自杀不抗争，长安城里一片乱，如似敌寇劫掠城。如是借得八十万缗。钱庄当铺不幸免，凡积钱财借四之一。钱庄当铺粮窖全封存，市内商人关了门，联阻宰相诉苦情。卢杞起初还慰释。看到人多无法劝，急忙另路躲问讯。朝廷借到二百万缗，商人钱财近于空。陈京是陈朝宣帝儿子陈叔明的五世孙。

据《唐纪四十三》（卷二二七）

译评：

> 战争耗费国库空，借钱度日似可行。
> 借钱应当取自愿，强迫命令莫蛮行。
> 钱主留用应当有，竭泽而渔令人惊。
> 封存不是好办法，正常经营不能停。
> 发行国债唐先作，经验教训分外明。
> 千年以后看中国，千万富翁千万盈。
> 千人里面就有一，巨额财富可资营。
> 肥水不流外人田，芙蓉国里润芙蓉。
> 综合配套吸民资，利国利民又双赢。
> 融资创新兴新业，利好多多受欢迎。

五二〇、多难兴邦

选译：

上与陆贽谈时局，自我检讨心思因。陆贽说："招致今天祸难局，罪过都是众大臣。"皇帝说："这是天意非人成。"陆贽退朝上奏疏，析因论政以知音。认为："陛下立志统天下，四出征讨将乱平，凶恶祸首刚消灭，将领反叛又发生。

战事不断辞书重，而今已有三年整，军队征发日见增，赋税征收日益重，从京城，到边疆，路遇兵刃人心惊。居家苛税无止境，叛乱于是相继生，怨恨诽谤一起来，不测之事人担心。只有陛下蒙鼓里，鼓外事情弄不清。骄悍将士鼓噪闹，明目张胆犯皇宫，宫廷内部出问题，人心背离给机乘。陛下近臣辅大政，身旁耳目传下情，谏诤之官能提议。防卫戍守保京城，但遇危险不尽忠，但有危难不殉身，导致今天无穷患，文武百官说不清。陛下认为天下兴衰有天命。我曾说过，上天见闻源于人。祖尹斥责商

纣王的罪行时说：'我生并无天命佑！'武王伐纣时说：'竟然说我有天佑，不肯以受侮辱戒。'这都说明舍人推天下不成功。《易经》说：'视履考祥'——根据践行察吉祥。《易经》又说：'吉凶者，失得之象。'——吉凶是得失的表象。天命由人其义明。念先哲，会《六经》，都说祸福归由人，不言盛衰有天命。唯把人事治顺畅，天降祸乱未见踪；来把人事处理好，天降洪福也未增。近年征战十分频，刑法密严财耗尽，民惊如置风浪中。上自朝臣下至民，族人朋友都担心。泾原士卒京城叛，正如大家所担心。京城人们千千万，不是都知算和占，这正说明军叛因，未必都与天有关，我听说，治理天下有时也许会生乱，变乱有时也助善；有以无难而失守，有以多难而兴邦。现在变乱失地已经过，追悔再也没有用，资理兴邦在自谨，叛军乱将哪值忧，时运不佳哪值怕，只要自强不息开新局，岂止平叛光复宫。"

据《唐纪四十四》（卷二二八）

译评：

分析时局定方针，不信天命找内因。

祸乱频发征讨多，财物耗尽忧民心。

苛税无止民多苦，皇帝鼓里蒙外因。

陆贽劝帝弃天命，国家兴衰在于人。

治理天下有时乱，有乱资治却相邻。

有以无患而亡国，有以多难兴邦门。

治理天下当自励，兴邦振国除祸根。

自强不息重抖擞，太平局面会来临。

堡垒易从内部破，选拔忠良入宫门。

民众是个火车头，顺应滋养勿伤身。

内忧外患麻烦多，忧患激励强精神。

豺狼虎豹不必怕，兴邦强国胜恶群。

五二一、理乱之本系于人心

选译：

皇帝问陆贽，当前何急切。陆贽认为说，致乱之根源，上下两隔绝，劝说知下情，听从谏劝说。于是上疏事，大致意思说："我认为当今了解民情最重要。如是百姓最希望，陛下先去实施它。如果他们最厌恶，陛下您先除掉它。天子好恶与民同，天下百姓肯归从。自古至今都一同。治与乱，有根本，系于人心背或同。何况目前处变乱，人心向背难摸清，人心所向万事兴。人心离异收亡临。陛下您怎能不细察民心民情，与他们同好恶。让万民归附国安定？这是当前朝廷最急于要做的事情。"他又说："前不久我听议论，潜心于研究群情，从方吏士人视角看，他们担心君臣难沟通，地方想法上不去，朝臣诚意不入宫。皇恩不能向下布，下情阻塞难入宫。实际情况或不知，知道之事或不真。上下之间相阻隔，既是了解杂伪真，怨声载道，诽谤喧天，想要上下无疑哪可能。"陆贽又说："汇聚智慧知实情，顺应人心施政令，君臣能够用心德，还有谁人不从令，无论远近归朝廷，谁敢犯人去逼宫。"他还说："虑有愚而近道，事有要而似迂。"——这种观点貌似愚钝却近理，事有精要却不直。

据《唐纪四十五》（卷二二九）

译评：

    了解情况最重要，治乱之本系人心。
    人心所向万事兴，与民同心天下宁。
    顺应民心施政令，同心同德令畅通。
    真实情况真诚心，执要能令天下同。
    民心是个核动力，善用江山历长程。

五二二、立国之本在乎得众

选译：

陆贽上疏已一旬，上无措施也不询。

陆贽于是又上疏，这篇疏奏写意深。大意是："立国根本得众人，得众之要见于情。孔夫子认为：'人情是生圣王田，治国之道所生基。'"他又说："在《易经》中，乾下坤上叫做'泰'，坤下乾上叫做'否'。损上补下叫做'益'，损下补上叫做'损'。天处下，地处上，完全颠倒方位，但是反过来称为'泰'，这是上下交相。君在上，臣在下，在义在理都顺畅，反过来称为'否'，那是上下不交往。君主律己而宽人，人们必善而奉上。这难道不应叫益吗？君主蔑视人而妄为，人们定会背叛他，这不应该叫损吗？陆贽说："为君之道好比船，天下人情好比水，船应水律流无阻，船违水律会沉船，天下民情君深知，江山大业安如磐；天下民情君不知，那么江山就危险。古代先王居民上，定让己欲顺民心，而不敢让天下百姓来满足自己的欲望。"

据《唐纪四十五》（卷二二九）

译评：

引经据典劝君听，定国之本在得众。
得众之要见真情，以泰得益福进宫。
君王如船民如水，人情包含在其中。
君合民心船顺风，违背民心船会倾。
江山系于民心上，切莫深宫负民心。
万亩田中一棵谷，任凭狂长却悽零。
万紫千红春常在，君须植根民心中。
其实君王源于民，与民同心应当忠。

五二三、陆贽进谏

选译：

上遣宦官告陆贽："我好推诚能纳谏，对臣诚心无提防。我将君臣视一体，但被奸佞多次诳。导致这种祸乱局，其失反在推诚上。谏官议事少慎密，高谈阔论自炫耀。将过推在我身上，自获高名在一旁。我从继承皇位始，见奏论事多雷同，道听途说不经问。如果奇才异能真。怎能不把其提升，从古到今都是一条绳。最近我不搞例询。不是因懒不受询，你应体会我的心。"陆贽认为，君王面对众臣下，应以诚信为根本。即使谏言很粗愚，皇帝也应能包容。以便能合言路通，如以威严来震慑。如用善辩难当廷，臣下怎敢表心声。于是再次奏一封，大意是："天子之道与天同，统驭万物方略通，天不以地有坏木而废生，天子不以有小人而废听。"又说："治理天下唯诚信。一旦失去便悬空，待人稍有不诚心，那么难以得人心，稍有不信犯疑惑，天子之令就不通。您说失误在诚信，所以导致祸乱生，我觉得这话说得过分。"又说"以智驭人人则诈，以疑示之人多疑。上有所行下有从，上有所施下报您。如果自己不竭诚，却要别人报竭诚。众人一定不听从。前有不诚说后有诚，大家会疑不相信。由此可知诚和信，随时不可离开身。希望陛下谨坚守，努力不断去实行，这个不会有悔情。"陆贽又说："仲虺赞扬成汤时，不是称赞没过错，而是称赞能改错。君主萌讶周宣王，不是赞美无缺失，而是赞美能补缺，前人意思很明确，能以改过为贤能。不以无过为贵崇。总观人行全过程。必有过差会伴行。上智下愚俱不免，不因身份有不同，智者改过向善行，愚人以改过为耻而硬挺。走向善路德日进，坚持错误过叠峰。"他又说："谏官进言欠缜密，炫耀自夸失忠诚，但这无损您德恩，陛下如能纳直谏，相传增美您德行。陛下如果拒直谏，怎能禁止议论风？他又说："虚伪进谏不采用，合理进谏不拒绝。词拙效速不必笨，甜言重利不必明，都要据实来考察，考虑后

果而后行,采用进谏有标准,只看是否益事情。"他又说:"您说近见上奏议事都雷同,道听途说这句话,我的感觉不与同,众多之义见人情,其中定有能执行,定有可畏不可一概轻。陛下您又说随便质问无言声。"我却认为,"您能问得人家无话说,但不能问得人家理而穷。能服其口不服其心。"他又说:"臣下没有不愿意,君王总想求太平。但是下总苦于上不理,上总苦于下不忠。原因在于上下不沟通。下情希望能通天,上情希望能见底。但是下苦下情难达上。上苦下难知上情。这是因为九弊壅。九弊君王占六下之三争强好胜。耻于闻过,强词夺理炫耀聪明,仪容威严,刚愎自用。六个弊端在于君。诌媚阿谀,瞻前顾后,胆小怯懦,三个弊端在于臣。争强好胜善媚辞,耻于问过忌直谏,如是臣下多揣摸,诌谀顺耳忠不闻。强词夺理只自言,别人说话必断听。炫耀聪明必虞人,于是臣下见机行。利政忠言不发声。仪容威严桥高架,不能近情对待人。刚愎自用见强势,不引咎,不从谏,使得懦臣避辜情理之言也不申。天地广阔,百姓众多,宫门重深,高卑限隔,贤能以上,幸睹君王,亿难一个。能睹君王,直接交谈,讨论国事,千万人中难得一个;有幸与君交谈商议,犹有九弊相隔。上下沟通极其鲜约。上情没有传到下,下面的人存迷惑,下情没有传到上,君王心中有猜疑。君疑臣不受臣诚,臣迷惑不从君令。忠君而君不信任,会以悖逆对待君,君令臣下不服从,君从刑罚对待臣,下悖上刑,不败何存?是使乱局多太平少。"他又说:"赵武讷言却为晋国贤臣,绛侯灌婴木讷成汉相。巧会说事或非信,辞拙未必不中理,人难知,尧舜忧,一个诘问岂尽能!运用此法观天下,很大程度要失实,以此轻视天下士,贤才定会遗漏的。陆贽还说:"谏多表我能纳谏,谏直示我能容人,谏狂明我能宽恕,谏真彰我能听从。这是二者沟通补益的好途径。谏者能获爵赏利,天下大治君获利。谏者获得直谏名,君王善纳臣谏留美名。进谏会有失中肯,君王却得真善美。君怕直言尚有不中者,天下之人却不闻。如果做到这一步,君王善于纳谏美名扬。"皇帝采纳了陆贽的进言。

据《唐纪二十五》(卷二二九)

译评：

　　君王每每居深宫，下情上情难沟通。
　　九弊风行相隔蔽，诚信互冲疑惑生。
　　皇上要想治天下，闭目捉雀可不行。
　　诚信要从君主始，上有诚信下有从。
　　广开言路诚纳谏，不计谏者何风情。
　　从善如流真情在，利于决策催国兴。
　　谏者有功要奖赏，纳谏会留好名声。
　　诚信能克知人难，诚信利于上下通。
　　信息时代信息贵，打开网页尽可寻。
　　信息能使人心乱，善用信息天下宁。

五二四、陆贽劝帝

选译：

　　陆贽对着皇帝说："陛下车驾流落外，宜痛自责感人心。成汤罪己获兴盛，楚昭善言吸人心。人们全力帮助他，楚国最终拿手中。陛下如能真改过，以言回谢老百姓。诏书命令不避讳，我愚也能体圣心，代拟诏书洗人心。"皇帝同意贽请求，情理渗入诏书中，骄兵悍将听到无不感动涕泪横。

据《唐纪四十五》（卷二二九）

译评：

　　处于危难莫伤悲，深切反思感动人。
　　成汤责己获兴盛，楚昭善言变国臻。
　　如果皇上能改过，也能促人去洗心。
　　代书诏令先交心，上下通畅同求新。

改过自新能催化，振国须先强自身。

人间只要真情在，上下一心能成金。

五二五、尊号无益

选译：

方术之士对上言："国遭厄运应变更，顺应时运国力增。"群臣请帝尊号上面再加称。皇帝问贽怎么看，陆贽认为不可行。上奏大意是："给帝加尊非古风，没有古制可沿行。行于安泰累谦冲，袭于丧乱伤体统。"陆贽又说："嬴姓秦朝德衰败，兼皇兼帝二美名，产生皇帝二合称。崇君流传到后代，昏邪君主也滥用。汉哀帝有"圣刘"号，陈宣帝有"天元"名。人君轻重不在名。减去尊号流美名。增加尊号被讥讽。"他又说："如果陛下应运求变革，与其增美失人心，不如去旧奉天警。"皇帝听了贽劝告，仅仅改了一年号。

据《唐纪四十五》（卷二二九）

译评：

嬴秦皇帝始总称，尊称未挽火烧宫。

"圣刘"未能救颓势，"天元"没有元气升。

人君伟大或渺小，不缘有个好名称。

名副其实人称赞，名不副实受嘲弄。

求虚名而招实祸，上层人物应自警。

美名长在人心上，得人心者享美名。

口碑刻在实事上，为民谋利口碑丰。

人心思治要顺应，不惧水复山又重。

强国保土有豺虎，多办实事手段硬。

民心所系必坚挺，钢铁长城可驱虫。

五二六、改过行善

选译：

皇帝拿出赦罪文，递给陆贽来征询。
陆贽看后上书帝，针对赦文语出深。
以言感人本来浅，言又不切谁动心。
谨此诏书有悔过，悔过之意必须深，引咎之辞须具体，缺失照此来洗陈，众人心堵得宣泄，各人欲望得满足，是时谁人不听尊。应当变革各事项，我将同时呈条陈。除此以外尚有虞。说出之后请思忖。知过不难改过难，言善不难行善难。假使赦文臻于精，只止知过言善断。希望陛下改过行善有新建。"皇帝觉得是高见。

据《唐纪四十五》（卷二二九）

译评：

言真意切重在行，改过行善须有诚。
着眼整体与大局，洗心革面应遵从。
陆贽兹人应多有，雨露滋润锦冠城。
晓得律人先律己，诏命自然节节通。
政通人和多益事，驱散阴云皇宫晴。

五二七、奏表去尊

选译：

兴元元年赦天下，皇帝开窗说亮话，颁布诰制说："要想治理天下

兴，必须对人能推诚，忘记私利助别人，改正过错须不吝。我继帝位统天下，首都宗庙陷敌营，自己流落出京城。由于没有道德教，追悔莫及甚伤痛。我将永远追思过，复德修身未来鸿，我把这话讲明白，目的在于天下明。

"继承先业我担心，自我德行不相跟，君位不敢有荒怠，由于长期居深宫。治理国务有不稔，沉溺积习难更改，居安却把危忘净。不知农夫稼穑难，不恤征战有苦情。恩泽没有广施民，下情未能到朝廷。上下情况相阻隔，人们疑心就会生。这时我还不知省，最终导致战乱横。征师及四方，运粮连千里，征用民车马，远近不安宁。征人带衣食，居人送赋税，大家尽辛苦，战事日多烽，连年战未停。祭祀无男主，家中无男撑，百姓流离，生死无定，怨恨凝聚，征役未停，良田弃耕。暴令贡赋，民难忍受，妇女不织，流离转徙，惨死沟中，离开故土，乡村荒废，人烟无踪。上天谴责，我无悟省，下民怨恨，我不知情，渐导祸乱，变乱京城。秩序全无。祖宗震惊。上负祖宗，下负百姓，痛心疾首，惭愧万分。罪责在我，长久渐痛。如坠深渊，如掉崖中。从今以后，进行内外，所上奏表，一律去尊，圣神文武，不许再称。"

据《唐纪四十五》（卷二二九）

译评：

兴盛时期加至尊，忘掉撑天在人民。

危难时刻有感受，去尊推诚罪自身。

以人为本治天下，以绳取木求直臣。

存亡祸福皆在己，转危为安重布陈。

"天若有情天亦老"，唯有人民葆青春。

五二八、万世根基

选译：

帝设琼林大盈库，各道贡物金藏储。

赘以将士来赏赐，私藏必引士卒怒，于是向帝上奏疏。大意是："天子与天有同德，四海之内皆为家。为何一定破法度，聚集财货自己拿。至高无上降管物，私藏物品尊崇下，坏了法度失人心，诱奸聚恶不足法。"又说："六师刚来奉天城，什么物资也没存，他们外要抗叛军，内要加国防守城，连续作战近五旬，饥寒交迫伤亡大，同心同德浴血拼。巨大困难终战胜。好在陛下不图享受去私政，不吃甘美与卒同，停进御膳赐功臣。没有严惩无人叛，皆因皇恩所感动，没有厚赏人无怨，这是因知当时穷。现在攻围已解除，大家衣食都充盈，谣言怨声却肆生，军中士气受削弱，这是急功近利，不能同甘共苦所造成。假如陛下失淡定，将士怎能无怨声？"陆贽又说："陛下想想重围忧，追戒平常自专欲，二库财货尽赐功，每获珍华先军赏，天下动乱定会平。是时从容率六军。班师凯旋回京城，还会担心会受穷？这样散去小储存，成就一统大储存。是用陛下小宝物，巩固君临天下万世根（基）。"皇上看到奏疏后，会心命人拆掉大盈和琼林。

据《唐纪四十五》（卷二二九）

译评：

皇上听劝去私储，兴建大库万世根。
专私后备太渺小，常备国库有福音。
自然灾害难避免，救灾需用动库存。
外敌入侵必反抗，武器装备要如心。

人心同结志如钢，对付豺狼有备份。
广交朋友遍天下，联手共同抗入侵。
精诚团结谋发展，强国铁臂驱鬼神。
深龙宫，广舰艇，万里海疆任驰骋。
伟大民族要复兴，领土主权不容吞。

五二九、爵位慎惜

选译：

皇帝行走在途中，有人贡献瓜果用。

皇帝想授散试官，询问陆贽行不行。陆贽上奏皇帝说："赐官爵，要慎重，不能轻意给人封。此事起初看来小，流弊很大难止停。进献瓜果赏钱币，用官酬谢实不应。"皇帝说："试官只是一虚名，对于大事无伤损。"陆贽又上奏皇帝，大意是："战乱以来征税难，赋税不足把奖颁，用官奖赏即开端。青朱官服杂小吏，金紫朝服车役穿。人们担心爵位轻，想使爵位走高端，人们又怕爵不重，如果朝廷再轻爵，又用何法来劝勉？诱人只有名与利，名誉似虚教化含，利益似实德为先，物质奖励无名份。耗尽钱财供不完，名誉奖励不辅利。那就近乎是欺骗，人们不去求空言。国家命官授爵制，虽有职散勋爵等名目。付薪只有职事官，这即就行了利寓名兼。勋散爵号三类官，只给官服和荫权，这即是名誉实连利，现在的员外和试官，如同勋散爵一般。授给官职无俸禄，官吏名额也不占。对冲锋陷阵排患难，对竭精尽力能苦干，可按这种方式办。如对献瓜也这样。那么会有议论在其间："我们舍命获一官，献瓜人也获一官，即朝廷把生命与瓜果等同看。"如果待人如草木，还有谁为国家干？现在陛下既无实利奖赏以劝勉，又不重视名誉职位赏赐乱，人们行事无世范，以后立功赏赐难！

据《唐纪四十六》（卷二三〇）

译评：

　　　　授官奖励两条线，各用制度来规范。
　　　　标准明确唯谨慎，不缘情份随意变。
　　　　吃人瓜果给付钱，授官显然滥用权。
　　　　生命瓜果不等同，人和草木不一般。
　　　　物质奖励兼名誉，引为世范赞人间。

五三〇、前车之鉴

选译：

　　皇帝问陆贽："近有岐雍低级官，看来都不是良贤。有一来者叫邢建，论说贼势大张弦，观察此人像窥探，现将他们置一边。邢建式人还有几，如果对之不追查，恐怕中计受其奸。卿试想如何处置？"贽上奏认为："现在叛贼据皇宫，远涉山水近您人，应当视情论恩赏，哪能反猜和凶禁。这份奏疏的大意是："以一人视听欲穷宇宙变。以一人之虑胜兆民。用心精深正践患。项羽降秦士兵二十万，担心反叛尽坑之，防备严厉除祸患。刘邦为人气度大，天下士人广接纳，真心任用不猜疑。刘邦防虑太疏散，但项因此而灭亡。刘邦因此统天下，疑诚待人杀上下。秦皇行事很严苛，遇到问题疑心大。刘秀为人很宽厚，马援也能诚服他。虚怀若谷待别人，别人归服报答他，凭借权术驾驭人，别人不会亲附他，让人归附先感化。仇敌也向心腹化；对待归附不亲近，怕他就会排斥他，即使具有手足情，也会成仇闹得大。"陆贽又说："陛下智慧显超脱，群臣心思全在下；陛下思虑周万机，内寓独自驭天下，陛下谋划包群策，谨慎防范有先察；陛下严厉管百官，天下大治用刑罚；陛下威严统四方，战胜残敌志向大。能人抱怨不重用，忠臣担心被疑挂，功臣担心君不容。动摇分子怕被伐。于是渐会叛朝廷。潜在灾祸待时发，天子作为天下看，小事也要谨慎待，何

说非小而为大。愿陛下以覆车之辙为戒鉴。社稷幸福无穷大。"

据《唐纪四十六》（卷二三〇）

译评：

天子之大乃能容，君主之高乃善明。
容人便能续社稷，大略群才必献诚。
项羽不能容降众，二十万人埋土坑。
坑众称霸无基业，失去人心自刎颈。
刘邦大度广纳士，用人不疑获大成。
秦王严苛且多疑，荆轲之计匕首冲。
刘秀为人达宽厚，获得马援竭忠诚。
前车之覆后车鉴，以史为鉴求复兴。

五三一、军机之要

选译：

吐蕃之策帝关心，吩咐陆贽要知情。

陆贽认为："贤明君主选将帅，委以大权责其成，所以能够获成功。咸阳梁州隔千里，军队作战多变情。处地遥远作策划，未必符合需实情。如果不按朝廷令，君王威严便失轻；如果照令去行事，就很难以获战功。不如赋予应变权，特殊奖赏于奇功，将帅衷心来感激，智勇施展交战中。"于是上奏皇帝，大意是："遥远平原有战争，决策却在深宫中，战机万变在瞬时，千里之外定方针，将帅行否都碍事，决策好坏都不中。将帅讥讽上掣肘，臣下作战志不挺。"陆贽又说："传说往往差实情，空划亲主大不同。""假如将帅有专断，违抗朝廷的命令，陛下难道以违令处极刑？违令不能立取惩，从命未必合实情，空言忧虑无益处，损失太大劳无功。"

"君上权力特异臣,难不自是能用人。"

据《唐纪四十七》(卷二三一)

译评:

战争没有冠亚军,胜负看谁善用兵。
兵不厌诈是常规,规律寓于变化中。
中心决策是理想,理想现实大不同。
同步进行看信息,信息畅通不可壅。
壅蔽需要快抢修,修身才是大事情。
情何以堪善用人,人民战争终将赢。
现代战争有新意,先围后攻整体行。
空袭破坏信息网,让你闭目又塞听。
基地通道损挥所,使之瘫痪不能动。
你要有备不挨打,让其飞蛾去扑灯。
灯的形式有多种,风掣电闪敌人惊。

五三二、任德布恩

选译:

帝派使者问陆贽:"河中地区平定后,还有何事应留意?"令其列条往上呈。陆贽认为:"河中地区平定后,令人担心节外生,以为王师无敌手,请求乘胜往西挺。"讨伐淮西李希烈,李也肯定用权柄,引导部将和附帅,另眼观察赦免令,帝处困境出诏书,稍定又对我们征。如是负罪人不宁,河朔青齐定响应,必有战事祸无穷,赋税劳役忧又生,于是就把奏疏呈,大意是:"不能企求福屡临,侥幸不会常发生,现只担心忧患生,未敢一安贺升平。""陛下悔过怀深诚,颁布罪己特赦令,各地宣布诏书时,听者莫不有涕零。称王将帅削王号,纷向朝廷把罪请;观望摇摆运的

将帅,也向朝廷效竭诚。"陆贽又说:"从前讨叛而愈叛,而今宽恕归朝廷;用兵百万而力殚,今以尺诏化人心。由此可知,圣明君王治国家,征暴用德理分明;各地节帅违臣仪,抗诛谋生不谋王,这个道理又易名。好生心情施万物,也使自己好存生;施安遍及世间物,也使自己能安定。置人死地,自己长生,置人险境,自己长宁,从古到今,还未发生。"陆贽又说:"一人不从,全家灾生,一地不平,天下不宁。"陆贽又说:"天下糊涂众生,三四节帅反叛朝廷,都被自新朝政诏书感动,为陛下美言高兴。于是都洗心革面改邪归正。谨修祀性,其于深言密议未尽会,必聚心谋倾耳听,观行事,证誓言,如陛下言行相符,改过从善会坚定,如果陛下言行违,虑祸之心又括升。""灭朱泚,诛李怀光,征讨李希烈,祸及其他人,那些心怀疑虑野心人,能不为之动疑心?""如今皇运要中兴,天降灾祸不现形,朱泚窃据长安城,怀光私窃保中都,不到两年将其诛,正是叛将心惊。百姓政观朝廷时令,朝廷威严震天下,但陛下恩泽未遍境。陛下应广收民心。广布恩惠,把威严增。"

据《唐纪四十八》(卷二三二)

译评:

> 武力征秦天下宁,道德感化力无穷。
> 宽德相济广施恩,平叛也需安人心。
> 社会秩序要维护,国家安宁要强军。
> 以法治国主经纬,以德治国有国魂。
> 法治德治综合治,振兴中华强国门。

五三三、宽严效异

选译:

李泌上奏皇帝说:"自从实行两税法,各地聚敛多违令,大肆搜刮老百姓，接着发生朱泚乱，争征专卖赎罪钱。筹集军费召募兵。用以防卫自己境。朱泚之辞书平定后，各地违征有隐情。请求陛下派使者。带着诏令布新政，赦免违征之罪过，允其改正以前错，按照规定留用外，违征部分送京城，上缴国家统一用。逃拖赋税要善处，能征则征，难征免缴，显示朝廷有宽政；如有隐瞒和贪污，重赏举报施严惩。"皇帝一听高了兴："这些办法很长远，措施大宽没有用。"李泌回答说："这件事情我思定，宽大所得多而竞。严苛少得且慢送。宽大免惩人高兴。赋税乐给朝廷看，严苛人们相隐藏，不审不能得实情。如是征收不应需。各地奸佞腰包撑。"皇帝听了很认同，任命官员去执行。

据《唐纪四十八》（卷二三二）

译评：

两税法令执行中，各地便有违法情。
中饱私囊搞聚敛，朱泚之乱更严重。
平定泚乱布新政，选择宽严果不同。
李泌劝帝施宽政，得人心后所得增。
宽严之策合时势，价值导向人心中。
得人心者甲天下，顺人心者万事兴。

五三四、德宗之失

选译：

兴元年间，粮食国冒尖，斗米值百五，斗粟八十钱，皇帝下诏书，官府购粮宣。

皇帝打猎经新店，来到赵光奇家看，皇帝询问赵光奇："现在老百姓生活安乐吗？"赵光奇回答说："老百姓不安乐。"皇帝问："今年是个丰收年，百姓为何不安乐？"赵光奇说："上发诏令没信用。以前说除两税

外，其他徭役都免征，现在滥征比税凶。说让官府收购粮，购粮钱却不给老百姓。官府购粮开始在路旁，现在却要送到京城的军营中，送粮之路几百里，车坏马死破产不能支撑。忧愁困苦到这里，百姓安乐无处寻。诏说优待体恤老百性，每每都是下空文，皇上深居九重宫，这些事情都不清。"皇帝下了免除赵光奇一家赋税徭役令。

司马光以为：德宗实在太难醒。

自古以来有忧情，君上恩泽被堵塞，不能普施到百姓，百姓情绪堵心头，不能通达到深宫。君令体恤老百性，百姓并不感君恩。百姓在下有怨虐，君王在上不知情。导致百姓流离叛，天下陷入危亡境。这些祸患是成因。德宗皇帝出打猎，幸亏到了民宅中，碰上光奇敢直言，百姓疾苦又知情，真是千载有一逢。德宗本应做审处：违抗诏令，虐待百姓，横加赋徭。窃吞公物，身边近臣中的日称丰收民间安的阿谀逢迎，诛杀这些恶人。然后，更新观念，推行新政，摒弃浮华。废除空文，谨慎号令，敦促诚信，识别真假，辨清邪忠，怜惜困穷，蒙冤受屈，平反昭雪，实现天下太平，但是德宗皇帝，不知事情轻重，只为免除赵家下令。四海之内，极多民众，哪能人人都向皇帝说实情："户户赋税徭役都免征？

据《唐纪四十九》（卷二三三）

译评：

睡觉当知侧转身，举一反三古传今。
德宗得点则画圈，游猎不入执政门。
上下壅蔽自古是，中间梗塞政难寻。
幸有百姓敢直言，有零有整说得真。
不料德宗悟性差，触景生情未思忖。
要是休猎即归政，天下太平久图存。
善政应该做调查，情况明了主义真。
辨证思维布新政，政令畅通得人心。

五三五、大盈库

选译：

贞元四年二月间，二十万钱帛抵长安。

元贞直将之转李泌，李泌全拨皇帝私库大盈库里面，皇帝多次派宦官，分赴各地索要财物把诏宣。下令各道不向宰相传。李泌听说这件事，心中郁闷不敢言。

司马光，据此评：王者以天下为家，天下之财都属他。天下财物养天下，君王自己也乐佳。如果君王营私财，如与俗子是一家。古人说过一句话："贫不学俭"俭亦甲。多财必然生奢俗。德宗皇帝欲望大。李泌想除帝财欲。但却为帝聚私财，私财充裕私欲大。私财不能称欲望，必然到处去搜刮。适才为其开了门，出门却要禁止他。皇帝行为多不正，李泌不正辅佐他。

据《唐纪四十九》（卷二三三）

译评：

  皇权极大欲无穷，德宗皇帝最鲜明。
  宣诏敛财避宰相，充斥金库宰相定。
  天子不正宰相从，私库大盈私到顶。
  拥有一切还贪私，皇帝自矮俗心灵。
  人生需求有多样，钱财之需众人同。
  钱财多到无地容，不是富有反是穷。
  幸福指标有多项，莫为钱财鼠窃生。
  《红楼梦》里"好了歌"，聚财多时眼闭蒙。

五三六、一言丧邦

选译：

皇帝说："我好与人搞辩论，治理天下有分寸：崔佑甫，性子急，我问他答总不顺，我知这是他的短，经常有意使暗劲。杨炎议事有可纳，但他态度不温顺，我一诘问动辄怒，君子礼节也不遵。所以每见总生气，在场他人也不申。卢杞为人很小心，但凡我言无不从，因他不学与我论，我有所怀常不尽。"李泌说："卢杞全听您的话，难道能说是忠臣？所谓'言而莫予违'——我的言论无人违，这就是孔子所说的'一言丧邦'的意思。"皇帝说："你与他仨都不同。我话恰当你喜面，我话不当你面沉。虽然时有逆耳言，如言纣王及丧邦。但我仔细作思考，你言都在事发前，如此治理国则安，否则就要招祸患。语言深刻切要害。态度和缓非杨炎。你我多次有辩论。你辞理不屈无强颜，直让我把话说完，服从道理服你言，因此喜你在身边。"李泌说："陛下用相还很多，现在都未去评论，这是为那般？"皇帝说："他们都非所谓相。凡相必任政务当，玄宗时的牛仙客、陈希烈，可以称之为宰相？肃宗皇帝代宗皇帝任用你，虽无相名乃真相。必以官职到了平章事才为相，那王武俊这些人都是相了。"

据《唐纪四十九》（卷二三三）

译评：

对于一言要分相，一字应作一律训。
正确一言能兴邦，统一思想现力量。
治国为政求一言，天下太平能久长。
错误一言能灭邦，一言铸错招祸殃。
一个错了都服从，骨牌效应同下场。
知行都要先求是，求是必然有商量。

不用观点相交锋，冒出火花才亮堂。
抓住本质立作纲，纲举目张国势扬。
劝君莫搞"一言堂"，博采众议才辉煌。
集思广益真理明，知行统一放光芒。

五三七、苟不失人何忧乏用

选译：

黄河南北四十州，大水泛滥万家愁，两万多人被淹死，灾情严重须运筹。陆贽请求上遣使，赈济抚慰这些州。皇帝说："听说灾情损失小，如果即议厚抚恤，恐有欺诈会出头。"陆贽上奏皇帝："世俗流弊多逢迎，揣摩上司看势头，上喜其辞就夸大。上厌之事则小扭，预防措施不恰当，问题就在里头。"陆贽说："赈济抚慰水灾区，花费不过是钱财，收获却是人心头，如果不失人的心，不必担心用度求。"皇帝答应灾区遣使者，但是却说淮西休。"淮西既然不缴税，那就免去淮西州。"陆贽再次上奏皇帝："陛下止兵容罪地，宽宥兴风作浪首，而对平民抚恤优，从前秦晋相敌对，晋灾穆公伸援手。君临天下抚万邦，唯有恩德与仁义，宁可让人辜负我，我可不能辜负人。"八月上派奚陟等，分赴各地宣抚优。

据《唐纪五十》（卷二三四）

译评：

天灾人祸四十州，万户灾民直堪忧。
如能及早得赈济，人心向上不外流。
以人为本讲道义，大事小事不用愁。
只要不负老百姓，安国兴邦都好筹。

五三八、军垦政令应统一

选译：

陆贽向上呈奏章。认为边疆粮食储不足，是由部署处理不妥当。粮储税收不合章。大意是："部署处理不妥当，是指戍边士兵不隶属戍边的将，元帅也不统领戍边的将，同城将领同编军，朝廷分派宦官使者去监督，授受不同诏书委任状。戍边军各守一地绵延千里彼此不统属，边境布防军队有十万众，便无统令主管臣。每当敌人侵犯时，才由朝廷决策下命令，等到朝廷调兵增援，敌人已胜回了营。储粮税收不合章，是指陛下近令守边将士就近去垦荒。当地官府高价收购粮。日后供应给驻军，以省运费粮价倍扬，奖励农耕，人们高兴又向往。但是主管办事不得力，与屯田军民必较量，丰收年景不收藏，歉收时候强购粮。于是富家脏官插一杠，粮价低时搞收储，粮价高时再出仓，从中牟利很凶狂。权势、达官和游士，委托边防军镇的统领低价买进粮。运往京城高价售，又以劣布折成粮价给边防。劣布织衣不御寒，卖掉劣布不能商。上边失信于下边。下以虚假来对上，以致度支高物价，边城军粮价上涨。

据《唐纪五十》 （卷二三四）

译评：

军垦是个好主张，生产打仗守边防。

军令政令两条线，军令下达有隔墙。

垦区设置三岔口，号令不到即败仗。

军政命令应统一，各地边防应联防。

边防将领能机动，能攻能防有胜仗。

边疆垦区是脊梁，政令统一更坚强。

垦区建设要全面，安全安定又安邦。

五三九、陆贽论边备六失

选译：

陆贽向上呈奏章，简明扼要论国防，边疆防备有六失，促请朝廷举措当。他认为："边防举措不得当，考核赏罚没法章，财税全被军耗尽，将多兵散伸巴掌，待遇不均士卒怨，遥控兵权战机丧。

据《唐纪五十》（卷二三四）

译评：

率国之土有边疆，疆土必保须边防。
防务必布边防军，军务一定要坚强。
强军一定重政治，治军装备要精良。
良好素质统军令，令门一定在中央。
央视全局出战略，略定行止有规章。
章法约定要全面，面向士兵要大方。
方向明确目标清，清除隐患灯塔亮。
鸣鼓而进反入侵，侵略侵扰将其亡。
容光焕发守国门，门口权益要整装。
整体优化边防线，线长点多应精良。
悍勇强健能搏浪，力挽狂澜打胜仗。
舰船强硕地空联，四维时空都做强。
广交朋友布天网，对手来犯将其亡！

五四〇、穷则思变

选译：

皇帝大赦近半年，恩泽未及流放官，陆贽拟定三方案，皇帝看后感觉宽。陆贽再次奏皇帝，提出如下君臣观："君对臣民要诚实，可以斥责可示怒，但是不能有猜嫌，无能失职可惩贬，但是不能有忌怨；斥退流放示警示，甄别宽恕以勉贤；不加惩戒害权法。不加勉励再遭贬。虽然朝廷屡升免，但都不是因私怨。执法暂让臣降职，因为爱才再升迁。臣知还能再起用，谁不增德修才干？何必发愁留遗憾。如因臣下降职和流放，觉得他们有凶险，时刻提防，长期废免，不再起用，不能补过，才华不展。穷则思变，含凄贪乱，根源多半。如今内迁不过五百里，仍在流放州边，风土反比旧州差。内迁之劳实增烦。现在州郡都驻军，发配州县或少或无驿传站，示人疑虑太不宽，恳请陛下再裁判。

据《唐纪五十》（卷二三四）

译评：

穷则思变看两面，具体分析实作判。
因受剥削而贫穷，通过革命来改变。
革命是个火车头，开辟新路革穷面。
革命不是请宾客，斗争激烈必然乱。
陆贽谈穷又怕乱，显示贽有保守患。
含凄贪乱是常事，陆贽提醒要抚宽。
往事越过一千年，贫穷不再是大难。
但是仍有穷困地，"两放"流窜仍不罕。
社会管理要到位，首先解决吃住穿。
政策一定要落实，帮教引导要超前。

恐怖分子要防范，快速反应不迟缓。

分裂势力待时机，社会安全要从严。

社会转型开新局，矛盾必然有凸现。

分清性质作善处，和谐共进换新天。

五四一、取之有度　用之有节

选译：

陆贽向皇帝奏疏说："大凡国家征赋税，先要看人承受力，依据当地生产物，制定应缴的东西。国家只征收布麻丝织丝棉和粮食。以前君王有顾虑，物价高低不等失平衡，以物易物失标准，制定钱币制平衡。财货聚集和流通，朝廷收支的紧与松，全靠钱币来制衡。管理财经是国务，国家权力要运用，只由官府来掌管，不能交给老百姓，粮食布帛等物品，都是来自老百姓，钱币握在官府中。本朝法令有明定：用粮食交田税，用绢交庸税，用丝织品、丝棉和布交调税，何曾有禁止私人铸钱而以钱抵税征。现在实行两税制，却与往制有不同，这种估产定税等，确定钱谷数量征，据情折算杂物征，每年差别大不同。官府收税图便利，不虑备办之不同。所征之物业者无，业者所有非所征。于是百姓犯了困，高买低卖应税征，一加一减损失重，希望陛下令各州，以两税当年缴税额，与现在市价作比较，选取中值调税额。陆贽又说："地力有限产物限，适度索取，节制消费，财用充足可实现；无度索取，无节消费，财用一定底朝天。谷物丰歉全靠天，使用消费由人摊。因此明君立规定，量入为出作盘算。遇到天灾和祸乱，百姓能够度难关。治理教化放松后，情况正好与之反，估量支出定税额，不虑百姓穷与难。夏桀使用天下物，仍然感觉不够用，商汤只用七十里方圆产出物，却有盈余，说明节用的重要性。

据《唐纪五十》（卷二三四）

译评：

两税制度实行后，其他杂费不许征。
百姓负担能减轻，受到欢迎政令通。
但是遇到新问题，脱离实际坑百姓。
官府确定征收物，不管百姓种不种。
官府征物民不产，百姓产的官不征。
百姓为了缴税物，低卖高买跑市井。
一低一高损失大，年年不同年年痛。
陆贽了解民情后，提请皇帝作调整。
确定基数取中值，以钱计布可收征。
陆贽之奏很高明，务实求是显清风。
征税还要知地力，肥力有限产量从。
适度索取能承受，节约消费有余零。
量入为出把好关，天灾祸患能支应。
夏桀不知节财用，天下财物不经用。
商汤财源很有限，支用以后有余盈。
古时赋税常变更，变来变去百姓穷。
横征暴敛代代有，不见财税用百姓。
而今财税有方针，取之于民用于民。
开源逐步科学化，节流要求树新风。
税种税率有学问，合理适度求公平。
农民免去农业税，农业补贴天下同。
农民退休享保障，农民医保城市型。
陆贽如能回头看，奏文一定要另行。

五四二、设义仓

选译：

陆贽上奏言，请将征收茶税钱，设置义仓备水旱患。大意是："古称九年六年储，天下臣民生计瞻，不只官府仓库足，天下百姓也计算。近有奏请收茶税，年征收五十万贯。前令此钱存户部，救济百姓度荒年。现用此钱购粮储。以前旨意今时现。"

据《唐纪五十》（卷二三四）

译评：

> 设置义仓备灾荒，九年六年都敢当。
> 现代灾荒超水旱，救灾物资多样藏。
> 地震海啸和台风，瞬间破坏难估量。
> 战乱恐怖核辐射，疾病传播人心慌。
> 科学设置储备仓，应有尽有质量强。
> 民生安全和健康，全面照应尽其详。
> 古时有个九六储，现代储存应有账。
> 和平发展是主务，战备也要放心上。
> 你要前进它设绊，你要航行它设障。
> 你要和平它挑事，搅局干扰频插杠。
> 你要崛起它设网，在你周围搞名堂。
> 科学部局强实力，万事兼备度时光。
> 自然灾害能战胜，魑魅魍魉用龙枪。
> 中国人民不可侮，塑造现代新形象。
> 龙枪正义司三界，正当防卫见本相。

五四三、宫市

选译：

十二月，徐州节度使张建封入朝前，宫中外购主由官，购物按价即付钱。近年改由宦官办，名为宫购压价钱。后来不持宫买证，在长安市区安置数百"白望"到处看，百姓出卖各种物，只要声称是宫买，百姓只得送面前，人们不知也不问，也不敢与之论价钱。这些宦官采买奸商以旧物来折钱，价格相差几十倍，还要进门脚夫钱。有人上市卖东西，甚有空手回家转，宫中购买是名义，实际上是强行占，商人好货设法藏，看见宫中采买使，汤水饼食的卖家也要把门关。一个农夫驴驮柴，宦官称宫要采买，几尺绢就买下柴，索要导行门户钱，令农驴驮着柴火送到宫里边，农夫气得哭起来，将绢退给那宦官。但是宦官不接受，不送柴火把驴牵。农夫说："我有父母和妻儿，要靠驴子来度日，现把柴火送给你，空手而归不放过，那我只有给你死。"于是殴打了宦官。衙吏闻讯抓农夫，并把这事报朝廷，帝诏废免该宦官，赏赐农夫十匹绢。但是宦官采买无改变，谏官御史多次谏，皇帝将其弃一边。建封入朝具奏之，皇帝喜欢听其言，问户部侍郎苏弁，苏弁近言宦官心，回答说："京城游闲上万家，没有定居和职业，都靠宫廷采买来养家。"皇帝相信苏弁话。凡言宫市皆作罢。

据《唐纪五十一》（卷二三五）

译评：

皇帝特权满天下，宦官宫采也称霸。
宫市宦官来把持，农夫卖货都害怕。
强买货物不付钱，若不听从就恐吓。
农夫驴子驮柴火，强买还要把驴拉。
双方争执发生殴，农夫还被衙吏抓。

皇帝知后作处理,农夫幸运有救驾。
苏弁迎合宦官心,皇帝面前说"好话"。
皇帝听了苏弁话,宫市仍由宦官霸。
农夫上市受剥夺,宫市剥夺可观大。

五四四、《春秋》不书祥瑞

选译:

升平公主在初十,进献女子五十人,宪宗皇帝说:"太上皇都不受献,这一规定我'不犯'。于是就拒绝了。十四日,荆南节度使向宫廷进献了两个长毛的乌龟,皇帝说:"我视宝贵为贤才,嘉禾神芝皆虚关,详瑞《春秋》不记载。自今凡是有嘉瑞,只准申报有关司,不要再据宫廷来,珍禽奇兽别献来。"

据《唐纪五十二》(卷二三六)

译评:

上认宝贝为贤才,美女神龟别献来。
祥瑞《春秋》不记载,志在除弊和祸害。
宪宗皇帝识大体,开诚布公要实在。
务实求真力避邪,但愿坚持不徘徊。
钱财美女多为灾,勿须以权去求灾。
古往今来多少人,钱女面前把沟栽。

五四五、纪纲有序

选译:

二十四日帝相论,古今帝王与国运。

有的理政以勤恳，有的无为不费劲。

各有成功失败处，何是何为何治顺。

杜黄裳对说："君王承祖又承天，安抚百姓和周边，朝夕劳苦不清闲。但是君臣有区别。纲常法纪秩序严。如果君王慎选贤，有功赏，有罪罚，公正信用，有谁不尽力，有什么目标不能实现。明君求贤十分苦，任用贤才心逸安，虞舜无为而治即这般。诉讼钱财有专官，勿须君王亲自办，秦皇每天称奏章，魏明帝亲到尚书省去查访，隋文帝勤政连吃饭也是卫士送到堂，但对时治无补偿，留给后世是讥笑，他们身体力行忙于事，应该做的反而荒。君王最怕不推诚，人臣最怕无衷肠，君臣疑欺求太平，岂非白日梦一场。"皇帝听后很赞赏。

据《唐纪五十三》（卷二三七）

译评：

承天承祖在心上，安抚百姓在肩上。

抓纲执纪在手上，选用人才在贤上。

功赏罪罚在腕上，各司其职在身上。

君主待臣在诚上，臣对君主在忠上。

君臣之座在船上，船要行进在水上。

水能载船在其上，船漏水却在其上。

纲纪有序治为上，百姓安乐政为上。

治国安邦兴为上，国家安全高为上。

审时度势辨为上，鞠躬尽瘁公为上。

五四六、元稹论谏官

选译：

元稹初任左拾遗，便向皇帝论谏官：太宗时，王珪魏征为谏官，宴游寝食在身边，三品以上议大政，谏官随行必有遣，共同议政参得失，天下大治走平川。今之谏官不同前，陛下不召政不参，朝见排在百官间。近年正衙不奏事，百官轮流去面见，回答制度也停止。谏官职事只是看，看出诏命不适处，密封奏章而劝谏。君臣之间臣在下，君王过失还未见，臣趁无形即劝谏，即便筹划很周密，难以使君能回转，何况诏令已颁布，已经宣布委任状，谏官尺章使君收令，那可是难上加难，希望陛下常在延英见谏官，回答问题尽其言，怎能安了谏官位，却又将其晾一边？"

不久元稹又上疏。他认为："治乱之初有征兆，君主开通在谏路，拓宽视野多兼听，天下大治便萌生；君王喜欢听奉承，周围亲信将其蒙，天下大乱将发生。自古君王继位初，直谏人士在视听。君王如果从其谏。并且公开奖谏公，正人君子乐其行，小人贪利弃奸佞。如是君臣心相通，幽远情能达朝廷，政治能够不清明？如果拒谏且治罪，君子就会不言政，隐退保身求安静，小人便出搞曲迎，窃居其位耍奸佞。十步之事能欺君，欲求不乱哪能成？太宗皇帝继位时，孙伏伽谏小事情，皇帝听了很高兴，厚厚赏赐表示敬。那个时候论政者，担心只是不深切，从未担忧犯忌病。太宗皇帝这样做，不是喜欢有逆意，不是厌恶臣顺欲，实是臣顺快乐小，而国家危亡是大事情。陛下继位已一年，未听有像孙伏伽那样劝谏受赏的人。我们身居谏官位，整天整年费光阴，陛下从未有召见，每次上朝列臣位，屏气鞠躬怯仰视，哪有时间参议政，自己的意见哪能呈，供奉官员尚如此，何况那些疏远臣：这都是群臣循旧情。"于是十件事情逐一奏请。

据《唐纪五十三》（卷二三七）

译评：

好恶谏言总关情，国家危亡在其中。
莫因顺意能暖心，唯有兼听天下兴。
既然设置谏议官，莫让他们有消停。
幽情顺畅通宫廷，审时度势长策行。

五四七、为政宽猛何先

选译：

三月十一这一天，皇帝宰相曾交谈，皇帝问宰相，"治国宽和与威严哪个放在前？"宰相权德舆答道："秦朝灭亡缘政严，汉朝兴盛为政宽，太宗看了《明堂图》，禁止人背打皮鞭；安史以来多叛臣，但都灭亡转眼间。这是因为先祖施仁政，团结人心未忘淡。宽猛先后足可见。"皇帝觉得权善言。

据《唐纪五十四》（卷二三八）

译评：

> 宽猛相济人常言，为政宽猛选者贤。
> 苛政路窄易倾覆，宽政路宽能久传。
> 贤者明政选宽和，普施宽和人心甜。
> 对于邪恶施威严，祛邪除恶天下安。
> 对敌狠，对己和，团结一心抗敌顽。
> 宽猛谁先看时势，因时制宜应首选。
> 宽猛之策握在手，灵活运用伺机展。
> 辩证施政执其要，宽猛孰先在其间。

五四八、《梓人传》

选译：

柳宗元，善写作，他曾写了《梓人传》。在文中他这样赞："梓人建房艺精湛，不用斧头刀锯凿，专用尺规和墨斗，各木用途即估算。考察房屋之格局，尺寸相宜作统观，指挥众工尽职干，不胜任的将其罢，房屋建成独居功，酬金按工匠三倍算。宰相同他一个样，立纲纪，整法度，择贤使其有承担，百姓乐业又居安。能者进，庸者退，公开公正不见偏，天下得到治理后，伊尹、傅说，周公，召公受称赞，其他百官不纪传，有的宰相不执要，小事夸张作自炫，作了百官职内事，来及政务之长远，相道不知争不烦。

据《唐纪五十五》（卷二三九）

译评：

工匠头目艺非凡，设计房屋很熟娴。
指挥工匠履其职，用人精到不养闲。
房屋建成居头功，待遇丰厚三倍算。
宰相堪比建房头，政治设计要在先。
立纲纪，整法度，选择贤才有承担。
能者进，庸者退，百姓乐业能居安。
抓住朝纲计长远，不干小事作自炫。
宰相只走宰相道，勿与百官争事干。

五四九、《种树郭橐驼传》

选译：

柳宗元又写《种树郭橐驼传》，赞扬郭橐驼种树真能干。凡是橐驼种的树，无不存活长势善。有人问他其中理，郭橐驼回答说："树木茂盛非我能。树木特性根舒展，周围泥土要随植迁，把树栽下不要动，不要担心回头看。栽种树木爱如子，栽进泥土弃一边，如此树性能保存，生长自得顺其然。其他栽树人则不然，盘根不带娘家土，朝看暮摸爱非凡。甚至破皮看死活，摇晃树干看近远，树的本性受摧残，虽说爱护实是害，虽说担

心实是剐。所以他们都不沾。执政种树理一般。我住乡下见过官,发号施令不间断,像是关心老百姓,最后却把百姓煎。早晚都有官吏来,号令耕种和收获,督促织布和养蚕,人忙早晚饭不吃,慰劳官吏没时间,休养生息何所在,百姓安宁何所谈,百姓困苦有其原。"治国之道文中钻。

据《唐纪五十五》（卷二三九）

译评：

种树关键是植根，根展故土不相分。
栽好以后不挪窝，勿摇勿顾勿操心。
树的天性安发挥，枝繁叶茂令人亲。
执政种树一个理，关键仍是要植根。
社会之树根是民，民众之树根是心。
执政之要得民心，深得民心政事欣。
治国之道如栽种，形象生动寓意深。

五五〇、不令惑众

选译：

使将佛祖指骨迎京城，帝留三天宫禁中，后才往各寺庙送。王公士民瞻佛骨并施舍人，惟恐自己落了空。有人财产全送寺，有人烧香臂顶供。

刑部侍郎韩愈，上表切谏给皇上，他认为："佛教只是异族信，中华民族不信仰。从黄帝开始到夏禹、商汤、周文王、周武王，都有高寿旁，百姓乐业又安康。那时佛教未入疆。到了汉朝明帝时，佛教开始有宣扬。在这以后天下乱，王朝衰亡呈迭象，每个王朝都不长。南朝宋齐梁陈和北魏，君王信佛渐谨慎，在位时间更不长。只有梁武帝在位四十八年，先后三次舍身作寺奴，最后没有好下场，饿死台城侯景逼，国家不久也灭亡。他信佛教为求福，适得其反遭了殃。由此看来，佛教不值去信仰。平民百

姓不知情，其中道理搞不明，看到陛下信了佛，也会跟着去信佛。佛祖本是异族人，不说先王传的话，不穿先王传的衣，不知君臣要有义，不知父子讲孝顺。假如其人还健在，奉王之命来朝见，陛下有容接见他，不过宣政风一面，礼宾招待设个宴，赏赐给他一套衣，派人护送出国境，不让蛊惑老百姓。何况佛祖早已死，枯骨哪能入宫中？古时诸侯去吊丧，先用桃符除不祥，今将枯骨放宫中，陛下看时不除邪，满朝文武不说不，御史不罪相关人，臣以为耻心不宁。请将此骨付有司，或水或火断其根。消除疑虑和迷惑，昭示天下先圣为。超出寻常万万倍，伟大盛大好事情。佛祖如果有灵气，能够左右福祸事，所有灾祸加我身。"

帝看韩愈表章后，怒示宰相欲极刑。裴度崔群解释说："韩愈虽狂出忠心，广开言路应宽容。"十四月，韩愈受贬到潮州。

战国以来百家鸣，老庄儒家相争衡，长短对错相互评，对方邪，自己正。东汉末年加佛教，当时信奉还不众。晋宋以来佛教盛，上上下下都敬奉。常人怕祸祈求福，高层讨论实与空。只有韩愈独树帜，憎恨佛教惑百姓。消耗财力没有幸，力斥之言矫激重。《送文畅师序》得要领，他说："鸟儿低头吃东西，抬起头来看左右，野兽深居而简出，都是害怕受伤害。这样小心还难避祸。弱肉强食。我与文畅安居而暇食，优游以生死，与禽兽不一样，难道能不知道这种生活的来历？

据《唐纪五十六》（卷二四〇）

译评：

愚昧无知心灵空，身体虚弱灾祸起。
贫病交加无依托，麻醉神经似可行。
佛教是个泊来品，有人需要有人送。
佛祖不会生祸福，灾祸到来佛也惊。
韩愈劝谏理益明，佛祖未到享寿宁。
佛教传来天下乱，短命灭亡佛无用。

信仰应当从真理，求真务实才聪明。
宗教信仰有自由，但是应知去与从。
趋利避害何处寻，答案就在自身中。
不令惑众是责任，传播真理求光明。

五五一、政之根本

选译：

史馆修撰李翱奏，认为："平定祸乱施武功，文德能使太平兴。陛下武功定海内，要是立即除弊政，复高祖太宗之制行，任用忠正而不疑，摒弃奸佞不进宫。改变征税单一性，计钱应把布帛征。额外进献要禁止，百姓纳税很轻松。边疆兵力要强化，防止外族来侵凌。经常访问备顾问，沟通上下知民情。以上六条政之本，坚定不移太平兴。陛下既能行其难，为何易者不去行，凭着天资和圣明，阿谀逢迎不信从，任用骨鲠正直士，长治久安策力行，不用大力可成功。如果不能这样做，大功以后安逸生。恐有进言这样说："天下既然已太平，皇帝可以享安生，如是长治久安成泡影。"

据《唐纪五十七》 （卷二四一）

译评：

治国首先要安定，安定要把祸乱平。
平叛一定靠武力，德政随之要推行。
制度设计要务实，利用之策应显灵。
任用忠良除奸佞，弊政应当择机清。
国防一定要加强，防止外敌来侵凌。
国家统一是大政，审时度势要力争。
苍蝇不叮无缝蛋，国家统一无隙缝。

科技发展资源穷，领土之争多发生。
扩张主义有野心，强盗逻辑露狰狞。
领土主权要捍卫，骨头要硬拳要硬。
寸步不让不商量，流氓君子要分清。
东洋亡灵魂不散，挑衅不断还逼宫。
中国人民不可侮，驱逐海豹保和平。
和平发展是主题，和平才能共事情。
罔顾历史狂逞凶，自食其果哭幽灵。

五五二、用人得失　所系非轻

选译：

三十日，上问相："玄宗政事，先理后乱，原因在什么地方？"崔群回答说："玄宗任用姚崇、宋璟、卢怀慎、苏颋、韩林、张九龄为宰相，国家就治理得棒，任用宇文融、李林甫、杨国忠为宰相，国家乱得不像样。用人的得失关系重大而明朗。凡以天宝十四年，安禄山反叛为乱端，臣以开元二十四年，罢免张九龄为宰相，专任李林甫，是由治到乱的开篇。愿以开元初为榜样。用天宝末为鉴戒，国家之福就会无边。"皇甫镈对崔群的话记恨在心尖。

据《唐纪五十七》　（卷二四一）

译评：

用人就要用贤能，不用平庸和奸佞。
用人就要用直臣，不用阿谀和逢迎。
用了贤能获升平，用了奸佞祸乱生。
用了直臣能除弊，天下太平能寿宁。
任人唯贤代有传，任贤兴国紧相连。

贤者兼具德与能，为政尚须清与廉。
与时俱进识时务，公而忘私志弥坚。
共同理想作指导，克服时艰永向前。
西有豺虎东有豹，战胜虎豹保家园。
现实情况多思考，国家利益高于天。
天下为公要贯彻，团结战斗必凯旋。

五五三、此非佳事

选译：

皇帝曾问给事中："听说外面宴不停，这是时和人安值高兴。"丁公著回答说："这个不是好事情，恐怕渐劳帝操心。"皇帝说："为什么？"回答说："天宝以来宴乐盛，公卿大夫游宴竞，日夜沉醉酣饮中，不知羞耻男女混。如是工作都会停，陛下能够不担心？希望稍稍加禁止，那就是天下的福分。"

据《唐纪五十七》（卷二四一）

译评：

皇帝宴游一而再，公卿大夫游宴赛。
灯红酒绿夜继日，不怕心肝有损害。
君臣日日搞享乐，政治腐败国力衰。
宴事应当有制度，遵纪守法勿乱来。

五五四、禁闱患大

选译：

　　元稹、魏弘简，结交可不浅，欲求当宰相，为帝所喜欢，每事问其间。元稹对裴度，本来没有怨，只是度先登，威望高比肩，怕他再立功，重用不能拦，妨碍己高攀，于是与度间，度奏军事略，元魏置石绊，裴度知情后，极陈狼狈奸，元稹魏弘简，朋比奸蠹现，以为："叛逆惊山东，奸党致政酸，欲平幽镇乱，先清宫内奸。为何是这样？为患有大小，汉事有先后，河朔有逆乱，只是乱山东，禁围奸臣叛，必致天下乱；河朔祸患小，禁闱祸及天。小患臣与平，大祸上决断。现任文武官，中外各类人，忠心对朝廷，没有不愤怨，没有不叹言。只是看朝廷，正在赏用奸，抵触才不敢，担心事不行，祸害即被安，不为国家计，且谋身自安。臣自兴兵始，奏章不断线，内容都切要，事情不一般，所奉之书诏，多有不连贯，承蒙受重托，屡遭奸臣贬。臣奸相互间，原本无隙嫌，只缘臣回朝，面陈军情事，奸臣最畏惮，怕臣揭其罪，百计阻臣还。臣请诸军进，随机讨叛乱，奸臣怕成功，曲意搞阻拦，有意拖时间。进退受牵制，意见受阻断。使臣失依靠，让臣无施展，治乱胜负都不管。臣奉君主竟这般！假如奸臣都清除，河朔叛逆不讨也会安。假如奸臣依然在，叛贼平定也仍乱，陛下若不信臣语，请把表章让百官看，如果奸臣不受斥，臣当认罪诏人怨。"奏表三上帝不悦，度是大臣不能拦，二十日，元魏之职有改变。

　　　　　　　　　　据《唐纪五十八》（卷二四二）

译评：

　　　　战事叛乱和臣奸，危机评估事比三。
　　　　外敌入侵要抵抗，延宕讨伐是罪犯。
　　　　山东叛乱似可平，宫廷奸臣能翻天。

要想分清一二三，皇上心地不能偏。

危机代代都会有，正确判断不误延。

战胜危机有艰险，决战决胜国民安。

五五五、顺人则理

选译：

皇帝听说一奇闻，王庭凑人很凶狠。

屠杀牛元翼全家，感叹相臣无才能，致使恶人能放纵。翰林学士韦处厚，因而上疏有述评："裴度功勋已很高，声誉传播到外境，把他安在朝廷中，委其参决大事情，河北山东会遵从。管仲说：'孤陋寡闻人则愚，博采众言则聪明。'治乱根本无他法，顺乎人心治则成，违反人心动乱生。陛下吃饭都叹息，憾无萧何曹参来辅政，现有裴度不留宫。正如冯唐说的是，汉文帝得廉颇李牧不能用。任用宰相当委工，信任、亲近又尊重，无能无劳要撤换，安闲贬到边远郡。这样，任职不敢不自励，将要任职不敢松。臣与李逢吉无嫌隙，曾被裴度无辜拧。现在所陈报圣明，大家意见转上听。"皇帝见裴度奏状上无平章事官衔，就问身边韦处厚。韦处厚，评详情，李逢吉排挤裴度可不轻，皇帝听了说："怎么这样做事情？"李程劝帝对裴度以礼行，同平章事官衔给裴度加封。

据《唐纪五十九》（卷二四三）

译评：

治乱本以顺人心，用人之本看德勤。

看人要看言与行，民意体现更逼真。

对待贤者信亲礼，委以重任树功勋。

闲言碎语莫听信，拿定主意铁了心。

外敌入侵有祸乱，唤起民众济精神。
坚持原则与正义，领土主权不许分。
发挥优势到反制，外交之功紧相跟。
三军准备挥铁拳，驱逐虎豹守国门。

五五六、兵机尚速　威断贵定

选译：

刘悟遣表朝廷收，上党内镇议论稠。昭义军节度使，与河北诸镇不同，不允许自置留后，左仆射李绛上奏言："兵机掌握受从速，威断贵定看火候，敌人内部不统一，可用计谋将其囚。刘悟死后已几月，朝廷尚未作筹谋，中外都惜事机流，昭义兵众一而二，不尽与从谏用谋，纵使一半有叶同，尚有一半随朝走。刘从谏久未领军，军中威信未出头。现在朝廷速任使，命令赶快赴镇筹。从谏尚未安排好，新节度使到潞州，这就是前人说的'先声夺人之心'之优。

据《唐纪五十九》（卷二四三）

译评：

兵机贵速断贵定，先声夺人更为重。
夺得兵机定胜负，夺得人心时局定。
兵机需要分秒争，决断需要科学称。
审时度势志高远，速战速决必有胜。

五五七、纲纪四方

选译：

正月二十一日，卢龙监军奏报：李载义与刺史在球场后院有宴会，副

兵马使杨志诚和党徒发动叛乱，李载义与儿子李正元逃往易州，杨志诚又杀了莫州刺史张度初，皇帝即刻召宰相，君臣二人作商量，牛僧孺说："安史之乱变了样，国家不再管范阳，列总将其献国家，朝廷花了八十万串钱没用偿，如今杨志诚得到它，如前李载义得到一个样。顺势安抚御北疆，逆顺不要再考量。"皇帝听从了牛僧孺的主张，李载义从易州到京师，平沧军事恭顺皇帝记心上，二月二十三日，任命李载义为太保，同平章事仍担当。任命杨志诚为卢龙节度使留后。

司马光认为：

前圣顺天理，察人情，了解一般老百姓，百姓不能搞自治，治之州官便产生：臣子不能相役使，驭之诸侯在上凌，诸侯国间不臣服，设立天子来统领，天子于诸侯国，如能扬善贬恶、抑强扶弱，抚服惩违，禁暴诛乱，发号施令，四海顺从。《诗经·大雅·棫朴》中说："勉勉我王，纲纪四方。"李载义，守边疆，有功之臣，志诚逐之，天子应当公正讲。假若一点不过问。反而把那里的土地官爵授给杨，那既然将帅废立生死都由士卒来决定，上有天子何用场？国家所以有方镇，不只收税能入账！牛僧孺只知偷安，哪里像个宰相！

据《唐纪六十》 （卷二四四）

译评：

司马光，倒着讲，下不自治需要上。
社会管理分层级，全是上治之主张。
天子不管将废立，责任归之于宰相。
纲纪四方是大略，天子应当记心上。
纲纪四方是古训，今人应当作参量。
法纪社会善法制，领土边疆以法张。
依法治国建伟业，以法治疆有纪纲。
寸土片石以法理，敌寇入侵不退让。

寸土不让有古训，国人传承定四方。

五五八、木腐蠹生

选译：

李宗闵，李德裕，各有朋党与成见。

李德裕有任命，闵说不能随意变。

二十九日有变化，李德裕改任镇海节度使平章事衔不再兼，二李各自有朋党，互相排斥或声援，皇帝担忧常有叹："去掉河北贼人易，去掉朝廷朋党难。"

司马光有施展，以为：

君子小人不相容，犹如冰块放火中。君子得官斥小人，小人得权搞对冲。君子进贤退不肖，他的用心必公正，他的办事也实诚。小人好恶不尽同，喜者称誉恶者腥，用心自私办事轻。公正实在叫正直，自私虚伪叫党朋，人主就要善辨清。明主用人审德能，有功者赏有罪者刑。奸迷佞动朋党生。有些郡主很昏庸，遇到问题看不清，说他坚强却无能，好人坏人同进用，坏话好话交相诵。取舍不能自做主，威望由人来操纵。奸佞得志朋党争论兴。

木头腐朽蛀虫生，醋酸蚊虫就会麋。朝廷里面有朋党，君主应责不怨臣。文宗若为朋党忧，何不考察知实情，其毁誉是实是空，其推荐是贤是庸，其心思是为国还是为个人，其人是君子还是小人！假若据为实，进为贤，其心公，其人是君子，朝廷不仅信其言，而且还要将官升；若据为虚，荐为庸，其心私，其人是小人，不但不用其主张，而且应当治罪行。如是让其加入朋党谁不惊。舍此怨臣难治理，好比不种不芸向地要收成。朝中朋党尚不除，何论河北之安宁。

据《唐纪六十一》（卷二四五）

译评：

头戴皇冠显圣明，君子小人分不清。
朝内朋党成心祸，怨其群臣不精明。
木头腐朽蛀虫生，好醋败坏霉一层。
皇帝应当有自责，整肃朝纲去奸佞。
进用唯贤要坚持，正直为国要赏功。
严格把握进人关，发现小人不留情。
小人朋党害无穷，善于投机和钻营。
只要眼明耳根硬，公正无私小人惊。

五五九、知人则用 有过则惩

选译：

李石任用金部员外郎，管理度支案韩益当，韩益贪赃三千串，案发以后进牢房。李石说："臣以韩益晓钱谷，所以任度支当，不知他贪成这样！"皇帝说："宰相知人就任用，有了过错不原谅，这样人才不会荒，你所用人不掩过，可谓至公好宰相。前相用人喜掩过，不想让人去弹劾。这是大病朝中藏。"待到冬天十一月，贬谪韩益到他乡。

据《唐纪六十一》（卷二四五）

译评：

知人善任政不荒，不掩其过公正扬。
用人事关治天下，社稷不许弊病伤。
治国至公是上策，优进劣退是良方。
功赏罪罚立纲纪，人才滚滚为国忙。
李石名上可刻字，就将至公刻其上。

五六〇、诤臣风采

选译：

四月十一日，皇帝在便殿，看到柳公权，掩衣给其看，并说："这衣洗了三遍。"众人都赞美，公权未开言，皇帝问公权。为何不开言。公权回答说："陛下高贵为天子，富有四海无比肩。应当进贤退不肖，纳谏诤，明赏罚。这样治国天下安。"穿洗过的衣服，是细枝末节不值宣。皇帝说："朕知中书舍人不应再为谏议官，由于你有敢于进谏的诤臣风采，必须委屈你去担。"十二日，任命柳公权为谏议大夫，其余官职中书舍人、翰林学士兼侍书依旧。

据《唐纪六十一》（卷二四五）

译评：

皇帝衣服洗三遍，穿在身上令人赞。
众臣皆美上俭德，蔚成风气诚可以。
柳公权，不俗凡，皇帝面前敢再言。
不要掩衣求虚美，明政才能天下安。
进用公权识大体，上位正了下位端。

五六一、致理之要

选译：

淮南节度使李德裕，应召九月至京师，初四任为门下侍郎，同平章事。

初七李德裕入朝，谢恩皇帝把心表："治理国家有要点，分清群臣正

与邪。邪正二者不相容，正邪二者斗不停，邪正人主分不清。臣认为正人如青松，特立不倚直且正；邪人像藤萝，不附他物立不成。正人一心事君主，邪人争着结党朋。先帝深懂朋党害，然而所用未出朋党群，实是心中无定见，奸邪乘机入臣中。宰相不能全说忠，有的做事骗朝廷，使君生疑在心中，于是旁询以察政。德宗末年，皇帝信任裴延龄那批人，宰相只是在敕令上署名，这是政事日乱因，陛下若是慎选相，奸诈欺罔立刻清，政事都经中书省讨论定，推心置腹信任人，坚定不移，治理国家不用去担心。"

据《唐纪六十二》（卷二四六）

译评：

臣中好人如青松，正直挺立向晴空。
治国理政有要点，正人君子要进用。
如果心中无定见，坏人便会有机乘。
宰相一定要主事，敕令不能只署名。
分清好人和坏人，政通人和百事兴。
对于坏人要警惕，莫上附物藤萝生。
以人为本政亦同，选人就是选政清。
塑造时代新形象，民族复兴一路通。
如果误判进坏人，祸害是个无底洞。

五六二、义利之辨

选译：

李德裕追论吐蕃维州副使悉怛谋一事说：维州城在高山顶，三面临江是要冲，戎房进川是要道，汉人西进兵必经；过去河西陇右失陷后，只留此地归朝廷。吐蕃一女嫁守城的人，二十年后她的两个男孩偷偷开城门，

引导吐蕃兵夜进,一举拿下维州城,并且号称无忧城。从此吐蕃向西进,对于南面不担心。于是吐蕃扰京畿,使得几朝不安宁。贞元年间,韦皋有心收失地,开始就攻这个城。带领精兵上万名,急攻数年,虽然擒了论莽热,未能攻下维州城。

"臣初到西蜀,对外扬国威,对内修防备。维州守将知臣讲信用,放弃壁垒来投诚。在臣接受投诚时,南蛮感到很震惊,山西的八个小国,都愿归属朝廷统。合水栖鸡失屏障。自然会要抽驻兵,我方镇兵少八处,千里旧地重回营。维州未降前一年,吐蕃还在围离州。哪里顾及盟约成。臣受降时指天誓,当面答应报朝廷,各人都将把奖领。有人与臣不同心,看到风声就恨臣,诏令把人送吐蕃,让他们自处分,臣不忍三百人命弃信用,因而多次上奏论,乞求宽宥和怜悯,回答的诏命很严厉,终竟还是往回送。他们刑具戴三木,将人曲装竹筐中,路上冤声叫不绝,将吏对臣泪淋淋。蕃帅讥笑押送人,说是既降不用送。降人汉界全被杀,手段残忍任意行,用以恐吓二心人,基有婴儿被抛起,让其落在枪矛锋。恩绝献诚人再来,使凶狠者得高兴。自古以来没有发生这事情。虽然过了十二年,这事千年也难逢,请求追念祭忠魂,各人都加以褒赠!"诏令追赠悉怛谋为右将军。

司马光,看得清,针对此事作下评:维州取舍论者争,牛僧孺李德裕,谁是谁非不能定。从前荀吴围鼓国,鼓国有人愿献城,荀吴当时不答应,说:"有人献城而背叛,我对他是很憎恨,别人把城献出来,我不喜好这事情!我不可以想得城而近奸雄。"叫鼓国杀掉背叛者,修善守备鼓国城。那时唐新与吐蕃修好而接纳维州降,从利说,维州利小守信利大;从害说,维州危害来得慢,关中危害来得迅,为唐而计何为先?悉怛谋对唐来说是向王化,对吐蕃来说是叛臣,他的被杀不值怜!李德裕所讲是利的问题,牛僧孺讲的是义的问题,徇利忘义匹夫耻,作为天子应分清,比如,邻人有牛来入宅,有人劝他弟还邻人,有人劝他弟不还牛,劝归还的人说:"不还人家是不义,而且还会起争讼。"劝不还的人说:"邻人曾经夺过我家牛,讲什么义不义!牛是大牲畜,卖掉可以增财富。"如是牛

李是非可出头。

据《唐纪六十三》（卷二四七）

译评：

唐朝吐蕃度不同，义利评判各有从。
如果牛李选边站，谁是谁非说不清。
李氏受降有承诺，降人都可把奖领。
牛氏与李不同心，诏令降人往回送。
唐朝吐蕃相修好，义的分量便大增。
修好似乎可还人，但对安全要保证。
吐蕃不饶二心人，汉界杀人不留情。
边界顿时血腥浓，大义未暖人心冷。
李氏承诺成血肿，信诺带来无恶梦。
唐朝吐蕃应协商，妥善处理这事情。
战略策略都要讲，守信大义要成形。
牛李不再论是非，是非仍在人世中。
重义轻利人长久，得了牛钱失了诚。
荀吴应当有策略，简单从事智显穷。

五六三、信义为国

选译：

初七卢钧到潞州，卢钧宽厚爱护人，刘稹还没平定时，卢钧已兼昭义节度使，襄士潞兵打仗时，常在阵地说卢仁，等到昭义去上任，天井关上卢钧就收留昭义流散军，卢钧以优厚待遇收留后，昭义安定人心稳。

刘稹属将郭谊、王协、刘公直、安全庆、李道德、李佐尧、刘武协、董克武等押到京师都被斩首。

司马光认为，董重质在淮西，郭谊在昭义时，吴元济、刘稹像木偶人，由人舞弄由人提。他们始劝主人乱，后又出卖主人把利求，他们的死是必定的。然而，在宪宗时董重质却被任用。在武宗时郭谊则被诛杀。两者做得出了奇。奖赏奸人多不义，杀害降者信守弃，如把信义都丢掉，这个国家怎么治！从前，汉光武帝对待王郎、刘盆子的投降，只是答应不杀他，这是了解他们是无奈之举。樊崇、徐道、王元、牛邯那班人，曾助作乱人，光武没有杀他们，那是认为既然受其降，就不应当杀他们，要是赦免一死不逃叛，处死他们没说的，像郭谊等人，不杀他们流放之，到老不回就可以。杀掉他们不可以。

据《唐纪六十四》（卷二四八）

译评：

放下武器来投诚，不打不杀不辱凌，
信义具有战斗力，威力能够屈人兵。
治国需要义和信，信义能把人心赢。
兵家也应讲策略，分化瓦解要用诚。

五六四、此言为首

选译：

二月初十，任命知制诰令狐绹为翰林学士。

皇帝曾授《金镜》书，交给令狐绹读，此书本是太宗写，让其去读有深谋，当读到"至乱未尝不任不肖，至治未尝不任贤，"——最乱是缘任不肖，最治必是任忠贤——皇帝叫他停住说："凡求致太平，当以此差为首"——凡要达到天下太平，这两句话应当放在最前头，又把《贞观政要》抄写在屏风上，正色拱手去诵读。

据《唐纪六十四》（卷二四八）

译评：

任用不肖必致乱，信任忠贤天下安。
任用关联治和乱，头等大事天天看。
经验教训要记住，认真汲取日日见。
贞观政要作范例，承先启后代代传。

五六五、清除积弊

选译：

进士孙樵有上奏："百姓男耕女织，不能得到温饱，群僧安坐华屋，享受美衣精馔，大抵十户税收，不足供养一僧。武宗对此愤恨，命令十七万僧，全都蓄发为民，会使十倍平民，得到休养生息。陛下即位以来，又要修复废寺，斧砍锯伐之声，至今不绝于耳，领到度牒僧侣，回到原来状态，陛下不能除弊，已废为何又兴？陛下曾经设想，整修国都东门，谏官上奏劝止，随即停止工役，现要修复寺庙，难道急比东门？花费更少东门？希望早颁诏令，僧侣未复勿复，寺庙未修勿修，以便使老百姓负担得以减轻。"秋，七月，中书门下上奏说："陛下崇奉释氏，群下莫不奔走，只恐财力不足，因而加困民众，希望地方长官，酌情加以节省。允给度牒僧侣，选择德业人氏，若容凶粗之人，有失佛道敬奉，乡村中的佛舍，等到罢兵开修。"皇帝答应。

据《唐纪六十五》（卷二四九）

译评：

武宗废了宣宗兴，百姓负担又加重。
前有武帝除积弊，后有宣帝弊又生。
修寺庙，发度牒，僧侣又与以前同。
皇帝崇奉令天下，复辟苦了老百姓。

前有车，后有辙，弄清国是谨践行。
拓宽视野看天下，兴盛应利老百姓。
贞观政要和明镜，日读日看要见形。
以史为鉴要坚持，子孙后代要忠诚。

五六六、重文轻工

选译：

乐工李可及，善创新歌曲，三月有一天，帝任李可及，左威卫将军，曹确上谏说："太宗定文武，六百多员额，对房玄龄说：'朕把这些官位，待予天下贤士，工商杂流之人，不给其职位。'大和年间，文宗想让乐工尉迟璋为王府率官，拾遗窦洵直谏，随改光州长吏。请求按照两朝旧例，另任可及官职。"皇帝不许。

据《唐纪六十六》（卷二五〇）

译评：

乐工属文受重用，工商杂流被率轻。
歌乐帝能得享受，乐工升官文宗情。
工商经济利于国，根本不在帝心中。
封建社会发展慢，忽视工商是一因。
工商列入杂流级，绿色社会少蓝红。
社会应当重七色，国民才有好光景。

五六七、崔荛喝尿

选译：

六月陕民有闹事，驱逐观察使崔荛。崔荛自以器韵骄，不去亲自问政

事，民众诉说遭旱灾，莞指庭树尚有叶，哪里有什么旱灾。民众激情将其逐。崔莞逃到平民家，口干舌燥要水喝，平民以尿给他喝，后被贬为昭州司马。

据《唐纪六十七》（卷二五一）

译评：

崔莞骄矜不亲政，民众诉说不细听，
民众诉说遭旱灾，莞以庭树否旱情。
庭树有叶不算旱，民众自然不高兴。
民众愤怒把他赶，口渴要水以尿敬。
当官不给民作主，顶着官帽有何用。
当官不知遭旱灾，口渴喝尿有报应。
此事官人应清醒，民情社情挂心中。
民众有难要帮助，民众呼声要中听。
如站民众对立面，上下不会有人敬。

五六八、深念黎元

选译：

公元874年，正月二十七日，翰林学士卢携上奏称："陛下刚刚登帝位，应当关心老百姓，国家固有老百姓，就如草木有其根，秋冬培土加灌溉，春夏就会长茂盛。关东去年遭旱灾，从虢州到海边，麦子收获仅五成，秋田庄稼无收成，冬天瓜菜也不行，穷人蒿籽碎作粉，槐叶碾碎当粮食，有些老弱采也困。平常年份没收成，就到近处去谋生，现在到处闹饥荒，没有地方搞营生，只好坐守饥饿中。税收减免无可征。州县上供三司税，督催急迫鞭子动。拆房屋，砍树木，卖妻鬻子筹税金，难得凑到一点钱，仅供催税吃一顿，此钱装到肚子里，府库一点也未增，租税以外有徭

役，上不抚爱难生存。希望敕令各州县，欠税一律停止征，直到蚕麦有收成。各地还应开义仓，立即赈济老百姓，直到菜叶木芽生，桑葚也能顶点用，最近几月尤窘迫，采取措施要特行。"朝廷认可令去办，有关部门未执行。

据《唐纪六十八》（卷二五二）

译评：

> 国家之树民是根，深念百姓国运兴。
> 百姓富了交税易，税足国力日渐伸。
> 百姓遭灾有困难，官府应当帮扶贫。
> 卢携上言情意真，堪叹真情成空文。
> 皇帝不知民疾苦，国运渐销近黄昏。
> 国家靠的是人民，各级官吏应在心！
> 心中有了老百姓，决策才会有指针。
> 对于百姓施厚爱，万众一心促国欣。

五六九、不免流放

选译：

皇帝喜欢骑马射箭，玩剑弄矛计度数算，音律博戏精通顶尖，爱好踢球斗鸡赌鹅，赌鹅一只五十串钱。尤其精于骑马打球。他曾经对优人石野猪说："我若是参加打马球进士的考试，一定是状元。"石野猪说："要是遇上尧舜担任礼部侍郎，恐怕陛下难免要被流放。"

据《唐纪六十九》（卷二五三）

译评：

> 皇帝好玩冒了尖，赌鹅一只五十钱。

马球考试夺状元，心满意足喜于前。
野猪摆到尧舜前，皇帝笑笑不收敛。
皇权至极高于天，礼部侍郎不敢言。
皇帝是人也可玩，玩要节制趁余闲。
天下大事要当心，谨慎运作防翻船。
应以尧舜为先师，艰苦朴素不贪玩。
社会矛盾突出时，安逸享乐有箭穿。

五七〇、黄巢起义

选译：

黄巢山东曹州人，少时结识王仙芝。
同贩私盐为职业，善于骑射讲义气。
精读诗书欲求仕，数考进士未及第。
聚众响应王仙芝，攻打州县有声势。
山东民众赋税重，无奈数万奔巢去。
王仙芝，攻蕲州，蕲州刺史是裴偓。
仙芝攻击汝州时，刺史王镣被活捉。
活捉王镣起变化，镣助仙芝向偓说。
裴偓收到仙芝信，商定收兵有官坐。
仙芝不攻蕲州城，偓开城门发邀请。
仙芝黄巢进了城，裴偓设酒又赠送。
王仙芝，被任命，黄巢无官怒气生。
质问殴打王仙芝，部下喧闹乱了营。
仙芝惧怕众怒火，没有接受朝廷令。
起义军，生内讧，仙芝黄巢分了兵。

　　　　各自分道离蕲州，王黄二人各奔腾。
　　　　黄巢独执一面旗，攻打州县很积极。
　　　　黄巢首战攻郓沂，打败守军插黄旗。
　　　　黄巢二攻蕲州城，遭遇曾无裕阻击。
　　　　黄巢进攻匡与濮，遭张自逸的反击。
　　　　黄巢正在攻亳时，仙芝余众尚让莅。
　　尚让推举巢为主，号称冲天大将军，改元马霸，可以命官定其级。
　　　　此后黄巢无胜绩，锐气受挫伤元气。
　　　　于是写了一封信，给天平节度使张裼。
　　　　请转朝廷愿投降，朝廷表态很及时。
　　　　任命黄巢右卫将，令其弃军去任职。
　　　　黄巢当时有顾忌，来到朝廷任职去。
　　878年三月间，黄巢攻朗州和岳州，从朗州进军宋州和汴州，黄巢进攻卫南县，转攻叶县和阳翟；黄巢率兵渡江，攻临虔、吉、饶、信等四州。
　　　　黄巢宣州吃败仗，矛头指向浙东去。
　　　　开辟山路七百里，攻击福建各个州。
　　　　黄巢攻下福州城，观察使韦岫弃城走。
　　　　镇海黄巢折了将，遂趋广南避锋芒。
　　黄巢写信给浙东观察使崔璆和岭南东道节度使李超，要求担任天平节度使，二人为他上奏朝廷，朝廷不答应，黄巢又上奏表要求担任广州节度使，皇帝令臣来讨论，左仆射于琮认为："广州是个聚宝盆，怎么能够让于人！"
　　　　九月黄巢收任命，对率府率不高兴。
　　　　辱骂宰相攻广州，当天就取广州城。
　　　　抓住节度使李迢，转而进攻岭南州。
　　　　黄巢叫李迢拟奏，表述抱负志未酬。
　　李迢说："我代受国恩，亲戚满朝，手腕可断，表不可草。"巢杀之。

　　黄巢在岭南，士卒患瘴疫，什者死三四，为了图大事，劝师转向北。
　　黄巢潭朗大烧杀，北趋襄阳遭埋伏。
　　什有七八被俘斩，巢与余众渡江东。
　　有人劝进刘巨容，追杀黄巢将其清。
　　刘巨容说："国家常负人，急则搞抚存，官爵也不容，事宁则弃人，有的罪加身，不如留贼人，富贵可资凭。"于是不把败军寻。黄巢因而又振兴，连取鄂、饶、信、池、宣、歙、杭等十五州，军队发展到二十万人。
　　淮南饶州有激战，黄巢屡败士气低。
　　黄巢屯兵在信州，疾病士卒死多人。
　　张璘趁势攻黄巢，黄巢用金收买璘。
　　信向高骈示投降，要求转奏朝廷仁。
　　骈想引诱抓黄巢，答应为他把官申。
　　当时昭义、义武等地军全部会师于淮南，高骈才有贪功心，上奏贼人将扫平，不需烦扰各道军，朝廷答应各回营，黄巢探听府退兵，挑战高骈士气增，高骈大怒去应战，张璘战死大败兵，黄巢势力又提升。
　　秋，七月，黄巢采石渡长江，包围六合和天长，兵势部局甚为强，淮南将毕师铎对高骈讲："朝廷靠你定国邦，贼军十万过大江，长驱直入无阻挡，如不据险来打击，过了长江和淮河，再也无法来对抗，中原一定会遭殃，高骈这时空惆怅，道军回，张璘亡，自己制巢无力量，不敢出兵保力量，上奏表向朝廷："贼军六十万屯天长，不到五时即臣防。"原先卢携曾夸奖："高骈有文武大才，兵权要是交给他，平定黄巢易翻掌。"朝廷虽然有异论，认为高骈无担当，然而还是抱希望。高骈奏表送朝廷，上上下下都失望，诏书责骈遣道兵，致贼乘虚过了江。高骈上奏表辩解："各道军队都遣归，朝廷无令我哪敢，臣现力保一个区，一定能够保平安，只是担心贼过河，应令关东各道将士早防范。"高骈风痹不出战。
　　巢军号称十五万，曹全晸军与之战。
　　曹军只有六千人，众寡不敌泗州盘。

等到援军都到来，以便合力与巢战。

高骈并未互救援，曹全晸败得惨。

黄巢攻下申州后，向颖宋徐兖各州展，所到之处官吏士民都逃散。

巢军攻下澧州，杀死刺史李询和皇甫镇判官。（以上散见卷二五三）

唐僖宗广明元年，十一月黄巢将渡淮，豆卢瑑请以天平节钺授巢，等其上任再征讨。皇帝听了卢携舍，调兵遣将不给官。淮北各地相告急，卢携称病不出面，京师闻讯大恐惧。汝州已被黄巢陷。

汝郑节度制置都指挥使齐克让奏黄巢自称天补大将军。文告各路军队，"各部应当自守营，不将进犯我们军，我部将要进东都，随即挥师京城去，问罪朝廷众无事。"皇帝宰相急商量，守卫潼关谁能当，黄巢人马六十万，调动大军来对抗。

十三日，黄巢进入东都境，齐克让退保潼关，在关外安了营。二十一日陷东都，同时拿下虢州城。

十二月初一，巢军前锋抵关下。不久大军赶到，白旗一望无际。欢声振动黄河华山。

初二，巢军急攻潼关，张承范尽力而挽，从凌晨一直战斗到下午，关箭射完以石战。

黄巢进入华州，初四，朝廷任命黄巢为天平节度使。

初五，百官退朝时，听说巢军已入城，于是分道逃窜躲藏。

下午，日偏西，黄巢的前锋将领柴存进入长安，金居大将军张连方带领文武官员数十人到灞桥迎接黄巢。尚让告诉老百姓："黄王起兵，本为百姓。"

皇帝正在趋骆谷，郑畋拜帝旅途中，郑畋请帝留凤翔，节度使畋好照顾，皇帝说："朕要远离巨寇去，先到兴元调力量，要把京城收回来。"

十一日，黄巢长安尽杀唐宗室。十二月，黄巢进入皇宫。十三日，黄巢在含元殿登上皇帝的宝座。登上丹凤门城楼，颁下赦书。国号大齐，改年号为金统。称唐的广明年号，去唐下体而著黄家日月，是自己符瑞。唐官三品以上悉停任，四品以下留用。以妻曹氏为皇后。以尚让为太尉兼中

书令,赵璋兼侍中,崔璆、杨希古并同平章事,孟楷、盖洪为左右仆射、知左右军事,费传左为枢密使,以太常博士皮日休为翰林学士。

二十日,黄巢下令,百官到赵璋处交名帖的,就复职。没有赶上跟随皇帝逃去的要员,躲在民间,黄巢搜出来后全部杀掉。

译评:

> 黄巢起义干柴燃,烈火熊熊直冲天。
> 南北转战大片地,杀官劫财战犹酣。
> 胜利之时要官坐,战事失败想降官。
> 官逼民反火力旺,黄巢借势再起势。
> 北到南,南到北,结成大军数十万。
> 战事有胜也有败,曲折促勇攻长安。
> 几度战斗皇帝走,黄巢乘势进宫殿。
> 赶走皇帝称皇帝,官职任命一大片。
> 巢妻曹氏当皇后,国号大齐北唐天。
> 广明年号巢鉴识,瑞祥之符与黄连。
> 自以瑞祥应施政,滥杀狂征人心寒。
> 人心不济不自觉,逃走皇帝准备返。
> 由攻变为防御战,四方乱箭难遮面。
> 每战都有将帅折,立见力量有消散。
> 堪叹多年无据地,本为百姓成空言。
> 失去百姓陷困境,最后灭亡难避免。
> 黄巢起义冲唐天,昭示义士可揭竿。
> 起义应当有深虑,先看制度后看官。
> 如果自己想当官,当官以后又晕船。
> 皇帝皇后亦照搬,即使上去也难安。
> 司马光,冷眼观,黄巢起义有详篇。
> 几尽起义全过程,事理寓于笔墨间。

农民起义不能侮，历史动力在民间。
农民战争联手干，封建制度定推翻。
农民时代双局限，江山代有新人传。

五七一、包围与突袭

选译：

郑君雄，张士安，坚守壁垒不出战。

寓仁厚说："如果进攻受其害，如果包围有胜算，以逸待劳伺机占。"以十二寨围了圈。

十七晚上二更时，郑君雄发动精兵搞突袭，城北寨子副使张茂言不经战，率领部众弃寨窜，周边寨子将士看副使，不战弃寨跟着散。对方合军攻主帅，主帅此时有盘算。高仁厚，开寨门，点亮火把亮闪闪，率兵埋伏路两边。对方到达寨门开，不敢进寨往回返，伏兵两边来夹击，东川兵溃如崩山，伏兵一直追城下，迫使他们躲沟堑，斩杀俘获东川兵，大获全胜凯而旋。

仁厚回头想逃兵，大量杀头也不行。

秘密召见孔目官，张韶目前把计定。

告诉张韶找逃兵，告诉我并不知情。

回寨明早却见他，不用担心这事情。

张韶忠厚有了名，于是四时回寨中，只有茂言到张把，探子才见他身影。各寨更鼓如平常，仁厚听了很高兴，次日各将会军营，以为仁厚不知情。坐了很久仁厚问茂言："昨夜听说你率众，跑到张把可是兵？"杨茂言回答说："昨夜听说贼寇攻中军，左右都说主帅您已离去，我于是骑马追随您，后来知道无此事，这才回到寨子中。"高仁厚说："我你都受皇帝令，率领军队去讨征，假如高某先逃走，你当呵斥我下马，就地即将军法行，代我总领军中事，然后上奏至朝廷。如今你逃且说谎，按理应该怎

执行?"茂言拱手作揖说:"应当处死。"高仁厚说:"是该如此!"命令左右将杨茂言斩首,众将领股栗不停。高仁厚叫来昨夜的俘虏,解开绳索放他们回去。郑君雄听到很害怕,说:"他们军队法令严,自今不可对其兵。"

据《唐纪七十一》 (卷二五五)

译评:

  一军坚壁不出战,另军设围似可行。
  久围可以使彼困,以逸待劳可轻松。
  被围久日不待毙,突袭可以求生存。
  围兵不可有麻痹,遭袭不是好事情。
  围而设伏是良策,轻取重创多成功。
  两军作战无双赢,将领逃跑法不容。
  放回俘虏有奇效,杀俘必有负效应。
  现代战争大不同,空降能解围中空。
  飞弹可以代围兵,不必久围耗散兵。
  总观双方定大略,军令严明事必成。
  武器装备固重要,军心军魂令世惊。
  军魂配备强军器,破围岂管万千重。

五七二、孝子王朝

选译:

  王绪行军到漳州,道路险阻粮食愁,命令军中不随老,如有违反立斩纠,王潮兄弟扶其母,崎岖路上随军行。王绪找来王潮说:"所有军队都有法,没有无法之军队。你们违令如不杀,军队便没有法纪。"王潮三兄弟说:"自古人生都有母,世上没有无母人,使人弃母是何因?"王绪听了大发怒,下令斩杀王潮母。王潮兄弟说:"潮等侍奉母亲与将军同,要

杀我母我何用,请让我们先母死!"将士都为潮求情,让才赦免潮兄弟。

据《唐纪七十二》(卷二五六)

译评:

> 王绪思维太一般,行军时艰怕麻烦。
> 具体情况具体待,潮母随军不可斩。
> 王潮一共弟兄仨,老母随军已非凡。
> 三个儿子同挟母,可以励军克时艰。
> 王绪应该知此理,行军途中作宣传。
> 全军上下齐踊跃,缺粮路险苦犹甜。
> 军队应当有纪律,执行纪律应该严。
> 鲜有老母随军行,杀掉老母怒冲天。
> 三个儿子都从军,留下老母谁人怜。
> 老母随军行大义,以令处斩理太偏。
> 王潮兄弟是孝子,王绪要杀愿母先。
> 似有忠孝两难全,王潮兄弟可供观。
> 将士都为潮求情,王绪脑子应加弦。
> 军人之母是百姓,百姓助军利于战。
> 军力之源是人民,人民参战胜本原。
> 百姓支前办法多,军民一致同向前。
> 百姓是个大教材,领军应该寻其间。
> 自古军纪多斩杀,不知治军有心源。

五七三、空寨设伏

选译:

彦因张雄兵力盛,希望张雄为己用。

　　仆射任状授张雄,尚书任状三件授冯弘铎等将。广陵人以宝物到张雄军队去换粮,一根通天犀带换五升米,一床丝被换五升糠。张雄的军队已很富,就不愿意再打仗,不久便给杨行密帮。

　　二十六日,秦彦出兵一万二,遣使毕师铎郑汉章,在广陵城西到陈凡里长,军势看来很兴旺。杨行密,很安祥,睡在军营不慌忙,说是敌寇靠近再叫床,牙将李宗礼说:"敌众我寡应严防,如何退军再端详。"李涛大怒在一旁,"我们奉命伐叛逆,谈论众寡何用场,大军已经到这里,还能退到啥地方?我愿率部打前锋,保证为您打胜仗。"杨把宝物放寨中,老弱病残来守防,安排精兵打埋伏,自己率军冲对方,两军交战没多时,行密逃走就假装,广陵军队紧追赶,到了空寨抢金银布帛和食粮,伏兵四面八方来,广陵军队乱无方,杨兵发起大攻击,几乎把他们俘虏斩杀光,堆积尸体十里长,毕师铎郑汉独自逃,仅仅免于一命亡。从此秦彦再也不说出师腔。

据《唐纪七十三》（卷二五七）

译评:

　　　　　兵不厌诈多奇方,虚虚实实捉迷藏。
　　　　　你以委任来收买,他又转身给人帮。
　　　　　你以大军去攻城,他以空城把你装。
　　　　　给你金银和宝物,瓮中捉鳖让你亡。
　　　　　莫言众寡差别大,全看谁的计谋强。
　　　　　稍战转身犹逃走,不要追击防上当。
　　　　　双方言行当思量,以变制胜难提防。
　　　　　抓住实质执其要,兵贵神速不彷徨。
　　　　　站在高处观大局,迷宫连环看破方。
　　　　　以甜打头要警惕,后有辣水灌鼻腔。

五七四、教子孙不忘本

选译：

王师范，卢弘，攻棣州刺史张蟾。

卢弘却带兵回头攻打王师范。王师范派人拿了很多钱财迎接他。说："我王师范年幼无知，不能担当重任，屡能退位，保全脑袋，示您仁爱。"卢弘因师范年幼，相信师范无备防。王师范有秘行，安排刘郭杀卢弘，如能杀掉卢弘，就给刘郭大将升。卢弘进城王设宴，宴席外边设伏兵，刘郭在宴席上杀了卢弘和随从。王师范，慰谕兵，有功人员奖赏重，亲自率兵打棣州，捉住张蟾把头拧。王师范派刘郭任马步副都指挥使。王师范，皇帝有诏命——平卢节度使。

王师范，性温和，做事谨慎又好学。

每当本县令到官，师范常备仪仗拜见，县令不敢受此礼，师范令礼宾挟持县令上正厅，王师范自称老百姓，在厅上拜见新县令，师范助手有劝阻，王师范说："我恭敬县令是不忘故乡，是要教育子孙不忘故乡这个本。"

据《唐纪七十四》（卷二五八）

译评：

　　王师范，是榜样，做官没有忘故乡。
　　恭敬县令有本意，不忘故乡心中藏。
　　贵在能知教子孙，不要忘本记故乡。
　　故乡情深堪敬重，那里有着爹和娘。
　　现在世界大开放，出国留学搞工商。
　　有人做官做学问，有的业绩很辉煌。
　　有人条件很优越，似乎自己到天堂。

试问君是哪里人，记得哪里是故乡。
唐人有个王师范，思考师范怎么样。
今时故乡以国论，国内处处有苏杭。
创造活动人固有，何论条件独彷徨。
共同理想汇英才，共塑时代新形象。
国家强盛人至贵，何惧东洋与西洋。

五七五、贤言利远

选译：

八月任命杨行密，淮南节度使，同平章事，田頵担任宣州留后职，安仁义任润州刺史。

行密军中费用乏，想用茶盐换布帛。

掌书记高勖说："这里刚刚兴战事，十家就有九家空，又要犯利使其苦，百姓将会再叛行，不如近道搞贸易，调剂余缺供军用。再选贤能的县令，提倡勉励民耕织，几年过后仓充益。"杨行密，遂听从，田頵听到这事后，说："贤者之言，其利远哉！"行密骑射无特长，但他厚朴智谋人气旺，善安将士同甘苦，推心待物人向往。

据《唐纪七十五》（卷二五九）

译评：

遇到困难想解方，善采建言能得帮。
贤者之言其利远，善于御下事兴旺。
宽厚俭朴有智谋，同甘共苦人气扬。
看百姓，眼明亮，组织耕织有方向。
做官不必有技艺，厚朴推心便有方。
得到贤者听其言，现实长远都呈祥。

五七六、舍安就危

选译：

董昌将要称帝，召集将僚商议，节度副使黄碣说："现在唐室虽衰，天人还未厌弃，春秋齐桓晋文，都靠拥戴天子，才得称霸一时，您受封陇西郡王，是从田间兴起，受到朝廷厚恩，官节度使宰相，富有显贵已极，为何突然做出，毁灭全族之志？黄碣宁愿去死，也要忠于唐帝，不愿为了活命，成为国家叛逆。"董昌大怒斩黄碣。并将头颅粪坑弃，痛骂黄碣有辜负，高位不坐去找死。并且灭族八十人，将其埋在同一墓穴里，董昌又去问吴镣，会稽令吴镣说："大王不做真诸侯，传承子孙世处优，现在想做假天子，自取灭亡遭亡族。"董昌乃诛其族。董昌又对张逊说："你有能政我深知，等我为帝重用你，御史台里有你职。"山阴令张逊说："大王您从石镜兴，浙东建立节度使功，荣华富贵二十年，何若效法李锜刘闸行，背叛朝廷遭杀身！浙东偏僻在海边，只在六州有行政，但是如果您称帝，他们一定不听从。徒守空城引笑柄！"董昌又将张逊杀掉。对大家说："没有了这三个人，就不会有人再违背我了！"

董昌称帝二月三，进献祥物让人观，

懿宗咸道的末年，吴越之间传谣言。

山中有一只大鸟，三条腿，四只眼。

"罗平天网"伸颈喊，谁人见之会遭难。

老百姓，心胆战，大都画像去祭献。

待到董昌自称帝，他就说："这鸟就是我的凤凰见。"于是自称大越罗平国，改称年号为顺天，给城楼题字天网楼，令人自己当作"圣人"赞。

董昌写信给钱镠，自诉即位罗平帝，任镠两浙都指挥使。钱镠回信说："与其闭门称皇帝，与百姓九族同遭罪，岂若开门做节度使，可取得

终身富贵!如今后悔尚可及。董昌不听钱镠急,率军三万越州趋,到了西门见董昌,再次劝告董昌说:"大王位兼宰相,奈何舍安就危!钱镠率军到这里,就是等着您放弃,纵然大王不自惜,乡里士民何罪去!"董昌此时有些惧,送二百万钱犒劳钱镠军队,抓住牧师和巫师送钱镠,向帝请罪侯处治,钱镠带军返回去,把这件事向朝廷叙。

据《唐纪七十六》(卷二六〇)

译评:

居安思危人之常,舍安求危似荒唐。
当了宰相想称皇,不知自己东隅王。
听信巫师不知唐,代唐却是无朝纲。
幸在临危听人劝,知错改错求宽量。
舍安求危观四方,一劝犯人勿猖狂。
二劝霸王勿逞强,三劝小人勿痴想。
四劝牧师勿灌汤,迷惑瞎子要撞墙。

五七七、明习国事

选译:

右拾遗,张道古,上奏皇帝识国谱。说:"现在国家有五危,两个祸乱与之伴。汉文帝即位不久,就知国事怎么办。陛下登极已十年,君臣之道不熟娴。太宗对内安中原,对外开拓四方蕃,海表之国无不攀。先代封域日见少,几乎快要都丢完。臣虽人轻位卑贱,深感社稷有忧患。始为奸臣所玩弄,最后就要被贼篡!"

皇帝怒把道古贬,又下诏书作清算。

据《唐纪七十七》(卷二六一)

译评：

　　身居高位国是详，制定朝纲率四方。
　　国情尽悉如指掌，驾驭臣下威势强。
　　如有危乱不知情，应听报告问其详。
　　臣下进言为社稷，在上应当细思量。
　　道古被贬有冤枉，乱臣篡权帝难当。
　　设置谏官不听劝，自乱机制苦果降。
　　如果只喜报平安，灾祸袭来无力抗。
　　应当学习唐太宗，安定开拓能兴邦。
　　忧患意识是砺石，切实琢磨能自强。
　　做强做大国事兴，生机盎然威名扬。

五七八、士处世贵智谋

选译：

　　江西节度使钟传，率军围困抚州刺史危全讽。天火烧了抚州城，士民一时都惊恐。将领请求速攻城，钟传说："乘人之危非士"行。于是祈祷说："这是危全讽之罪，不要加害老百姓。"火不久就熄灭了。全讽听说这件事，谢罪听命以女做钟传之子钟匡时之妻。

　　钟传少时曾打猎，有次醉后遇虎行。老虎双爪抓肩膀，传抱虎腰不放松。众人相救杀死虎，传才幸免丢了命。等到钟传显贵后，恨悔年轻太冲动，常常告诫几个儿："士人处世贵智谋，勿效吾暴虎也。"

　　　　　　　　　据《唐纪七十八》（卷二六二）

译评：

　　钟传兵围危全讽，抚州城内天火熊。
　　城内士民都惊恐，诸将请求速攻城。

兵戎相见是天机，钟传此时显仁风。
其实想的是百姓，全讽之罪天火惩。
士人处世贵智谋，利弊权衡向百姓。
乘人之危不道德，用于民间可传情。
初生牛犊不怕虎，醉汉敢于与虎争。
斗虎精神仍可贵，运用智谋更上乘。
钟传空拳敢斗虎，戒子斗虎勿手空。
钟传武松曾伏虎，国人何惧与虎拼。
智勇双全备甲器，老虎来了亡其命。
子荣精神代代传，芙蓉国里尽英雄。

五七九、克用引咎

选译：

李克用以节度使文书向幕府咨询，说："不贮备军粮，用什么聚集部队？不置兵器，用什么战胜敌人？不修筑城池，用什么防御抵抗？在利害之间，请予谋划！"掌书记李袭吉说："国富不在有储存，兵强不在有多人，百姓归附有德君，鬼神降灾总骄人；与其有臣敛民财，不如有盗府财臣，苛政猛虎同吃人。散发鹿台的钱财，武王由此兴盛来，齐国仓库火焚毁，晏婴入朝有庆喜。"又说："更法不如教养民，新制怎比旧法稳，韩建华州钱无数，后来全部归朱温，王珂更法多如麻，一朝就投降敌人，中山城，非不峻，蔡上兵，非不多，没有摆脱失败运，这些事情很明显，可以作为大教训。况且霸国无贫主，强将手下无弱兵。希望大王，崇尚德政，爱护人民，去掉奢侈，减省赋役，设险固境，训兵务农。平乱要选用武臣，理政事选用文官，钱谷进出有簿记，执法有律令依据。诛杀奖赏权自握，下边没有威福弊。近臣只要品行正，众人便无被诬忧。顺天时，绝欺诬，敬鬼神，禁淫祀，则不求富而国家富，不求安而自安，外破元凶，

内康疲俗，名高五霸，道冠八元。

注：五霸：指春秋五霸，即齐桓公、晋文公、宋襄公、秦穆公、楚庄王。

八元：高辛氏有才子八人，伯奋、叔堪、叔献、季仲、伯虎、仲熊、叔豹、季狸，天下之人称为八元。

据《唐纪七十八》（卷二六三）

译评：

由于外边有元凶，军备工作势必行。
万全之策可柱天，重在德养老百姓。
崇尚德政爱人民，去掉奢侈赋役省。
险要边境要固守，训练军队要严行。
勤务农事多打粮，军粮贮备要充盈。
治理政事选文武，诛赏大权握手中。
钱谷出入有簿记，执法一定依律令。
近臣一定要端正，顺应天时去鬼神。
敬奉鬼神无自信，自己反把自己坑。
人间事情无大命，安福存于争取中。
不求安定无安定，不抗外敌无和平。
和平双赢理自在，通过斗争求和平。
只有发展能双兴，排除干扰除狰狞。

五八〇、以奇取胜

选译：

田頵袭升州，俘获神福妻儿，李神福从鄂州东下，田頵派人对他说："公能见机行事，与公分地为王，否则您妻将死。"神福说："我从士兵跟行密，今是吴王的上将，义不以妻易其志，你田园有老母亲，毫不顾念而反叛，竟连三纲都不知，不值与你一起谈！"于是杀了頵使者，士气很高

向前进，田頵部将王坛同，汪建率领水军与之拼。初十神福到吉阳矶，与王坛汪建相向逢。王坛汪建捉住他的儿子李承鼎给李神福看，李令左台射箭迎。李神福对将领说："彼众我寡，以奇取胜。"傍晚两军激战时，神福假败战船逆流向上游行，王坛汪建紧追赶，神福调转船头顺流攻。坛建楼船列炬阵。神福令军望炬击。汪建军船皆灭火，旗帜交错很杂乱，神福顺风放了火，焚烧对方之战船，汪建仅能死幸免，李神福擒徐绾，杨行密押着去钱镠那边。钱镠挖出徐绾心，用以把高渭祭奠。

据《唐纪八十》（卷二六四）

译评：

李神福，有大义，不缘妻儿易其志。
"彼众我寡"用奇法，攻火火攻相交替。
田頵弃母搞反叛，不义之子终被去。
世有正义与邪恶，相伴相生贯历史。
到了近代有新史，邪恶污染几世纪。

五八一、先赞后诉

选译：

王建征收赋税重，竟然无人敢吭声。
冯涓借建生日时，颂词赞美建德行。
同时办了一件事，顺言百姓有苦穷。
王建惭愧又感激，感谢冯涓言由衷。
忠言直谏树好样，何愁功业不能成。
赏赐冯涓金银绢，从此赋税也减轻。

据《唐纪八十一》（卷二六五）

译评：

封建剥削赋税重，着实苦了老百姓。
冯涓忠言能直谏，王建赋税能减轻。
冯王二人似特例，税重仍然无人吭。
因为制度未改变，苦的仍是老百姓。
封建制度推翻后，人民当家做主人。
经济发展国兴盛，农民赋税一扫空。
脱贫致富奔小康，国泰民安东方红。
国家命运握手中，搏击风雨迎彩虹。
不怕鬼，不信邪，舰歼箭弹战顽凶。
正义人间有普识，邪恶必超无地容。

五八二、千载评说

选译：

二十七日，唐昭宣帝颁诏禅让帝位给梁王朱全忠。

杨涉的儿子直史馆杨凝式对杨涉说："大人身为唐宰相，国家到了这地步，过错不能不担当。亲手拿帝玉玺丝带，送给别人绣国章，荣华富贵虽保住，千载以后人怎讲？何不辞新官样！"——押传国宝使，杨涉听了大吃惊，接连几天都发慌。

据《后梁纪一》（卷二六六）

译评：

杨涉唐朝任宰相，后梁仍把帝任掌。
凝式怀有失落感，反思以后有忧伤。
杨涉不应再做官，要想千年人怎讲。
要让当代有认可，莫让后人指脊梁。
生前身后常思量，正气千年有流芳。

为人要有责任心，当为后人做榜样。

为人要有荣誉感，千年万年无悲伤。

五八三、见危不救非义也

选译：

见危不救不为义，畏强敌躲避不为勇。

据《后梁纪一》（卷二六六）

译评：

见危而救人之常，共筑社会新风尚。

人人都树好风尚，遇到危难一扫光。

今有见义勇为奖，见义勇为成风尚。

也有见危不敢救，生怕无端被粘上。

只要真情行正义，事情一定会明亮。

面对强敌不用慌，扬长避短善较量。

避其锐气击其惰，敢于斗争敢于闯。

突袭夜袭加奇袭，化强为弱掏其肠。

消极躲避非勇夫，神勇敢上景阳冈。

武松空拳能伏虎，国人何惧野心狼。

五八四、廉者足而不忧

选译：

蜀州刺史王宗弁，称病辞官回成都，闭门不出引疑窦。蜀主王建怀疑他，居功自傲怨气久，加封他检校太保，宗弁推辞不接受。对人说："廉者知足无忧愁，贪者忧愁不知足。我本是个小人物，官位到此就满足，怎能求升没有够!"王建称他有志向,答应并把赏赐授。

据《后梁纪二》 (卷二六七)

译评:

弁言恳谈廉与贪,耐人寻味开新篇。
知足还是不知足,忧乐莫要与贪连。
知足常乐为清廉,精神愉快胜神仙。
不知足者忧在贪,忧贪贪忧忧无欢。
足与不足有公尺,大多数人可佐参。
生活和者大多数,足字大体在里边。
人能比附大多数,优越待殊不压肩。
人若想到大多数,责任之大高于天。
想到责任志弥坚,一心清廉羞作贪。
知羞祛贪不贪财,合法收入人自欢。
若要痴迷敛钱财,大贪自去太平间。
天下为公是正道,克己奉公是好官。
宗弁在先能做到,今人应当学先贤。

五八五、乘其无备击之

选译:

吴越王钱镠下命令,遣子传瓘,传璙和传瑛,攻吴常州,在藩蓠扎营。徐温说:"浙人轻浮且怯懦。"率领各将领日夜兼程把战迎。到了无锡,黑云都将陈裕对徐温说:"他们以为我们远来而疲倦,不会马上来决战,请允许我率部下,乘其不备去攻战。"于是另路绕敌后,徐温大军战正面,前后夹击越军惨。

据《后梁纪三》 (卷二六八)

译评：

作战不能想当然，攻方被攻败得惨。
安营扎寨莫大意，疲军奇袭趁其安。
时刻戒备多警惕，防止进入老虎钳。
刘备大意失荆州，钱镠兵收大意然。

五八六、弹疽不严必将复聚

选译：

天雄节度使兼中书令邺王杨师厚去世。

师厚晚年，矜功恃众，擅割财赋，挑选军中壮士，设置银枪效节军，规模有好几千人。待遇优厚，想复牙兵之盛。皇帝表面赐礼，内心却是犯忌，师厚一死，皇帝就私下在宫中接受近臣的恭贺。租庸使赵岩，判官邵赞向皇帝建议说："魏博为唐心腹患，二百多年不能去，地广兵强是其据。罗绍威、杨师厚先后盘据在此地，朝廷无法去控制。陛下如不趁时计，那就正如俗语句：'弹疽不严，必将复聚'了，谁知此地继承人，不是师厚之第二！宜分六州为两镇，以便削弱其实力。"皇帝觉得有道理，于是采取新措施。

据《后梁纪四》（卷二六九）

译评：

封建割据皇帝忌，时年二百无法去。
问题乍看在下面，实是制度决定的。
中央集权帝崇尚，下不效行却难替。
去疽不严必复聚，只能作为局部计。
制度体制即如是，摆弄积木是演艺。
中央地方可分治，政令军令中央集。

统一领导揽大权，中央权威要高提。
保持高度一致性，上下畅通不猜忌。
发挥地方积极性，中央财力要扶持。
遇到外敌搞入侵，中央地方共抗击。

五八七、求纳除杜

选译：
吴国徐温入了朝，怀疑诸将随瑾跑。
朱瑾曾经有谋划，面对诸将要开刀。
徐知诰，严可求，全面向他作报告。
知训过恶致祸因，徐温怒气稍有消。
朱瑾尸骨另安葬，知训将佐罪未逃。
刁彦能，屡有谏，徐温奖赏以犒劳。
任命知诰和知谏，温回金陵把政操。
知诰悉反知训为，侍奉吴王很恭敬。
待士大夫很谦和，对待下属很宽容，自己生活很普通。

他以吴王名义令，百姓在天佑十三年前拖欠租税全归零，此后所欠租税交纳等待好年景。他求贤士、纳规谏、除奸猾、杜请托，于是士民都归心，宿将悍夫服悦诚。

吴国前有丁口钱，田赋按照耕地征。
这样钱贵物轻贱，百姓觉得负担重。
宋齐丘劝徐知诰，耕桑不能直心钱，现让百姓交现钱，是教百姓经商而弃农。希望免除丁口钱，其余租税实物顶。有人反对这办法，说是朝廷损失重，宋齐丘说："哪有民富国家穷？"徐知诰采纳了他的建议。从此江淮无空地，漫山遍野有植种，吴国因此也兴盛。

据《后梁纪五》（卷二七〇）

译评:

求用贤才政即兴,接受谏言思路清。
铲除奸猾课安定,杜绝请托播清风。
农商位置要摆正,钱重物轻伤工农。
民富必有国兴盛,政治清明百姓宁。
塑造时代新形象,学习先贤重践行。
端正思想和品格,为民为公立新功。

五八八、警枕粉盘

选译:

吴越王钱镠见了何逢马,悲不自胜引得将士都拥戴他。宠姬郑氏之父犯了法,应当处死左右大臣都求情,钱镠说:"怎因一妇乱国法!"遂把郑氏逐出宫,然后即把其父杀。钱镠从小军中过,从未床上做夜梦,圆木做了小枕头,困极靠在小枕中,或枕大铃来休息,小枕一斜他就醒,他把此枕头称"警枕"。又在卧室置粉盘,有事写在盘子中,一直到老都此行。有时睡得正香甜,外面有人奏事情,侍女抖纸就能醒,时弹铜丸楼墙外,以警值更更清醒。他有一次微服出,半夜回来要进城,守门官吏不开门,说是大王来了也不开,他只好从另一城门进城,次日召来北城守门吏,给予赏赐特别丰。

据《后梁纪五》(卷二七〇)

译评:

钱镠认法不认亲,逐出宠姬杀丈人。
警枕粉盘传佳话,弹射铜丸醒打更。
微服出行半夜归,守门官吏不开门。
钱镠只好另门进,次日奖赏守门人。

钱镠时刻有警惕,事情记在粉盘中。
今日公仆应思考,警钟长鸣为人民。
严格守纪又执法,去掉官气近百姓。
日夜操劳精神爽,鞠躬尽瘁出公心。

五八九、爱惜百姓

选译:

魏州赋税拖欠多,晋王责备司录赵季良,赵季良说:"殿下何时能平定黄河以南?"晋王十分生气地说:"你的职责督税收,自己本职没办好,怎敢过问军事筹!"赵季良回答说:"殿下计划平天下,却不爱护老百姓,一旦百姓对你离心德,恐怕河北也非殿下有,何况黄河以南呢?"晋王听后很高兴,表示歉意很恭敬,从此非常器重赵季良,每筹大事都要把他的意见听。

据《后梁纪六》(卷二七一)

译评:

天下在于老百姓,爱惜百姓是首重。
只要百姓都高兴,天下一定能平定。
一旦百姓不满意,离心离德难取胜。
晋王闻过即改正,决策重视知民情。
爱惜百姓关天下,兴盛要爱老百姓。
为民服务是宗旨,公仆乐在百姓中。
民生工程从长计,幸福温暖进基层。
共同富裕要力做,收入分配要公平。
类别区分要合理,层级差距勿宽松。
政策前后要照应,边疆稳定顺时升。
收入悬殊严管控,弱势人群施浓情。

百姓疾苦要关心,要让百姓乐融融。

只要关爱老百姓,江山如画代代红。

五九〇、梁朝败亡折

选译:

十九日,皇帝率兵扎朝城。

二十七日,康延孝率兵来投奔,皇帝亲自来接应,解下锦袍和玉带,赐给延孝并任命,任命为南面招讨都指挥使,博州刺史也兼领。皇帝屏退周围人,梁朝情况以询问。康延考回答说:"梁朝地盘不算小,现有兵力也不少;但是察其所作为,败亡终究免不了。梁主昏庸又懦弱,赵岩张汉杰擅权,对内勾结后宫,对外广收贿赂,任官高低看贿赂,根本不看贤不贤,功勋劳绩弃一边。段凝智勇都不沾,高升却在一夜间。自从率兵滥搜刮,用以巴结权贵官。梁兵出战无全权,常派亲信作军监,军队行动受制钳。近悉梁主准备多路出击,决定十月大决战。梁兵集结确不少,但是分散却薄单,希望陛下养精锐,等待他们分兵战,率领精兵捣大梁,活捉梁主,不出旬日天下安。"皇帝听后喜心间。

据《后唐纪一》(卷二七二)

译评:

梁王昏庸忍擅权,贿赂连着任职官。

段凝帅军无智勇,搜刮士卒附贵权。

将帅出征无全权,亲信监军以制钳。

多路出击搞大战,摊开五指败得惨。

军事斗争无胜利,败亡即在顷刻间。

五九一、革故鼎新

选译：

孔谦贷款给百姓，使以贱丝价对冲。

多次下文各州县，督促各地都实行。

翰林学士承旨，代理汴州事务的卢质向皇帝上奏说："梁朝赵严租庸使，利用借贷刮百姓，百姓不断有怨声，陛下革故鼎新，为民除害，旧法仍行，直如赵严又复生，今春寒霜伤作物，茧丝收获落几成，原有赋税交不起，何况高利贷又加重，百姓哪能来承担？臣只侍奉天子，不事租庸，皇上敕旨未颁下，租庸使公文直催促，希望皇上能够早作明睿的裁定！"皇帝听后未吭声。

据《后唐纪二》（卷二七三）

译评：

政策应当利民生，利民之策要快行。

百姓负担如加重，不堪重负民逃生。

革故鼎新应求真，兴利除弊践于行。

皇帝应当知下情，劝谏不应不吭声。

沉默就要误事情，失去百姓政难兴。

政策应当民知情，由民监督来执行。

如果发现伤民事，应当迅速作调整。

审视政策可否行，标准则是利百姓。

利百姓者利天下，百姓天下于一统。

五九二、存审戒子

十五日,宣武节度使兼中书令,蕃汉马步总管李存审在幽州去世。

寒门出身李存审,对子教育抓得紧。

经常告诫儿子们:"你父小时候家很穷,手提一剑去从戎,历经风雨四十年,位极将相有新荣,出生入死有多次,骨中取镞百有零(次)"遂把挖出的箭头交儿子,让他们收藏于家中,并且说:"你们生在富贵家,当知你父起家这历程。"

据《后唐纪二》(卷二七三)

译评:

父辈提剑去从戎,出生入死获荣生。
而今富贵不忘穷,破骨取镞铭心中。
诫子不要忘过去,艰难岁月励人生。
近代中国多灾难,先辈奋斗终有成。
抗外敌,惩腐恶,红星红旗遍地升。
风雨兼程六十年,繁荣昌盛国人荣。
中国崛起国人奋,西方又起"遏制"风。
"东条"魔影风中舞,趾高气昂欲称雄。
中国人民不可侮,面对强敌更奋勇。
青年一代莫忘记,历史教训要记清。
不忘历史苦和难,自强不息上征程。
敌人胆敢来进犯,将之葬于大海中。

五九三、计农发兵

选译：
帝以军粮备不足，召集群臣做商议。
豆卢革下臣无计，吏部尚书李琪上疏议：
"自古据收来定出，根据农时来发兵。
即便出现水旱灾，也无衣食之忧情。
近代税农以养兵，从未农富兵用穷，或者农穷而兵用丰。
今纵不能减租税，苛捐杂税先免除，农民也可稍消停。"皇帝下令照琪行，然而最终未执行。

据《后唐纪三》（卷二七四）

译评：

农民农时和农耕，统领应当知其情。
兵员粮食和衣物，关系择时去发兵。
靠农养兵和打仗，不违农时能争赢。
农民负担如减轻，利民利国也利兵。
基本道理皇帝懂，但是不能作践行。
农村农民和农经，三农政策国力行。
八亿农民奔小康，安居乐业国必兴。
中国农民谱新曲，多种人才露峥嵘。
重视农民开新路，建设美好新农村。
共同理想是方向，广大农村展新容。

五九四、志古自镜

皇帝不识字,奏折听重诲,安重诲读奏折不能全理解,于是启奏说:"臣能以忠心来侍奉陛下,得典枢机,今事能粗晓,古事臣不及,愿仿前朝侍讲、侍读,近代直崇政,枢密院,选文学人士,共处奏事,备陛下重问。"于是设置端明殿学士。二十日,任命翰林学士冯道、赵凤为端明殿学士。

据《后唐纪四》(卷二七五)

译评:

前人践行有记载,经验教训命笔来。
文史典籍千千万,璀璨文化放异彩。
治国执政智慧多,国魂国风开心怀。
后人读史大有益,以史为鉴知兴衰。
兴衰内中有规律,遵循规律永不败。
前人历史后人续,超越历史更豪迈。
志古自镜辩证看,与时俱进搞竞赛。
超越时空高境界,高歌猛进跨时代。

五九五、冯道论政

选译:

九月里,艳阳天,皇帝冯道在闲谈。
近年五谷丰登喜,四方无事天下安。
冯道说:"臣在先皇幕府时,奉使中山,经历井陉险,臣忧马会摞蹶

子，小心谨慎执马辔，幸好历险还平安。到了平路放开辔，自逸不久跌下鞍，治理天下也这般。"皇帝认可又开言。

皇帝问冯道说："今年虽然丰收了，百姓是否能足赡？"冯道说："庄稼人遇灾年，流离饥饿死得惨，丰收年间谷价贱。年景好坏都受损，唯农家受熬煎！臣记得进士聂夷中的诗：'二月卖新丝，五月卖新谷，医得眼下疮，剜却心头肉。'语言似有粗俗味，曲尽田家的苦酸。士农工商农最苦，人主不可不知也。"皇帝听了很高兴，令抄录这首诗，自己时常诵嘴边。

据《后唐记五》（卷二七六）

译评：

> 执辔骑马如掌权，谨慎平安自逸翻。
> 诸葛一生唯谨慎，稍有闪失会丢权。
> 皇帝应知田家苦，诵诗只能常怀念。
> 唯有政策让农富，农富可以济天安。
> 士农工商农最苦，唯有现代能改观。
> 农业歉收有救助，农业丰收农家欢。
> 脱贫致富奔小康，农士工商齐比肩。
> 城乡差别渐缩小，市民反而羡乡间。

五九六、征贤寺

选译：

吴国徐知诰，准备命宰相，中书侍郎、内枢密使宋齐丘是选相，宋齐丘认为自己资历声望浅，想以退让位高亮，要求回洪州，为父去送葬，借入九华山，留下应天寺，上表求吴主，隐居这地方；吴主下诏征，知诰以书招，他都不到场，知诰遣其子，景道入山岗，亲自去劝说，齐丘才赏

光,回朝见朝廷,被任右仆射,退休又入仕,更名应天寺为征贤寺。

据《后唐记五》（卷二七七）

译评:

  大臣宋齐丘,吴主欲任相,宋以资望浅,
  隐居以退让。吴主诏书征,知诰以书招,
  齐丘不离岗,知诰遣子请,齐丘回朝堂,
  任命右仆射,退休而心爽,更名应天寺,
  征贤寺开光。应天更征贤,从此名远扬。
  应天征贤是尚方,贤良入朝振朝纲。
  不争权贵不争相,应天寺里有流芳。
  古人任官有虞让,齐丘堪称是榜样。
  今人应当学齐丘,严于自修至贤良。
  遇到官位往后退,任人唯贤有请上。
  买官跑官意欲何,扪心自问先捋肠。
  荡涤内心脏东西,莫把丑恶带官场。
  为人民服务光荣,勿为自己徒悲伤!

五九七、开益智思

选译:

  秦王李从荣,喜欢作诗文,幕府聚文士,与之相唱和,自负还得意,每次摆酒席,要让幕僚们,当场来作诗,如作不合意,当众把诗弃。初四李从荣,进宫见皇帝,皇帝对他说:"我虽不识字,却喜听尽经文义,启发人思智。昔日见庄宗,喜欢来作诗,但武将子弟,舞文弄墨稀,只能惹人笑,勿学这样子。"

据《后唐记七》（卷二七八）

译评：

人贵直，诗贵曲，直曲相交又相济。
诗曲启发人思考，智慧常在诗中寄。
诗文都有形象在，直人可把浓情汲。
进入诗文新天地，似有新思在吻你。
治国理政亦贵直，反复比较才相宜。
统筹兼顾多思考，螺旋上升有直曲。
单向思维直线式，忽略曲径曲却苴。
劝君学点文和史，战略战术会出奇。

五九八、建立纪纲信守许诺

选译：

有官百方敛民财，结果只收得六万缗。
皇帝知此发了怒，欠税下狱关起来。
昼夜督责人满狱，上吊投井不欲生。
军士街市见骄横，市民聚集骂不停：
"你们为主作战勇，好不容易能立功。
但是鞭棍揍我们，拿出钱财作赏金。
你们显出得意样，不愧对天地良心！"
左藏旧物藩镇贡，太后太妃服饰品，全部拿出才二十万缗，皇帝一时有愁云，对着宫中夜值李专美，皇帝责备他说："你是有名有才人，不能为我破这题，你留才干何处用？"李专美说："臣的才干并不行，陛下过于提拔用，而今军赏不够用，对此臣不负责任。我认为，自打长兴末年始，军士赏赐没有停，士卒因此便骄横。接着修陵又出兵，国库钱财遂即空，即便财富有很多，最终不满骄卒心，因此陛下拱手于危困中得权柄。

一个国家存与亡,并不单在赏赐重,还在法度纪纲明。如不更改覆车辙,会使百姓更加穷,国家存亡难料中。现在财力是这样,应据财力赏赐均,何必初诺付践行?"皇帝认为话可行。二十三日下了诏:禁军中凡是在凤翔就归顺的,从杨思权、尹晖等人开始每人赐给马二匹,骆驼一头,钱七十缗,以下军士们每人赐钱二十缗,那些在京城归顺的人每人十缗。军士们贪得无厌,仍然有怨言,就编了一个歌谣:"除去菩萨,扶立生铁。"因闵帝仁慈懦弱,现帝刚毅严苛,大家有些后悔。

据《后唐记八》(卷二七九)

译评:

许诺赏赐应践行,以得军心与民心。
根据财力定标准,说服工作要先通。
赏赐不能令国空,赏赐不能关百姓。
如果国库已经空,众多百姓更加穷。
还要坚持走老路,国家存亡难料中。
修法度,立纪纲,赏赐也应按法行。
如果据实立新制,未来国家一定兴。
"菩萨"不能使国强,"生铁"难办大事情。
如能铸个铁菩萨,硬软兼具施多能。
对敌狠,对己和,团结军民将敌清。
试应有个孙悟空,降妖斩怪开路程。
增强国力兴强军,驱除外寇立新功。
谁人将剑指中国,谁人再推覆车行。
中国不但有准备,中国将用孙悟空。
金猴奋起千钧棒,三界处处飞金星。
多种战器齐发动,扫除当今害人虫。

五九九、统御天下重于信

选译：

原句是：夫帝王所以御天下，莫重于信。

据《后唐纪八》（卷二七九）

译评：

统御天下重于信，失信便会无人问。
人离析，鸟飞尽，孤家寡人失方寸。
强弩之末没有劲，拼尽全力也不顺。
失大信，丢大运，无力便会离亡近。
重信首先使民信，取信于民政令顺。
政令也要得人心，得人心者便得信。
执政形象很重要，行为世范有大信。
取信应在全方位，大信必然有大俊。
大俊天下春满园，统御天下须重信。

六〇〇、相辅相成

选译：

河阳行军司马李彦珣，邢州人，父母都在乡下安了身。他从未供养过二位老人，他和张从宾反朝廷，张从宾败亡以后，他就投奔了广晋，范延光任命他为步军都监，让他登城拒守。杨光远找到李彦珣母，把她安置在城下，想对李彦珣搞招降，李彦珣以箭射母亲，后来延光归了降，帝任彦珣坊州刺史。近臣说李彦珣杀生母，杀母之人罪大恶极不能赦免他。皇帝

说:"赦令已颁行,不能再改了。"还是派他去赴任。

司马光有评论:治国定要讲信用,李彦珣的罪恶天地人三灵都不容。如果赦免叛军罪,惩治他杀母的罪行,哪里会损害信用!

据《后晋记二》(卷二八一)

译评:

赦免惩治能兼容,二者都为有信用。
相反相成似矛盾,二者具有统一性。
皇帝割裂免与惩,认为即免不能惩。
免了再惩失信用,不知信用在其中。
赦免针对叛朝廷,惩治针对杀母亲。
杀母如果不惩治,难道枉法是信用。
有法必依有信用,因免不惩失信用。
免惩各有针对性,二者贯穿统一性。
古人不懂辩证法,践行不知能应用。
今人学点辩证法,生铁也能打成钉。

六〇一、追求安宁

选译:

自从黄巢进长安,天下血战几十年。
然后诸国各分土,兵革稍息没几天。
等到唐主即了位,江淮丰收年比年。
军队粮食有剩余,群臣争相来进言:
"陛下现在是中兴,北方现在有多难。
应当出兵复疆土。"
唐主说:"我在军旅小到大,亲见用兵对百姓伤害大,不忍再谈把兵

发。使彼民安我自安，又有什么追求可谈！"汉主遣使到唐国，共谋反楚分地盘，唐主不同谈。

据《后晋纪三》（卷二八二）

译评：

　　黄巢起义进长安，血战连续几十年。
　　唐朝天下受冲击，诸国纷纷有地盘。
　　战争平息年景好，唐主即位连丰年。
　　军粮余，臣进言，中兴应当复疆土。
　　唐主用兵有体验，用兵必然民遭难。
　　假使对方百姓安，我们这边民亦安。
　　谁要谋划反楚国，不愿与其分地盘。
　　经过战乱惜平安，目标追求是民安。
　　中兴在于兴自己，不要借机乘人难。
　　不用兵，求瑞年，不求地盘求平安。
　　恤民安民搞中兴，成事在人不在天。

六〇二、至理名言

选译：

　　唐主询问道士王栖霞："天下太平用何法？"王栖霞回答说："王者治心人治身，然后才能治国家。现在陛下饥嗔饱喜尚未去，何论太平布天下！"宋皇后在帘子后，称赞这话是至言。凡是唐主所赐予，栖霞不受皆婉言。栖霞常为人奏章，唐主想为筑一坛，栖霞推辞说："国家用度很困乏，办这事情无余暇，等到感应天帝时，建造坛会请陛下。"

据《后晋纪三》（卷二八三）

译评：

道士之言理自真，帝王治国治心身。
治心先要得民心，治身致正要爱民。
饥嗔饱喜要去除，还要防止外敌侵。
今天应思此至言，完全彻底为人民。

六〇三、职在养民

这一年，前旱后涝蝗满天，灾情严重百姓惨，东西南北，原野山谷，城郭庐舍，竹叶树叶，被蝗虫全吃完。官府再次刮谷物，使差督促索求急，甚至封住百姓磨，藏匿谷物是重罪，县令催办犯了难，交印自劾而弃官，百姓饿死几十万，流亡人数计数难。留守、节度使、将军，捐出马匹、金钱、布帛、粮草解国难。

恒州定州灾荒重，朝廷将其谷物免。

顺国节度使杜威，上奏声称军粮短，请求比照他州办，皇帝对其放了权。杜威照着王绪办，搜查索求底朝天，总共以斛一百万，杜威只报三十万，其余全进其庄园，又令判官李沼贷于民，又搜得斛一百万，来年春季卖出去，得钱斛计二百万，百姓受苦不堪言。定州官吏欲例奏，义武节度使马全节不许援，说："作为观察使，职责在养民，怎么忍心学他的作为！"

据《后晋纪四》（卷二八三）

译评：

灾害严重百姓惨，官府搜刮封磨碾。
不留口粮逼人死，藏谷犯令以刀砍。
有些县令通人性，因为难办弃了官。
有些将使发慈悲，捐钱捐物以救援。
杜威王绪发难财，横搜索取进庄园。

义武节使马全节，"职在养民"不学贪。
官养民，民养官，谁养谁，莫倒颠。
得民心者得天下，坐天下者才有官。
官在上，民在下，民创财富供官员。
为受供养减民负，养民只在政里面。
马全节知职养民，作为使者是高见。
今日提倡官为民，为民服务要完全。
知民苦，知民难，问民冷，问民暖。
听民忧，听民欢，工作到位令民安。
多少事，从来急，民生问题联高端。
人民天下人民权，人民生活可示范。

六〇四、民怨伤国

选译：

　　这一年，租税繁，采纳孔目官周陟的建议，常税以外，大县贡米二千斛，中县一千斛，小县七百斛；无米者纳布帛。天策学士拓跋恒上书说："殿下生长在深宫，凭借大业已经成，未经稼穑苦和累，未闻战场搏杀声，遨游骑着马驰骋，华宫玉食府库空，但是浪费更严重，百姓生活很贫困，但是重赋连不停，现在淮南有仇敌，番禺方面怀野心，荆渚天天打主意，溪洞对我们渐慢行。谣谚说得好：'足寒伤心，民怨伤国。'希望取消输米令，诛杀周陟谢百姓，一切不急之务罢，消减建造工程，免得一旦致祸败，为天下四方作笑柄。"楚王对此大怒。有一天，拓跋恒请求进见，楚王推辞不愿见。拓跋恒对客将区弘练说："大王逞欲而愎谏，我看他千口之家飘零无日了。"楚王听到这话后更恼怒，遂终身不见拓跋恒。

据《后晋纪四》（卷二八三）

译评：

　　足寒伤心心多痛，风湿心脏病乃生。
　　民怨伤国国不宁，怨声载道声激宫。
　　深宫不知民有怨，有人劝谏应欢迎。
　　拒谏恼怒而逞欲，难免失座去飘零。
　　足寒伤心应防身，民怨伤国应在心。
　　民怨积累能覆舟，民怨切切不可轻。
　　民怨生成有多因，施政生怨另成风。
　　风火燎原其势凶，如果麻痹悲剧生！

六〇五、自古但闻汉和蕃

选译：

　　契丹入侵已连年，中国方面处时艰，边疆百姓更是惨。契丹人畜死很多，国人对战已厌烦。述律太后对契丹主说："假如让汉人来做我们胡人的主人，可以吗？"契丹主回答说："不可以。"太后又说："那么你为什么还一心想当汉人的主人呢？"契丹主说："姓石的忘恩负义，令人难以容忍。"太后说："你现在虽得汉人土地，但是却不能住在哪儿，以后万一有闪失，后悔哪里来得及！"又对她的群臣说："汉家何得安稳眠！自古但闻汉和蕃，从未听说蕃和汉，汉儿果能回心意，我以何惜不和谈。"

　　　　　　　　　　据《后晋记五》（卷二八四）

译评：

　　汉和蕃，古有传，通亲相和睦边关。
　　兄弟民族求发展，中华民族大团圆。
　　汉人胡人谁做主，做主之人应当贤。
　　正人先要正自己，平等方能有欢颜。

六〇六、铸铁钱资赏赐

选译：

钱弘佐议论铸铁钱，增加将士俸禄赏赐钱，其第牙内都虞候钱弘亿劝谏说："铸造铁钱害八点，新钱通行，旧钱流外，新钱只能国内用，其他国家不使用，商人来往不方便，各种货物不能流通；禁铸铜器法极严，还有偷偷搞铸造，百姓家里有铁锅，外面有铧犁，犯法的人一定多；闽人因铸造而灭亡，不值得效法而遭殃；国家财用幸还丰，铁铸钱示国库空；俸禄赏赐有定额，无故增加引欲生，法令改变会生弊，不能立即恢复；'钱'是国姓，改变他不吉利。"钱弘佐就停止了这件事。

据《后晋记六》（卷二八五）

译评：

> 铸造钱币视国情，权衡利弊依法行。
> 如果新钱已通行，新钱旧钱应融通。
> 旧钱外流非好事，当政一定要管控。
> 新钱内用不外用，商贸一定要受梗。
> 铸造铁钱应专制，不给私铸留隙缝。
> 闽人铸造铁钱亡，引火烧身足为训。
> 社会心理要掌控，不能自寻乱方寸。
> '钱'是国姓不能改，改钱即是改国运。
> 宏观调控审视钱，健全法制要先行。
> 经济运行有规律，金融当然是核心。
> 稳定货币定天下，金融危机似履冰。
> 货币是个穿心弹，谁人滥造谁人疯。
> 疯人挥舞货币剑，封杀别人心不疼。

鸿兵书论货币战，当知用币胜用兵。
用兵掠夺难遮天，用币掠夺蒙鼓中。
危机诡用"宽松"币，冲销债务令人警。
国际借贷要严控，借钱不能助其兵。
为人要有真情在，"言行不一"要知情。
极目向洋看世界，超大天天逞武凶。
钱做金刀架上下，闽人之魂西在行。

六〇七、惠泽其民

选译：

二十二日，皇帝回到晋阳，商议要向老百姓征收钱财以犒赏将士。夫人李氏劝谏他说："陛下凭借河东立大业，未施恩泽给百姓，反而先夺其生财，这不是救民天子的初衷。现在宫中之所有，全部拿去犒赏军，虽然东西并不多，但是没有怨言生。"皇帝说："好！"马上停止征民财，拿出库藏赏将兵，中央地方都高兴。

据《后汉记一》（卷二八六）

译评：

先予后取人从容，口惠实反人难从。
端着饭碗要饭吃，不如煮粥去支应。
即从救民为初衷，初见定要以利敬。
若要上下都高兴，利民之策打先锋。

六〇八、仁信刑

选译：

十七日，皇帝抵达邺城下，住在行周军营中，高行周对皇帝说："城里粮食没吃尽，急攻白白损士兵，不会容易拿下城，不如缓待食尽而自崩。"皇帝认为这样行。慕容彦超屡借事端欺侮高行周，高行周向执政大臣泣诉情，自己好比被人把粪土塞进嘴里而不敢吭声。苏逢吉、杨邠秘密报皇帝。皇帝深知慕容彦超其人，让苏杨二人去劝解。又召慕容帐中训一顿，要他向高行周去谢罪。

当初，契丹留下千五幽州兵守大梁，皇帝进入大梁时，有人报告皇帝幽州兵将要作乱，皇帝下令全部杀在繁台下，等到这次包围邺，张琏率两千幽州兵，帮助杜重威防守抵抗，皇帝屡次派人去招抚，保证不杀他们，张琏说："繁台的士兵何罪而被杀？现在防守此地，我们只是期望死罢了。"因此邺城久攻不下。十一月初六，内殿直韩训进献攻城的器具，皇帝说："城池所依赖的，只是众人的心。众人如果分离城不保，要这些器具干什么！"

杜重威，背叛时，观察判官王敏屡次哭劝他，杜重威不听。到这时食尽力竭，二十四日遣敏出城表投降。二十五日，杜重威的儿子杜弘塑前来进见。二十六日，杜重威的妻子石氏来进见，皇帝又送她进城。二十七日，杜重威开门投降，城里的人十有七八被饿死，幸存者失人样，张琏事先要求朝廷许下誓言，皇帝下诏承诺让他们回自己家乡去，等他们出城投降后，便杀了张琏等将校几十人，释放士兵回家，士兵们将要出魏州境的时候，大抢一番才离去。

郭威建议杀掉杜重威的牙将一百多人，并没收杜重威的家财奖赏战士，皇帝认可。皇帝任命杜重威为太傅兼中书令，楚国公。杜重威每次出

入，路人常向他丢石头瓦块骂他。

司马光认为：后汉高祖杀死无辜的幽州兵，这是不仁；诱降张琏而杀他，这是不信；杜重威重恶而赦免，这是用刑不当。仁用来团结众人，信用来推行政令，刑用来惩罚奸邪，失去这三者，靠什么守国！他的皇位不能延续长久，这是必然的。

据《后汉记二》（卷二八七）

译评：

知道众心胜器具，却要屠杀无辜兵。
滥杀无辜失人心，不仁必然难久存。
投降之事有许诺，食诺失信又杀人。
杀掉张琏等多人，高祖信誉无人闻。
司马看重仁和信，失去何以开国门。
赦免重威似可取，因为投降有诺循。
至于重威其他罪，另案处理不要浑。
仁者爱人古有传，爱心总会传佳音。
爱心能使人心暖，人人献爱满园春。
仁政能够团结人，人心思进国增晖。
仁以合众得人心，信以行令春风临。
刑以惩奸快人心，清水潺潺沁人心。
往事已过上千年，仁信历久又弥新。
仁信扩大辐射面，仁信广谱入人心。
感动中国蔚新风，社会关爱遍地生。
仁信成为流行曲，与时俱进促国风。

六〇九、常杜其渐

选译：

西京留守，同平章事王守恩，贪婪鄙陋专聚敛，灵车出城要送钱，如不送钱不准去，清扫厕所行乞人，仍要交税难幸免，有时还让手下人，去偷盗人家的钱，有钱人家要媳妇，王守恩和几个艺人去做客，得到几锭银子才离去。

八月十三日，郭威从河中返回经洛阳，王守恩倚仗自己位兼将相，坐着轿子去迎接。郭威认为受怠慢，推说以浴不接见，立即拟帖把人换，任命保义节度使，同平章事白文珂取代王守恩为留守，白文珂不敢违反，守恩尚坐客位上，小吏告诉他说："新任留守已到位！"王守恩大惊，狼狈而回，看到家属几百人，已经出了府门站在大街上。朝廷不问这件事，任命白文珂兼任侍中，充任西京留守。

欧阳修议论说：自古即有乱亡国，先坏法制乱事多，这是一种必然势，五代之际出现过。文珂守恩汉之臣，周太祖郭威一张枢密使的帖子便换子窝，和更换卫兵差不多，是时太祖未有无君志，但其作为令人觉，文珂守恩将头缩，后周太祖无所忌，后汉君臣不问索，岂非纲纪坏乱至极结恶果！善为天下思考者，不敢忽略小事情，常常要防微杜渐，能不引以为鉴而有所警惕吗？

据《后汉纪三》（卷二八八）

译评：

欧阳评论意味长，混乱亡国失纪纲。
五代时候多乱世，后周后汉仍迷茫。
后周太祖似无君，一张帖子更臣岗。
后汉君臣若无事，被换大臣不敢抗。

和尚打伞无盖顶,纪纲败坏国必亡。
治国就要立纪纲,依法治国不容妄。
违法乱纪必追究,权势大小都一样。
法制文明是底线,基础牢固国必强。
法律态度无小事,防微杜渐慨而慷。
今日欢呼完善法,正义公平有保障。
和平和解与和睦,相关法条应担当。
和谐社会建新制,共享美好喜洋洋。

六一〇、修行德政

选译:

闰五月,宫中多次出怪事。二十七日,狂风大作掀房顶,拔起树木,把大梁城西南的郑门门扇吹得飞起来,十多步才落下来,震死六七个人,平地水深一尺多。皇帝召来司天监赵延义,问他祈求免灾的办法,赵延义回答说:"臣的职责是天象历法方面,求神免灾不熟悉,不过统治者想要除灾害,没有比修行德政更重要了!"赵延义回去后,皇帝遣使又问他:"怎样才叫做修行德政?"回答说:"请读《贞观政要》,并效法。"

据《后汉纪四》（卷二八九）

译评:

《贞观政要》共十卷,君臣问答吴兢撰。
法制政令论时事,以民为本政令贯。
轻徭薄役明法纪,整饬吏治选用贤。
民为水,君如舟,逆水行舟有艰难。
水能载舟也覆舟,以民为天修德安。
以德治国与法并,德治应在法治前。

穷富都要讲道德，社会公德尤为先。

文明实以德为本，广布德政人人贤。

六一一、岂敢厚自奉养

选译：

皇帝对王峻说："朕自寒微历艰辛，丧乱时世亲身经，一旦登上帝王位，岂敢丰厚自己的供养苦百姓。"命令王峻清贡品，十八日下诏全部停。诏书说："奉养只是朕一人，受损遍及老百姓。"又说："贡品储存在官府，确实没有什么用。"又下诏说："朕生长在军队中，不事学问，不知治理天下有遵从，文武官员如有利国利民术，自用密封奏章送，直述实事，不要讲究辞令。"皇帝把苏逢吉的宅第赐给王峻，王峻说："这座宅第是苏逢吉诛灭李崧家族的原因啊！"推辞不去居住。

据《后周纪一》（卷二九○）

译评：

皇帝不忘出身穷，不忘祸乱亲身经。

丰厚供养不敢享，只怕损害老百姓。

查府库，止贡品，严以律己显真情。

寻求利国利民术，不求辞令求直谏。

这位皇帝堪称明，不忘过去利百姓。

怜念奉养苦百姓，下诏贡品全部停。

一心想着治天下，不求辞令求真经。

封建帝王能如此，今时贪官应自警。

名义身份是公仆，天下为公才光荣。

利国利民是本分，鞠躬尽瘁是使命。

民族复兴是目标,共同富裕是鹏程。

挖私根,树公心,与民共同学雷锋。

六一二、礼义廉耻

选译:

十七日,太师,中书令瀛文懿王冯道去世,冯道少年孝谨名,富贵显达始于后唐庄宗,从此以后扶摇升,历朝不离将帅、宰相、三师和三公,为人清俭又宽弘,别人莫测其喜怒,滑稽多智,浮沉取容。曾著《长乐老叙》,自述历朝荣宠礼遇情,时人推崇以德行。

欧阳修议论说:"礼仪廉耻国之纲,四纲不张国就亡。"礼义是治人大法,廉耻是立人大节,身为大臣无廉耻,天下哪有不乱、国家哪有不亡的呢?我读冯道《长乐老叙》,看他自述以为很荣耀,其可谓是没有廉耻的人,则天下国家可以知。

我查五代这段史,找到三位全节士(指王彦章、裴约、刘仁赡),死事之人十有五(这十五人指张源德、夏鲁奇、姚洪、王恩同、张敬达、翟进宗、沈斌、王清、史彦超、孙晟、马彦超、宋令珣、李遐、张彦卿、郑昭业),都是武夫和战士,难道文人中没有这样的人?难道是节操高尚的人,恶时乱、薄其世不肯出来吗?还是君天下者不足顾而没有招致他们来吗?

听说五代人王凝,家住青州齐州间,任虢州司户参军,病死任上无人怜。王凝家里一向穷,一个孩子年纪小,妻子李氏携子背夫遗骸还,路过开封天已晚,旅馆不让停其间。李氏不肯离旅馆,旅馆主人拉她的手臂往外撑。李氏仰天痛哭道说:"我为妇人,不能守节,这手被人抓过啊!"拿起斧头断手臂,见者叹息又流泪。开封尹听说这件事便向朝廷报,厚恤李氏,鞭打那个店主人。唉!士人不自爱,忍耻以偷生,听闻李氏风,应当稍知惭愧了吧!

司马光认为：

天地设方位，圣人把他作准则，制礼仪，建制度，家内有夫妇，家外有君臣。妇人从丈夫，终身不废；臣子事奉君主，至死不二心，这是人道的最大伦常。如果有人废弃，祸乱就没有比这更大了！范质称冯道厚德稽古，研习古道，宏才伟量，显然改朝换代，如大山屹立，没有闲言，好女不嫁二男，忠臣不事二君。女子不正派，如花似玉手再巧，也称不上贤惠；臣子不忠贞，才能再高政绩好，也不值得看重了，只缘大节亏损了。冯道任宰相，经历过五个朝代，八姓君王，就像旅店观过客，早晨还是仇敌，傍晚就成为君臣，更换面孔，变化腔调，一点也不觉得惭愧。如此大节，即有小善，哪里值得称道呢！

据《后周纪二》（卷二九一）

译评：

一朝天子一朝臣，礼义廉耻将其分。
冯道五代事八君，《长乐老叙》耻未闻。
封建礼教根子深，人格节操有遵循。
德性不是长流水，一臣不去事二君。
李氏断臂能守节，风骨犹促耻辱心。
礼义廉耻归德行，一定条件似可钦。
各个时代都讲德，但是德义却有分。
礼义荣辱名虽仔，具体要求各有村，
而今以德来治国，德育普及至全民。
"八荣八耻"有要求，用心践行入灵魂。
见义勇为要赞赏，社会救助美人伦。
社会和谐稳当家，社会各层都入门。
治理社会先育人，娃娃时代要扎根。
应知应行步步高，逐步成为社会人。
知行合一遵理性，文明进步令人尊。

科学观点看道德，千年道德美在今。

六一三、极言得失

选译：

二十三日，帝诏群臣尽情陈述施政的得失，诏书大致说："朕对各位卿大夫，才能无法全知道，面孔无法全认识，如果不集他们言，从而观察他们行，审其意而察其忠，器略何以见浅深，了解任用中不中！你们若言我不听，罪过其实在我身，如果求之你不言，那么过错谁来承？"

据《后周纪三》（卷二九二）

译评：

听其言，观其行，审其意，察其忠。
人品才略显于行，任用可知中不中。
臣言不入君担责，求之不言自担承。
皇帝用人见清明，责任过错分得清。
实践检验是标准，责任担当不落空。
权责相别促谨慎，施政清明求其功。
今日应知责任大，大事需要有大公。
公事公办公高尚，人民满意事才成。
实现小康再向前，百年大计促复兴。
科学发展贯华夏，龙腾虎跃遍地红。
他山之石可攻玉，当代愚公攀高峰。
古人诉求其责任，共产党人有使命。
责任使命相融合，以史为鉴敏于行。
思考历史思考今，思考未来求其通。
"扬弃"是个好办法，传承利于促文明。

塑造当代新形象，东方独存中国风。

六一四、致治之方

选译：

皇帝对宰相说："朕每思考致治方，未得其要，吃饭睡觉都不忘。另从后唐后晋始，吴蜀幽并未能统，政令教化被阻挡，宜命近臣著《为君难为臣不易论》及《开边策》各一篇，朕览以后作思量。

比部郎中王朴献计策，认为："中原丧失吴蜀幽并，全部由于失道义，今必考察失之原，找准原因收失地。初失地，无不因为君主昏庸臣奸邪，士兵骄横百姓穷，奸邪朋党朝中盛，将帅士兵在外横，由小到大成病疾。现在想要收失地，颠倒过来法即是！进用贤人斥小人，恩及穷困讲诚信，赏赐功劳罚罪过，去除奢侈节费用，惜用民力赋税轻。待到人才已聚集，国家政事已治理，财富用度已经足，士人百姓已亲附，然后起兵而任用，功业没有不成功。

据《后周纪三》（卷二九二）

译评：

国家强盛有要领，认真研讨始形成。
明辨君臣不容易，危难之中智慧生。
丧失土地心不平，心疼不如找原因。
找到原因施对策，自强不息事必成。
积贫积弱敌入侵，失地同时丢百姓。
强国富民收失地，寸土必收不留情。
领土主权不容侵，核心利益要置顶。
坚持正义告天下，扫除野蛮害人虫！
收复失地展宏图，恢复更早红日升。

六一五、不爱其身而爱民

选译：

帝以很久没铸钱，民间出现销毁钱，化钱铸器皿佛像，钱币越来越少见。九月初一，帝令采铜铸造钱，除了天子的仪仗、军器以及佛手道观的钟磬钹铎准留外，其余的民间铜器佛像，限令五十天内全部送官府，付给相当的价钱，逾期不交要法办，五斤以上判死刑，不到五斤根据多少判不同期限。皇帝对侍从大臣说："你们不要因我毁佛像而疑惑。佛用善道教化人，如果有志做善事，那就是尊奉佛了。那些铜像难道就是佛吗？我听说佛的旨意在于造福他人，即使是头颅眼睛都可以舍弃来布施他人，如果朕的身体可以救济老百姓，朕也不会吝惜的！"

司马光认为：周世宗，堪称仁，不吝身体而爱民；周世宗，真英明，不以无益废有益。

据《后周纪三》（卷二九二）

译评：

不吝身体爱人民，有志为善造福人。
当年世宗如是说，共产党人更高尚。
全心全意为人民，前赴后继铸英魂。
血染风彩红旗艳，中国崛起民族林。
红旗飘，目标定，民生问题最关心。
温饱小康共富裕，两个百年有福音。
尽管国际风云骤，共同理想驱乌云。
若问哪边风景好，中国特色尽朝晖。
立党为公爱人民，华夏大地满园春。
荣前裕后谁人秀，共产党人葆芳芬。

六一六、为政之道

选译：

九月，中书舍人窦俨上疏请求命令相关部门官员讨论古今的礼仪，制作《大周通礼》；考证钟律，制作《大周正乐》。他认为："为政之本，莫大择人；择人之重，莫先宰相。唐末以来封赏滥，始为宰相即把三公、仆射兼。因此，未得官位一心攀，一得官位求高攀，逍遥园林亭榭中，保护宗族的平安。请求命令现任宰相任尚书省的六部尚书、中书和门下省的给事中，中书舍人以上，各自推举自知贤，如果陛下素知贤，自然可以提为官，如果陛下不知道，原职给予主政权。一年以后看业绩，倘若果真能胜任，对其授予平章事。官位不高的略升，照旧暂代理政权。倘若某人不称职，辞职追究谁举荐。另外，在百官班次行列中，有名额而无职责的占大半，请求量才华任官，实际事务先试用，按职铨叙再升迁。考察政绩，能者提拔无能者免。……为政之道，莫如敦信，信苟著矣，无田不广，田广则谷多，谷多则藏之民犹藏之官。"

据《后周纪四》（卷二九三）

译评：

重中之重选人才，推举人才要负责。
能者进，无能免，全由实践来解决。
试用提升看业绩，考察以后再抉择。
为政之先讲信用，取信于民局面开。
做官首先讲诚信，守信才能吃得开。
金杯银杯摆满桌，不如百姓有喝彩。
民生问题最重要，谁拔头筹谁高抬。
做官要懂辩证法，科学践行站头排。

六一七、周世宗

选译:

南唐主遣子纪公孝从善与钟谟一起去朝贡,皇帝问钟谟说:"江南也治兵备战吗?"回答说:"既已臣事大国,不敢再这样做。"皇帝说:"不对!以往我们是仇敌,如今已经成一家。我们关系已确定,保证没有其他牵挂。可是人生难预料,到了后世更难晓,回去告诉你君主:趁我尚在固城邦,治兵据要为子孙着想。"钟谟返回南唐后,将话告诉南唐主,南唐主于是修筑金陵城,加固各州城池,戍守士兵也增量。

司马光认为:有人问,五代的帝王中,唐庄宗、周世宗都有英武之称,这二位君王谁更贤明?回答说,天子能够统天下,讨不服,扶微弱,行考令,一法度,明信义,兼爱天下老百姓,庄宗灭掉梁以后,天下为之而震动。湖南马殷遣子马希范来朝贡,庄宗说:"近听马氏基业终将要被高郁所夺取,如今他有这样的儿,高郁怎么能夺得?"高郁是马氏好辅臣,马希范的哥哥听到庄宗所说的话,终于假托其父令杀掉了高郁。这是商人之举,哪是帝王做法。唐庄宗善于作战,得了天下没几年,内外叛离无地容,这实在是只知用兵不知为政;周世宗得臣诚,以正义要求各国,王环不降而受奖,刘仁赡坚守受表扬,严续竭忠而得生,蜀兵因反复无常而被杀,冯道失节而遭摒,张美因私恩而疏。江南尚未归附,则冒着飞石求必克;待到江南降服后,则像爱子女以诚待,知无不言,为之远谋。其宏图雅量,唐庄宗不能同日而语。《尚书》说:"无偏无党,王道荡荡。"又说:"大邦畏其力,小邦怀其德。"周世宗接近这话了。

据《后周纪五》 (卷二九四)

译评:

短于为政长于兵,败落以后无地容。

四方征讨寡人助，失道终为可怜虫。
世宗要比庄宗明，善以诚信驾群臣（雄）。
坚持正义明奖罚，爱民如子胸怀宏。
不偏袒，不结党，王道荡荡见贤明。
大国敬畏其威力，小国盛念其恩情。
今日引领周世宗，诚信爱民增光荣。
强权勿学唐庄宗，霸王命短落悲风。

六一八、皇帝欲立相　岂尽由科第

选译：

皇帝欲任枢密使魏仁浦当宰相，议者认为魏仁浦不是科举出身不可担任宰相。皇帝说："自古用文武才略者来辅佐，哪里尽是科举出身的？"

据《后周纪五》（卷二九四）

译评：

皇帝打算任宰相，招来议者先打样。
皇帝提名魏仁浦，议者认为门不当。
仁浦不由科第门，议者以此将他挡。
皇帝胸中有成竹，一语道出大方向。
自古用相有考量，具有文武才略上。
学识才略不一样，哪里尽是科第郎？
学识只是入了行，由知到行方去茫。
实践能把智慧出，文武才略露锋芒。
践行才能出真知，辅佐朝政能抓纲。
善抓纲纪善为相，治国理政才内行。
治国人才需多样，德才兼备是同项。

经验阅历不可缺,治国为民心中装。
信息时代信息化,治国人才要高档。
高学历,顺潮流,信息贯于"四化"上。
与时俱进放眼量,不拘一格人才降。
落实科学发展观,人才如同长江浪。
贯彻党的十八大,共同理想放光芒。
二〇二〇达小康,各路人才献力量。
待到"两个"一百年,民族复兴展辉煌。
塑造时代新形象,中国特色更显亮。

2012年10月11日
二稿

参考文献

1. 张舜徽主编，李国祥，顾志华，陈蔚松副主编，宋传银译注.资治通鉴全译.贵州：贵州人民出版社
2. 李靖之编著.资治通鉴故事精华.太原：山西人民出版社，1992年5月
3. 张志英解译.资治通鉴全鉴.北京：中国纺织出版社，2011年3月
4. 文若愚主编.资治通鉴故事.北京：中国华侨出版社，2011年5月
5. 崔晓军编译.资治通鉴.吉林：吉林出版集团有限公司，2011年1月
6. 顾长安整理.资治通鉴.北京：北京联合出版传媒（集团）股份有限公司 万卷出版公司，2009年
7. 刘晓菲主编.中国通史.北京：中国华侨出版社，2011年2月
8. 曹金洪主编.中国通史.北京：北京燕山出版社，2011年1月
9. （清）纪昀主编.四库全书(珍藏本).北京:中国华侨出版社,2010年9月
10. 罗炳良，胡喜云编著.墨子解说.北京：华夏出版社，2011年1月
11. 崔钟雷主编.老子庄子.哈尔滨：哈尔滨出版社，2011年1月
12. 李山译注.管子.北京：中华书局，2009年3月
13. 徐北文主编，袁梅，刘炎，李永祥，徐北文注译.《古文观止》今译.济南：齐鲁书社，1993年6月
14. 孙永都，孟昭志.简明古代官职辞典.北京：书目文献出版社，1987年
15. 乙力编著.中国古代名言警句.西安：三泰出版社，2008年7月
16. 杨合鸣主编.古汉语常用字典（修订版）.昆明：云南出版集团公司，云南人民出版社，2008年9月
17. 王国轩译注.大学中庸.北京：中华书局，2006年9月
18. 中国大百科全书(精粹本).北京:中国大百科全书出版社,2002年4月
19. 中国哲学教研室，北京大学哲学系.中国哲学史.北京：商务印书馆，1995年7月

后　记

《〈资治通鉴〉译评》，由山西人民出版社在近期出版，正值学习贯彻党的十八大精神之际。作为本书的作者，我倍感欣慰与鼓舞，我以十分喜悦的心情，由衷地感谢山西人民出版社，感谢山西人民出版社的领导、总编、责编及相关工作人员，对书稿的审定、修改、剪裁、润色等编辑出版工作。由于他们卓有成效的工作，初稿得以顺利问世。

这本书，源远流长，一千三百多年的历史。司马光的《资治通鉴》是源头，中华书局出版的《资治通鉴》点校本及衍生的《全译》本是中流，其他有关的解读本可称为涓涓细流，《资治通鉴译评》只能算个分流或支流，我的贡献是以诗的形式表达，以评的形式探幽，以融的过程，贯彻"古为今用"，与现实结合，把《资治通鉴》蕴含的国魂、国韵、国风三位一体地引入现时代。《资治通鉴》全方位、多层次、多角度记述了理国治政的经验教训，内涵丰富、复杂多变；但其中更为深层的东西，从一定角度看，可以称为秘笈的东西是：华夏永恒，中国神圣，面向未来，永葆芳华，这是司马光的抱负与理想，在《资治通鉴》卷一百一十和一百三十七中有所表现，本书以故名中国和魏祖轩辕标定，并以诗表达：

我们国家百代承，拥有华夏代国名。

神州方夏是中国，统率天下神州同。

追溯历史，时代变迁，改朝换代，千变万化。但崇敬轩辕，荣拥华夏，景仰中国，尤为神圣，这种强大的中华民族的凝聚力、向心力，代代相传，显示了司马光的情怀与心志。今人学习《资治通鉴》要领悟这一点，深化并激活这一点，致力于实现中国梦，建设美丽家园。

在党的十八大精神鼓舞下,弘杨中华优秀传统文化,实现民族伟大复兴,塑造时代形象是我们的责任与使命,让我们贯彻"古为今用"的方针,为实现我们的共同理想而奋斗!

2013 年元月